경찰법강의

박 영 하

청목출판사

서 문

경찰이란 공공의 안녕과 질서를 위협하는 위험으로부터 개인이나 공중을 보호하거나, 공공의 안녕이나 질서에 대한 교란을 제거하는 국가작용이다. 이에 관한 법의 총체를 경찰법이라 한다.

경찰법은 경찰조직에 관한 법인 경찰조직법과, 경찰작용에 관한 법인 경찰작용법 및 경찰권의 통제 또는 국민의 권리구제에 관한 법인 경찰구제법으로 구성된다.

경찰학과 재학생들은 대개 법학개론과 헌법 및 행정법에 관한 강의를 거쳐 경찰법을 수강하게 되는 것이 일반적인 과정이다. 따라서 본서의 기술은 헌법과 일반행정법 이론을 별도로 소개하지 않는다.

그리하여 본서의 구성은 총설, 경찰조직법으로서의 경찰기관법, 경찰공무원법, 경찰작용법 및 자치경찰에 대한 특례의 순으로 이루어져 있다.

본서의 기술 내용에는 육상경찰과 해양경찰로 구성된 국가경찰제도와 제주특별자치도에서 시행되고 있는 자치경찰제도가 포함된다. 국가경찰의 한 축을 담당하고 있는 해양경찰제도에 대한 충분한 이해가 필요할 뿐만 아니라, 장차 확대 도입하게 될 자치경찰제도에 대한 이해도 필요하기 때문이다.

경찰조직법에서는 정부조직법과 경찰법을 중심으로 하여 국가경찰의 민주적인 관리·운영과 효율적인 임무수행을 위하여 국가경찰의 기본조직 및 직무범위 등을 고찰한다.

이어 경찰공무원법 영역에서는 경찰공무원제도와 경찰공무원법관계 그리고 경찰공무원의 권리와 의무 및 책임을 살펴본다.

경찰작용법 영역에서는 경찰작용과 법률유보 및 경찰권의 한계를 고찰하고 보안경찰작용의 근거법인 도로교통법, 집회및시위에관한법률, 화염병사용등의처벌에관한법률, 풍속영업의규제에관한법률, 경찰직무응원법, 총포·도검·화약류등의안전관리에관한법률, 사행행위등규제및처벌특례법, 사격및사격장안전관리에 관한법률, 해사안전법, 유선및도선사업법, 연안사고예방에관한법률, 수상레저안전법 등의 입법목적과 주요 내용을 개략적으로 고찰한다. 이어서 경찰관직무집행법 및 해양경비법을 중심으로 하여 경찰상의 표준조치의 내용을 비교적 상세하게 기술하고자 하였다.

마지막으로 현재 제주특별자치도에서 시행되고 있는 자치경찰제도와 관련하여 제주특별자치도설치및국제자유도시조성을위한특별법을 중심으로 자치경찰제도의 개요 및 국가경찰과의 관계를 고찰한다.

본서가 육상 및 해양경찰 등 국가경찰에 관한 실정 경찰법에 대한 전반적인 이해와 자치경찰제도에 관한 특례를 이해하는 데에 실질적인 도움이 되었으면 한다. 그리하여 경찰학과 재학생이나 경찰공무원이 되고자 하는 수험생에게 좋은 길라잡이가 되어 주었으면 하는 바람이다.

마지막으로 본서의 출간을 흔쾌히 수락하여 주신 청목출판사의 유성열 대표이사님과 심재국 상무이사님 및 편집부 여러분에게도 깊이 감사를 드린다.

2020년 2월

모악산을 바라보며

저자 씀

차 례

제1편

총 설

제 1 장

경찰의 개념과 종류

제 1 절 경찰개념의 생성과 변천

Ⅰ. 고대 경찰개념의 생성

경찰(警察)의 사전적인 의의는 '경계하여 살핀다'는 뜻으로 이는 '경계사찰'의 약어이다.[1] 경계(警戒 ; security)는 사회공공의 안녕을 확보하고 위험을 예방하기 위하여 취하는 제반 활동 및 수단을 말하며, 사찰(査察 ; inspection)이란 타인의 행동을 조사하고 정보를 취득하는 활동을 말한다.

유럽에서 경찰이란 말은 고대 그리스의 도시국가를 의미하는 polis(πολις)에 기원을 두고 있다. 따라서 고대 그리스의 politeia(πολιτεια) 또는 로마의 politia, policia는 국가관리 또는 국정 전반 또는 국체·헌법 또는 이상 상태를 뜻하였다. 그 후 프랑스의 Police를 거쳐 독일의 Polizei 등 16세기 무렵까지 유럽 각국에서의 경찰개념은 대체로 국가목적을 위한 일체의 작용을 지칭하는 것으로 사용되었다.

경찰은 행정법의 가장 오래된 제도이며, 시대의 흐름에 따라 국가관이 변하면

1) 宮崎清文, 警察官のための行政法講義, 立花書房, 1992, 177頁.

서 그 내용도 크게 변화하였다.

Ⅱ. 경찰개념의 변천

1. 중세의 경찰개념 ; 교회행정을 제외한 일체의 국가행정활동

14세기말 프랑스에서의 경찰(Police) 개념은 국가목적, 국가작용, 국가의 평온한 질서 있는 상태를 의미하며, 질서를 유지시켜 나가는 공권력으로서의 치안조직체를 의미하는 것으로 사용되기 시작하였다. 즉 교회권력과 국가권력을 구분하기 위해 경찰을 국가권력의 상징으로 사용된 것이다.

그리고 15세기말 독일에서의 경찰(Polizei) 개념은 프랑스에서의 경찰 개념을 이어받아 공동체의 양호한 질서상태를 의미하는 것으로 발전하였다.

이 시기까지는 국가활동의 영역이 뚜렷하게 구분되지는 아니하였다. 그리하여 독일의 제국경찰법(1530년)은 교회행정의 관할을 제외한 일체의 국가행정활동을 경찰작용으로 파악하였다.

2. 경찰국가시대의 경찰개념(17~18세기) ; 내무행정으로서의 경찰

1) 절대군주제의 확립과 경찰국가의 도래

경찰국가(警察國家 ; Polizeistaat)란 근대 법치국가가 성립되기 전인 17·18세기 유럽에서의 절대군주제국가를 지칭한다.

30년 전쟁을 마감하는 1648년의 베스트팔렌조약(Peace of Westfalen)[2)]이 성립됨에 따라 신성로마제국이 사실상 붕괴되었으며, 주권 국가들의 공동체인 근대 유럽의 정치구조가 나타나게 되었다. 그리하여 유럽 각국에서는 국가조직이 발달하게 되었다.

---

2) 오스트리아와 에스파니아를 중심으로 한 구교(舊敎)와 네덜란드, 스웨덴, 덴마크, 노르웨이, 프랑스로 구성된 신교(新敎) 국가 사이의 30년에 걸친 전쟁은 베스트팔렌 조약으로 마무리되었다. 이 조약은 유럽에서 로마 가톨릭교회와 신성로마제국의 지배적 역할을 실질적으로 무너뜨렸으며, 제후들에게 완전한 영토적 주권과 통치권을 인정하고 가톨릭, 루터파, 칼뱅파에게 동등한 지위를 부여하는 새로운 질서를 가져왔다.

이에 따라 외교·군정·재정 및 사법 등의 국가작용이 경찰로부터 분리·독립되었다.

결국 경찰개념은 국가작용 중 국가목적적 작용인 외교·군사·재정·사법 등을 제외한 사회목적적 작용인 내무행정(內務行政)을 지칭하게 됨에 따라 경찰작용의 범위는 일응 축소되었다.

그러나 강력한 경찰을 배경으로 하는 절대군주제가 확립되어 이른바 경찰국가시대가 도래하였다.

2) 경찰국가시대의 경찰권

경찰국가에서는 절대군주의 내무행정에 관한 포괄적 권한을 경찰권이라 불렀으며 국민에 대한 경찰권의 발동에는 아무런 법적 제약도 없었다. 따라서 부당한 경찰권의 발동이 있는 때에도 그에 대한 구제수단을 취할 수 없었다.

경찰국가시대의 국가는 행복주의적 복지국가를 이상으로 하였으므로, 국가의 목적을 소극적인 치안유지에 한정하지 아니하고 적극적으로 복지를 증진하는 작용까지 포함하게 되었다.

즉, 경찰국가시대의 경찰개념은 사회공공의 안녕에 관한 소극적인 질서유지행정과 복지에 직접적으로 관계되는 복리행정과 경제통제작용 등을 포함하는 내무행정 전반에 걸친 행정작용을 지칭하게 되었다.

3. 근대 법치국가시대의 경찰개념 ; 질서유지행정으로서의 경찰

법치국가(法治國家, Rechtsstaat)는 법치주의에 입각한 국가를 말하며, 경찰국가(Polizeistaat)에 대립하는 말이다. 절대군주가 마음대로 행정을 하던 경찰국가에 대하여, 행정은 미리 정립된 법률에 의해서만 시행되어야 한다는 법치주의원칙에 의거하는 국가이다.

근대국가는 대개가 법치국가의 형태를 취하고 있다. 그러나 법치국가가 반드시 자유주의적 국가라는 보장은 없다. 근대의 형식적 법치주의와 현대의 실질적 법치주의는 차이가 있기 때문이다.

한편, 야경국가(夜警國家, night-watch state , Nachtwächterstaat)[3]란 국

가는 외적의 방어, 국내치안의 유지, 개인의 자유와 사유재산에 대한 침해의 배제 등 필요한 최소한의 임무만을 수행하여야 한다고 보는 자유방임주의(自主放任主義) 경제사상에 근거한 소극적 국가 내지 국가관을 말한다. 18세기 이후에 등장한 근대국가의 개념에 포함되나 특히 19세기적 자유방임주의 국가를 가리킨다. 따라서 자유주의 국가 또는 자유국가라고 부르기도 한다. 복지국가 · 행정국가와 상반되는 국가 형태라고 볼 수 있다.

여하튼 18세기 후반에서 19세기 전반에 걸쳐 계몽주의의 영향 아래 근대 법치주의가 전개됨에 따라 군주의 경찰권을 어떻게 통제할 것인가의 문제가 대두됨에 따라 경찰의 개념을 공공의 안전과 질서유지라는 소극적인 작용에 한정하게 되었다.

1794. 6. 1.에 시행된 프로이센일반란트법(ALR ; Allgemeines Landrecht für die preussischen Staaten)[4]과 1795년의 프랑스 경죄처벌법전(輕罪處罰法典) 등의 실정법은 이러한 태도에서 제정된 것이었다. 즉, "공공의 평온, 안녕과 질서를 유지하고 공중 혹은 개개 구성원에 대한 위험을 방지하기에 적합한 조직이 경찰이다"(ALR 10② xvii)라는 규정이나, "경찰은 공공의 질서, 자유 및 개인의 안전을 유지하는 것을 임무로 한다"(경죄처벌법전18)고 규정하여, 경찰목적을 소극목적에 국한시켰다. 나아가 경죄처벌법전에서는 행정경찰과 사법경찰을 명시적으로 구별하는 규정(동법18)도 두고 있다.

이러한 경찰개념에 관한 규정들은 내무행정 중에서도 공공의 질서유지를 위한 국가의 소극적 권력작용만을 한정함으로써 근대적 경찰 개념이 성립하게 되었던 것이다.

---

3) 독일의 사회민주주의자 라살레(F. J. G. Lassalle)가 초기 자본주의의 자유주의적 국가관이 노동자의 복지를 소홀이 하며 부르주아지의 사유재산의 보호라는 특수한 계급의 이익에만 봉사하는 야경(night-watch)에 불과한 것이라고 비판적으로 사용한 데에서 비롯된 용어이다.

4) 프로이센 일반란트법을 '프로이센 민법전(Prussian Civil Code)' 또는 '프로이센 보통국법'이라고도 한다. 이 법은 프로이센의 프리드리히 대왕의 명에 의하여 편찬이 시작되어 그 후계자인 프리드리히 빌헬름 2세 재위기에 공포(1794. 2.5.) 되었다. 이 법은 지방의 관습과 충돌하지 않는 한 어디에서나 적용되도록 되어 있었다. 독일의 다른 주들도 19세기에 이 법전을 받아들였고, 1900년 독일민법전으로 교체될 때까지 그 효력이 유지되었다. 프로이센 일반란트법은 18세기 계몽주의의 산물이었다. 그것은 단순한 민법전이 아니라 상법과 헌법 및 행정법 조항들도 많이 포함했다

그러나 소극적인 작용에 한정되는 한 개별법에 의한 수권이 없이 포괄적인 수권으로도 충분한 것으로 보았다는 점에서 경찰권을 군주권의 속성에 의한 것이라는 사상이 완전히 불식되지는 않았다.

그 후 1884년 프로이센 고등행정법원은 프로이센 일반란트법상의 경찰개념 조항을 근거로 하여 경찰관청이 도시미관을 유지하는 것과 같은 복리행정적 조치는 취할 수 없다고 판시[5]하였다. 이를 크로이츠베르크(Kreuzberg) 판결이라고 한다. 이 판결에서 법원은 경찰의 임무 영역이 질서의 보호, 즉 위험방지에 있다는 점을 분명히 하였다.

이 판결을 계기로 하여 종래의 경찰국가적 경찰개념은 효력을 상실하였고, 복리행정적 요소까지 경찰개념에 포함하여 규율하였던 당시의 많은 주의 경찰권한이 오늘날 이해되고 있는 실질적 의미의 경찰개념(위험방지)으로 한정되는 계기가 되었다.

Ⅲ. 우리나라의 경찰제도의 도입 및 정비

1. 근대적 경찰제도의 도입

1) 근대적 경찰제도의 설치

우리나라에서는 1894년(고종 31년) 갑오개혁[6]을 통하여 경찰이라는 용어가 처음 사용되었다. 이는 1894. 6. 27. 일본 각의(閣議)에서 조선에서의 경찰제도를 창설하기로 의결한 후 조선정부에 경성 및 중요도시에 완전한 경찰을 2년

5) 독일 베를린의 크로이츠베르크에 있는 전승기념비의 조망을 확보하기 위하여 베를린경찰청장의 주변 토지에 대한 고도제한명령의 적법성 여부에 관한 것이다. 이에 대하여 법원은 당해 명령이 복지증진을 위한 것이므로 무효라고 판시하였다.

6) 갑오개혁은 고종 31년(1894년)에 일본의 강요로 전통적인 제도를 새롭게 변화시킨 일로 갑오경장이라고도 한다. 동학농민운동의 진압과 관련하여 발발한 청일전쟁에서 이긴 일본이 조선 정부에 대해 내정 개혁을 요구했으나, 조선에서 이를 거절하자 일본은 군대를 출동시켜 대원군을 앞세워 민씨 세력을 몰아내고, 개화파로 정부를 구성하여 갑오개혁을 단행했다. 비록 서구에서와 같은 법치주의적 사고의 발전에 따른 것은 아닐지라도 적어도 외형상으로는 근대국가적 경찰체제가 갖추어졌다. 다만, 이는 1894년 일본의 각의에서 조선에 대한 내정개혁의 요구의 하나로써 한국에 근대경찰이 창설되었으며, 한국정부의 독자적 필요에 의해 만들어진 것은 아니라는 점에 유의하여야 한다.

이내에 설치할 것을 요구한 데에 따른 것이었다.

그리하여 김홍집 내각은 동년 6월의 각아문관제(各衙門官制)에서 '법무아문관리사법행정경찰(法務衙門管理司法行政警察)'이라 규정하고 있다.[7] 동년 7월 1일에는 갑오개혁의 일환으로 경찰의 소속을 법무아문에서 내무아문으로 변경하였으며, 동년 7월 14일 경찰조직법이라 할 수 있는 경무청관제직장(警務廳官制職掌)과 경찰작용법에 해당하는 행정경찰장정(行政警察章程)을 제정하였다.

이리하여 종래의 경찰기관이었던 좌·우포도청이 폐지되고 한성부에 경무청이 설치되었다. 경무청으로 하여금 한성부 내의 일체의 경찰사무를 관장하게 함으로써 외형적으로는 근대적 경찰제도가 도입되었다.[8]

2) 경무청관제직장

경무청관제직장은 일본의 경시청관제를 바탕으로 한 것이다. 다만 그 명칭을 경무청으로 하고, 경무청의 장은 경무사로 보하였다.

그리고 계급은 일본의 경시총감·경시·경부·순사에 갈음하여 경무사·경무관·총순 및 순검으로 구분하였다.

하지만 경무청관제직장에 대하여 이는 일본의 경시청관제를 그대로 모방한 것이라는 비판이 가해졌으며, 경찰의 광범위한 업무영역이나 포괄적인 직무규정으로 말미암아 경찰업무와 일반 행정업무를 완전히 분화하지는 못하였다는 한계가 지적되고 있다.

3) 행정경찰장정

행정경찰장정은 경찰작용법이다. 행정경찰장정이 규정하는 바에 따라 당시 경무청의 활동범위는 영업시장회사에 관한 사무를 비롯하여 소방, 전염병의 예방소독·검역·종두, 식물·음수·의약·가축 등 위생에 관한 사무, 결사집회, 신문잡지, 도서에 관한 사무까지도 담당하는 등 매우 광범위한 사무를 담당하였다.

당시 경찰이 담당했던 업무의 다양성이나 직무규정의 포괄성은 근대국가에서 흔히 나타나는 것이다. 이러한 다양성과 포괄성에서 보듯이, 당시 경무청의 직

7) 1894년 일본은 「내정개혁방안강목」으로 조선에서의 경찰의 설치를 요구했다.
8) 한성부의 5부자내에 경무관을 서장으로 하는 경무지서를 두었다.

무에는 소방 · 감옥 · 위생 · 수사사무 등이 널리 포함되어 있어 오늘날의 경찰기관의 직무와는 상당한 차이가 있다.

2. 경찰제도의 정비

1894년에 근대적 경찰제도가 도입된 후, 조선의 경찰제도는 일본의 경찰제도에 맞추어 정비되어갔다.

우선 경찰조직법적으로는 '내무관제'가 1895년 칙령 제53호로 제정되었다. 이로써 경찰에 대한 내무대신의 지휘 · 감독권이 정비되었다.

이어 경무청관제가 개정되어 한성부의 경찰관제가 정비되었다. 지방제도의 경우에도 '지방관제' (1895년 칙령 제101호)에 의해 처음으로 한성부 이외의 부에 관찰사의 지휘를 받는 경무관 1인, 경무관보 1인, 총순 2인 이하가 배치되기에 이르는 등 내부경찰체제가 정비되기에 이르렀다. 이는 일본의 내무성 경찰체제와 맥락을 같이 하는 것이다.

경찰작용법적으로도 1896년 1월 8일에 '지방경찰규칙'이 제정되어 지방경찰의 작용법적 근거가 마련되었다. 이것은 거의 행정경찰장정과 내용이 동일하게 구성되어 있다.

3. 일제강점기의 경찰제도

구한말과 대한제국의 근대적 경찰제도는 일제의 강점으로 인하여 정상적인 주체적 발전을 이루지 못하게 되었다.

1910년 이후 일제는 헌병경찰제도를 도입하였다. 여기에서 헌병경찰이란 군사경찰인 헌병이 민간의 치안업무까지 담당하는 무단통치시대의 경찰을 말한다. 그 후 헌병경찰제도는 3.1운동을 계기로 하여 보통경찰제도로 전환되었다.

보통경찰이란 문화통치로의 전환과 동시에 경찰공무원으로 하여금 민간의 치안업무를 담당하도록 한 것이다. 이와 동시에 총독부 직속의 경무총감부가 폐지되고, 이에 갈음하여 경무국이 설치되어 전국의 경찰사무와 위생사무를 관장하였다.

헌병경찰제도와 보통경찰제도는 명목상 양자 사이에 차이는 있다. 그러나 총독은 여전히 군인출신으로 임명되었으며, 경찰기관과 경찰의 수와 장비 및 유지비는 급증하였다. 한편, 보통경찰과는 별도로, 전국의 각 경찰서에 고등경찰계[9]를 두어 공포정치의 도구로 활용되었다. 특히 일제의 치안유지법[10]이 조선에도 그대로 적용되었다.

만주사변(1931), 중일전쟁(1937) 및 태평양전쟁(1941)을 계기로 국력이 소진하자, 일본은 조선을 병참기지(兵站基地)로 삼음과 동시에, 내선융화(內鮮融化), 선만일여(鮮滿一如) 등의 강령과, 여기에서 더 나아가 동조동근론(同祖同根論), 내선일체설(內鮮一體說)에다 황국신민화(皇國臣民化)를 꾀하는 한편, 창씨개명(創氏改名)을 강요하는 등 민족말살정책을 추진하였다.

특히, 1937년 중일전쟁 이후에는 경찰업무가 경제경찰(經濟警察), 외사경찰(外事警察)에까지 확대되었으며, '조선정치인 예비구금령'(1941)[11] 등을 통하여 독립운동에 대한 탄압을 강화하는 한편, 민족말살정책과 전시동원체제를 공고히 하는 데 경찰을 적극 활용하였다.

---

9) 일본의 비밀정치경찰인 특별고등경찰(약칭 "특고")을 조선에서는 고등경찰이라 불렀다. 특고는 1911년 설치되어 제2차 세계대전이 끝날 때까지 존속하였다. 고등경찰은 사상·정치활동·언론 및 출판의 자유를 규제하였다. 일제는 1906년 통감부(統監府)를 설치하여 헌병경찰제도를 실시하면서 비밀정치경찰제를 도입하여 경무총감부의 기밀과에 첩보계(諜報係)와 고등경찰계를 설치하였으며, 헌병경찰제도가 보통경찰제도로 전환되자 전국 각 경찰서에 고등경찰계를 설치하기에 이르렀다.

10) 치안유지법(1925)은 일제가 반정부·반체제운동을 억누르기 위해 제정한 법률이다. 구체적으로는 무정부주의·공산주의운동을 비롯한 일체의 반정부·반체제적 사회운동을 하거나 선전하는 자에게 중벌을 가하도록 한 사회운동단속법이다. 이 법률은 조선에도 그대로 적용되어, 식민지배에 저항하는 세력을 단속하는 근거로 적극 활용되었다.

11) 이는 범죄의 예방이라는 명목으로 죄를 저지를 개연성이 있는 자를 사전 구금하는 것을 규정한 것으로 당시 조선 정치인에 대한 탄압을 더욱 공고히 하기 위한 것이다.

4. 해방 이후의 경찰제도

1) 미 군정기의 경찰제도

(1) 개관

1945년의 해방 이후 미 군정(軍政)이 시작되었다. 이 시기는 냉전체제하에서 기존의 일제 경찰제도가 유지되어 경찰조직이나 경찰인력에 대한 개혁이 제대로 이루어지지 아니한 채, 경찰사무와 조직 및 치안입법을 정비하는 등 경찰제도를 개편하였다.

한 마디로 말하자면, 미 군정기의 경찰제도는 주권의 회복을 위한 과도기적 성격을 지니고 있었다고 할 수 있다.

(2) 경찰사무와 조직의 정비

군정기에는 경찰사무와 조직의 정비가 진행되었으며, 탈경찰화(脫警察化) 또는 비경찰화(非警察化)[12]가 이루어짐에 따라 경찰업무가 축소되었다.

대표적인 것으로는 위생경찰사무와 언론출판업무, 선박과 선원 단속 및 현장 조사·수색업무의 이관, 경제경찰과 고등경찰의 폐지와 정보경찰의 신설, 각종 허가권의 이관 또는 폐지 등이 그것이다.

경찰의 직무범위에도 국민의 생명과 재산의 보호라는 영미경찰법적 요소가 가미되었다.

(3) 치안입법의 정비

1945년에는 정치범처벌법, 치안유지법, 예비검속법 등을 폐지하였으며, 1948년에는 보안법을 폐지하였다.

(4) 경찰제도의 정비

제도적인 측면에서는 해방 직후의 혼란을 피하기 위하여 일시적으로 국방사령부의 지휘를 받았으나, 1946년 3월에는 경무국을 국방사령부와 동격인 경무

12) 탈경찰화 또는 비경찰화란 제2차 세계대전이후 협의의 행정경찰사무 즉 영업, 건축, 보건경찰을 다른 관청으로 이관하게 되는 현상을 말한다.

부로 승격되었으며, 각 도에는 경찰부가 설치되었다.

그리고 1946년에는 여자경찰(여경)제도를 신설하여 노약자와 부녀자 보호 및 소년범죄관련 업무를 취급하도록 하였으며, 1947년에는 중앙경찰위원회를 설치하여 경찰의 민주화를 도모하였다.

2) 대한민국의 경찰제도

대한민국 정부 수립후 경무부는 내무부 치안국으로 되었으며, 1974년에는 치안본부로 개편되었다가 1990년 경찰청으로 승격되었다. 1990년 이전에는 각 지방경찰청이 시·도경찰국으로서 시·도지사의 지휘를 받았으나, 현재에는 경찰청장이 지휘·통할하고 있다.

한편, 1996년에는 해양경찰청이 신설되었고, 2014년에는 국민안전처가 신설되어 해양경비안전사무를 관장하였으나, 다시 해양경찰청이 해양경찰업무를 담당하고 있다.

그리고 2006년에는 약칭 제주특별자치도법이 제정 시행됨에 따라 제주특별자치도지사의 지휘를 받는 제주특별자치도 자치경찰단이 창설되었다.

그러나 범죄 수사와 해안 경비는 여전히 경찰청 휘하 제주특별자치도 지방경찰청이 담당하고, 자치경찰단은 교통관리, 방범 등 단순 치안 보조업무만을 담당한다. 제주특별자치도의 제주자치경찰을 제외한 모든 경찰공무원들은 국가공무원이다.

제2절 경찰의 개념과 그 특성

Ⅰ. 경찰의 개념

경찰의 개념은 실질적 의미의 경찰과 형식적 의미의 경찰로 나누어 설명하는 것이 보통이다. 그 외에 제도적 의미의 경찰을 드는 견해도 있다. 독일에서의 현대경찰개념에는 실질적, 형식적 혹은 제도적·조직적 의미의 경찰개념으로 분화·이해되고 있다.

1. 실질적 의미의 경찰

실질적 의미의 경찰(Materielle Polizei)이란 그 작용을 담당하는 기관이 아니라 경찰작용의 성질(性質)을 기준으로 하여 유형화한 것이다.

이는 공공의 안녕과 질서를 위협하는 위험으로부터 개인이나 공중을 보호하거나, 공공의 안녕이나 질서에 대한 교란(攪亂 ; Störung)을 제거하는 것을 의미한다. 즉, 직접적으로 사회공공의 안녕과 질서유지를 위하여 일반통치권에 의거하여 국민에게 명령 강제함으로써 국민의 자연적 자유를 제한하는 국가작용 전체를 실질적 의미의 경찰이라 한다.

실질적 의미의 경찰은 제도적 의미의 경찰에 의해서만 수행되는 것이 아니라, 그 밖의 다른 행정기관에 의해서도 수행된다. 이에는 위생경찰·건축경찰 등 협의의 행정경찰 개념까지도 포함된다.

종래 행정은 국가목적적 행정과 사회목적적 행정으로 구분되어 왔다. 국가목적적 행정이란 국가 자체의 존립과 활동을 위하여 직접적으로 필요한 행정이다. 행정조직·재무행정·군사행정·외무행정·사법행정 등이 이에 속한다.

내무행정은 사회질서유지·공공복리증진 등 사회목적을 가지므로 사회목적적 행정에 속한다. 19세기적인 소극국가 내지 야경국가에서는 국가의 행정작용이 국가와 사회의 존립에 필요한 최소한도에 그쳤으므로 외교·국방·과세 등 국가목적적 행정 이외에는 사회목적적 행정으로서 다만 최소한의 필요악으로서의 질서유지에 그쳤다.

그러나 오늘날의 적극국가 내지 복지국가에서는 국가가 모든 국민에게 생활의 기본적 수요를 충족시키는 사회정의의 실현과 균형 있는 국민경제 발전을 기해야 하므로 사회목적적 행정도 중요한 국가행정으로 되어 있다.

실질적 의미의 경찰은 행정의 분류상 사회목적적 행정 중에서 소극목적행정에 속한다.

2. 형식적 의미의 경찰

형식적 의미의 경찰이란 경찰작용을 담당하는 기관(機關)을 기준으로 하여 경찰개념을 파악하는 것으로, 실정법상 보안경찰을 담당하는 행정기관인 보통경찰기관에 의하여 관장되는 모든 행정작용을 말한다. 다시 말하면, 입법자가 경찰기관의 권한으로 규정하고 있는 일체의 국가기능이 형식적 의미의 경찰 개념에 속한다.

그러므로 형식적 의미의 경찰개념에는 행정작용의 성질을 표준으로 하는 것이 아니기 때문에 그 성질상 실질적 의미의 경찰이 아닌 작용도 포함한다.

따라서 실질적 의미의 경찰작용이라 할 수 없는 습득물의 보관 및 매각, 호구조사, 병사자 보호 또는 범죄수사 등도 보통경찰기관의 임무로 규정하기도 한다.

어떠한 작용을 형식적 의미의 경찰작용으로 할 것인가는 각국의 입법정책의 문제라 할 것이다.

3. 제도적 의미의 경찰

제도적 의미의 경찰이란 형식적 의미의 경찰작용을 담당하는 국가기관 그 자체, 즉 경찰조직을 의미한다. 이를 조직으로서의 경찰이라고도 한다.

예컨대, 경찰을 '공공의 안녕과 질서를 유지하기 위한 조직체로서 주권자인 시민을 위하여 때로는 명령·강제 등 권력적 수단이나 수사권한을 동원하여 법을 집행하고, 때로는 서비스를 통하여 적극 봉사하는 조직'이라고 정의하는 영미의 경찰개념을 도입하는 견해가 여기에 속한다.

Ⅱ. 경찰개념의 특성

종래의 통설의 입장대로 경찰개념을 실질적 의미로 파악할 경우 경찰개념은 다음의 4가지 특성을 지닌다.

1. 경찰의 목적

경찰은 사회공공의 안녕과 질서의 유지를 위한 위해방지라는 소극목적을 달성하기 위해 발동되어야 한다. 따라서 적극적으로 공공복리의 증진을 위해서는 발동될 수 없다는 "경찰소극목적의 원칙"이 지배한다.

현행 경찰법 역시 국가경찰의 임무를 "공공의 안녕과 질서유지"에 있음을 천명하고 있다(법3vii)"고 규정하고 있다. 이를 분설하면 다음과 같다.

공공(公共)의 안녕(安寧)이란 국가의 존립, 그 기능 및 법질서(국가적 법익)뿐만 아니라 개인의 생명 · 재산 · 신체 · 명예 등(개인적 법익)이 침해되지 아니한 상태를 말한다.

그리고 공공의 질서(秩序)란 사회의 지배적인 가치관 및 윤리관에 비추어 건전한 공동생활을 위하여 불가결하다고 여겨지는 규범의 총체로서 법규범 이외의 것을 의미한다. 이러한 공공의 질서는 법상 인정되는 것이므로 헌법과 법률에 반하는 것은 결코 공공질서의 내용이 될 수 없다.

이와 관련하여 자살, 동성애, 이성간의 동거, 스트리킹(streaking), 노약자조롱행위, 스트립쇼(strip show), 핍쇼(peep show or peepshow),[13] 스와핑(swapping)[14] 등의 문제가 거론된다.

따라서 경찰은 이러한 사회공공의 안녕과 질서를 유지하는 것은 물론, 사회공공의 안녕과 질서에의 인위적 자연적 위해의 제거하는 것을 그 목적으로 한다.

여기에서의 위해(危害)는 단순히 발생가능성이 있는 상태를 일컫는 것이 아니라 경험칙상 발생의 개연성이 있는 상태라고 객관적으로 인정할 수 있는 것을 말한다.

---

13) 핍쇼란 원래 조그마한 구멍이나 확대경을 통해 보이는 사물이나 사람 또는 사진을 구경하는 것을 말한다. 이는 원래 방랑극단의 여흥의 한 형태였으나, 지금은 가늘고 긴 구멍을 통해 성행위 쇼나 도색 영화를 보는 것을 지칭하는 경우가 많다.

14) 스와핑은 본래 1960년도에 미국에서 유행한 중고 물물교환 장터를 의미하는 단어였으나 최근 부부끼리 배우자를 바꿔 성관계를 맺는 행위의 의미를 포함하게 되었다.

2. 경찰의 기초

경찰은 행정권에 그 권력적 기초를 두고 있다. 즉 경찰권은 국가통치권의 일부로서 통치권이 직접적으로 경찰목적을 위하여 사인에게 명령·강제하는 권력이다.

따라서 국회의 회기 중 국회의 질서를 유지하기 위한 의원경찰(議院警察)이나 법정의 질서를 유지하기 위한 법정경찰(法廷警察)은 입법권 및 사법권을 기초로 한다(국회법143 및 법원조직법58 참조)는 점에서 경찰권과 구별된다.

1) 의원경찰권

의원경찰권(議院警察權)은 국회법상 경호권(警護權)이라 하여 국회의장에 속한다(국회법143).

국회의 경호를 위한 집행기관으로 국회에 경위(警衛)를 두며, 의장은 국회의 경호를 위하여 필요한 때에는 국회운영위원회의 동의를 받아 정부에 필요한 국가경찰공무원의 파견을 요구할 수 있다.

경위와 파견된 경찰관은 의장의 지휘를 받아 경위는 회의장 건물 안(방청석 포함)에서, 경찰관은 회의장 건물 밖에서 경호한다(동법144).

2) 법정경찰권

법정경찰권(法廷警察權)은 법정의 존엄과 질서를 유지하기 위해 법정에 있는 사람들에게 명령·강제할 수 있는 재판장의 권한이다(법원조직법58①참조).

법정경찰권은 법원의 재판권의 한 작용으로서, 재판장이 담당한다. 합의부의 경우에는 그 구성원 중의 1인이, 단독판사인 경우에는 당해 판사가 재판장으로서 법정경찰권을 가진다.

재판장은 법정의 존엄과 질서를 해할 우려가 있는 자의 입정(入廷)을 금지 또는 퇴정(退廷)을 명하며, 기타 법정의 질서유지에 필요한 명령을 발할 수 있다(동조②). 재판장 또는 단독판사의 법정경찰권에 의한 명령을 집행하는 것은 보통 법원보안관리대[15] 소속의 법원경위이다.

재판장은 법정에서의 질서유지를 위하여 필요하다고 인정할 때에는 개정(開廷) 전후에 상관없이 관할 경찰서장에게 국가경찰공무원의 파견을 요구할 수 있고, 재판장의 요구에 따라 파견된 국가경찰공무원은 법정 내외의 질서유지에 관하여 재판장의 지휘를 받는다(법60).

3. 경찰의 수단

경찰은 경찰목적을 달성하기 위하여 일반통치권에 기초하여 사인에게 명령하거나 명령에 따른 의무를 불이행하거나 위반한 자에 대하여는 그 명령의 실효성을 확보하기 위하여 강제하는 권력적 작용이다.

따라서 소극목적의 작용이라 하더라도, 예컨대 공물관리상의 제방축조나 준설공사 등과 같이, 권력적 수단에 의하지 아니하는 것은 경찰작용에 포함되지 아니한다.

이러한 수단의 권력성은 목적의 소극성과 더불어 전통적인 경찰개념의 근간을 이루고 있으며 이를 바탕으로 경찰법의 체계가 구성된다.

이와 같이 경찰의 주된 수단은 명령과 강제이지만, 그 외에도 준법률행위적 행정행위나 행정지도 및 비권력적 행정조사 등의 사실행위를 수단으로 하는 경우도 있다. 최근에는 비권력적 작용의 비중이 점증되고 있다.

4. 경찰의 내용

경찰은 권력적 수단을 사용하여 사인의 자연적 자유를 제한하는 행정작용을 주된 내용으로 한다. 자연적 자유란 사람의 정신·신체·재산·행동에 관한 모든 자유, 즉 헌법상 기본권으로 보장되는 것뿐만 아니라 헌법에 열거되지 아니한 것을 포함한다.

여기에서 자연적 자유를 제한한다는 말은 법적으로 보장된 자연적 자유의 내

---

15) 법정의 존엄과 질서유지 및 법원청사의 방호를 위하여 대법원과 각급 법원에 법원보안관리대를 두며, 그 설치와 조직 및 분장사무에 관한 사항은 대법원규칙으로 정한다(법원조직법55의2①). 이에 근거하여 법원보안관리대 설치, 조직, 사무분장 등에 관한 규칙이 제정되어 있다.

재적 제한을 경찰작용을 통하여 확정한다는 의미이다.

제3절 경찰의 분류

Ⅰ. 국가경찰과 자치경찰

이는 경찰의 조직·인사·권한·경비부담 등 권한 내지 임무의 소재를 기준으로 한 분류이다. 경찰에 관한 권한 등이 국가에 있는 경찰을 국가경찰이라 하고, 그 권한 등이 지방자치단체에 있는 경찰을 자치경찰이라고 한다.

대륙법계 국가에서는 경찰을 국가 권위의 상징으로 여겨 중앙집권적·관료적 국가경찰제도를 가지고 있는 데에 반하여, 영미법계 국가는 치안유지를 국민 스스로의 책무로서 받아들여 지방분권적인 자치경찰제도를 운영하고 있다.

자치경찰제도는 소수 지배자의 경찰권 남용을 방지할 수 있고 대중에 대한 책임성이 보장되는 장점이 있다. 반면 국가경찰제도의 논리는 자치경찰만으로 경찰의 책임이 충족될 수는 없으므로 중앙정부가 개입하여 어떤 기준을 마련해야 한다는 생각과, 국가라고 하는 거대사회의 치안유지를 위해서는 경제성과 효율성의 고려가 불가피하다는 주장으로 뒷받침되고 있다.

그러나 국가경찰제도와 자치경찰제도의 구분은 상대적인 것에 불과하다.

한편, 국가경찰과 자치경찰을 중앙경찰과 지방경찰이라고도 하나 엄밀한 의미에서는 동일한 것으로 볼 수 없다. 왜냐하면, 지방경찰은 지방경찰청장과 지방경찰청차장 및 치안행정협의회, 그리고 경찰서장 등 국가경찰의 지역단위조직과 그 직제를 일컫는 용어로 사용되고 있기 때문이다(경찰법 제4장 참조).

우리나라 경찰은 1894년 갑오개혁에서 근대적 경찰제도를 도입한 이후 현재에 이르기까지 국가경찰일원주의를 채택하여 경찰권을 국가의 권한으로 하고 경찰조직을 국가에 소속시키는 국가경찰제도를 취하고 있다. 다만, 제주특별자치도의 경우에는 자치경찰제도를 취하고 있음에 유의할 필요가 있다. 그러나 우리나라의 현행법상 완전한 의미의 자치경찰에 해당하는 것은 존재하지 아니한다.

지방분권특별법은 지방행정의 연계성을 확보하고 지역특성에 적합한 치안서비스를 제공하기 위하여 자치경찰제도를 도입하도록 하고 있다.

Ⅱ. 비상경찰과 평시경찰

이는 사회공공의 안녕과 질서에 대한 장해 · 위험의 정도와 경찰기관을 기준으로 한 분류이다. 일반경찰기관이 일반경찰법규에 의하여 행하는 경찰을 평시경찰이라 한다.

이에 대하여 비상시에 평시의 경찰력과 경찰작용만으로는 치안의 확보가 곤란한 경우에 군대가 이를 대신하여 치안을 담당하는 경우의 경찰을 비상경찰 또는 계엄경찰이라 한다.

비상경찰은 헌법의 근거를 필요로 한다. 헌법 제77조와 계엄법 제2조에 따르면 계엄에는 군사상의 필요에 의한 군사계엄과 공공의 안녕질서를 유지하기 위한 행정계엄이 있다. 여기서의 행정계엄이 비상경찰에 해당하며, 이 경우에는 계엄사령관 휘하의 병력으로써 공공의 안녕질서를 유지하게 된다.

그리고 통합방위법(統合防衛法)은 적의 침투 · 도발이나 그 위협 또는 우발상황에 있어서 그 경중에 따라 갑종(대규모의 적의 침투 · 도발로 인한 비상사태의 경우), 을종(수개지역에서 적이 침투 · 도발하여 단기간 내에 치안회복이 어려운 경우) 및 병종(적의 침투 · 도발위협이 예상되거나 소규모의 적이 침투하여 단기간 내에 치안을 회복할 수 있는 경우)의 통합방위사태를 선포할 수 있도록 규정하고 있다.

병종사태의 경우 경찰관할지역에서는 지방경찰청장이, 특정경비지역 및 군관할지역에서는 지역군사령관이, 특정경비해역 및 일반경비해역에서는 함대사령관이, 비행금지공역 및 일반공역에서는 공군작전사령관이 각각 통합방위작전을 수행한다.

을종사태의 경우에는 지역군사령관이, 갑종사태의 경우에는 통합방위본부장 또는 지역군사령관이 각각 통합방위작전을 수행한다.

또한 통합방위사태가 선포된 때에는 시·도지사 또는 시장·군수·구청장은 인명·신체에 대한 위해를 방지하기 위하여 필요한 통제구역을 설정하여 통합방위작전에 관련되지 아니한 자에 대하여는 출입 등의 행위를 금지·제한하거나 그 통제구역으로부터 퇴거할 것을 명할 수 있고, 작전지역 안에 있는 주민이나 체재자에 대하여 대피할 것을 명할 수 있다. 이 경우 지방경찰청장이나 지역군사령관 등이 비상경찰기관이 된다.

Ⅲ. 광의의 행정경찰과 사법경찰

이는 경찰의 직접적인 목적을 기준으로 한 분류이다. 광의의 행정경찰이란 직접으로 사회공공의 안전을 확보하고 질서를 유지하기 위하여 위해를 방지하는 작용인 실질적 의미의 경찰을 말한다.

사법경찰(司法警察 ; police judiciaire)이라는 용어는 프랑스법에서 그 기원을 찾을 수 있는 바, 범죄인 체포 및 범죄 증거의 수색작용 등을 의미한다. 사법경찰작용은 형사재판을 준비하는 작용이므로 형사경찰(刑事警察)이라고도 한다.

우리나라의 실정법은 광의의 행정경찰과 사법경찰을 구분하지 아니하고 일반경찰기관이 양자를 동시에 관장하도록 하고 있다(경찰관직무집행법2 및 형사소송법196 참조).

그러나 사법경찰은 형사사법작용의 일환으로서 형사소송법의 규정에 의하여 행해진다는 점에서 실질적 의미의 경찰인 광의의 행정경찰과는 구분된다. 다만, 사법경찰이 일반적으로 경찰의 권한에 속해 있다는 점에서 형식적 의미의 경찰에 속하게 된다.

Ⅳ. 보안경찰과 협의의 행정경찰

이 구별은 독일에서 시작된 것으로 광의의 행정경찰을 다시 경찰행정의 다른 행정영역과의 관련성을 기준으로 한 분류이다.

보안경찰(保安警察 ; Sicherheitspolizei)은 다른 행정영역과는 관련 없이 독립적으로 공공의 안전과 질서의 유지를 위한 위해의 방지라는 고유의 목적을 추구하는 경찰로서, 일반경찰기관이 오로지 그 임무와 관련되어 행하는 위해방지작용을 말한다. 예컨대 집회 및 시위에 대한 규제, 재해의 예방 등이 이에 속한다.

한편, 협의의 행정경찰(Verwaltungspolizei)이란 일반경찰기관과는 별도로 고유의 행정임무를 수행하는 일반행정기관이 그 임무와 관련하여 그가 관장하는 행정영역에서의 위해를 방지하는 작용을 말한다. 예컨대, 건축경찰, 위생경찰, 공물경찰 등이 그것이다.

광의의 행정경찰에서 협의의 행정경찰이 분리된 것은 제2차 세계대전 이후 진행된 탈경찰화(脫警察化 : Entpolizeilichung) 현상에 의한 것이다. 즉, 협의의 행정경찰이 각각의 일반 행정기관의 소관사항으로 이관된 데에 따른 것이다.

일반 행정기관의 소관사항으로 된 협의의 행정경찰을 보안경찰과 구분하면서도 이를 광의의 행정경찰로 묶어서 이를 실질적 경찰개념으로 이해하고자 하는 이유는 실정행정조직법상으로 어떻게 권한이 분배되어 있든 간에 이들 작용의 성질이 모두 소극목적적이라는 데에 착안하여 공통된 법 원리의 지배를 받도록 하자는 데에 있다.

그러나 이러한 연구방법론에 대하여는, 독일과 일본의 예에서 보는 바와 같이, 반민주적 경찰권의 비대화를 초래할 수 있으므로 영미 경찰개념상의 민주적 성격을 도입하여야 한다는 점에서 협의의 행정경찰을 경찰개념에서 제외하고자 하는 견해도 있다.

이와는 달리, 양자를 경찰개념에 포섭하면서도 협의의 행정경찰을 담당하는 행정영역이 대부분 적극목적을 위한 급부행정 또는 복리행정의 영역에 융화되어 있다는 점을 들어 보안경찰에 대응하는 협의의 행정경찰이라는 관념을 따로 인정할 실익이 매우 희박해졌다.

Ⅴ. 예방경찰과 진압경찰

이 구분도 독일에서 유래한다. 범죄의 예방을 목적으로 하는 경찰을 예방경찰(豫防警察 ; präventive Polizei)이라고 하고, 이미 발생한 범죄의 수사를 목적으로 하는 경찰을 진압경찰(鎭壓警察 ; repressive Polizei)이라고 한다. 이는 행정경찰과 사법경찰 내지 형사경찰의 구분에 상당하는 구분이다.

이와는 달리, 일반적으로 경찰권 발동의 대상이 되는 사건의 시간적 경과를 기준으로 하여 예방경찰과 진압경찰을 구분하기도 한다. 예방경찰이란 공공의 안녕·질서에 대한 위해가 현실로 발생하기 전에 미리 이를 예방(위험방지)하기 위하여 발동되는 경찰을 의미하며, 진압경찰이란 이미 발생된 위해, 즉 장해를 제거하기 위하여 발동하는 경찰을 의미한다.

예방경찰의 예로서는 정신착란자·주취자에 대한 보호조치(경찰관직무집행법 4)나 범죄의 예방(동법6) 등이 있으며, 진압경찰의 예로서는 범죄의 제지(동법 6)를 들 수 있다.

진압경찰은 이미 발생한 범죄를 제지·진압·수사하고 피의자를 체포하는 권력작용으로 사법경찰과 일치한다고 보는 견해도 있다. 그러나 진압경찰의 경우에도 진행 중인 범죄행위를 제지하고 피해자를 구조하며 범죄의 결과를 처리하여 범죄가 행해지기 전의 상태로 회복시키는 작용은 사법경찰이 아닌 행정경찰로 보는 견해가 지배적이다.

Ⅵ. 보통경찰과 고등경찰

보통경찰(普通警察)은 교통안전, 풍속의 유지, 범죄의 예방과 진압 등 일반사회 공공의 안녕과 질서 유지를 목적으로 하는 활동을 말한다.

이에 대하여 고등경찰(高等警察 ; haute police, politische Polizei)이란 용어는 프랑스어에 기원을 둔다. 이는 보통경찰에 대해서, 본래 '보다 우월한 가치를 지니는 사회적 이익을 보호하기 위한 경찰'을 의미하였으나, 현재에는 사상·종교·집회·결사·언론의 자유에 대한 정보수집·단속과 같이 국가의 안전 즉, 국가의 존립과 유지를 보장하기 위하여 국가기관 및 제도에 대한 위해를 방지하는 경찰을 의미한다. 이를 정치경찰이라고도 한다.

현재 경찰관청 내의 정보과 또는 국가정보원 등이 고등경찰을 담당하는 기관이라 할 수 있다.

Ⅶ. 육상경찰과 해양경찰

국가경찰은 다시 육상경찰과 해양경찰로 구분된다. 각국은 해상에서의 안전과 치안유지 및 해양환경오염의 방지 등의 목적을 달성하기 위하여 육상경찰과는 별도의 조직으로 해양경찰을 설치·운영하고 있다.

미국의 연안경비대(USCG ; United States Coast Guard), 일본의 해상보안청(海上保安廳; (JCG ; Japan Coast Guard), 한국의 해양경찰청(KCG ; Korea Coast Guard) 등이 그 예이다.

미국에서 연안경비대라는 명칭의 조직이 공식적으로 설치된 것은 1915. 1. 28.이다. USCG는 상시 미합중국 군대의 일원으로서 해군에 편제되어 국방임무를 수행하여야 할 책무를 부담한다. 이와 같이 해군에 편제되어 임무를 수행하는 경우를 제외하고는 국토안보부(Department of Homeland Security) 소속으로 임무를 수행하여야 한다. 평시 USCG의 수장은 미국 정부의 국토안보부 장관이나 사령관을 책임자로 한 외청으로 자체적 독립성을 유지하고 있다. USCG에는 전시나 대규모 재난 발생시 투입되는 연안경비예비대(Coast Guard Reserve)와 해양관련 민간인 자원봉사자들로 구성된 연안경비보조대(Coast Guard Auxiliary)도 활동에 큰 역할을 담당하고 있다. 지역조직으로 태평양지역사령부와 대서양지역사령부와 기타 15개의 별도 직속조직이 있다. "US Code Title 14"에는 USCG의 임무·직무 및 적용범위 및 권한에 대한 규정이 구체적으로 명시되어 있다. 그리고 업무 내용은 연방규정인 33CFR(Code of Federal Regulation)에 상세하게 규정되어 있으며, 해양안전업무에 대하 지침 및 절차 등은 해상안전지침(Marine Safety Manual)에 자세히 기술되어 있다.

일본의 해상보안청(Japan Coast Guard ; JCG)은 1948년 미국의 USCG를 모델로 하여 해사에 관한 사항을 일원적으로 수행하기 위해 설립된 국가기관으로 운수성 산하에 설치되었다.

JCG의 조직은 중앙조직과 지방조직으로 나뉘어져 있다. JCG의 조직에 관한 근거법으로는 국가행정조직법, 국토교통성설치법, 해상보안청법, 국토교통성조직령 등이 있으며, 각종 업무에 관한 작용법적 근거가 마련되어 있다.

해양경찰의 임무는 각국의 실정법에 따라 차이가 있다.

제 2 장

경찰법 서설

제 1 절 경찰법의 의의와 범위

Ⅰ. 경찰법의 의의

경찰법이란 경찰에 관한 국내공법의 총체이다. 구체적으로는 경찰의 조직과 작용 및 경찰작용에 대한 통제 내지 경찰작용으로 인하여 입은 피해의 구제에 관한 국내공법을 일컫는다. 이러한 의미에서 경찰법은 경찰행정법과 같은 의미를 가진다. 다만, 우리나라의 실정법 중 '경찰법'이라는 명칭을 가진 법률이 있다. 그러나 이 경찰법은 정부조직법에 근거하여 경찰조직에 관한 일반법으로 제정 · 시행되고 있음에 유의하여야 한다.

경찰행정은 복지행정과 더불어 행정의 주요한 축을 형성하고 있다. 따라서 경찰법은 행정법의 일부이며, 경찰의 조직과 작용 및 통제 또는 구제에 관하여 따로 법령에 규정이 있는 경우 또는 고유한 법원리가 있는 경우를 제외하고는 행정법의 일반적인 규정이나 법원리가 그대로 적용된다.

본서에서는 경찰법을 경찰행정법으로 보고, 이는 다시 경찰조직법, 경찰작용법 및 경찰구제법으로 나누어 이해하기로 한다.

Ⅱ. 경찰법의 범위

1. 일반경찰행정법과 특별경찰행정법

실질적 의미의 경찰을 광의로 이해하는 경우, 광의의 행정경찰은 보안경찰과 협의의 행정경찰로 구분됨은 앞에서 살펴본 바와 같다.

이 경우 보안경찰에 관한 법을 일반경찰행정법이라 하고, 협의의 행정경찰에 관한 법을 특별경찰행정법이라고도 한다.

2. 경찰행정에 고유한 법과 일반행정법

경찰행정법의 외연을 좁게 파악할 경우에는 경찰의 조직과 작용 및 그 통제 또는 구제에 고유한 법규범만을 가리킨다. 이를 경찰행정에 고유한 법이라 할 수 있다.

그러나 전술한 바와 같이 경찰행정법은 행정법의 일부일 뿐만 아니라 실제로 경찰은 일반행정법에 의하여 규율되고 있다.

이러한 점에서 볼 때 경찰행정법을 총체적으로 이해하기 위해서는 경찰행정에 고유한 법뿐만 아니라, 행정 일반의 조직과 작용 및 통제 또는 구제에 관한 법 즉, 일반행정법과 그 법원리를 고찰대상에 포함하여야 한다.

Ⅲ. 경찰법의 내용

경찰법은 경찰조직에 관한 법, 즉 경찰조직법과, 경찰작용에 관한 법인 경찰작용법 및 경찰권의 통제 또는 국민의 권리구제에 관한 법인 경찰구제법으로 구성된다.

1. 경찰조직법

경찰조직법은 좁은 의미로는 경찰의 내부관계인 경찰조직에 관한 법을 의미한다. 이는 경찰행정주체나 경찰행정기관의 설치 · 폐지 · 권한 · 구성 · 상호관계에 관한 법이다.

경찰조직법을 광의로 파악하는 경우에는 경찰조직에 관한 법뿐만 아니라 경찰행정기관을 구성하는 일체의 인적 · 물적 요소에 관한 법 즉, 경찰공무원과 공물 및 영조물에 관한 법까지를 포함한다.

이와 같이, 종래 통설은 경찰공무원법 등의 공무원법도 행정조직법의 일부로 이해하였다. 이는 경찰공무원 등 공무원의 근무관계를 법치행정의 원칙이 적용되지 아니하는 공법상 특별권력관계의 일종으로 보는 사고방식에 근거한 것이었다.

그러나 오늘날에 이르러서는 공무원의 근무관계에 관하여 실정법이 구체적인 규정을 두고 있으며, 공무원의 권익이 침해된 경우에는 소청심사제도나 행정소송제도 등을 통하여 권리구제를 받을 수 있는 길이 제도화되어 있어 종래의 특별권력관계로 볼 수 없게 되었다. 따라서 경찰공무원법은 경찰조직법적 요소와 아울러 경찰작용법적 요소를 갖고 있다고 할 수 있다.

한편, 경찰조직법을 협의로 파악하는 경우에는 경찰행정의 내부관계의 범위를 축소하여 행정기관을 구성하는 인적 · 물적 요소에 관한 법을 제외하여, 경찰행정주체나 경찰행정기관의 설치 · 폐지 · 권한 · 구성 · 상호관계에 관한 법에 한정한다.

경찰조직법은 경찰주체가 경찰기능을 합리적 · 능률적으로 발휘할 수 있도록 합목적적으로 규정하고, 상호간의 관계도 행정조직의 내부문제로서 자율적으로 처리할 수 있도록 규정하고 있다.

2. 경찰작용법

경찰작용법은 경찰조직법에 대응하는 개념이다. 따라서 경찰조직법이 경찰의 내부관계를 규율하는 법인 데에 반하여, 경찰작용법은 경찰의 외부관계를 규율대상으로 하는 법을 말한다. 즉 경찰주체와 경찰주체의 외부에 있는 경찰객체 또는 상대방인 사인 등과의 관계를 규율하는 법이 경찰작용법이다.

경찰조직법과는 달리, 경찰작용법은 외부관계를 규율하는 법이므로 경찰작용을 규제하고 국민의 권리·의무에 관한 사항을 정하는 것을 본바탕으로 할 뿐만 아니라, 법치행정의 원칙이 적용되며, 그에 관한 일체의 법률상 쟁송은 사법심사의 대상이 된다.

3. 경찰구제법

경찰구제법은 경찰작용으로 인하여 침해되는 국민의 권리·이익을 구제하기 위한 법이다. 흠 있는 경찰작용의 시정을 구하기 위한 행정쟁송법 및 사전적 권리구제절차에 관한 법 그리고 경찰작용으로 인한 실체적 손해를 전보하기 위한 법 등이 이에 포함된다.

제2절 경찰법의 기본원리

Ⅰ. 헌법과 경찰법

헌법은 국가의 기본법이며 국가통치권의 조직과 작용의 기본원칙을 정하고 있다. 경찰법은 행정법의 일부로서, 당연히 헌법의 하위법 내지는 부분법으로서의 성격을 지니고 있다.

따라서 경찰법도 헌법이 지향하는 이념을 구체화하는 법이라 할 수 있으며, 경찰법의 이론체계도 헌법에 적합하여야 한다. 경찰법이 헌법의 하위법 내지는 부분법인 이상 헌법의 기본원리는 그대로 경찰행정법에도 적용된다.

헌법원리 중 권력분립원리, 민주국가원리, 법치국가원리는 경찰법의 기본이 되는 원리이다. 다만, 사회국가원리는 행정법의 다른 일부인 복지행정법의 기본원리라 할 것이므로 경찰법의 기본원리로 보기는 어렵다.

Ⅱ. 헌법상 경찰법의 기본원리

1. 법치국가의 원리

법치국가라 함은 법이 지배하는 국가를 말하며, 법치국가의 원리란 모든 국가적 활동과 국가적 생활은 국민의 대표기관인 의회가 제정한 법률에 근거를 두고 법률에 따라 이루어져야 한다는 헌법원리이다. 이는 국가권력의 행사에 대한 예측가능성을 보장하기 위한 것이다.

우리 헌법은 성문헌법주의를 취하는 한편, 헌법이 다양한 기본권을 보장하는 동시에 기본권제한 일반원칙을 규정하고 있으며, 권력분립을 통해 의회입법의 원칙과 포괄적 위임입법의 금지[1], 사법심사의 원칙을 채택하고 있다. 아울러, 행정과 재판은 물론 법률도 그 내용과 목적이 정당한 것이 되도록 담보하기 위하여 위헌법률심사권을 헌법재판소에 부여하고 있다.

2. 민주국가의 원리

민주국가의 원리란 국가의 주권이 국민에게 있고 국민의 뜻에 따라 직접 또는 간접적으로 운용되는 것을 의미한다.

우리 헌법 제1조제2항은 "대한민국의 주권은 국민에게 있고, 모든 권력은 국민으로부터 나온다"고 하여 국민주권주의를 규정하고 있다. 또한 제7조제1항에

1) 우리 헌법의 지도이념인 법의 지배 내지 법치주의의 원리는 국가권력행사의 예측가능성 보장을 위하여 그 주체와 방법 및 그 범위를 법률로 규정한 것을 요구한다. 예외적으로 위임입법을 허용하는 경우에 있어서도 법률에 의한 수권에 의거한 명령의 내용이 어떠한 것이 될 수 있을 것인가를 국민에게 예측가능한 것임을 요구하는 것으로서 그것은 법규명령에 의하여 비로소가 아니라 그보다 먼저 그 수권법률의 내용으로부터 예견가능하여야 하는 것을 의미하는 것이다. 그리고 형벌이나 행정제재와 관련되는 경우에는 그 요건은 더욱 엄격한 것이다. 물론 법규명령제도의 생성내력에 비추어 볼 때 장래 정립될 법규명령의 구체적 내용이 정확하게 예견될 수 있을 것을 의미하는 것은 아니라 할지라도 적어도 정립될 수 있는 법규명령의 기본적 윤곽에 대한 예견가능성은 보장이 되어야 한다는 것이다(헌재결 1993. 05. 13, 92헌마80).

서는 "공무원은 국민 전체에 대한 봉사자이며, 국민에 대하여 책임을 진다"고 규정하고 있다.

그 외에, 자유민주적 기본질서, 대의제도와 국민투표(직접민주제도), 참정권(공무담임권과 선거권 및 피선거권), 정당제도, 지방자치제도 등에 관한 규정을 두어 민주국가의 원리를 정하고 있다.

3. 권력분립의 원리

권력분립의 원리는 국가기관의 상호 견제와 균형을 통하여 국가권력의 집중과 남용을 방지하기 위한 소극적 조직원리이다.

헌법 제40조는 "입법권은 국회에 속한다"고 규정하고, 제66조제4항에서는 "행정권은 대통령을 수반으로 하는 정부에 속한다"고 규정하는 한편, 제101조제1항에서는 "사법권은 법관으로 구성된 법원에 속한다"고 규정하여 권력분립원리를 명문화하고 있다.

Ⅲ. 행정법상의 기본원리

1. 법치행정의 원리

1) 의의

법치행정의 원리란 법치국가의 원리를 행정의 측면에서 파악하는 원리이다. 공권력으로부터 개인을 보호하기 위한 원리로서 공행정은 합헌적 법률에 의하여 이루어져야 한다는 것을 의미한다.

Otto Mayer는 법치행정의 원리의 내용요소로서 법률의 법규창조력, 법률의 우위, 법률의 유보를 들고 있다. 대표적인 침익행정인 경찰행정영역에서의 법치행정의 원리는 대단히 중요한 위치를 차지하고 있다.

2) 법률의 법규창조력

(1) 의의

법률의 법규창조력이란 원칙적으로 국가입법기관인 국회의 의사로서 제정된 법률만이 국민의 자유와 재산을 침해하는 등 국민의 권리 의무에 관한 사항을 정하는 규범인 법규를 창조할 수 있는 힘이 있다는 것이다.

법률의 법규창조력은 지금도 인정되고 있다. 국회입법의 원칙과 법규명령의 발령에 법률의 근거를 요하는 것은 법률의 법규창조력을 전제로 한다.

(2) 적용범위의 변화

법률이라고 하더라도 헌법에 위배되는 경우에는 법규창조력이 부정된다. 이와 관련하여 위헌법률심사제도가 도입되어 있다.

또한 법규창조력이 의회제정법인 법률에게만 부여되어 있는 것은 아니다. 의회제정법인 법률 외에도 행정법의 일반원칙이나 관습법 또는 판례법, 법률대위명령인 긴급명령, 긴급재정 · 경제명령 등도 법규창조력을 가진다고 하여야 한다.

3) 법률의 우위

(1) 의의

법률의 우위란 국회에서 제정하는 형식적 의미의 법률이 그 효력에 있어서 행정권의 모든 활동에 우선한다는 원칙이다.

여기에서의 법률은 당연히 합헌적 법률일 것을 요한다. 이 원칙에 따라 모든 집행기관은 특정사실이 법률의 구성요건에 해당하는 경우에는 즉시 당해 법률을 적용할 의무를 부담하며, 이에 위반해서는 아니 된다.

(2) 적용범위

법률의 우위는 모든 행정영역에 적용된다. 그 행위가 침익적이든 수익적이든, 또는 조직법상의 행위이든 작용법상의 행위이든 가리지 아니한다.

(3) 위반의 효과

법률의 우위 원칙에 반하는 행정작용의 효과는 행정의 행위형식에 따라 다르게 나타난다.

행정의 행위형식 중 법률의 우위의 원칙에 반하는 행정입법은 원칙적으로 무효이다.

행정행위의 경우에는 다수설과 판례는 하자의 중대명백성 여하에 따라 무효 또는 취소의 대상이 된다고 한다.

공법상 계약의 경우에는 무효가 되거나 해제될 수도 있다.

그리고 행정청이 이에 위반하는 경우 그 상대방은 의무이행심판, 부작위위법확인소송, 헌법소원의 청구 또는 국가배상청구 등을 통하여 구제를 받을 수 있게 된다.

4) 법률의 유보

(1) 의의

법률의 유보란 경찰권이 구체적으로 발동되기 위해서는 조직규범 외에 별도의 개별적 근거가 되는 법규범 즉, 근거규범이 있어야 된다는 원칙이다. 근거규범을 행위규범 또는 수권규범이라고도 한다.

> [헌법재판소 2011. 6. 30. 2009헌마406 결정] 헌법이 국민의 자유와 권리를 제한하는 경우 근거하도록 한 법률은 개별적 또는 구체적 사안에 적용할 작용법적 조항을 의미하는 것이지, 조직법적 조항까지 포함하는 것이 아니다.

(2) 적용범위

전술한 바와 같이, 법률의 우위 원칙은 모든 행정영역에서 적용된다. 그러나 법률의 유보 원칙의 적용범위는 헌법에서 입법사항으로 규정되어 있지 아니하는 행정영역에서는 어디까지 적용되는 것인지에 대하여는 침해유보설, 권력행정유보설, 사회(급부행정)유보설, 전부유보설, 중요사항유보설(본질성설) 등으로 견해가 나뉘고 있다.

(a) 침해유보설

이는 국민 등의 자유와 재산을 침해하는 이른바 침해행정작용은 반드시 근거규범에 바탕을 두어야 한다는 견해이다. 이는 법규이론을 배경으로 하여 등장한 것으로 자유주의적 법치국가사상을 바탕으로 한다.

(b) 권력행정유보설

수익적 행정작용이든, 침익적 행정작용이든 공권력의 행사에는 모두 법률의 근거가 있어야 된다는 견해이다.

(c) 사회(급부행정)유보설

사회유보설 또는 급부행정유보설은 침해행정작용은 물론 급부행정작용에도 반드시 근거규범이 있어야 한다는 입장이다.

이 견해는 ① 급부행정작용도 국민이 부담하는 조세를 재원으로 하므로 법률 소정의 기준에 따라 공정하고 합목적적으로 이루어져야 한다는 점, ② 혼재하는 급부행정과 침해행정을 엄격하게 구분할 수 없다는 점, ③ 자의적인 급부나 불공정한 급부나 그 거부는 평등원칙에 반할 뿐만 아니라 급부를 받을 권리를 침해할 우려가 있다는 점 등을 그 논거로 한다.

(d) 전부유보설

전부유보설은 모든 행정작용은 법률에 그 근거를 두어야 한다고 본다. 이 견해는 모든 행정작용은 그 민주적 정당성을 확보하기 위해서는 행정작용이 국민의 의사를 대변하는 법률에 그 근거를 두어야 한다는 것을 논거로 한다.

(e) 중요사항유보설(본질유보설 · 본질성설)

중요사항유보설 또는 본질유보설(본질성설)은 행정작용 중 국민 등에게 영향을 미치는 중요한 본질사항은 반드시 법률에 근거를 두어야 한다고 한다. 바꾸어 말하면, 기본적인 규범영역에서 모든 중요한 결정은 의회가 스스로 법률로 정하여야야 한다는 것이다.

이 견해는 침해유보설을 중핵으로 하면서도 침해유보의 기능을 확정하고 국가행정의 기본적 계획 및 근간이 되는 제도도 법정화하려는 입장을 취한다.

(f) 결어

현재의 다수설은 중요사항유보설이다. 중요사항유보설은 1970년대 이후 독일 연방헌법재판소가 확립하여 현재 독일의 통설이 되어 있다. 우리 헌법재판소도 중요사항유보설을 취하는 것으로 보인다.

그러나 어느 학설에 의하더라도 대표적인 침익행정영역인 경찰권의 발동에 있어서는 법률의 근거를 요한다. 다만, 최근에 증대되고 있는 비권력적 경찰행정영역에서는 전부유보설의 경우를 제외하고는 의회가 중요사항으로 유보하고 있지 아니하는 한 법률의 근거를 요하지 아니한다고 할 것이다.

2. 행정통제 및 행정구제의 원리

위헌·위법의 행정작용이나 법률에 근거를 두지 아니하는 행정작용이 이루어진다면 이는 법치행정의 원리를 심각하게 위반하게 된다.

따라서 행정의 적법성을 확보하기 위한 통제장치와 그로 인하여 사인이 입은 침해를 구제하는 장치를 갖추는 것이 중요하게 된다. 이는 법치행정의 원리를 담보하기 위한 장치이다.

행정통제 및 행정구제의 원리를 법치행정의 원리를 구성하는 요소의 하나로 보기도 한다.

3. 적법절차의 원리

법치행정의 원리는 실체적으로 보장되어야 하는 것은 물론, 절차적으로도 보장되어야 한다.

이는 자연적 정의의 원칙에 입각하여 양당사자청문주의, 침익처분에 있어서의 사전 의견청취제도, 처분이유의 고지 등 행정의 절차적 보장의 확대와 함께, 재량행위에 있어서의 고지와 청문의 절차적 보장을 통하여 행정처분의 합리성을 제고하고 사전적 권리구제에 기여할 수 있기 때문이다.

제3절 경찰법의 법원

Ⅰ. 개 설

1. 의의

법원(法源)의 의미는 다양하게 사용되고 있으나, 일반적으로는 실정법의 존재형식 또는 인식근거라는 의미로 사용된다. 따라서 경찰법의 법원이란 경찰법의 존재형식 또는 경찰행정법이라고 인식할 수 있는 근거를 말한다.

경찰법의 법원은 그 존재형식에 따라 성문법원과 불문법원으로 대별된다.

경찰법의 성문법원으로는 헌법, 법률, 국가행정권에 의한 행정입법 등이 있으며, 자치경찰제가 도입된 경우에는 자치입법인 조례와 규칙도 포함된다.

그 외에 법의 일반원칙이나 판례 또는 관습법 등 불문법원도 경찰법의 법원에 포함된다.

2. 경찰법의 성문법주의

경찰법은 성문법주의를 원칙으로 한다. 이는 ① 경찰법은 헌법이 보장하고 있는 국민의 기본권과 긴장관계에 서는 경찰권의 발동과 관계가 있을 뿐만 아니라, ② 경찰작용에 대한 예측가능성과 법적 안정성을 확보할 수 있어야 하고, ③ 경찰업무 수행의 공정성을 보장하는 한편 ④ 경찰작용의 통제와 권리구제 등에 관한 사항을 명확하게 규율할 필요가 있기 때문이다.

다만, 경찰권의 조직과 작용 및 그 통제와 구제 등 경찰행정에 관한 전반적인 사항을 규율하는 단일의 경찰법전은 아직 존재하지 아니한다.

Ⅱ. 성문법원

1. 헌법

헌법 제96조에서는 "행정 각부의 설치 · 조직과 직무범위는 법률로 정한다"고 규정하여 행정조직법정주의를 취하고 있다. 이는 경찰조직법 제정의 헌법적 근거가 된다.

아울러 제10조 이하에서는 기본권 보장 관련 규정을 두고 있는 한편, 제37조 제2항에서는 "국민의 모든 자유와 권리는 질서유지를 위하여 필요한 경우에 한하여 법률로써 제한"할 수 있다고 규정하여, 경찰작용법 제정의 헌법적 근거가 되도록 하고 있다.

또한 제76조에서는 "대통령은 내우 · 외환 · 천재 · 지변 또는 중대한 재정 · 경제상의 위기에 있어서 공공의 안녕질서를 유지하기 위하여 긴급한 조치가 필요하고 국회의 집회를 기다릴 여유가 없을 때에 한하여 최소한으로 필요한 재정 · 경제상의 처분을 하거나 이에 관하여 법률의 효력을 가지는 명령을 발할 수 있다"고 규정하고 있으며, 제77조에서는 "대통령은 전시 · 사변 또는 이에 준하는 국가비상사태에 있어서 병력으로써 공공의 안녕질서를 유지할 필요가 있을 때에는 법률이 정하는 바에 의하여 계엄을 선포할 수 있다"고 규정하고 있다. 이 역시 경찰법의 법원이 된다.

2. 법률

먼저, 경찰조직법으로서는 정부조직법과 경찰법이 그 일반법적 지위를 차지하고 있다.

경찰법은 국가경찰의 민주적인 관리 · 운영과 효율적인 임무수행을 위하여 국가경찰의 기본조직 및 직무범위 등을 규정하고 있다(법1 참조). 그 외에 경찰대학설치법, 경찰공무원법, 국가공무원법, 경찰공무원보건안전및복지기본법 등이 있다.

한편, 경찰작용법 중 주요한 것으로는 경찰관직무집행법, 도로교통법, 집회및시위에관한법률, 화염병사용등의처벌에관한법률, 풍속영업의규제에관한법률, 경찰직무응원법, 총포·도검·화약류등의안전관리에관한법률, 사행행위등규제및처벌특례법, 사격및사격장안전관리에관한법률, 경범죄처벌법, 경비업법, 청원경찰법, 해양경비법, 해사안전법, 유선및도선사업법, 연안사고예방에관한법률, 수상레저안전법 등이 있다.

그리고 경찰통제 및 구제 관련 법률로는 행정절차법, 국가배상법, 행정심판법, 행정소송법, 헌법재판소법 등이 있다.

자치경찰과 관련하여 제주특별자치도설치및국제자유도시조성을위한특별법이 있다.

3. 명령

명령이란 국가행정권이 법률의 위임에 근거하여 정립하는 법형식을 말한다. 이에는 대통령령과 부령이 있다.

대통령령은 대체로 직제, 시행령 또는 규정이라는 명칭을 사용하며, 부령은 주로 시행규칙 또는 규칙이라는 명칭을 사용한다.

경찰조직법의 법원이 되는 대통령령으로는 경찰청과그소속기관직제, 해양경찰청과그소속기관직제, 경찰위원회규정, 치안행정협의회규정, 경찰공무원복무규정 등이 있다.

이와 아울러 경찰작용법의 부속법령으로서 경찰관직무집행법시행령, 도로교통법시행령, 집회및시위에관한법률시행령 등이 있다.

부령으로는 경찰공무원임용령 시행규칙, 경찰공무원승진임용시행규칙, 도로교통법시행규칙 등의 행정안전부령과, 해양경찰청과그소속기관직제시행규칙, 해양경찰청소속경찰공무원승진임용규정시행규칙 등의 해양수산부령이 있다.

4. 조례와 규칙 등 자치법규

자치법규란 지방자치단체가 법령의 범위 안에서 자치입법권에 의거하여 정립하는 경찰관련 법규범을 말한다. 지방자치법상 자치법규에는 지방의회가 정하는 조례, 지방자치단체의 장이 정하는 규칙이 있다.

자치법규는 자치사무를 대상으로 하므로 국가경찰영역에서는 원칙적으로 자치법규가 성립할 수 없다. 다만, 그 국가경찰사무가 기관위임되었을 경우 그에 관하여 제정된 규칙은 경찰행정법의 법원이 될 수 있다. 그리고 자치경찰제도가 도입되어 있는 제주특별자치도에서는 경찰사무에 관한 자치법규도 경찰법의 법원이 된다.

5. 조약과 일반적으로 승인된 국제법규

조약이란 조약·협정·의정서 등 그 명칭 여하를 불문하고 우리나라와 외국 또는 국제기구 사이의 문서에 의한 합의를 말한다.

그리고 일반적으로 승인된 국제법규란 다수의 국가에 의하여 일반적으로 승인된 보편적 일반적 규범을 말하며 별도의 승인절차를 필요로 하지 아니한다고 본다. 이에는 성문의 국제법규 외에 국제관습법 및 우리나라가 체약국이 아닌 조약도 포함된다.

헌법 제6조제1항은 "헌법에 의하여 체결 공포된 조약과 일반적으로 승인된 국제법규는 국내법과 동일한 효력을 가진다"고 규정하고 있다.

따라서 조약과 일반적으로 승인된 국제법규 중 국내 경찰행정에 관한 사항을 정하고 있는 것은 경찰법의 법원이 된다.

Ⅲ. 불문법원

1. 필요성

불문법은 관습법과 판례(법) 및 조리로 나뉜다. 경찰법이 성문법주의를 원칙으로 한다고 하더라도 규율대상이 복잡다기하고 사회현실이 부단히 변천하고 있어 성문법의 완비를 기대할 수 없을 뿐만 아니라, 성문화 그 자체에도 일정한 한계가 있다.

그 결과 성문법의 흠결이나 상호 모순·충돌을 야기하게 된다. 이를 해결하기 위한 합리적 해석원리로서 불문법에 의한 보충이 필요하게 된다.

2. 관습법

1) 의의

관습법이란 다수의 국민 사이에 일정한 기간 계속하여 같은 사실이 관행으로 반복됨으로써 국민의 법적 확신을 얻어 성립하는 법규범을 말한다. 관습법은 사실인 관습과는 구분된다.

2) 성립요건

다수설과 판례는 관행과 국민의 법적 확신으로 관습법이 성립한다는 법적 확신설 내지 법력 내재설을 취한다.

이에 대하여 제정법 우위론에 입각하여 성문법규가 관행에 대해 명시적으로 법적 효력을 부여하거나 적어도 국가가 묵시적으로 이를 승인하는 경우에만 관습법이 성립할 수 있다는 국가승인필요설도 있다.

3) 종류

관습법은 ① 행정청의 선례가 법적 확신을 취득하여 성립되는 행정선례법과, ② 민중의 관행에 의하여 성립하는 민중적 관습법으로 나뉜다.

행정선례법의 효력과 관련하여, 행정절차법 제4조 제2항은 "행정청은 행정청의 관행이 일반적으로 국민에게 받아들여진 때에는 공익 또는 제3자의 정당한 이익을 현저히 해할 우려가 있는 경우를 제외하고는 새로운 관행에 소급하여 불리하게 처리하여서는 아니 된다"고 규정하고 있다.

그렇지만 경찰행정영역에서는 관습법의 성립이 상당히 어려울 것으로 본다. 이는 행정현상의 유동성·대량성·급변성·다양성 등의 일반적인 요인 외에, 침해행정 내지 권력행정의 법률유보라는 법치행정의 원리상 성문의 법률에 근거규범을 두지 않을 수 없기 때문이다.

3. 판례법

판례의 법원성에 대하여는 영미법에서의 선례구속성의 원칙을 부인하면서도 사실상의 구속력을 인정하지 않을 수 없는 것이 현실이다. 예컨대, ① 법률의 해석과 적용에 있어서 판결에 포함된 합리성 및 법해석과 운용의 기준은 동종의 사건에 대하여도 재판의 준거가 될 뿐만 아니라, ② 하급심은 물론 행정기관이나 사인을 사실상 구속하게 되며 법으로 의식하기 때문이다. 이러한 한도 내에서 판례도 법원으로 볼 수 있다. 다만, 대륙법계 국가에서 판례는 성문법의 해석기준을 제공하는 데에 지나지 않으며, 새로운 규범을 창조하는 것은 아니다.

한편, 헌법재판소의 위헌결정은 법원성을 가진다. 즉 법률의 위헌결정은 법원과 그 밖의 국가기관 및 지방자치단체를 기속한다(헌법재판소법47①). 위헌으로 결정된 법률 또는 법률의 조항은 그 결정이 있는 날로부터 효력을 상실한다(동조②). 위헌으로 결정된 형벌에 관한 법률 또는 법률의 조항은 소급하여 그 효력을 상실한다. 다만, 해당 법률 또는 법률의 조항에 대하여 종전에 합헌으로 결정한 사건이 있는 경우에는 그 결정이 있는 날의 다음 날로 소급하여 효력을 상실한다(동조③).

4. 행정법의 일반원칙 또는 조리

1) 의의

조리란 법적 공동체인 사회공동체로부터 당연히 도출되는 것으로서 일반적으로 정의에 합치되는 보편적 원리로 인정되는 일반법원칙을 말한다.

이러한 일반법원칙인 조리는 성문법은 아니라 하더라도 기본적인 법규범으로서 법원성을 가진다. 행정법 영역에서의 일반법원칙을 행정법의 일반원칙이라 한다.

법의 일반원칙은 주로 판례를 통하여 발견되며, 그 후 성문화과정을 거쳐 헌법·법률·조례 등의 실정법으로 전화되기도 한다.

행정법의 일반원칙 중 중요한 것으로는 평등원칙, 행정의 자기구속법리, 비례원칙, 신뢰보호의 원칙 등을 들 수 있다.

2) 평등원칙

평등원칙은 행정활동을 함에 있어서 합리적인 이유가 없는 한 국민 또는 주민을 공평하게 대우하여야 하며, 자의적으로 차별하여서는 아니 된다는 것을 말한다. 합리적 차별은 자의적 차별에 해당하지 아니한다.[2)]

평등원칙은 근대입헌국가의 기본적인 법원칙이다. 그리하여 평등원칙은 현행헌법 제11조로 전환되어 규정되고 있다.

3) 행정의 자기구속법리

행정의 자기구속의 법리는 행정기관이 자기가 정한 결정기준에 스스로 구속되는 것 또는 동종의 사안에 대하여 종래와 동일한 결정을 상대방에게 하도록 행정기관이 스스로 구속되는 것을 말한다.

통설은 행정의 자기구속의 법적 근거를 평등원칙에서 구한다.

4) 비례원칙

(1) 의의

비례원칙이란 행정작용을 통하여 달성하고자 하는 목적과 그 목적을 실현시키기 위한 수단 사이에 합리적 비례관계가 유지되어야 한다는 원칙이다.

이 원칙은 19세기 후반 독일에서 경찰권의 한계를 긋기 위한 경찰법상의 일반원칙으로 성립하였다.

그 후 비례원칙은 적용범위가 점차 확대되어 규제행정과 급부행정에도 적용되고 있으며, 헌법상의 법원칙으로서 위헌법률심사의 기준으로 작용하고 있다. 헌법재판소는 비례원칙을 과잉금지원칙이라고 표현하고 있다.

---

2) 같은 정도의 비위를 저지른 자들 사이에 있어서도 그 직무의 특성 등에 비추어, 개전의 정이 있는지 여부에 따라 징계의 종류의 선택과 양정에 있어서 차별적으로 취급하는 것은, 사안의 성질에 따른 합리적 차별로서 이를 자의적 취급이라고 할 수 없는 것이어서 평등원칙 내지 형평에 반하지 아니한다(대법 1999. 8. 20. 선고 99두2611 판결).

(2) 근거

비례원칙의 근거는 법치국가의 원리 및 헌법 제37조제2항이다. 헌법은 국민의 모든 자유와 권리는 국가안전보장·질서유지 또는 공공복리를 위하여 필요한 경우에 한하여 법률로써 제한할 수 있으며, 제한하는 경우에도 자유와 권리의 본질적인 내용을 침해할 수 없다고 규정하여 비례원칙이 헌법상의 법원칙임을 명시하고 있다.

한편, 경찰관직무집행법은 동 법에 규정된 경찰관의 직권은 그 직무수행에 필요한 최소한도 내에서 행사되어야 하며 이를 남용하여서는 아니 된다는 비례원칙을 명시적으로 규정하고 있다(법1②).

(3) 내용

비례원칙은 다시 적합성의 원칙, 필요성의 원칙 및 상당성의 원칙으로 구성된다.

(a) 적합성의 원칙

수단은 목적달성에 적합한 것이어야 한다. 선택된 수단이 목적달성에 부적합한 경우에는 적합성의 원칙에 반하는 것이다.

또한 선택된 수단이 사실상·법률상으로도 가능한 것이어야 한다. 이에 반하는 경우도 부적합한 것이 된다.

(b) 필요성의 원칙

적합성의 원칙을 충족한 다수의 수단 가운데에서 가장 적은 부담을 주는 수단을 선택하여야 한다.

이를 최소침해의 원칙 또는 가장 부드러운 수단의 원칙이라고도 한다.

(c) 상당성의 원칙

적합성의 원칙과 필요성의 원칙을 충족한 수단이라고 하더라도 그 수단을 사용하는 것이 보다 큰 불이익을 초래하여서는 아니 된다. 이를 협의의 비례원칙이라고도 한다.

즉 사용될 수단이 공익상의 필요를 상회하여 침해를 초래하는 경우 상당성의 원칙에 위반한 것이 된다.

[대법원 2008. 8. 11. 선고 2007두4919 판결] 가격의 공동결정에 의한 부당한 공동행위에 대하여 부과되는 과징금의 액수는 당해 공동행위의 구체적 태양 등에 기하여 판단되는 그 위법성의 정도나 기타 사정으로서 조사에의 협조 여부, 종전의 위반횟수뿐만 아니라, 가격담합으로 인한 이득액의 규모와도 상호 균형을 이룰 것이 요구되고, 이러한 균형을 상실할 경우에는 비례의 원칙에 위배되어 재량권의 일탈·남용에 해당할 수가 있다(대법원 2004. 10. 27. 선고 2002두6842 판결 참조).

5) 신뢰보호의 원칙

(1) 의의

신뢰보호의 원칙이란 행정기관의 일정한 명시적 또는 묵시적 언동의 정당성이나 존속성에 대한 사인의 보호가치 있는 신뢰는 보호해 주어야 한다는 원칙이다. 영미법상의 금반언의 법리(promissory estoppel)와 유사하다.

(2) 근거

신뢰보호의 원칙의 논리적 근거는 신의성실원칙 또는 법적 안정성에서 구하는 것이 일반적이다.

(3) 적용요건

신뢰보호의 원칙이 적용되기 위하여는 다음에 열거하는 여섯 가지의 요건을 갖추어야 한다.

① 행정기관의 선행조치가 있어야 한다. 선행조치는 국민이 신뢰를 갖게 될 일체의 조치로서 명시적 언동이든 묵시적 언동이든 불문한다는 것이 다수의 견해이다.

② 선행조치의 정당성이나 존속성에 대한 신뢰가 보호가치가 있는 것이어야 한다.

③ 선행조치에 대한 신뢰에 의거한 국민의 조치가 있어야 한다.

④ 선행조치와 국민의 조치 사이에 인과관계가 있어야 한다.

⑤ 선행조치에 반하는 행정기관의 후행행위로 선행조치를 신뢰하고 일정한

조치를 한 개인의 이익이 침해되는 결과가 초래되어야 한다.

⑥ 선행행위에 따른 후행행위로 공익이나 제3자의 정당한 이익을 현저히 해할 우려가 있는 경우가 아니어야 한다.

[대법원 2000. 2. 25. 선고 99두10520 판결] 행정청이 일단 행정처분을 한 경우에는 행정처분을 한 행정청이라도 법령에 규정이 있는 때, 행정처분에 하자가 있는 때, 행정처분의 존속이 공익에 위반되는 때, 또는 상대방의 동의가 있는 때 등의 특별한 사유가 있는 경우를 제외하고는 행정처분을 자의로 취소(철회의 의미를 포함한다)할 수 없다고 할 것인 바(대법원 1990. 2. 23. 선고 89누7061 판결 참조), 선행처분인 경찰서장의 면허정지처분은 비록 그와 같은 처분이 도로교통법시행규칙에서 정한 행정처분기준에 위배하여 이루어진 것이라 하더라도 그와 같은 사실만으로 곧바로 당해 처분이 위법하게 되는 것은 아닐 뿐더러, 원고로서는 그 면허정지처분이 효력을 발생함으로써 그 처분의 존속에 대한 신뢰가 이미 형성되었다 할 것이고 또한 그와 같은 처분의 존속이 현저히 공익에 반한다고는 보이지 아니하므로, 동일한 사유에 관하여 보다 무거운 면허취소처분을 하기 위하여 이미 행하여진 가벼운 면허정지처분을 취소하는 것은 선행처분에 대한 당사자의 신뢰 및 법적 안정성을 크게 저해하는 것이 되어 허용될 수 없다 할 것이다.

6) 부당결부금지의 원칙

부당결부금지의 원칙이란 행정기관이 행정활동을 함에 있어서 당해 활동과 실질적인 관련이 없는 사인의 의무를 부과하거나 그 이행을 강제하는 등 부당하게 결부시켜서는 아니 된다는 원칙(대법 2009. 2. 12.선고 2005다65500판결)이다.

이 원칙의 근거를 법치국가의 원리와 과잉금지원칙에서 도출하는 견해가 다수설이다. 따라서 다수설에 의하면 부당결부금지원칙의 위반은 위헌·위법이 된다.

제4절 경찰법의 효력

Ⅰ. 개 설

경찰법도 다른 법과 마찬가지로 개개의 경찰법은 무제한적인 효력을 갖는 것이 아니라 일정한 시간적, 장소적 그리고 대인적 한계 내에서만 효력을 갖는다.

즉, 경찰법의 효력이란 어느 범위에서 상대방을 구속하는 힘을 갖는가의 문제이다. 법원의 종류에 따라 그 효력도 상이하게 나타난다. 예컨대, 관습법이나 판례법은 현행의 관습법이나 판례법과 다른 새로운 관습법이나 판례법이 나타나거나 이들에 대한 성문화가 이루어진 경우에는 관습법이나 판례법으로서 더 이상의 의미가 없게 된다. 조리의 경우에도 성문화가 이루어지고 있음은 전술한 바와 같다.

따라서 경찰법의 효력 문제는 주로 성문법원을 중심으로 하여 고찰하게 된다.

Ⅱ. 시간적 효력

경찰법령은 당해 법령의 효력 발생시점부터 효력 상실시점까지 그 효력을 갖는다.

1. 효력발생시기

경찰법령도 헌법과 법률이 정하는 바에 따라 공포일로부터 효력을 가지거나 (공포일시행주의) 또는 일정한 주지기간이 경과한 후 효력을 갖도록 하는 것이 원칙이다. 효력발생시기에 관하여는 개별법령에서 규정하는 것이 통례이다.

공포(公布 : publication)는 경찰에 관한 법률이나 명령 또는 조약을 관보에 게재함으로써 하고, 예외적으로 국회의장의 법률 공포는 서울시에서 발행되는 2

이상의 일간신문에 게재함으로써 한다(법령등공포에관한법률11).

또한, 공포일(公布日)이란 해당 법령 등을 게재한 관보 또는 신문이 발행된 날로 한다(동법12). 그런데 실제로 공포일을 어느 시점으로 보아야 할 것인지에 관하여는 견해가 나뉜다. ① 관보일부일영시설, ② 발송절차완료시설, ③ 최초구독가능시설(통설 · 판례), ④ 지방최초구독가능시설, ⑤ 최종도달시점설으로 견해가 나뉜다. 어느 견해를 취하든 문제는 있다.

2. 주지기간

법령이 제정 또는 개정된 경우 국민 또는 주민이 제정 또는 개정된 법령의 내용을 주지하는 한편, 법령소관기관이 그 시행을 준비하기 위한 기간이 필요하다. 이를 주지기간 또는 시행유예기간이라고 한다.

특별한 규정이 없는 경우에는 법령은 공포한 날로부터 20일을 경과함으로써 효력을 갖는다. 다만 국민의 권리제한 의무부과와 직접 관련되는 경우에는 긴급히 시행하여야 할 특별한 사유가 있는 경우를 제외하고는 공포일로부터 적어도 30일이 경과한 날부터 시행되도록 하여야 한다. 그러므로 대개의 경우 주지기간은 20일이다.

3. 소급적용의 금지

특별한 규정이 없는 한, 경찰법은 시행일로부터 장래에 향하여만 효력을 발생한다. 소급적용의 경우에는 상대방의 안전과 자유 및 재산에 대한 침해를 초래하여 법치행정의 원리에 반하기 때문이다.

이 경우 소급적용의 금지는 진정소급효를 금지하는 것이지 부진정소급효를 금지하는 것은 아니다.

[대법원 2014. 4. 24. 선고 2013두26552 판결] 법령불소급의 원칙은 법령의 효력발생 전에 완성된 요건 사실에 대하여 당해 법령을 적용할 수 없다는 의미일 뿐, 계속 중인 사실이나 그 이후에 발생한 요건 사실에 대한 법령적용까지를 제한하는 것은 아니다.

그러나 헌법재판소는 진정소급효의 금지의 경우에도 일반적으로 국민이 소급입법을 예상할 수 있었거나 법적 상태가 불확실하고 혼란스러워 보호할 만한 신뢰이익이 경미한 경우와 당사자의 손실이 없거나 적은 경우 그리고 신뢰보호의 요청에 우선하는 심히 중대한 공익상의 사유가 소급입법을 정당화하는 경우 등에는 예외적으로 소급입법이 허용된다고 판시하고 있다(헌재 1999. 7. 22.선고 97헌바76,98 헌바50,51,52,54,55(병합) 전원재판부 판결).

우리 헌법 제13조제1항 및 제2항에서는 형벌불소급을 규정하고 있을 뿐만 아니라, 소급입법에 의한 재산권의 박탈까지도 금지하고 있다.

4. 효력상실시기

1) 한시법인 경우

당해 법령에서 명시적으로 유효기간이나 적용시한이 정해져 있는 법을 한시법이라 한다. 한시법은 그 유효기간이나 적용시한이 경과함으로써 자동적으로 그 효력이 상실된다.

한시법의 유효기간 중에 행해진 위반행위에 대하여 효력상실 후에도 그 법령의 처벌규정을 적용할 수 있는가의 여부가 문제가 된다. 이에 대하여 죄형법정주의와 관련하여 학설은 ① 적용부정설, ② 적용긍정설, ③ 동기설로 구분된다. 다수설은 적용긍정설을 취한다.

동기설이란 법률변경의 동기가 법적 견해의 변경에 의한 경우에는 행위의 가벌성이 소멸되었으므로 처벌할 수 없지만, 단순한 사실관계의 변화에 기인한 경우에는 가벌성이 소멸되지 아니하였으므로 처벌할 수 있다는 견해이다. 대법원은 도로교통법상의 지정차로 제도와 관련하여 동기설을 취하고 있다. 현행 도로교통법시행규칙은 지정차로제도를 다시 채택 · 시행하고 있다.

> [대법원 1999. 11. 12. 선고 99도3567 판결] 도로교통법상의 지정차로 제도가 한때 폐지된 일이 있었으나 그 폐지는 법률이념의 변천으로 종래의 규정에 따른 처벌 자체가 부당하다는 반성적 고려에서 비롯된 것이라기보다는 당시의 특수한 필요에 대처하기 위한 정책적 조치에 따른 것이라고 판단되므로 그 제도 폐지 전에 이미 범하여진 위반행위에 대한 가벌성은 소멸되지 않는 것이다.

2) 한시법이 아닌 경우

한시법이 아닌 법령은 당해법령 또는 그와 동위 내지 상위의 법령에 의한 명시적 개폐로 그 효력을 상실한다.

당해법령의 내용에 저촉되는 새로운 동위 또는 상위의 법령이 제정된 경우에 신법우선의 원칙 및 상위법우선의 원칙에 의하여 그에 저촉되는 범위 내에서 그 효력을 상실한다.

Ⅲ. 지역적 효력

국가경찰제도를 취하는 이상 경찰법령은 원칙적으로 전국에 걸쳐 그 효력을 갖는다. 그러나 예외적으로 특정한 지역을 대상으로 하여 입법된 경우에는 그 범위가 한정될 수 있다. 예컨대 제주특별자치도 설치 및 국제자유도시 조성을 위한 특별법과 같이, 예외적으로 특정한 지역을 대상으로 하여 입법된 경우에는 그 범위가 한정될 수 있다.

한편, 자치경찰제도가 시행되는 제주특별자치도의 조례와 규칙은 그 효력의 범위가 그 지역으로 한정된다.

Ⅳ. 인적 효력

경찰법령은 속지주의에 의하여 원칙적으로 그 적용범위 내에 있는 모든 국민과 외국인 및 무국적자에게 미친다. 자연인과 법인을 불문한다.

다만, 치외법권을 가지는 외국의 원수나 외교관에게는 적용되지 아니하며, 국내에 주둔하는 미합중국구성원에게는 한미행정협정이 정하는 바에 의하여 그 적용이 제한된다.

일반외국인에게는 헌법이 상호주의를 채택하여 '외국인은 국제법과 조약이 정하는 바에 의하여 그 지위가 보장된다고 규정하고 있어, 개별 경찰법규에서 상호주의에 의하여 처우하는 경우도 있을 수 있다.

경찰법 역시 그 적용대상을 특정하여 규정한 경찰공무원법, 청원경찰법, 의무경찰대의설치및운영에관한법률 등의 경우에는 그 적용범위가 한정된다.

공해상의 한국국적선박 내의 경찰권에서 보는 바와 같이, 속지주의에 의한 적용범위 외에 있는 대한민국국민에게 적용되는 경우도 있다.

제2편

경찰조직법

제 1 장
개 관

제1절 경찰조직법의 의의

경찰조직법은 경찰의 조직에 관한 법이다. 경찰기관의 설치와 폐지, 그 임무에 관한 법 및 경찰기관의 권한의 행사방법, 그리고 경찰기관의 구성과 상호간의 관계에 관한 법 등이 고유한 의미의 경찰조직법의 내용을 이룬다.

광의로는 경찰조직의 구성요소인 경찰공무원에 관한 법을 포함하기도 하나, 경찰조직법과는 달리, 경찰공무원법은 법치주의가 적용되는 영역이므로 경찰공무원법은 경찰조직법적 성질과 경찰작용법적 성질을 동시에 가지고 있다.

여기에서는 경찰조직법의 의미를 협의로 사용하여, 경찰행정의 내부관계에서 행정기관을 구성하는 인적 요소와 물적 요소 및 인적 · 물적 요소에 관한 법을 제외하고자 한다. 이 경우 경찰조직법이란 경찰행정주체나 경찰행정기관의 설치 · 폐지 · 권한 · 구성 · 상호관계 등에 관한 법이라 정의할 수 있다.

제 2 절 경찰행정주체

대한민국의 주권은 국민에게 있고, 행정권을 위시한 모든 권력은 국민으로부터 나오므로(헌법3②), 헌법상 경찰행정권을 포함한 행정권의 주체는 다름 아닌 국민이다.

그런데 국민 각자가 행정의 주체가 되어 행정권을 행사할 수는 없다. 이리하여 행정조직법상의 행정주체 개념이 등장하게 된다. 행정에 관한 권리와 의무의 주체인 행정주체로는 국가, 지방자치단체 등의 공공단체 및 행정권수탁사인(공무수탁사인)을 드는 것이 보통이다.

한편, 우리나라는 갑오개혁 이후 현재에 이르기까지 국가경찰의 형태를 고수하여 왔으므로 조직법상의 경찰행정주체는 원칙적으로 국가이다.

또한 우리나라는 자치경찰제도를 전면적으로 도입하고 있지 아니하므로 지방자치단체는 원칙적으로 경찰행정주체라 할 수 없다. 다만, 자치경찰제도가 도입된 제주특별자치도의 경우에는 자치경찰권의 행사와 관련하여 제주특별자치도가 자치경찰행정의 주체가 된다.

제 3 절 경찰조직법정주의

행정조직법은 행정기관의 설치와 그에 대한 임무 및 권한의 배분을 규율 대상으로 한다. 그러므로 행정작용법에서와는 달리, 행정조직법이 규정하는 사항은 직접적으로는 국민의 권리 · 의무에 관한 사항, 즉 법규사항은 아니다.

그리하여 행정조직법관계에 있어서는 일응 법률유보의 원칙이 적용되지 않는 것으로 보이나, 중요사항유보설의 입장에서 보면, 행정조직에 관하여도 본질적으로 중요한 것은 법률로써 규율되어야 타당하다고 하게 된다. 이를 행정조직법정주의라 한다.

헌법 제66조제4항에서 행정권은 대통령을 수반으로 하는 정부에 속한다고 규정하는 한편, 제99조에서는 행정각부의 조직에 관하여 법률로 정하도록 규정하여 행정권의 근거와 행정조직의 설립근거를 제시하고 있으며, 그 구체적이고도 세부적인 사항은 법률로써 규정하도록 하고 있다. 따라서 오늘날 행정조직에 관해서도 기본적인 사항은 법규, 특히 법률로 정할 것이 요구된다. 이에 따라 헌법이 스스로 규정하고 있는 대통령, 국무총리, 국무위원, 행정각부, 감사원, 중앙선거관리위원회 등을 제외한 행정조직에 관하여 중요한 사항은 법률로 정하고 있으며, 그 일반법은 정부조직법이다.

법률의 범위 안에서 보다 구체적인 사항은 법규명령으로 정해진다. 그러나 행정조직에 관한 사항이 본질적으로 법규사항은 아니므로, 법률과 법규명령의 범위 안에서 아주 구체적이고 상세한 사항은 행정규칙으로 정하는 것이 보통이다.

권력적 규제를 중점으로 하는 경찰행정을 담당하는 경찰조직은 행정조직의 일부로서 법적으로는 행정기관으로 구성되고, 그 기본적인 사항은 법률에서 규정하고 있다. 이를 경찰조직법정주의라 한다.

경찰조직법정주의는 경찰조직법 영역에서의 법치행정의 원리를 실현하는 기능을 담당하고 있다. 실정법상의 경찰조직법으로는 경찰법, 경찰대학설치법, 의무경찰대설치및운영에관한법률 등이 제정 · 운용되고 있다. 다만, 경찰작용법의 영역에서와는 달리, 세부적인 조직에 관한 규정은 법률의 하위규범인 대통령령(경찰청과 그 소속기관직제, 경찰위원회규정, 의무경찰대설치및운영에관한법률시행령 등)이나 부령(경찰청과그소속기관직제시행규칙 등) 또는 행정규칙(경찰청훈령이나 지방경찰청훈령 등)에서 규정하는 것이 일반적이다.

제4절 우리나라 경찰조직의 특색

경찰권 내지 경찰임무의 귀속을 기준으로 할 때 경찰은 국가경찰과 자치경찰로 구분됨은 전술한 바와 같다.

우리나라는 정부수립 이래 국가경찰 일원주의를 취하여 경찰사무를 국가사무로 하고 경찰조직을 국가의 행정조직으로 하고 있다.

그리고 해양경찰사무를 관장하는 별도의 해양경찰조직을 두고 있다는 점도 우리나라 경찰조직의 특색 중 하나로 들 수 있다.

제 5 절 경찰조직법의 기본원리

경찰은 공공의 안녕과 질서유지를 목적으로 위해를 제거하기 위하여 국민에게 권력적으로 명령·강제하는 작용이다.

따라서 경찰조직을 어떤 원리에 따라 구성할 것인가는 무엇보다도 헌법상 국가권력의 조직과 그 행사(특히 기본권제한)에 관한 제 원칙에 입각하여 결정되어야 한다. 아울러 행정조직의 능률성도 고려되어야 한다.

이러한 점을 감안할 때, 우리나라 경찰조직의 구성을 지도하는 원리는 다음과 같다.

1. 경찰조직의 민주성

경찰조직은 헌법상의 민주적 기본질서에 합치하도록 구성되어야 한다. 그러므로 경찰기관의 설치와 직무범위는 국민의 의사의 표현인 법률에 의하여 정해져야 한다(정부조직법2).

이러한 경찰조직은 국민에 의하여 선출된 대통령을 수반으로 하는 행정조직의 일부로서 대통령의 감독과 통제 하에 있으며, 그 구성원인 경찰공무원도 국민 전체에 대한 봉사자로서 국민에 대하여 책임을 지고 정치적 중립성이 보장된다(헌법7, 국가공무원법65). 이는 경찰조직이 민주적이어야 함을 의미한다.

특히, 직접 국민의 자유와 권리에 대한 직접적인 침해를 내용으로 하는 공권력을 행사하는 경찰조직에 있어서는 그 민주적 구성이 강하게 요청된다. 경찰의 최고의결기관으로 경찰위원회를 두어 정책결정과 집행의 민주성과 공정성을 확보하고자 하는 것(경찰법5)이나 경찰청장의 임명에 있어서의 국회의 인사청문회를 거치도록 한 것(동법11②)은 이러한 경찰조직의 특성을 감안한 것이라고 할 수 있다.

2. 경찰조직의 효율성

경찰은 실력으로써 공공의 안녕과 질서를 유지하고 위해를 방지하는 임무를 수행하는 까닭에, 어느 조직보다도 일사불란한 체계 하에 신속하고 능률적·효과적으로 업무를 수행할 수 있도록 구성되어야 한다.

이러한 능률성의 요청에 의하여 우리나라의 경찰조직은 중앙집권적 국가경찰로 일원화되고 계선적 조직형태를 중심으로 하여 구성되어 있다. 나아가 경찰관서 상호간의 유기적인 협조를 통하여 효율적으로 위해를 방지하기 위하여 경찰직무응원제도 및 이동근무제도 그리고 비상시 자치경찰에 대한 지휘명령제도가 도입되어 있다. 또한 돌발사태에 대응하기 위한 경찰기동대제도 등이 있다.

3. 경찰조직의 전문성

오늘날 산업화와 과학기술의 발달 및 사회의 다원화에 따라 공공의 안녕과 질서에 대한 위해는 양적으로 증가하고 질적으로 다양화하고 있다. 이에 따라 위해방지의 임무는 고도의 전문적 지식과 기술을 필요로 하는 전문적인 업무로 변화하였다.

경찰조직은 이러한 임무수행을 위하여 최대한 전문성이 발휘되도록 구성되어야 한다. 경찰공무원을 시험성적 등의 능력에 의하여 임용하고 신분을 보장하며 경과를 구분하는 것 등은 이러한 전문성의 요구를 반영한 것이다.

4. 경찰조직의 집권성

우리나라의 경찰은 근대경찰제도를 도입한 이래 지금까지 국가경찰로 일원화되어 있음은 전술한 바와 같다. 따라서 경찰조직은 중앙집권적인 국가행정조직으로 일원화되어 있음을 그 특색으로 하고 있다.

이와 관련하여, 지방분권및지방행정체제개편에관한특별법 제12조제3항에서는 "국가는 지방행정과 치안행정의 연계성을 확보하고 지역특성에 적합한 치안서비스를 제공하기 위하여 자치경찰제도를 도입하여야 한다"고 규정하는 한편, 동조 제4항에서는 "자치경찰제도의 실시에 관하여는 따로 법률로 정한다"고 규정하여 자치경찰의 도입을 예정하고 있다.

그리고 제주특별자치도법에 의하여 이미 자치경찰제도가 부분적으로 도입되어 있음에 유의하여야 한다.

제6절 경찰조직법의 법원

1. 헌법

경찰조직도 국가행정조직의 일환이다. 헌법 제66조제4항은 행정권은 대통령을 수반으로 하는 정부에 속한다고 규정하는 한편, 제96조에서는 행정각부의 설치·조직과 직무범위는 법률로 정한다고 규정하고 있다. 이들 헌법 조항도 넓은 의미에서는 경찰조직법을 구성한다. 경찰행정권은 당연히 대통령의 행정권에 속하는 것이다.

2. 법률

경찰행정조직도 행정조직의 일부로서, 행정조직 일반에 관한 법 원리 및 개념이 그대로 타당하다. 즉, 경찰행정조직도 법적으로는 행정기관인 경찰기관으로 구성되며, 그 기본적인 사항은 법률로 정해진다.

경찰조직법의 법원으로서의 법률은 정부조직법과 경찰법, 제주특별자치도설치및국제자유도시조성을위한특별법 외에, 경찰대학설치법, 의무경찰대설치및운영에관한법률 등 다수가 있다. 경찰의 조직에 관한 일반법은 경찰법이다. 그 중 주요한 것은 다음과 같다.

1) 정부조직법

정부조직법은 국가행정사무의 체계적이고 능률적인 수행을 위하여 국가행정기관의 설치·조직과 직무범위의 대강을 정함을 목적으로 하는 법률이다. 최초의 정부조직법은 제정헌법과 동시에 1948. 7. 17.에 법률 제1호로 제정된 법률이다.

현행 정부조직법은 경찰과 해양경찰을 분리하여 각기 그 조직에 관한 근거규정을 두고 있다. 즉, 치안에 관한 사무를 관장하기 위하여 행정안전부장관 소속으로 경찰청을 두도록 규정(동법34④)하는 한편, 해양에서의 경찰 및 오염방제에 관한 사무를 관장하기 위하여 해양수산부장관 소속으로 해양경찰청을 둔다고 규정(동법43③)하고 있다.

2) 경찰법

정부조직법은 경찰청의 조직·직무범위 그 밖에 필요한 사항은 따로 법률로 정하도록 규정(동법34⑥)하고 있다. 이에 근거하여 제정된 법률이 경찰법이다. 그러므로 경찰법이 경찰조직법의 일반법이다.

경찰법은 국가경찰의 민주적인 관리·운영과 효율적인 임무수행을 위하여 국가경찰의 기본조직 및 직무범위 기타 필요한 사항을 규정하고 있다(동법1).

경찰법은 1991. 5. 31. 법률 4369호로 제정된 후, 수차에 걸쳐 개정되었다. 그 주요한 내용은 다음과 같다.

(1) 경찰법의 제정과 경찰청·경찰위원회의 설치

경찰법은 1991. 5. 31. 법률 4369호로 제정되었다. 이는 경찰의 민주적인 관리·운영과 효율적인 임무수행을 위하여 필요한 경찰의 기본조직과 직무범위를 정하려는 것으로, 분단국가로서 우리나라의 특수한 안보상황과 치안여건에 효율적으로 대처하기 위하여 국가경찰체제를 유지하면서 경찰의 기본조직을 중앙은 현재 보조기관으로 되어 있는 치안본부를 내무부장관소속하의 경찰청[1]으로, 지

1) 경찰청이나 해양경찰청 등의 외청은 행정안전부나 해양수산부 등 부의 소관사무 중 업무

방은 시 · 도지사 보조기관인 경찰국을 시 · 도지사 소속기관인 지방경찰청으로 개편함으로써 경찰행정의 책임성과 독자성을 보장하기 위한 것이다.

이와 동시에 내무부에 각계의 덕망 있는 인사로 구성되는 경찰위원회를 두어 경찰행정에 관한 주요제도 및 인권보호에 관한 사항을 심의 · 의결하게 하였다.

이는 경찰운영의 민주성과 공정성의 확보를 기하며 경찰의 임무인 국민의 생명과 재산의 보호 및 공공의 안녕과 질서유지에 충실할 수 있도록 그 임무를 명확히 하고 직권을 남용하지 못하도록 하여 국민의 자유와 권리를 최대한 보장함으로써 경찰에 대한 국민의 신뢰를 회복하고 진정한 민주경찰로서의 발전을 도모하려는 것이다.

(2) 1996년의 개정법률과 해양경찰청의 설치

1996년의 경찰법 개정법률은 정부조직법의 개정에 따라 해양수산부 산하에 해양경찰청을 신설하는 것을 그 내용으로 하는 법률이다.

(3) 1997년의 개정법률과 정치적 중립성 확보

1997년의 경찰법 개정법률(법률 5260호)은 경찰청장이 재직 중 정치적 영향으로부터 독립하여 그 직무를 공정하게 수행할 수 있도록 하기 위하여 경찰청장은 퇴직일부터 2년 이내에는 정당의 발기인이나 당원이 될 수 없도록 하였다.

(4) 2011년의 개정법률과 경찰임무규정의 정비

2011년의 경찰법 개정법률(법률 11032호)은 경찰법 제3조에 따른 국가경찰의 임무에는 경찰관직무집행법 제2조에서 규정하고 있는 경찰의 직무 중 "경비 · 요인경호 및 대간첩작전 수행"이 빠져 있고, 반대로 경찰관직무집행법 제2조에 따른 경찰의 직무에는 경찰법 제3조에서 규정하고 있는 국가경찰의 임무 중 "국민의 생명 · 신체 및 재산의 보호"가 빠져 있어, 경찰의 임무에 관한 두 법의 규정을 상호 일치시키려는 법률이다.

그리하여 국가경찰의 임무를 ① 국민의 생명 · 신체 및 재산의 보호, ② 범죄

의 규모나 중요도 등으로 보아 장관의 보조기관인 국(局)으로서는 그 수행이 곤란하고, 그 처리에 있어 어느 정도 독자성이 인정되며 업무의 범위가 전국에 미치는 사무를 관장하기 위하여 설치된 행정조직이다.

의 예방 · 진압 및 수사, ③ 경비 · 요인경호 및 대간첩작전수행, ④ 치안정보의 수집 · 작성 및 배포, ⑤ 교통의 단속과 위해의 방지, ⑥ 그 밖의 공공의 안녕과 질서유지라고 규정함으로써, 경찰관직무집행법상의 경찰관의 직무범위와 일치시켜 규정하고 있다.

(5) 2012년의 개정법률과 치안수요에의 탄력적 대응

2012년의 경찰법 개정법률(법률 11335호)는 하나의 시 · 도 관할구역 내에 인구, 행정구역, 면적, 지리적 특성, 교통 등을 고려하여 둘 이상의 지방경찰청을 둘 수 있도록 하여 늘어나는 치안 수요에 탄력적으로 대응할 수 있도록 하였다.

그리고 치안수요가 과중한 경찰서와 1개 자치구역 내에 다수의 경찰서가 있는 지역의 '중심경찰서'는 경찰서장 직급을 경무관으로 보임할 수 있는 근거를 마련하고 있다.

(6) 2014년의 개정법률과 국가경찰의 임무 관련 규정 추가

위험방지 또는 예방경찰작용에 있어서의 국제협력에 관한 근거규정과 국가경찰작용의 일환으로 수행하고 있는 대테러작전에 대한 명확한 근거규정을 두는 한편, 경찰위원회의 심의 · 의결사항에 부패방지 및 청렴도향상에 관한 주요정책사항을 추가하고, 치안분야 과학기술의 발전을 위한 연구 및 지원의 근거규정을 추가하였다.

(7) 2017년의 개정법률과 해양경찰청의 재설치

해양경찰의 역할을 재정립하여 해양안전을 확보하고, 해양주권 수호 역량을 강화하기 위하여 해양수산부장관 소속으로 해양경찰청을 다시 설치하도록 하였다.

(8) 2018년의 개정법률과 국가경찰의 임무에 범죄피해자 보호 추가

범죄피해자 보호는 타인의 범죄행위로 인하여 생명 · 신체 등에 피해를 당한 사람이 범죄피해 상황에서 빨리 벗어나 인간의 존엄성을 보장받을 수 있도록 하기 위한 것으로 경찰이 수행해야 할 중요한 임무 중 하나라 할 수 있으므로, 국가경찰의 임무에 범죄피해자 보호를 명시하였다.

3) 제주특별자치도 설치 및 국제자유도시 조성을 위한 특별법

제주특별자치도설치및국제자유도시조성을위한특별법(제주특별자치도법)은 종전의 제주도의 지역적·역사적·인문적 특성을 살리고 자율과 책임, 창의성과 다양성을 바탕으로 고도의 자치권이 보장되는 제주특별자치도를 설치하여 실질적인 지방분권을 보장하고, 행정규제의 폭넓은 완화 및 국제적 기준의 적용 등을 통하여 국제자유도시를 조성함으로써 국가발전에 이바지함을 목적으로 하여 제정되었다.

제주특별자치도법이 제정됨으로써 제주도에 자치경찰제도가 도입되었다.

제 2 장
국가경찰행정기관법

제 1 절 행정기관의 의의 및 종류

Ⅰ. 행정기관의 의의

행정기관이란 행정조직의 법적 구성단위를 말한다. 이는 행정조직법과 행정작용법 내지는 행정쟁송법에서 각기 달리 사용되고 있다.

행정조직법적 개념으로서의 행정기관은 이를 행정관서라고도 한다. 행정기관은 행정사무를 배분하기 위한 단위이다. 정부조직법 및 경찰법 등에서 그 예를 찾아볼 수 있다.

그리고 행정작용법적 및 행정쟁송법적 측면에서 볼 때, 행정기관이란 행정에 관한 일정한 권한과 책임의 주체를 말한다. 이는 행정관청, 보조기관, 의결기관, 자문기관, 집행기관 등을 포괄하는 개념이다. 따라서 행정기관은 행정에 관한 권리 의무의 주체인 행정주체 즉, 국가·공공단체 및 공무집행사인과 구분되며, 자연인으로서 권리의무의 주체인 동시에 행정기관 구성원인 공무원과도 구분된다.

행정기관 자체는 그가 속한 행정주체의 기관일 뿐, 권리의무의 주체가 아니다. 따라서 행정기관은 자신의 이름으로 권리와 의무를 가지지 못하고 행정주체를 위하여 일정한 행위를 할 권한과 책임을 가질 뿐이다. 다만, 행정기관 중 행정청은 행정주체를 대표하여 법이 정하는 바에 따라 항고쟁송의 피청구인 또는 피고가 되거나 권한쟁의의 당사자가 되는 등, 권리주체와 유사하게 활동하는 경우가 있다.

행정기관 중 행정관청은 대외적으로 국민에 대하여 일정한 권한을 행사하고 책임을 부담한다. 이에 비하여 행정청이 아닌 행정기관은 원칙적으로 행정조직 내부에서만 권한과 책임을 가지는 데에 그친다.

Ⅱ. 행정기관의 종류

행정기관은 여러 가지 관점에서 분류할 수 있다. 가장 중요한 것은 권한을 기준으로 한 분류로서, 다음과 같이 구분된다.

1. 행정관청

행정주체의 의사를 결정하고 그 의사를 외부, 즉 국민에 대하여 표시할 권한을 가진 행정기관을 말한다.

2. 보조기관 · 보좌기관

보조기관이란 대외적으로 구속력 있는 의사를 결정하거나 표시할 권한이 없고, 단지 행정청의 의사결정 및 표시행위를 보조하는 행정기관을 말한다. 행정각부의 차관 · 실장 · 본부장 · 국장 · 과장, 청의 차장 · 실장 · 국장 · 과장 등이 이에 해당한다.

보조기관 중에서 정책의 기획. 연구. 조사 등 참모적 기능을 담당하는 차관보 · 담당관 등의 기관을 보좌기관이라 하여 보조기관과 구별하는 것이 보통이다. 그러나 권한을 기준으로 할 때에는 보좌기관도 보조기관의 일종이고, 단지 기능에서 일반의 보조기관과 차이가 있을 뿐이다.

3. 의결기관

의결기관이란 대외적으로 구속력 있는 행정주체의 의사를 결정할 권한은 있으나 표시할 권한은 없는 행정기관을 말한다. 이에 대하여 의결기관이 결정한 의사를 표시할 권한만 가지는 행정기관을 집행기관이라고 한다.

의결기관과 집행기관을 따로 두는 이유는 보다 신중하고 민주적인 의사결정을 위한 것이며, 이 경우 행정관청은 집행기관이 된다.

4. 자문기관

자문기관이란 행정관청의 자문에 응하여 의견을 제공하는 기관을 말한다. 자문기관이 제공하는 의견은 행정관청을 구속하지 아니한다는 점에서 의결기관과 구별된다.

그러나 행정관청의 권한행사를 단순히 보조·보좌하는 것이 아니라, 그 의사결정에 구속력은 없을지라도 행정관청에 대하여 독자적 기능을 행사한다는 점에서, 보조·보좌기관과도 구별된다.

5. 집행기관

행정관청의 명을 받아 행정관청이 결정한 행정주체의 의사를 실력으로써 집행하는 기관을 말한다. 위에서 본 의결기관에 대비되는 개념으로서의 집행기관과는 전혀 다른 의미이며, 행정관청에 대비되는 개념이다. 경찰공무원·교도관 등이 대표적인 예이다.

집행기관은 의사결정권이 없고 행정청이 결정한 의사를 집행할 뿐이라고 하지만, 실제로는 내부위임 또는 법령의 규정에 의하여 의사결정까지 하는 경우도 많다.

제 2 절 경찰행정기관의 분류

Ⅰ. 권한에 의한 분류

경찰행정기관도 그 권한을 기준으로 경찰행정관청과 경찰보조기관, 경찰보좌기관, 경찰의결기관인 경찰위원회 및 치안행정위원회, 경찰자문기관으로서의 치안행정협의회, 경찰집행기관, 경찰대학 등의 경찰부속기관 등으로 나눌 수 있다.

Ⅱ. 임무에 의한 분류

경찰을 광의로 이해하는 경우에는 경찰기관을 위해방지를 고유한 임무로 하는 기관(보안경찰기관, 협의의 경찰기관)과 다른 임무에 부수하여 그가 관장하는 행정영역에 있어서의 위해방지를 관장하는 기관(협의의 행정경찰기관)으로 나눌 수 있다.

경찰을 협의로 이해하는 경우에는 전자만이 경찰기관이다.

Ⅲ. 평시경찰기관과 비상경찰기관

평시에 정규의 경찰조직으로써 질서유지를 담당하는 기관을 평시경찰기관, 비상시에 병력으로써 질서유지를 담당하는 기관을 비상경찰기관이라고 한다.

Ⅳ. 일반경찰기관과 특별경찰기관

1. 일반경찰기관

경찰기관을 일반경찰기관과 특별경찰기관으로 나누는 것이 보통이다. 일반경찰기관은 평시에 고유한 임무로서 질서유지. 위해방지를 담당하는 기관, 즉 평시경찰기관이면서 동시에 협의의 경찰기관이라는 성격을 가지는 기관을 말한다.

일반경찰기관은 다시 다른 기관이 담당하는 것을 제외한 전 분야의 위해방지를 담당하는 보통경찰기관과, 특수한 분야의 위해방지만을 담당하는 특수한 경찰기관으로 나눌 수 있다.

2. 특별경찰기관

특별경찰기관은 일반경찰기관 이외에 질서유지 또는 위해방지를 담당하는 기관을 말한다.

비상시에 병력으로써 질서유지를 담당하는 기관(비상경찰기관)과 다른 행정임무에 부수하여 그 분야에서의 위해방지를 담당하는 기관(협의의 행정경찰기관)을 포함한다.

제 3 절 국가일반경찰행정관청

Ⅰ. 국가중앙경찰행정관청

1. 경찰청장

1) 지위

정부조직법과 경찰법은 행정안전부장관 소속으로 경찰청을 두도록 하고 있으며, 경찰청에는 최상급의 중앙경찰행정관청으로서 경찰청장이 있다.

경찰청장은 국가경찰에 관한 사무를 통할하고 경찰청 업무를 관장하며 소속 공무원 및 각급 국가경찰기관의 장을 지휘 · 감독(경찰법11③)할 권한을 갖는다. 경찰청장은 치안총감으로 보하며(동조①), 경찰청장은 경찰위원회의 동의를 얻어 행정안전부장관의 제청으로 국무총리를 거쳐 대통령이 임명한다. 이 경우 국회의 인사청문을 거쳐야 한다(동조②). 경찰청장의 임기는 2년으로 하고, 중임할 수 없다(동조⑤).

경찰청장이 그 직무집행에 있어서 헌법이나 법률을 위배한 때에는 국회는 탄핵의 소추를 의결할 수 있다(동조⑥).

2) 비상시 자치경찰에 대한 지휘 · 명령권

경찰청장은 전시 · 사변, 천재지변, 그 밖에 이에 준하는 국가 비상사태, 대규모의 테러 또는 소요사태가 발생하였거나 발생할 우려가 있어 전국적인 치안유지를 위하여 긴급한 조치가 필요하다고 인정할 만한 충분한 사유가 있는 경우에는 제주특별자치도의 자치경찰공무원을 직접 지휘 · 명령할 수 있다. 다만, 제주특별자치도 지역 단위의 치안유지를 위하여 필요한 경우에는 제주특별자치도 지방경찰청장이 지휘 · 명령할 수 있다(동법25①).

3) 보조기관 · 보좌기관

경찰청장의 보조기관으로서 계선조직인 차장과 국장 또는 부장 및 과장을 두며, 보좌기관으로서 참모조직인 담당관을 둘 수 있다.

즉 경찰청장을 보좌하고 청장의 유고시 그 직무를 대행할 수 있도록 차장을 둔다. 차장은 치안정감으로 보한다(법12).

그리고 경찰청의 하부조직으로 국 또는 부 및 과를 두며, 경찰청장 · 차장 · 국장 또는 부장 밑에 정책의 기획이나 계획의 입안 및 연구조사를 통하여 그를 직접 보좌하는 담당관을 둘 수 있다(법13).

4) 소속기관

경찰청장의 관장사무를 지원하기 위하여 경찰청장 소속하에 경찰대학 · 경찰인재개발원 · 중앙경찰학교 및 경찰수사연수원을 두며, 책임운영기관으로 경찰병원을 둔다(직제2).

이들은 각각 하나의 부속행정관서이며, 그 장은 경찰청장의 하급행정청이다.

(1) 경찰대학

경찰대학은 국가치안부문에 종사할 경찰간부가 될 자에게 학술을 연마하고 심신을 단련시키기 위한 교육훈련, 치안 분야 전문인력의 양성과 치안에 관한 이론 · 정책 및 과학기술 연구에 관한 사무를 관장한다(직제17).

(2) 경찰교육훈련기관

경찰교육훈련기관으로는 경찰인재개발원과 중앙경찰학교 및 경찰수사연수원이 있다.

경찰인재개발원은 경찰공무원(경찰간부후보생 포함)에 대한 교육훈련을 관장(직제27①)하며, 중앙경찰학교는 의무경찰을 포함하여 경찰공무원으로 임용될 자에 대한 교육훈련을 관장(동조②)한다.

한편, 경찰수사연수원은 수사업무에 종사하는 경찰공무원에 대한 전문연수에 관한 사항을 분장한다(동조③).

(3) 경찰병원

경찰병원은 경찰업무를 행하는 기관에 근무하는 공무원 및 그 가족과 경찰교육기관에서 교육을 받고 있는 자와 의무경찰의 질병진료에 관한 사무를 관장한다(직제31).

2. 해양경찰청장

1) 지위

해양에서의 경찰 및 오염방제에 관한 사무를 관장하기 위하여 해양수산부장관 소속으로 설치된 해양경찰청(정부조직법43②)에 해양경찰청장을 두고, 치안총감으로 보한다(해양경찰청과그소속기관직제4).

해양경찰청장은 경찰청장과 더불어 최상위의 중앙경찰행정관청이다.

2) 보조기관 · 보좌기관

해양경찰청장의 보조기관으로는 차장(치안정감)과 국장 및 과장 등을 둔다. 차장 밑에 보좌기관으로 기획조정관과 감사담당관을 둔다.

3) 소속기관

해양경찰청장의 관장사무를 지원하기 위하여 해양경찰청장 소속으로 해양경찰교육원 및 중앙해양특수구조단을 두고(직제2②), 해양경찰청장 소속의 책임운영기관으로 해양경찰정비창을 둔다(동조③).

(1) 해양경찰교육원 및 해양경찰연구센터

해양경찰교육원은 ① 소속 공무원(의무경찰 포함)의 교육 및 훈련, ② 해양에서의 경찰 및 오염방제 업무와 관련된 기관 · 단체가 위탁하는 교육 및 훈련, ③ 해양에서의 경찰 및 오염방제 업무에 관한 연구 · 분석 및 장비 · 기술 개발에 관한 사무를 관장한다.

해양경찰교육원장 소속으로 해양경찰연구센터를 둔다. 연구센터는 해양에서의 경찰 및 오염방제 업무에 관한 연구 · 분석 · 장비개발 등에 관한 사무를 관장한다.

(2) 중앙해양특수구조단

중앙해양특수구조단은 ① 대형 · 특수 해양사고의 구조 · 수중수색 및 현장지휘, ② 잠수 · 구조 기법개발 · 교육 · 훈련 및 장비관리 등에 관한 업무, ③ 인명구조 등 관련 국내외 기관과의 교류 협력, ④ 중 · 대형 해양오염사고 발생 시 현장출동 · 상황파악 및 응급방제조치, ⑤ 오염물질에 대한 방제기술 습득 및 훈련에 관한 사무를 관장한다.

(3) 해양경찰정비창

해양경찰정비창은 함정의 정비 및 수리에 관한 사무를 관장한다.

Ⅱ. 국가지방상급경찰행정관청

1. 지방경찰청장

1) 지위

경찰청의 사무를 지역적으로 분담하여 수행하게 하기 위하여 특별시장 · 광역시장 및 도지사 소속으로 지방경찰청을 둔다. 이 경우 인구, 행정구역, 면적, 지리적 특성, 교통 및 그 밖의 조건을 고려하여 시 · 도지사 소속으로 2개의 지방경찰청을 둘 수 있다(경찰법2②).

지방경찰청에 지방경찰청장을 두며, 지방경찰청장은 치안정감 · 치안감 또는 경무관으로 보한다. 지방경찰청장은 경찰청장의 지휘 · 감독을 받아[1] 관할구역

1) 여기에서 특별시장 · 광역시장 및 도지사 소속으로 지방경찰청을 둔다는 경찰법 제2조제2항의 해석이 문제가 된다. 이와 관련하여 법무부는 유권해석을 통해 다음과 같이 밝히고 있다. 정부조직법 관련규정과 지방자치법 제9조 및 경찰법 제1조, 제2조, 제14조 등을 종합하여 살펴보면 경찰사무는 국가사무로서 경찰청장이 관할하되 정부조직법에서는 경찰청의 조직 · 직무범위 기타 필요한 사항은 법률로 정하도록 규정함에 따라 경찰법은 지역별 또는 업무의 성질별로 특별행정기관으로서 지방경찰청을 설치하는 한편, 지방경찰청의 경우는, 지방경찰청장으로 하여금 지역사정에 따라 관할구역 내의 국가적 경찰업무를 수행하

의 국가경찰사무를 관장하고 소속 공무원 및 소속 국가경찰기관의 장을 지휘·감독한다(법14).

2) 보조기관

지방경찰청에 차장을 둘 수 있다. 차장은 지방경찰청장을 보좌하여 소관 사무를 처리하고 지방경찰청장이 부득이한 사유로 직무를 수행할 수 없을 때에는 그 직무를 대행한다(법15).

3) 직할대

지방경찰청장은 부령이 정하는 범위 내에서 차장(차장을 두지 아니하는 경우에는 지방경찰청장)밑에 직할대[2]를 둘 수 있다. 직할대의 장은 특정한 경찰사무에 관하여 지방경찰청장 또는 지방경찰청 차장을 보좌한다(직제42).

2. 지방해양경찰청장

1) 직제 및 직무

지방해양경찰청은 관할 해양에서의 경찰 및 오염방제에 관한 사무를 수행한다(직제24). 지방해양경찰청장은 해양경찰청장의 명을 받아 소관사무를 총괄하고, 소속 공무원을 지휘·감독한다(직제26③).

2) 직할단 및 직할대

지방해양경찰청장은 부령으로 정하는 범위에서 그 밑에 각각 직할단[3]과 직할대를 둘 수 있다(직제29①).

직할단의 장과 직할대의 장은 특정한 해양경찰사무에 관하여 각각 지방해양

도록 하되 통일성과 능률성을 기하도록 하기 위하여 경찰청장의 일원적 지휘·감독체계하에 두고 있는 것으로 봄이 타당하다고 한다. 따라서 시·도지사 소속하에 지방경찰청을 둔다고 하는 의미도 국가경찰업무를 지역별로 분담하되 이를 시·도지사 관할구역별로 분담한다는 취지로 보아야 할 것이라고 밝히고 있다.

2) 서울지방경찰청의 경우 101경비단, 김포공항경찰대, 기동단 등이 이에 해당하며, 부산지방경찰청의 경우 김해국제공항경찰대, 경찰특공대, 기동대 등의 직할대가 설치되어 있다.

3) 예컨대, 중부지방해양경찰청장의 보좌기관으로 서해5도특별경비단이 설치되어 있다.

경찰청장을 보좌한다(동조②).

3) 해상교통관제센터

지방해양경찰청의 소관 사무를 분장하기 위하여 지방해양경찰청장 소속으로 해상교통관제센터를 둔다. 해상교통관제센터는 연안교통관제센터와 항만교통관제센터로 구분한다(직제32②).

Ⅲ. 국가지방하급경찰행정관청

1. 경찰서장

1) 지위

경찰청의 사무를 지역적으로 분담하여 수행하게 하기 위하여 지방경찰청장 소속하에 255개의 범위 안에서 경찰서를 둔다(경찰법2② 참조). 경찰서장은 지방경찰청장의 관할구역을 지역적으로 분담하여 경찰사무를 수행하는 지방 하급의 경찰행정관청이다.

경찰서장의 관할구역은 대체로 시 · 군 · 자치구와 일치하나, 인구에 따라 하나의 시 · 군 · 자치구에 둘 이상의 경찰서를 두는 경우, 반대로 둘 이상의 시 · 군 · 자치구에 하나의 경찰서를 두는 경우도 있다. 경찰서장은 경무관, 총경 또는 경정으로 보한다(법17①). 종래 경찰서장은 총경 또는 경정으로 보하도록 하였으나 2012년 개정법률은 이를 개정하여 경찰서장을 경무관으로 보할 수 있도록 하였다. 이는 치안수요가 과중한 경찰서와 1개 자치구역 내에 다수의 경찰서가 있는 지역의 중심경찰서의 경찰서장 직급을 경무관으로 보임할 수 있는 근거를 마련하고자 한 것이다.

경찰서장은 지방경찰청장의 지휘 · 감독을 받아 관할구역 안의 소관 사무를 관장하고 소속 공무원을 지휘 · 감독한다(동조②).

2) 지구대 등

지방경찰청장은 경찰서장의 소관사무를 분장하기 위하여 부령이 정하는 바에 따라 경찰청장의 승인을 얻어 지구대 또는 파출소를 둘 수 있다. 지방경찰청장은 임시로 필요한 때에는 출장소를 둘 수 있다(법17③ · 직제44).

지구대장이나 파출소장이 경찰서장의 보조기관인지 하급행정청인지의 여부는, 이들이 법령에 의하여 또는 경찰서장의 위임에 의하여 국민을 상대로 자기 이름으로 권한을 행사하는지 여부에 의하여 판단되어야 할 것이다. 현재에는 경찰서장의 권한을 사실상 분담하여 행사할 뿐, 자기 이름으로 행사하는 권한은 없는 것으로 보인다.

2. 해양경찰서장

1) 지위

해양경찰서장은 지방해양경찰청장의 지휘 · 감독하에 있는 지방하급경찰행정관청이다. 해양경찰서에 서장 1명을 두며, 서장은 총경으로 보한다. 서장은 지방해양경찰청장의 명을 받아 소관 사무를 총괄하고, 소속 공무원을 지휘 · 감독한다(직제30).

2) 파출소 · 출장소

지방해양경찰청장은 해양경찰서장의 소관 사무를 분장하기 위하여 부령으로 정하는 바에 따라 해양경찰서장 소속으로 파출소를 둘 수 있다(직제31①).

지방해양경찰청장은 필요한 경우에는 부령으로 정하는 바에 따라 해양경찰서장 소속으로 출장소를 둘 수 있다(동조②).

파출소장이나 출장소장을 행정관청으로 보기는 어렵다.

제 4 절 국가특별경찰행정관청

Ⅰ. 의 의

특별경찰행정관청이란 일반경찰 외에 경찰임무를 수행하는 경찰행정관청을 말한다.

특별경찰은 평시에 고유한 행정임무에 부수하여 그 영역에서의 위해방지 임무를 수행하는 협의의 행정경찰관청과, 특수경찰관청으로서의 국가정보원장, 그리고 비상시에 병력으로써 질서유지 임무를 수행하는 계엄사령관 등이 있다.

Ⅱ. 협의의 행정경찰관청

일반경찰이 아닌 행정기관이 고유의 임무와 관련하여 그가 관장하는 행정영역에서 발생하는 위해를 방지하는 경우에, 그 작용을 협의의 행정경찰로 이름 붙이고, 실질적 의미의 경찰의 일종으로 보는 것이 종래의 통설이었다.

따라서 협의의 행정경찰기관이란 따로 설치되는 것이 아니라 고유의 임무와 관련하여 그 행정영역에서의 위해방지를 수행하는 모든 행정기관을 말하며, 이러한 작용은 거의 모든 행정기관이 많든 적든 수행하고 있으므로, 사실상 거의 모든 행정관청이 협의의 행정경찰관청이 된다. 건축과 관련된 위해방지를 담당하는 건축행정관청(국토교통부장관, 시·도지사, 시장·군수·구청장 등), 보건위생과 관련된 위해방지를 담당하는 보건위생행정관청(보건복지부장관, 시·도지사, 시장·군수·구청장 등) 등이 그 예이다.

협의의 행정경찰이라는 개념을 인정할 것이지, 그것을 인정하는 경우에는 실질적 의미의 경찰에 포함되는 것으로 볼 것인지에 관하여는 논란이 있음은 앞에서 본 바와 같다. 이를 부인하는 경우에는 특별경찰기관의 일종으로서의 협의의 행정경찰기관이라는 개념도 부인하고, 종래에 협의의 행정경찰이라는 이름으로 불러오던 작용들은 각기 그 기관들이 고유의 임무로 관장하는 행정(건축행정 · 보건위생행정 · 공물관리행정 · 재무행정 등)의 작용으로 보게 된다.

Ⅲ. 국가정보원장

국가안전보장과 관련된 정보 및 보안업무를 담당하는 대통령 소속기관으로서 대통령의 지시와 감독을 받는다(국가정보원법2).

그 임무는 ① 국외 정보 및 국내보안정보(대공, 대정부전복, 방첩, 대테러 및 국제범죄조직)의 수집 · 작성 및 배포, ② 국가기밀에 속하는 문서 · 자재 · 시설 및 지역에 대한 보안업무(다만, 각급 기관에 대한 보안감사는 제외), ③ 형법 중 내란의 죄, 외환의 죄, 군형법 중 반란의 죄, 암호 부정사용의 죄, 군사기밀보호법에 규정된 죄, 국가보안법에 규정된 죄에 대한 수사, ④ 국가정보원 직원의 직무와 관련된 범죄에 대한 수사 및 ⑤ 정보 및 보안업무의 기획 · 조정(법3)이다.

국가정보원의 직무에는 행정경찰에 속하는 업무와 사법경찰업무가 포함되어 있으나, 그 중 행정경찰의 성질을 가진 업무도 위해방지 전반이 아니라 국가의 통일성 및 기능 유지에 관한 고등경찰작용에 한정되므로 특수한 경찰기관으로 볼 수 있다.

국가정보원의 조직은 그 임무의 특수성에 비추어 국가정보원장이 대통령의 승인을 얻어 정하고(법4①), 그 직원을 특정직 국가공무원으로 하여 국가공무원법에 대한 특별법인 국가정보원직원법에 의하여 그 자격 · 임용 · 교육훈련 · 복무 · 보수 · 신분보장 · 징계 등을 규율하는 등 특수한 취급을 하고 있다.

Ⅳ. 비상경찰행정관청

일반경찰만으로는 치안을 유지할 수 없는 비상사태에 병력으로써 치안을 담당하는 기관을 비상경찰기관이라고 한다. 비상경찰기관도 비상경찰행정청과 비상경찰집행기관으로 나눌 수 있다.

비상경찰행정관청으로는 계엄사령관이 있다. 과거 위수사령관이 비상경찰행정청인지 여부가 문제된 바 있다.

1. 계엄사령관

비상계엄이 선포되면 계엄사령관이 계엄지역 안의 모든 행정사무와 사법사무를 관장하고, 경비계엄이 선포되면 계엄사령관이 계엄지역 안의 군사에 관한 행정사무와 사법사무를 관장한다(계엄법7).

따라서 비상계엄의 경우에는 모든 경찰사무에 관하여 계엄사령관이 경찰행정관청이 되고, 경비계엄의 경우에는 군사에 관한 경찰사무에 한하여 계엄사령관이 경찰행정관청이 된다.

1) 계엄의 종류와 선포

계엄법은 계엄의 종류를 비상계엄과 경비계엄으로 구분한다. 비상계엄은 대통령이 전시·사변 또는 이에 준하는 국가비상사태에 있어서 적과 교전상태에 있거나 사회질서가 극도로 교란되어 행정 및 사법기능의 수행이 현저히 곤란한 경우에 공공의 안녕질서를 유지하기 위하여 선포하며, 경비계엄은 대통령이 전시·사변 또는 이에 준하는 국가비상사태에 있어서 사회질서가 교란되어 일반행정기관만으로는 치안을 확보할 수 없는 경우에 공공의 안녕질서를 유지하기 위하여 선포한다(법2)고 규정하고 있다.

이러한 계엄은 그 목적에 따라 군사적 필요에 의한 군사계엄과 공안유지를 위한 행정계엄으로 구분할 수 있다. 그 중 행정계엄이 비상경찰에 해당한다. 이는 성질상 군의 작전과 통수에 관한 작용 즉, 군령의 작용이 아니라 경찰작용의 일종이기 때문이다.

2) 계엄사령관의 권한과 지휘 감독 등

비상계엄의 경우에는 계엄의 선포와 동시에 계엄사령관은 계엄지역안의 모든 행정사무와 사법사무를 관장한다. 경비계엄의 경우에는 계엄의 선포와 동시에 계엄지역안의 군사에 관한 행정사무와 사법사무를 계엄사령관이 관장한다(법7).

계엄사령관은 계엄의 시행에 관하여 국방부장관의 지휘 · 감독을 받는다. 다만, 전국을 계엄지역으로 하는 경우와 대통령이 직접 지휘 · 감독을 할 필요가 있는 경우에는 대통령의 지휘 · 감독을 받는다. 이에 따라 계엄사령관을 지휘 · 감독함에 있어서 국책에 관계되는 사항은 국무회의의 심의를 거쳐야 한다(법6).

3) 비상계엄지역 안에서의 계엄사령관의 특별조치권

비상계엄지역 안에서 계엄사령관은 군사상 필요한 때에는 체포 · 구금 · 압수 · 수색 · 거주 · 이전 · 언론 · 출판 · 집회 · 결사 또는 단체행동에 대하여 특별한 조치를 할 수 있다. 이 경우에 계엄사령관은 그 조치내용을 미리 공고하여야 한다(법9①).

비상계엄지역 안에서는 계엄사령관은 법률이 정하는 바에 의하여 동원 또는 징발할 수 있으며, 필요한 경우에는 군수에 공할 물품의 조사 · 등록과 반출금지를 명할 수 있다(동조②).

비상계엄지역 안에서는 계엄사령관은 작전상 부득이한 경우에는 국민의 재산을 파괴 또는 소각할 수 있다. 이 경우에는 미리 그 사유, 지역, 대상 등 필요한 사항을 그 재산의 소재지를 관할하는 행정기관과 그 재산의 소유자, 점유자 또는 관리자에게 통보하거나 공고하여야 한다(동조③④).

4) 손실보상

(1) 재산의 파괴 또는 소각에 대한 보상

비상계엄지역 안에서 작전상 부득이하여 계엄사령관이 국민의 재산을 파괴 또는 소각함에 따라 발생한 손실에 대하여는 정당한 보상을 하여야 한다. 다만, 그 손실이 교전 상태에서 발생한 경우에는 그러하지 아니하다(법9의2①).

국방부장관은 미리 보상청구의 기간 및 절차 등 보상청구에 필요한 사항을 10일 이상의 기간을 정하여 공고하여야 한다(동조②).

국방부장관은 보상금 지급결정을 하였을 때에는 지체 없이 보상대상자에게 보상금 지급통지서를 송부하여야 한다(동조③).

관할 행정기관의 장은 재산의 파괴 또는 소각으로 인한 손실액을 판단하는 데에 필요한 조사서, 확인서, 사진 등 증명자료를 기록 · 유지하여야 한다(동조④).

(2) 현금보상의 원칙 및 보상기준

재산의 파괴 또는 소각에 따른 손실보상은 다른 법률에 특별한 규정이 있는 경우를 제외하고는 현금으로 지급하여야 한다(법9의3①).

손실액의 산정은 파괴 또는 소각으로 인하여 재산이 멸실될 당시의 과세표준을 기준으로 한다(동조②). 과세표준은 대통령령으로 정한다(동조③).

(3) 국 · 공유재산의 보상 제외

파괴 또는 소각으로 인하여 멸실된 재산이 국유재산이거나 공유재산인 경우에는 보상을 하지 아니한다(법9의4).

(4) 보상금의 공탁

국방부장관은 보상대상자가 보상금의 수령을 거부하거나 대통령령으로 정하는 기간 이내에 보상금 지급통지서에 응답하지 아니하여 보상대상자에게 보상금을 지급할 수 없을 때에는 해당 보상금을 보상대상자의 주소지를 관할하는 지방법원 또는 그 지원에 공탁(供託)하여야 한다(법9의5).

(5) 보상청구권의 소멸시효

보상청구권은 보상청구에 관한 공고기간 만료일부터 5년간 행사하지 아니하면 시효의 완성으로 소멸한다. 다만, 공고 사실을 알지 못한 경우에는 그 사실을 안 날부터 계산한다(법9의6).

5) 행정 · 사법사무의 평상화

계엄이 해제된 날로부터 모든 행정사무와 사법사무는 평상상태로 복귀한다. 비상계엄시행중 군사법원에 계속 중인 재판사건(법10)의 관할은 비상계엄해제와 동시에 일반법원에 속한다. 다만, 대통령이 필요하다고 인정할 때에는 군사법원의 재판권을 1월 이내에 한하여 연기할 수 있다(법12).

2. 위수사령관

위수란 육군 군대가 영구히 1지구에 주둔하여 당해 지구의 경비, 육군의 질서 및 군기의 감시와 육군에 속하는 건축물 기타 시설물의 보호에 임하는 것을 말한다. 위수근무를 행하게 하기 위하여 위수지역에 위수사령관을 두고, 위수근무를 하게 된다.

위수의 근거법령은 대통령령인 위수령이다. 이는 1950년 3월 27일에 제정되어 2018년 9월 18일 폐지될 때까지 시행되었다.

그러나 위수근무시의 병기사용을 둘러싸고 위헌 논란이 야기되었다. 병기사용은 국민의 생명이나 신체에 대한 침해를 초래할 우려가 있다. 따라서 헌법 제37조제2항에 위반되는 것이기 때문이다. 또한 시·도지사의 요청에 의한 병력출동 역시 법률에 근거가 없어 위헌 소지가 있다는 비판이 있었다.

이에 2018. 9. 18. 대통령령 제29164호로 위수령이 폐지되었다.

제 5 절 국가경찰 의결기관

Ⅰ. 경찰위원회

1. 경찰위원회의 지위

경찰위원회[4]는 경찰의 정치적 중립성 확보, 정책결정과 집행의 민주성과 공정성을 확보하기 위하여 설치된 심의·의결기관이다. 경찰위원회는 행정안전부에 두며(경찰법5①), 위원회의 사무는 경찰청에서 수행한다.

---

4) 위원회는 위원장 1명을 포함한 7명의 위원으로 구성하되, 위원장 및 5명의 위원은 비상임으로 하고, 1명의 위원은 상임으로 한다. 상임위원은 정무직으로 한다(동조②③). 위원은 행정안전부장관의 제청으로 국무총리를 거쳐 대통령이 임명한다. 행정안전부장관은 위원 임명을 제청할 때 국가경찰의 정치적 중립이 보장되도록 하여야 한다. 위원 중 2명은 법관의 자격이 있는 사람이어야 한다(법 6).

경찰위원회는 행정관청이 아닌 의결기관이므로 법 소정의 사항만을 심의 · 의결할 뿐, 독자적으로 국민을 상대로 처분을 할 권한은 가지지 않는다.

2. 위원회의 심의 · 의결

1) 심의 · 의결사항

위원회는 ① 국가경찰의 인사, 예산, 장비, 통신 등에 관한 주요정책 및 국가경찰 업무 발전에 관한 사항,[5] ② 인권보호와 관련되는 국가경찰의 운영 · 개선에 관한 사항[6], ③ 국가경찰의 부패 방지와 청렴도 향상에 관한 주요 정책사항, ④ 국가경찰 임무 외에 다른 국가기관으로부터의 업무협조 요청에 관한 사항, ⑤ 제주특별자치도의 자치경찰에 대한 국가경찰의 지원 · 협조 및 협약체결의 조정 등에 관한 주요 정책사항, ⑥ 그 밖에 행정안전부장관 및 경찰청장이 중요하다고 인정하여 위원회의 회의에 부친 사항을 심의 · 의결하여야 한다.

2) 재의

행정안전부장관은 위원회에서 심의 · 의결된 내용이 적정하지 아니하다고 판단할 때에는 재의를 요구할 수 있다(법9, 경찰위원회규정5).

3) 의결정족수

위원회의 회의는 재적위원 과반수의 출석과 출석위원 과반수의 찬성으로 의결한다(법10). 재의요구에 의한 재의결의 경우도 이와 같다.

---

5) 경찰인사에 관계되는 법규 · 훈령 · 예규 및 운영기준에 관한 사항, 경찰교육 기본계획, 경찰장비와 통신의 개발 · 보강 및 운영에 관한 기본계획, 경찰예산편성 기본기획, 경찰 중 · 장기 발전계획에 관한 사항

6) 국민의 권리 · 의무와 직접 관계되는 경찰행정 및 수사절차, 경찰행정과 관련되는 과태료 · 범칙금 기타 벌칙에 관한 사항, 경찰행정과 관련되는 국민의 부담에 관한 사항

Ⅱ. 징계위원회

1. 징계위원회의 지위

징계위원회는 의결기관이다. 따라서 각급 징계위원회의 의결에 따라 징계권자가 징계를 하게 된다.

2. 징계위원회의 종류

1) 중앙징계위원회

경무관 이상의 경찰공무원에 대한 징계의결은 중앙징계위원회서 담당한다(경찰공무원법26①),

중앙징계위원회는 국무총리 소속으로 설치(국가공무원법82)되며, 위원장은 인사혁신처장이 된다.

2) 경찰공무원징계위원회

총경 이하의 경찰공무원에 대한 징계의결은 경찰공무원 징계위원회(동조②)에서 한다.

이는 다시 경찰공무원 중앙징계위원회와 경찰공무원 보통징계위원회로 구분한다. 경찰공무원 중앙징계위원회는 경찰청 및 해양경찰청에 둔다.

경찰공무원 보통징계위원회는 경찰청, 해양경찰청, 지방경찰청, 지방해양경찰청, 경찰대학, 경찰인재개발원, 중앙경찰학교, 경찰수사연수원, 해양경찰교육원, 경찰병원, 경찰서, 경찰기동대, 의무경찰대, 해양경찰서, 해양경찰정비창, 경비함정 및 경찰청장 또는 해양경찰청장이 지정하는 경감 이상의 경찰공무원을 장으로 하는 경찰기관에 둔다(경찰공무원징계령3).

3) 경찰공무원징계위원회의 관할

(1) 원칙

중앙징계위원회는 총경 및 경정에 대한 징계 또는 징계부가금 부가(징계 등) 사건을 심의 · 의결한다(영4①).

보통징계위원회는 해당 징계위원회가 설치된 경찰기관 소속 경감 이하 경찰공무원에 대한 징계 등 사건을 심의 · 의결한다(동조②본).

(2) 예외

첫째, 경정 이상의 경찰공무원을 장으로 하는 경찰서, 경찰기동대 · 해양경찰서 등 총경 이상의 경찰공무원을 장으로 하는 경찰기관 및 정비창에 설치된 보통징계위원회는 소속 경위 이하의 경찰공무원에 대한 징계 등 사건을 심의 · 의결하며, 의무경찰대 및 경비함정 등 경찰청장이 지정하는 경감 이상의 경찰공무원을 장으로 하는 경찰기관에 설치된 보통징계위원회는 소속 경사 이하의 경찰공무원에 대한 징계 등 사건을 심의 · 의결한다(동항단). 이 경우 해당 보통징계위원회의 징계 관할에서 제외되는 경찰공무원의 징계 등 사건은 바로 위 상급 경찰기관에 설치된 보통징계위원회에서 심의 · 의결한다(동조④).

둘째, 경찰청장 또는 해양경찰청이 징계 등 의결을 요구하는 경찰공무원에 대한 징계 등 사건의 심의 · 의결은 경찰청 및 해양경찰청에 설치된 보통징계위원회에서 한다(동조③).

4) 관련 사건의 관할

(1) 원칙

상위 계급과 하위 계급의 경찰공무원이 관련된 징계 등 사건은 상위 계급의 경찰공무원을 관할하는 징계위원회에서 심의 · 의결하고, 상급 경찰기관과 하급 경찰기관에 소속된 경찰공무원이 관련된 징계 등 사건은 상급 경찰기관에 설치된 징계위원회에서 심의 · 의결한다. 다만, 상위 계급의 경찰공무원이 감독상 과실책임만으로 관련된 경우에는 관할 징계위원회에서 각각 심의 · 의결할 수 있다(영5①).

소속이 다른 2명 이상의 경찰공무원이 관련된 징계 등 사건으로서 관할 징계위원회가 서로 다른 경우에는 모두를 관할하는 바로 위 상급 경찰기관에 설치된 징계위원회에서 심의·의결한다(동조②).

(2) 예외

첫째, 비상사태 등에 있어서의 위반행위(경찰공무원법31①) 또는 집단살상의 위급사태 발생시의 위반행위(동조②)와 관련된 징계 등 사건은 경찰청·해양경찰청·지방경찰청 또는 지방해양경찰청에 설치된 보통징계위원회에서 심의·의결할 수 있다(영5③).

둘째, 관할 징계위원회는 관련자에 대한 징계 등 사건을 분리하여 심의·의결하는 것이 타당하다고 인정되는 경우에는 해당 징계위원회의 의결로 관련자에 대한 징계 등 사건을 관할 징계위원회(영4)로 이송할 수 있다(영5④).

3. 의결

1) 중앙징계위원회의 의결

중앙징계위원회는 위원 5명 이상의 출석과 출석위원 과반수의 찬성으로 의결하되, 의견이 나뉘어 출석위원 과반수의 찬성을 얻지 못한 경우에는 출석위원 과반수가 될 때까지 징계 등 혐의자에게 가장 불리한 의견에 차례로 유리한 의견을 더하여 가장 유리한 의견을 합의된 의견으로 본다(공무원징계령12①).

2) 경찰공무원 징계위원회의 의결

징계위원회의 의결은 위원장을 포함한 위원 과반수(과반수가 3명 미만인 경우에는 3명 이상)의 출석과 출석위원 과반수의 찬성으로 의결하되, 의견이 나뉘어 출석위원 과반수의 찬성을 얻지 못한 경우에는 출석위원 과반수가 될 때까지 징계 등 심의 대상자에게 가장 불리한 의견을 제시한 위원의 수를 그 다음으로 불리한 의견을 제시한 위원의 수에 차례로 더하여 그 의견을 합의된 의견으로 본다(경찰공무원징계령14①).

4. 징계권자

경찰공무원의 징계는 징계위원회의 의결을 거쳐 징계위원회가 설치된 소속기관의 장이 하되, 국무총리 소속의 중앙징계위원회에서 의결한 징계는 경찰청장 또는 해양경찰청장이 한다.

다만, 파면 · 해임 · 강등 및 정직은 징계위원회의 의결을 거쳐 해당 경찰공무원의 임용권자가 하되, 경무관 이상의 강등 및 정직과 경정 이상의 파면 및 해임은 경찰청장 또는 해양경찰청장의 제청으로 장관과 국무총리를 거쳐 대통령이 하고, 총경 및 경정의 강등 및 정직은 경찰청장 또는 해양경찰청장이 한다(법27).

제6절 국가경찰 자문기관

Ⅰ. 치안행정협의회

1. 치안행정협의회의 지위

치안행정협의회는 지방행정과 치안행정의 업무협조 기타 필요한 사항을 협의 · 조정하기 위하여 시 · 도지사(제주특별자치도지사 제외) 소속 하에 설치[7]되는 합의제 행정기관이다(경찰법16).

치안행정협의회는 국가의 행정조직인 지방경찰과 지방자치단체의 집행기관 사이의 유기적인 업무협조 및 조정이 필요하기 때문에 둔 협의기구로서, 그 협의결과에 구속력은 없다. 따라서 법적으로는 자문기관의 성격을 가진다.

7) 이는 지방행정과 경찰업무 간에는 밀접한 관계가 있을 뿐만 아니라 국가적 차원에서 긴밀히 협조하여야 하는 특수성이 있으므로 지방행정과 국가사무인 치안행정 간에 문제가 있을 경우 이를 조정 · 협의하기 위한 취지로 보인다. 그렇다면 위 규정은 시 · 도지사는 경찰업무에 대한 상급행정관청이 아니라는 것을 전제로 하고 있는 것이다(법무부연도미상, 법심).

2. 치안행정협의회의 구성

치안행정협의회는 위원장을 포함한 위원 9인으로 구성한다(치안행정협의회규정3①).

위원장은 시 · 도의 부시장 또는 부지사가 되고, 위원 중 2인은 시 · 도 소속 공무원 중에서 시 · 도지사가 임명하고, 3인은 지방경찰청 소속 경찰공무원 중에서 지방경찰청장의 추천으로 시 · 도지사가 임명하며, 나머지 3인은 지방행정과 치안행정에 관한 학식과 경험이 있는 자 중에서 지방경찰청장의 의견을 들어 시 · 도지사가 위촉한다(동조②).

위촉된 위원의 임기는 2년으로 한다(동조③).

3. 치안행정협의회의 기능

치안행정협의회는 ① 지역안정 및 질서유지에 관한 사항, ② 민방위 및 재해대책운영에 관한 사항, ③ 질서확립운동 등 지역사회운동의 효율적 추진에 관한 사항, ④ 지역주민과 경찰간의 협조 및 요망사항, ⑤ 기타 지방행정과 치안행정간 상호지원에 관한 사항과 시 · 도지사 및 지방경찰청장이 회의에 부치는 사항을 협의한다(규정2).

협의회의 회의는 매분기 1회 개최하되, 특정사안에 관하여 지방행정과 치안행정과의 업무협조 등을 위하여 필요한 경우에는 수시로 개최할 수 있다(규정5①).

Ⅱ. 경찰공무원 인사위원회

1. 경찰공무원 인사위원회의 지위

경찰공무원의 인사에 관한 중요사항에 대하여 경찰청장 또는 해양경찰청장의 자문에 응하게 하기 위하여 경찰청과 해양경찰청에 경찰공무원인사위원회를 둔다(경찰공무원법4).

경찰공무원 인사위원회의 법적 성격은 자문기관이다. 경찰청장이나 해양경찰청장은 인사위원회의 자문에 구속되지 않는다.

2. 경찰공무원 인사위원회의 심의사항

경찰공무원 인사위원회는 ① 경찰공무원의 인사행정에 관한 방침과 기준 및 기본계획, ② 경찰공무원의 인사에 관한 법령의 제정·개정 또는 폐지에 관한 사항, ③ 그 밖에 경찰청장 또는 해양경찰청장이 인사위원회의 회의에 부치는 사항을 심의한다(법5).

회의는 재적위원 과반수의 찬성으로 의결한다(영11). 위원장은 인사위원회에서 심의된 사항을 지체 없이 경찰청장 또는 해양경찰청장에게 보고하여야 한다(영13).

제 7 절 국가경찰 집행기관

Ⅰ. 보통경찰집행기관

경찰집행기관이란 경찰행정청의 명을 받아 경찰에 관한 국가의사를 현장에서 직접 수행하는 경찰기관을 말한다. 보통경찰에 속한 집행기관은 경찰공무원이다. 경찰공무원은 원래 경찰행정기관의 구성원이지 그 자신이 경찰행정기관은 아니지만, 경찰임무의 특성상 경찰행정청이 결정한 의사를 경찰공무원이 실력으로써 현실적으로 집행하는 경우에는 경찰공무원 하나하나가 경찰집행기관이 된다.

경찰공무원은 경찰기관에 속하여 경찰임무를 수행하는 공무원을 말한다. 일반적으로 경찰공무원은 소속 경찰행정청의 관할구역 내[8]에서 경찰업무를 담당한다.

8) 그러나 돌발사태의 진압 또는 공공질서가 교란되었거나 교란될 우려가 현저한 지역의 경비를 응원하기 위하여 지방경찰청장이나 지방해양경찰청장은 경찰관 파견을 요구하거나, 경찰청장이나 해양경찰청장은 소속 경찰관의 파견을 명할 수 있다(경찰직무응원법 1). 또한 지방경찰청장이나 지방해양경찰청장은 경호, 이동승무, 물품호송 등에 있어서 특히 필

일반경찰집행기관으로서의 경찰공무원은 행정경찰업무 외에 사법경찰에 관한 사무도 담당한다(형사소송법196). 경찰공무원이 사법경찰업무를 담당하는 경우에는 사법경찰관리라고 부른다. 그러나 사법경찰이 경찰행정법상의 경찰이 아님은 이미 본 바와 같다.

Ⅱ. 특별경찰집행기관 - 특수한 경찰기관

1. 의의

특수한 경찰집행기관은 특수한 분야에 있어서의 위해방지를 담당하는 집행기관을 말한다.

우리나라의 경우 특수한 경찰기관으로는 의무경찰대, 군사경찰, 청원경찰, 비상사태시 출동하는 군인 등이 있다. 여기에서는 의무경찰대와 군사경찰에 관하여 살펴보기로 한다.

2. 의무경찰대

1) 지위

의무경찰대는 간첩(무장공비 포함)의 침투거부 · 포착 · 섬멸 그 밖의 대간첩작전을 수행하고 치안업무를 보조하기 위하여 지방경찰청장 등의 소속으로 설치(의무경찰대설치및운영에관한법률1)되는 경찰집행기관이다.

경찰청장[9] 또는 해양경찰청장[10]은 필요한 경우 그 소속으로 따로 의무경찰대를 두거나 대통령령으로 정하는 바에 따라 의무경찰대의 총괄기관을 둘 수

요한 경우에는 소속 경찰관으로 하여금 다른 지방경찰청 또는 지방해양경찰청의 구역에서 직무를 수행하게 할 수 있다(법 3).

9) 의무경찰대를 두는 국가경찰기관은 경찰기관 중 경찰대학, 경찰인재개발원, 중앙경찰학교, 경찰수사연수원, 경찰병원, 지방경찰청, 경찰서, 경찰기동대, 정비창 및 경찰청장이 지정하는 경감 이상의 경찰공무원을 장으로 하는 기관으로 한다.

10) 의무경찰대를 두는 해양경찰기관은 경찰기관 중 해양경찰교육원, 지방해양경찰청, 해양경찰서, 해양경찰정비창, 경비함정 및 해양경찰청장이 지정하는 경감 이상의 경찰공무원을 장으로 하는 기관으로 한다.

있다.(동조②).

의무경찰대는 그 임무의 특수성으로 인하여 군대와 유사한 편제를 갖추고 있다. 그러나 군대가 아니라 보통경찰행정청에 소속된 경찰집행기관이다. 다만, 그 임무가 일반적인 위해방지가 아니라 대간첩작전 수행 및 치안업무의 보조라는 특수한 영역에 한정되므로, 특수한 경찰집행기관의 성질을 가진다.

2) 의무경찰대의 조직

의무경찰대의 대원은 의무경찰[11]과 경찰공무원법에 따른 국가경찰공무원[12]으로 구성한다. 의무경찰대의 편성과 그 밖에 조직에 관하여 필요한 사항은 대통령령으로 정한다(법2).

3. 군사경찰

1) 의의

최근 군인사법 시행령이 일부개정(2020. 2. 4. 대통령령 제30384호)되어 군의 기본병과 중 하나인 헌병과가 군사경찰과로 변경되었다.

지금까지 사용되어온 헌병이라는 명칭이 일제 강점기 잔재이며 구시대적이라는 부정적인 의미로 인식됨에 따라 헌병의 수행 임무를 명확히 반영할 수 있는 자연스러운 우리말 표현인 군사경찰로 변경하게 된 것이다.

2) 소속 및 업무

(1) 소속

군사경찰은 국방부에 소속하고 참모총장의 지휘감독을 받아 군사에 관한 경

11) 의무경찰은 신분상 경찰공무원은 아니나, 경찰공무원법과 국가공무원법의 일부 규정이 준용된다(법 4).대간첩작전 수행을 임무로 하는 의무경찰은 병역법 제24조 제2항에 의하여, 치안업무의 보조를 임무로 하는 의무경찰은 동법 제25조 제1항에 의하여 전환 복무된 사람 중에서 임용한다(법 2의3①②). 의무경찰은 현역병의 복무기간과 같은 기간 동안 복무하면 현역병으로 복무한 것으로 본다(병역법 24③ · 25②). 의무경찰의 계급은 특경 · 수경 · 상경 · 일경 및 이경으로 구분되며, 초임계급은 이경으로 한다(법 2의4).

12) 병역법(법 25①)에 따라 전환복무된 사람 중 경찰대학을 졸업하고 경위로 임용된 사람은 전환복무기간 중 의무경찰대의 대원으로 복무하여야 한다(법 2의3③).

찰을 장리한다(군사경찰령1).

(2) 행정경찰과 사법경찰

군사경찰은 군사에 관한 사항에 한하여 행정경찰 또는 사법경찰을 행할 수 있다(동령2).

그런데 군형법상 일정한 범죄에 관하여는 민간인(내국인 및 외국인)에게도 군형법이 적용되고 군사법원이 재판하므로(군형법1④, 군사법원법2①ⅰ), 이러한 범죄를 범한 민간인에 대하여는 군사경찰이 군사법경찰관리로서 사법경찰권을 행사한다(군사법원법44ⅰ·46).

민간인에 대한 행정경찰권에 관하여는 특별한 규정이 없으나, 사법경찰권의 발동 대상이 되는 민간인에 대하여는 범죄수사에 부수하여 범죄의 예방, 진압도 할 수 있다고 보아야 할 것이므로, 그 한도 안에서 민간인에 대하여도 행정경찰권을 행사할 수 있다고 해석된다.

제 3 장

경찰기관의 권한 및 상호관계

제1절 서 설

Ⅰ. 권한의 의의

1. 행정조직법상의 권한

행정조직법상 권한이란 행정기관이 유효하게 직무를 행할 수 있는 범위를 말한다. 이를 관할이라고도 한다.

실정법에서는 직무권한 또는 직무범위라고 표현하는 것이 보통이다. '행정기관의 장의 직무권한(정부조직법 제7조)'이나 '경찰청의 조직 · 직무범위(동법34⑤)' 등의 표현이 그 예이다. 이와 같이, 일반적으로 권한이라 하면 행정조직법적 의미의 권한을 말한다.

2. 행정작용법상의 권한

이에 비하여 행정작용법상으로는 행정청이 소속 행정주체를 위하여 일정한 행위를 할 수 있는 법적인 힘을 권한이라 한다. 작용법적 의미의 권한 또는 개별적 권한이라고 할 수 있다.

3. 양자의 구분

행정청이 그 권한 안에서 행한 행위는 소속 행정주체의 행위로서 효과를 발생한다는 점에서는 차이가 없다.

그러나 행정조직 내부에 있어서의 행위 또는 국민에 대한 행위라도 법률유보의 범위에 속하지 않은 행위는 일반적 권한의 범위에 속하기만 하면 가능하지만, 국민에 대한 행위로서 법률유보의 범위에 속한 행위는 법령에 의한 개별적 권한, 즉 행정작용법상의 권한이 부여되어 있어야만 한다는 점에서, 양자의 개념을 구별할 실익이 있다.

행정조직법에서 말하는 권한은 일반적 권한인 것이 보통이다. 하지만 권한의 위임에서 보는 바와 같이, 개별적 권한인 경우도 있다. 따라서 경찰기관의 권한이란 조직법적 의미에서는 경찰기관이 유효하게 직무를 행할 수 있는 범위를 말하고, 작용법적 의미에서는 경찰기관이 국가를 위하여 일정한 행위를 할 수 있는 법적인 힘을 말한다.

경찰법에서 정하는 경찰청장의 권한(경찰법11③)이나 지방경찰청장의 권한(동법14②)은 전자의 예이고, 지방경찰청장의 운전면허발급권(도로교통법85) 및 운전면허 취소·정지권(법93)은 후자의 예이다.

Ⅱ. 권한의 성질

경찰기관이 경찰조직법상 일정한 권한을 가지고 있다고 하여도 권한을 발동하기 위해서는 개인의 권리에 대한 침해 등을 가능하게 하는 경찰작용법상의 수권규범이 필요하다. 달리 말하면 특정 경찰기관의 소관사무라 하더라도 그 사무를 수행하기 위한 수단이 별도로 수권되어 있어야 한다.

또한 경찰기관의 권한은 그 권한을 가진 경찰기관만이 이를 행사할 수 있으며, 다른 행정기관은 이를 행사할 수 없다. 경찰조직법정주의의 당연한 귀결이다. 한편, 권한을 가진 경찰기관은 그 권한을 적법하고 타당하게 행사하여야 할 의무를 부담한다. 설령 주어진 권한이 재량에 속한다 하더라도 하자 없는 재량의 행사가 의무적이기 때문이다.

Ⅲ. 권한의 획정과 충돌

1. 권한의 획정

행정관청의 권한은 법규(원칙적으로 법률, 법률의 위임이 있는 경우에는 그 위임에 의한 법규명령)에 의하여 정해진다. 어떤 행정청이 어떤 권한을 가지는지 모르면 국민이 행정주체를 상대로 현실적으로 권리를 행사하거나 의무를 이행하는 것이 불가능하고, 따라서 어떤 행정청이 어떤 권한을 가지는가 하는 것은 국민의 권리와 의무에 영향을 미치기 때문이다.

행정관청의 권한의 대체적인 범위, 즉 일반적 권한은 그 행정청의 설치를 규정하는 법령인 행정조직법에 의하여 정해진다. 그러나 국민을 상대로 구체적인 행위를 할 수 있는 권한은 개별적으로 행정작용의 근거를 정하는 법령, 즉 행정작용법에 의하여 정해진다.

예컨대, 지방경찰청장의 권한은 경찰법이 그 대강을 정하고 있지만(법14②), 이를 근거로 지방경찰청장이 운전면허를 발급하거나 취소·정지할 수는 없고, 도로교통법의 규정(법85·93)에 의하여 비로소 운전면허 발급 및 취소 또는 정지의 권한이 부여되는 것이다.

행정관청의 권한은 법령에 의하여 정해지므로, 행정관청이 권한을 임의로 변경하지 못한다.

2. 권한의 충돌

1) 의의

앞서 말한 바와 같이 경찰기관은 자신에게 부여된 권한만을 행사하여야 한다.

이와 관련하여 권한이 불분명한 경우에 다수의 경찰기관이 권한을 가지는 경우 또는 그 반대의 경우가 발생할 수도 있다. 이를 권한의 충돌이라 한다.

2) 권한충돌시의 관할 결정

이와 관련하여 행정절차법은 행정청의 관할이 분명하지 아니하는 경우에는 당해 행정청을 공통으로 감독하는 상급행정청이 그 관할을 결정하며, 공통으로 감독하는 상급행정청이 없는 경우에는 각 상급행정청의 협의로 그 관할을 결정한다(행정절차법6②)고 규정하고 있다.

따라서 일반적으로는 경찰서장 간의 권한이 충돌되는 경우에는 지방경찰청장, 해양경찰서장 간의 권한이 충돌되는 경우에는 지방해양경찰청장이, 지방경찰청장간 또는 지방해양경찰청장 간의 권한이 충돌되는 경우에는 경찰청장 또는 해양경찰청장이 관할을 결정하게 된다.

3) 국가경찰과 자치경찰간의 협약 및 조정

(1) 사무분담 및 사무수행방법에 관한 협약

자치경찰사무에 관한 제주도특별법의 명시적인 규정(법90)에도 불구하고 ① 주민의 생활안전활동에 관한 사무, ② 지역교통활동에 관한 사무, ③ 공공시설 및 지역행사장 등의 지역경비에 관한 사무를 처리함에 있어서 국가경찰과 자치경찰간의 사무분담 및 사무수행방법은 도지사와 제주자치도지방경찰청장이 협약으로 정하여 공표하여야 한다. 이 경우 도지사는 미리 치안행정위원회의 의견을 들어야 한다(법 91①).

국가경찰과 자치경찰간의 사무분담 및 사무수행의 방법에 관한 기준 및 협약의 공표에 관하여 필요한 사항은 도조례로 정한다. 이 경우 제주자치도지방경찰청장의 의견을 들어야 한다(동조⑤).

(2) 협약의 조정

협약을 체결함에 있어 협약당사자가 의견을 달리하여 협약이 체결되지 아니하는 경우에는 협약당사자의 신청에 의하여 경찰위원회(경찰법5)의 심의 · 의결을 거쳐, 행정안전부장관이 조정한다(법91②본).

협약이 체결되지 아니하는 상태가 지속되어 공익을 현저히 저해하여 조속한 조정이 필요하다고 인정되는 경우에는 협약당사자가 신청하지 아니하였을 때에도 경찰위원회의 심의 · 의결을 거쳐 행정안전부장관이 조정할 수 있다(동항 단).

행정안전부장관이 협약의 체결을 조정하였을 때에는 서면으로 지체 없이 협약당사자에게 통보하여야 하며, 그 통보를 받은 협약당사자는 그 내용을 협약에 포함시켜야 한다(동조③).

Ⅳ. 권한의 한계

1. 개설

행정청의 권한은 사항적 · 지역적 · 대인적 · 형식적 및 시간적으로 일정한 한계를 가진다. 행정청이 이러한 권한의 한계를 벗어나서 권한을 행사하면 권한 없는 행위가 된다.

> [대법원 2007. 7. 26. 선고 2005두15748 판결] 행정청의 권한에는 사무의 성질 및 내용에 따르는 제약이 있고, 지역적·대인적으로 한계가 있으므로 이러한 권한의 범위를 넘어서는 권한유월의 행위는 무권한 행위로서 원칙적으로 무효라고 할 것이다.

2. 사항적 한계

경찰행정작용을 할 수 있는 권한은 목적과 성질 및 중요도에 따라 정부조직법이나 경찰법 등 조직법령에 의하여 각 경찰기관에 배분된다. 그 결과로 경찰기관의 권한에는 사항적으로 일정한 한계가 있다. 이를 권한의 사항적 한계 또는 사물관할이라고 한다.

이와 같이 행정기관은 조직법령상의 담당사무 범위 내에서만 권한을 가지므로 다른 행정기관의 권한에 속하는 사항을 처리할 수 없다.

경찰청의 직무범위는 경찰법에서 따로 규정하고 있다. 경찰법은 "국가경찰의 민주적인 관리 · 운영과 효율적인 임무수행을 위하여 국가경찰의 기본조직 및 직무범위 기타 필요한 사항을 규정"하기 위한 법률로서, 국가경찰은 ① 국민의 생명 · 신체 및 재산의 보호, ② 범죄의 예방 · 진압 및 수사와, 범죄피해자 보호, ③ 경비 · 요인경호 및 대간첩 · 대테러 작전 수행, ④ 치안정보의 수집 · 작성 및 배포, ⑤ 교통의 단속과 위해의 방지, ⑥ 외국 정부기관 및 국제기구와의 국제협력, ⑦ 그 밖의 공공의 안녕과 질서유지를 그 임무로 한다(법3).

또한 해양에서의 경찰사무에 관한 권한을 경찰청장이 행사하여서도 아니 된다.

자치경찰제가 시행되고 있는 제주특별자치도의 경우 제주특별자치도지사나 자치경찰단장의 자치경찰사무를 국가경찰인 제주특별자치도 지방경찰청장이나 경찰서장이 관장하여서는 아니 된다.

사물관할을 위반한 경찰작용은 위법한 것으로서 원칙적으로 무효가 된다.

3. 심급상 한계

심급상 한계란 사물적 권한을 가진 상하의 경찰기관 사이에서 분배된 사무의 범위를 말한다. 이를 심급관할이라고도 한다. 이것은 상하 경찰기관 사이의 사무배분의 문제이다.

심급관할을 위반한 경찰작용 역시 위법한 것이 된다.

따라서 상급경찰관청은 하급경찰관청의 권한 행사를 지휘 · 감독할 수는 있으나, 특별한 규정이 없는 한 그 권한을 대행할 수는 없다. 예컨대, 운전면허발급 권한은 지방경찰청장에게 있으므로 경찰서장이나 경찰청장이 이를 행사할 수는 없는 것이다.

4. 지역적 한계

중앙행정기관은 전국을 관할구역으로 하므로 그 권한에는 지역적 한계가 없으나, 지방행정기관(국가의 지방행정기관, 지방자치단체의 행정기관)은 그 관할구역이 정해져 있으므로 그 구역 안에서만 권한을 행사할 수 있는 것이 원칙이다. 이러한 한계를 권한의 지역적 한계 또는 토지관할이라고 한다.

예컨대, 경찰청장은 육상에서의 경찰사무를 관장하고, 해양경찰청장은 해양에서의 경찰 및 오염방제에 관한 사무를 관장한다. 또한 경찰청장과 해양경찰청장은 중앙경찰기관이므로 전국에 걸쳐서 그 권한을 행사할 수 있으나, 지방경찰청장 및 지방해양경찰청장 또는 경찰서장 및 해양경찰서장은 지방행정기관이므로 원칙적으로 그 관할구역 안에서만 권한을 가진다.

지역적 한계 또는 토지관할에 관한 예외로서, 경찰직무응원법에 의한 이동근무가 있다. 즉, 지방경찰청장이나 지방해양경찰장은 경호, 이동 승무, 물품 호송 등에 특히 필요한 경우에는 그 소속 경찰관으로 하여금 다른 지방경찰청 또는 지방해양경찰청의 구역에서 직무를 수행하게 할 수 있다(법3). 이동근무를 위하여 파견된 경찰관은 파견 목적 외의 직무를 수행할 수 없다(법8).

한편, 국회에서의 경찰작용은 국회에 의해서 행해진다. 국회법에 의하여 국회의장은 경호권(동법143)과 가택권(법151 · 153)을 갖는다.

그리고 법원에서의 경찰작용은 법원에 의하여 이루어진다. 법정에서의 질서유지는 재판장이 이를 행한다(법원조직법58①).

다만, 국회의장이 국가경찰공무원의 파견을 요구하여 파견된 국가경찰공무원은 의장의 지휘를 받아 회의장건물 밖에서 경호(국회법144③)하며, 재판장이 국가경찰공무원의 파견을 요구하여 파견된 국가경찰공무원은 법정내외의 질서유지에 관하여 재판장의 지휘를 받는다(법원조직법60②).

5. 대인적 한계

경찰기관의 권한이 미치는 인적 범위가 한정되어 있는 경우에 이를 권한의 대인적 한계 또는 대인관할이라고 한다.

특별경찰집행기관으로서의 군사경찰은 원칙적으로 군인 · 군무원에 대해서만 경찰권을 행사할 수 있는 것이 그 예이다.

6. 형식적 한계

경찰기관의 권한을 일정한 형식으로만 행사하도록 정해진 경우에 이를 권한의 형식적 한계라고 한다.

행정안전부장관 또는 해양수산부장관이 경찰 또는 해양경찰에 관한 법규사항을 정립함에 있어서 부령의 형식으로만 정할 수 있고 그 밖의 다른 형식으로는 정할 수 없는 것이 그 예이다.

7. 시간적 한계

일정한 시점부터 또는 일정한 시점까지만 권한을 행사할 수 있도록 제한되어 있는 경우에 이를 권한의 시간적 한계라고 한다. 일반적으로는 예를 찾기 어렵고, 권한의 신설 또는 폐지의 경우에 볼 수 있다.

예컨대 정부조직법이 개정되어 국민안전처가 폐지되고 해양경찰청이 다시 해양수산부장관의 소속하에 설치되면, 관련 권한은 다시 해양수산부장관과 해양경찰청장이 행사하게 되는 것이다.

Ⅴ. 권한의 효과

1. 적극적 효과

경찰기관이 자신의 권한의 범위 안에서 행위를 하면 그 행위는 경찰주체인 국가 또는 지방자치단체의 행위로서 효력을 발생시킨다. 일단 국가 등 행정주체의 행위로서 효력이 발생하면 경찰기관구성원이 변경되더라도 그 효력에 영향을 미치지 않으며, 경찰기관 자체의 폐지 · 변경이 있더라도 역시 그 효력은 영향을 받지 않는다.

예컨대, 지방경찰청장이 운전면허를 취소한 뒤에 지방경찰청장이 교체되거나 지방경찰청 자체가 폐지되더라도 운전면허취소처분의 효력에는 영향이 없다. 경찰행정청의 행위가 처분 등의 법적 행위인 경우는 물론, 사실행위 또는 불법행위인 경우에도 마찬가지다.

2. 소극적 효과

경찰기관이 권한 외의 행위를 하면 그 행위는 무권한의 행위로서 위법이며, 원칙적으로 무효이다.

예컨대, 운전면허를 발급하는 것은 지방경찰청장의 권한이므로, 경찰청장이나 경찰서장이 발급한 운전면허는 무효이다. 다만, 권한의 초과, 기존 권한의 소멸 등과 같은 표현대리의 요건을 충족하는 경우에는 유효한 행위로 인정되는 경우가 있다.

Ⅵ. 관할이송

경찰기관이 자신의 관할에 속하지 아니하는 사안을 접수하였거나 이송 받은 경우에는 지체 없이 이를 관할 경찰기관에게 이송하여야 하고, 그 사실을 신청인에게 통지하여야 한다. 경찰기관이 접수 또는 이송 받은 후 관할이 변경된 경우에도 또한 같다(행정절차법6①).

제 2 절 권한의 행사

Ⅰ. 권한행사의 원칙

경찰행정관청의 권한도 다른 행정관청의 경우와 마찬가지로 법령에 의하여 부여된다. 따라서 그 권한은 법령에 의하여 권한을 부여받은 경찰행정관청 자신이 행사하여야 하며, 다른 행정관청이나 보조기관 등이 행사해서는 안 된다.

이러한 원칙에 대한 예외로서 원래의 법률상 권한 있는 행정청이 아닌 자가 권한을 행사할 수 있는 경우로는 권한의 대리와 위임이 있다. 이는 업무처리의 효율성을 제고하거나 기관구성원의 사고 등의 이유로 다른 기관으로 하여금 법률상 권한 있는 행정기관이 대행하도록 하는 것이다.

Ⅱ. 권한의 대리

1. 의 의

경찰행정관청의 권한의 대리란 경찰행정관청의 권한의 전부 또는 일부를 다른 경찰행정기관이 행사하고 그 행위가 원래의 권한 있는 경찰행정관청의 행위로서 효과를 발생하는 것을 말한다. 이 경우 원래의 권한 있는 행정관청을 피대리관청, 그 권한을 대리행사하는 기관(보통은 보조기관, 때로는 하급행정관청)을 대리기관이라고 한다.

실정법상으로는 권한대행(헌법71[1]), 직무대행(정부조직법7②·12②·22) 또는 직무대리(예 : 직무대리규정)라는 용어를 사용하는 것이 보통이다.

2. 유사개념과의 구별

1) 권한의 위임과의 구별

(1) 권한의 위임

권한의 위임이란 권한이 법률에 의해 이전된 것이 아니라, 수권법의 위임에 의하여 정립된 행정입법을 통해 위임기관의 권한이 수임기관에게 이전되는 것을 말한다.

권한이 위임되면 실질적으로 권한이 수임기관에 이전되어 수임자가 자기 책임으로 자기 이름으로 권한을 행사한다. 이러한 점에서 권한의 위임은 권한의 대리와는 구별된다.

(2) 권한행사의 기간

권한의 대리는 공무원에게 사고가 발생한 경우에 일시적으로 직무상의 공백

1) 대통령이 궐위되거나 사고로 인하여 직무를 수행할 수 없을 때에는 국무총리, 법률이 정한 국무위원의 순서로 그 권한을 대행한다.

을 메우기 위한 방법인 데에 반하여, 권한의 위임은 수임관청이 위임관청의 권한을 위임이 종료될 때까지 상당한 기간 행사하게 된다.

(3) 권한의 소재

권한의 대리의 경우에는 대리기관에 의해 행사되는 권한은 여전히 피대리관청에게 있다.

이에 반하여 권한의 위임의 경우에는 위임관청의 권한이 수임관청에게 법령의 규정에 따라 이전된다.

(4) 권한의 범위

법정대리의 경우 대리기관은 피대리관청의 권한의 전부를 대리하는 것이 원칙이다.

이에 반하여 권한의 위임은 법령에 의하여 특정된 권한만을 수임관청이 행사하게 된다.

(5) 대리 또는 위임의 방식

법정대리는 법정 소정의 사유가 발생하여 법령이 정한 자가 대리기관이 되는 경우(협의의 법정대리)와 법령이 정한 자의 지정행위에 의하여 대리기관이 결정되는 경우(지정대리)로 구분되며, 임의대리의 경우에는 피대리관청의 수권행위에 의하여 대리기관이 지정된다.

그런데 권한의 위임에 있어서는 수권법령에 근거한 하위법령에 의하여 수임기관과 수임권한이 특정된다.

(6) 권한행사의 효과

대리기관에 의한 권한행사는 피대리관청의 행위로서 그 효과가 발생한다.

이에 반하여 권한의 위임에 의한 수임기관의 권한행사는 수임기관의 행위로서 그 효과가 발생한다.

(7) 권한행사에 대한 법적 책임

법정대리의 경우 대리기관은 피대리관청의 권한을 자기의 책임으로 행사하고,

그에 상응하는 책임을 부담한다. 임의대리의 경우에는 피대리관청은 대리기관의 대리행위에 대하여 감독권을 행사할 수 있으며, 감독권의 행사에 따른 책임을 부담한다.

위임의 경우에는 수임기관은 수임된 권한 행사에 따른 대내외적 책임을 부담한다. 따라서 수임된 권한의 행사에 따른 쟁송이 제기된 경우에도 쟁송의 당사자가 된다.

2) 내부위임과의 구별

대리가 대리기관의 명의로 행사되는 법률상의 대행이라는 점에서 사실상의 대행에 불과한 내부위임과 구별된다.

내부위임이란 법령에 근거 없이 행정조직내부에서 수임자인 보조기관 등이 위임자(행정청)의 이름으로 사실상 권한을 행사하는 것을 말한다. 내부위임에 관하여는 행정효율과협업촉진에관한규정에서 위임전결과 대결로 나누어 규정하고 있다(규정10②③).

(1) 위임전결

행정기관의 장은 업무의 내용에 따라 보조기관 또는 보좌기관이나 해당 업무를 담당하는 공무원으로 하여금 위임전결하게 할 수 있으며, 그 위임전결 사항은 해당 기관의 장이 훈령이나 지방자치단체의 규칙으로 정한다. 즉, 위임전결은 행정 내부적으로는 의사결정권능을 보조기관 등에 위임하되, 대외적으로는 행정청의 명의로 표시하는 것을 말한다.

이러한 위임전결제도는 실제로 행정청이 그 권한에 속한 모든 행위를 스스로 결정하는 것이 불가능하므로 법률상 권한의 소재는 변동 없이 실무상의 능률을 제고하기 위하여 관행으로 행하여져 왔다. 위임전결이 있더라도 법적으로 행위자는 여전히 행정청이며, 모든 법적인 책임도 행정청이 진다는 점에서, 권한의 실질적 이전을 의미하는 위임과 다르다. 따라서 법률의 근거를 요하지 않는다.

운전면허의 발급이 법률상 지방경찰청장의 권한이지만, 그 발급 여부를 보조기관인 차장이나 담당 과장이 결정하되 대외적으로는 지방경찰청장의 이름으로 면허를 발급하는 것이 그 예이다.

(2) 대결

대결은 결재권자(위임전결권자 포함)가 휴가, 출장, 그 밖의 사유로 결재할 수 없을 때에는 그 직무를 대리하는 사람이 결재권을 대리하여 행사하는 것이다. 대결 후 그 내용이 중요한 문서는 사후에 보고하여야 한다.

3) 사법상의 대리와의 구별

권한의 대리라는 점에서 사법상의 대리와 구분된다. 공법상의 대리는 직무대리로서 해당직위가 공석인 경우 또는 일시적으로 직무를 수행할 수 없는 경우에 이루어진다.

이에 비하여 사법상의 대리는 본인의 활동영역의 확대 또는 의사무능력자나 행위무능력자의 사적 자치를 확장하거나 보충하는 기능을 한다.

4) 대표와의 구별

대표자의 행위는 바로 대표되는 기관의 행위이므로 대리행위가 아니다.

대통령이 국가를 대표하는 경우 대통령의 행위는 바로 국가행위가 된다(헌법 66). 국가를 당사자로 하는 소송에서 법무부장관이 국가를 대표하는 경우도 마찬가지이다(국가를당사자로하는소송에관한법률2).

5) 권한의 이양과의 구별

권한의 이양이란 특정행정청의 권한이 다른 행정청의 권한으로 이전되는 것을 의미한다. 권한의 이양은 법적 근거를 필요로 한다. 그러나 권한의 대리 중 임의대리는 반드시 법적 근거를 필요로 하지는 않는다.

3. 종 류

경찰행정관청의 권한의 대리는 대리관계의 발생원인을 기준으로 법정대리와 임의대리로 나뉜다.

1) 법정대리

(1) 의의

법정대리란 법령이 정한 일정한 사실(피대리관청 구성자의 궐원·출장 등의 사고)이 발생하였을 때 법령의 규정에 의하여 다른 기관이 피대리관청 구성자의 권한을 대리하는 것을 말한다. 법정대리는 법정사실의 발생에 의하여 성립되므로 수권행위의 문제가 발생하지 않는다.

(2) 근거

경찰행정관청의 법정대리에 관하여는 경찰법에서 별도로 규정하고 있다. 즉, 경찰청 차장은 경찰청장이 부득이한 사유로 직무를 수행할 수 없을 때에는 그 직무를 대행하며(법12②), 지방경찰청 차장은 지방경찰청장이 부득이한 사유로 직무를 수행할 수 없을 때에는 그 직무를 대행(법15②)한다.

그 밖의 경우에는 법정대리에 관한 일반법적 규정이라 할 수 있는 직무대리규정[2]이 정하는 바에 따라 직무대행이 이루어진다(규정3).

(3) 종류

법정대리의 경우 대리관청의 결정방식에 따라 다시 협의의 법정대리와 지정대리로 구분[3]된다.

---

2) 대통령령으로 제정된 직무대리규정은 기관장, 부기관장이나 그 밖의 공무원에게 사고가 발생한 경우에 직무상 공백이 생기지 아니하도록 하고 직무대리자의 책임을 명확하게 하기 위하여 직무대리자 결정 방식 및 직무대리 운영 원칙 등을 규정하기 위하여 제정(규정1)된 것으로서, 여기에서 직무대리란 기관장, 부기관장이나 그 밖의 공무원에게 사고가 발생한 경우에 직무상 공백이 생기지 아니하도록 해당 공무원의 직무를 대신 수행하는 것을 말한다(규정2). 사고란 전보, 퇴직, 해임 또는 임기 만료 등으로 후임자가 임명될 때까지 해당 직위가 공석인 경우나 휴가, 출장 또는 결원 보충이 없는 휴직 등으로 일시적으로 직무를 수행할 수 없는 경우를 말한다.

3) 정부조직법 제22조는 국무총리의 직무대행과 관련하여 협의의 법정대리와 지정대리의 두 방식을 모두 규정하고 있다. 즉, '국무총리가 사고로 직무를 수행할 수 없는 경우에는 기획재정부장관이 겸임하는 부총리, 교육부장관이 겸임하는 부총리의 순으로 직무를 대행하고, 국무총리와 부총리가 모두 사고로 직무를 수행할 수 없는 경우에는 대통령의 지명이 있으면 그 지명을 받은 국무위원이, 지명이 없는 경우에는 제26조제1항에 규정된 순서에 따른 국무위원이 그 직무를 대행'한다'고 규정하고 있다.

누가 대리기관이 되는가에 따라 법정사실이 발생하면 법령이 정한 자가 당연히 대리기관이 되는 경우를 협의의 법정대리라 한다. 이와는 달리, 법정사실이 발생한 경우 법령이 정한 자가 다른 일정한 자를 대리기관으로 지정함으로써 대리관계가 발생하는 경우를 지정대리라고 한다.

협의의 법정대리와 지정대리는 모두 대리권 자체가 법령에서 직접 규정되어 있다는 점에서 법정대리에 속하며, 어느 경우든지 대리기관은 피대리관청의 권한을 대리하므로 성질상 차이는 없다.

(4) 대리권의 범위와 효과

법정대리의 경우 대리권의 범위는 피대리관청 권한의 전부에 미친다. 그리고 대리관청의 행위는 피대리관청의 행위로서 효과를 발생한다.

(5) 대리기관과 피대리관청의 지위

대리기관은 피대리관청의 권한을 자기의 책임으로 행사한다. 따라서 대리기관은 대리권에 상응하는 책임을 진다.

법정대리에서의 대리관계는 피대리관청의 의사가 아니라 법령에 의하여 이루어진 것이므로 피대리관청은 대리기관의 선임 · 감독 · 지휘에 대해 책임을 지지 않는다.

(6) 대리관계의 소멸과 복대리

법정대리의 발생원인이 소멸되면 당연히 대리관계는 소멸된다. 학설은 법정대리에서의 대리권의 일부에 대한 복대리는 인정된다고 본다.

그러나 직무대리규정에 따르면 직무대리자는 직무대리하여야 할 업무를 다른 공무원에게 다시 직무대리하게 할 수 없다(규정6⑥).

2) 임의대리

(1) 의의

임의대리란 피대리관청의 수권행위, 즉 피대리관청이 스스로의 의사에 기하여 타 기관에의 대리권 수여에 의하여 대리관계가 성립하는 대리이다. 이를 수권대리라고도 한다.

수권행위는 피대리관청의 일방적 행위로서 대리기관의 동의를 요하지 않는다.

(2) 법적 근거

법령에 근거가 있는 경우에는 수권행위를 할 수 있음은 당연하다. 그러나 법령에 임의대리의 근거가 없는 경우에 수권행위를 할 수 있는가에 대하여는 견해가 나뉜다.

임의대리는 일시적 대리관계로서 권한의 이전을 가져오는 것이 아니므로 반드시 법령의 근거 없이도 가능하다는 긍정설(적극설)이 다수설이다.

이에 대하여 실제로 법령의 근거 없이 수권행위가 이루어진 경우는 없으며, 임의대리는 법령이 정한 권한의 행사기관을 변경하는 것이므로 법령에 명문의 근거가 있어야 한다는 부정설(소극설)도 있다. 부정설이 타당하다.

(3) 대리권의 범위와 제한

대리권의 범위는 수권행위에 의하여 정해진다. 대리권은 피대리관청의 일반적·포괄적 권한의 일부에 대해서만 가능하다.

법령이 개별적으로 정한 피대리관청의 권한은 임의대리의 대상이 될 수 없다고 한다.

(4) 대리의 효과

대리기관이 행한 행위는 피대리관청의 행위로서 효과를 발생한다. 따라서 대리기관이 행한 행위에 대해서도 행정심판의 피청구인 또는 행정소송의 피고가 되는 것은 피대리관청이다.

(5) 피대리관청의 감독권

임의대리는 피대리관청이 스스로 권한을 행사할 수 있음에도 불구하고 자신의 의사로써 대리기관에 대리권을 수여한 경우이므로, 피대리관청은 대리기관의 대리행위에 대하여 감독권을 행사할 수 있고, 또한 대리행위에 대한 감독상의 책임도 진다.

(6) 대리관계의 소멸과 복대리

임의대리의 경우에는 수권의 철회, 수권행위에서 정한 기한의 종료 또는 해제 조건의 성취, 대리기관 구성자의 궐원 등 사고에 의하여 대리관계가 종료된다. 대리관계가 종료되면 당연히 피대리관청이 그 권한을 스스로 행사한다.

복대리에 관해 법령의 규정이 있는 경우에는 문제가 없다. 법령에 규정이 없는 경우, 임의대리의 경우에는 피대리관청과 대리기관의 신임관계가 전제이므로 복대리가 불가능하다고 본다.

Ⅲ. 권한의 위임

1. 의 의

경찰행정관청의 권한의 위임이란 경찰행정관청이 법령상의 권한의 일부를 법령에 근거하여 다른 기관에게 실질적으로 이전하여 그 다른 기관이 자기의 이름과 책임으로 그 권한을 행사하는 것을 말한다.

원래 행정관청의 권한의 위임은 행정관청 소속의 하급기관(주로 하급행정관청, 때로는 보조기관)에 대하여 하는 것이 원칙이나, 현행법상으로는 다른 행정청이나 다른 공공단체 또는 그 기관, 나아가 사인에 대해서도 권한의 위임이 행해지고 있다. 권한이 위임된 경우, 법령상 본래 권한이 부여된 행정청을 위임기관, 권한을 위임받아 자기 이름으로 행사하는 자를 수임기관이라고 한다.

2. 유사개념과의 구별

1) 권한의 대리

권한의 대리와 위임의 차이는 앞에서 본 바와 같다.

2) 내부위임

행정권한의 위임은 내부위임 즉, 행정과협업촉진에관한규정에서 규정하고 있는 위임전결과 대결(규정10②③)과는 구별된다.

행정권한의 위임은 위임관청이 법률에 따라 특정한 권한을 수임관청에 이전하는 권한에 대한 법적 귀속의 변경이다. 이에 대하여 행정권한의 내부위임은 행정관청의 내부적인 사무처리의 편의를 도모하기 위하여 그 보조기관 또는 하급행정관청으로 하여금 그 권한을 사실상 행하게 하는데 그치는 것이다.

그러므로 권한위임의 경우에는 수임자가 자기의 명의로 그 권한을 행사할 수 있다 할 것이나 내부위임의 경우에는 수임자는 위임관청의 명의로 이를 할 수 있을 뿐이지 자기의 명의로는 할 수 없다(대법원 1987. 5. 26. 선고 86누757 판결).

3) 권한이양

권한이양이 이루어지면 원래 권한을 가지고 있던 행정청은 법령상 권한을 상실한다.

이에 비하여 권한의 위임의 경우에는 법령상 권한이 여전히 원래의 행정관청인 위임행정관청에 있고 위임관청과 수임기관 사이에 위임관계가 존재하게 된다. 이 점에서 권한의 위임과 이양은 구별된다.

3. 법적 근거

1) 법적 근거의 필요성

행정관청의 권한이 위임되면 그 권한은 사실상으로는 물론, 법적으로도 수임기관이 행사하게 된다. 권한의 위임은 수권법에서 정한 권한이 대외적으로 변경되는 것이다.

그리하여 수임기관이 자기의 권한과 책임으로 위임받은 권한을 행사하게 된다. 따라서 권한의 위임과 재위임은 법적 근거를 필요로 한다.

2) 일반원칙

정부조직법 제6조는 행정청의 권한의 위임에 관한 일반원칙을 선언하고 있다.

동조 제1항에서는, '행정기관은 법령이 정하는 바에 의하여 그 소관사무의 일부를 보조기관 또는 하급행정기관에 위임하거나 다른 행정기관 · 지방자치단체 또는 그 기관에 위탁 또는 위임할 수 있다. 이 경우 위임 또는 위탁을 받은 기관은 특히 필요한 때에는 법령이 정하는 바에 의하여 위임 또는 위탁을 받은 사무의 일부를 보조기관 또는 하급행정기관에 재위임할 수 있다'고 규정하고 있다. 동조 제2항에서는 '보조기관은 위임받은 사항에 대하여는 그 범위 안에서 행정기관으로서 그 사무를 수행한다'고 규정하고 있고, 제3항에서는 '행정기관은 법령이 정하는 바에 의하여 그 소관사무 중 조사 · 검사 · 검정 · 관리업무 등 국민의 권리 · 의무와 직접 관계되지 아니하는 사무를 지방자치단체가 아닌 법인 · 단체 또는 그 기관이나 개인에게 위탁할 수 있다'고 규정하고 있다.

그렇지만 개별법적 근거 없이 정부조직법 제6조에 근거하여 권한을 위임할 수는 없다. 정부조직법 제6조는 권한의 위임 및 위탁에 관한 일반원칙을 선언한 것에 불과하기 때문이다. 문언상으로도 '법령이 정하는 바에 의하여' 위임 또는 위탁할 수 있다고 명시적으로 규정하고 있기 때문에 정부조직법을 일반적 근거로 하여 권한을 위임 또는 위탁할 수 없다.

3) 개별법적 근거

권한위임 및 재위임을 하고자 하는 경우에는 반드시 개별 법령에 권한위임이나 재위임의 근거규정을 두어야 한다.

권한의 위임 및 재위임에 관한 개별적 근거의 예로써 도로교통법 및 동법시행령의 규정내용을 살펴보기로 한다. 도로교통법은 제147조에서 도로교통법상의 권한을 위임 또는 위탁 등을 할 수 있는 근거를 명시적으로 두고 있다. 즉, 지방경찰청장은 도로교통법에 따른 권한 또는 사무의 일부를 도로교통법시행령이 정하는 바에 따라 관할 경찰서장에게 위임하거나 교통 관련 전문교육기관 또는 전문연구기관 등에 위탁할 수 있다(법147③). 이에 근거하여 도로교통법시행령은 운전면허시험, 임시운전증명서 발급, 운전면허효력 정지처분, 운전면허 취소처분을 위한 사전 통지, 자동차 등의 운전금지에 관한 도로교통법상의 지방경찰청장의 권한을 경찰서장에게 위임한다고 규정(영86③)하고 있는 것이다.

한편, 지방경찰청장 또는 경찰서장은 시장 등으로부터 위임받거나 위탁받은 사무의 일부를 도로교통법시행령이 정하는 바에 따라 교통 관련 전문교육기관 또는 전문연구기관에 위탁할 수 있다(법147④ · 영86)고 규정하여, 재위임 또는 재위탁의 근거규정을 명문으로 두고 있다.

4. 위임의 상대방

권한위임의 상대방은 하급행정청인 경우가 가장 많으나, 그밖에 보조기관, 상하관계에 있지 않은 다른 행정청, 지방자치단체 또는 그 기관, 지방자치단체 이외의 법인 · 단체 또는 그 기관이나 개인 등에 대해서도 위임이 가능하다(정부조직법6).

행정권한의위임및위탁에관한규정은 보조기관 · 하급행정기관의 장이나 지방자치단체의 장에 대한 위임만을 위임으로 부르고, 다른 행정기관의 장에 대한 위임을 위탁, 지방자치단체가 아닌 법인 · 단체 또는 그 기관이나 개인에 대한 위임을 민간위탁이라고 부르고 있다(규정2).

5. 위임의 방식

개별법에서는 특정 행정청의 권한을 하급행정청 등에 위임할 수 있다는 근거규정만을 두고, 이를 근거로 하여 제정된 대통령령에서 직접 위임되는 권한을 특정하는 것이 일반적이다.

또한 재위임의 경우에는 상위의 법규명령인 대통령령에서 재위임의 근거를 두고 하위의 법규명령인 부령에서 재위임되는 권한을 특정한다.

6. 위임의 효과

1) 수임기관의 권한행사와 책임부담

(1) 위임 및 위탁사무의 처리

권한이 위임 및 위탁되면 수임 및 수탁기관은 수임 및 수탁사무를 처리할 때

법령을 준수하고, 수임 및 수탁사무를 성실히 수행하여야 한다(규정5).

수임 및 수탁사무에 관한 권한을 행사할 때에는 수임 및 수탁기관의 명의로 하여야 한다(규정8②).

(2) 책임부담

수임기관은 그 권한행사에 따른 내부적인 책임만이 아니라 대외적인 책임도 부담한다. 예컨대, 지방경찰청장으로부터 운전면허 효력정지처분권을 위임받은 경찰서장이 자신의 명의로 운전면허 효력정지처분권을 행사하며, 운전면허 효력정지처분에 대한 행정소송의 피고도 경찰서장이 된다. 즉, 운전면허 효력정지처분권이 실질적으로 수임기관인 경찰서장에게 이전되는 것이다.

다만, 대법원은 기관위임사무의 경우에는 당해 위임사무의 처리에 따른 국가배상책임은 위임기관이 부담한다고 판시하였다.

> [대법원 2000. 1. 14. 선고 99다24201 판결] 도로교통법 제3조 제1항에 의하여 특별시장·광역시장 또는 시장·군수(이하 '시장 등'이라고 한다)의 권한으로 규정되어 있는 도로에서의 신호기 및 안전표지의 설치·관리에 관한 권한은 법시행령 제71조의2 제1항 제1호에 의하여 지방경찰청장 또는 경찰서장에게 위탁되었으나, 이와 같은 권한의 위탁은 이른바 기관위임으로서, 경찰서장 등은 권한을 위임한 시장 등이 속한 지방자치단체의 산하 행정기관의 지위에서 그 사무를 처리하는 것이므로, 경찰서장 등이 설치·관리하는 신호기의 하자로 인한 국가배상법 제5조 소정의 배상책임은 그 사무의 귀속 주체인 시장 등이 속한 지방자치단체가 부담한다고 할 것이다(대법원 1994. 1. 11. 선고 92다29528 판결, 1996. 11. 8. 선고 96다21331 판결, 1999. 6. 25. 선고 99다11120 판결 등 참조).

2) 위임기관의 지위

일단 권한이 위임되면 위임기관은 스스로 그 권한을 행사하지 못하며, 수임기관의 권한행사에 대한 책임도 지지 않는다.

위임 및 위탁기관은 수임 및 수탁기관의 수임 및 수탁사무 처리에 대하여 지휘·감독하고, 그 처리가 위법하거나 부당하다고 인정될 때에는 이를 취소하거나 정지시킬 수 있다(규정6).

수임 및 수탁사무의 처리에 관하여 위임 및 위탁기관은 수임 및 수탁기관에 대하여 사전승인을 받거나 협의를 할 것을 요구할 수 없다(규정7).

수임 및 수탁사무의 처리에 관한 책임은 수임 및 수탁기관에 있으며, 위임 및 위탁기관의 장은 그에 대한 감독책임을 진다(규정8①).

7. 위임의 종료

권한의 위임은 위임의 근거가 되는 법령 자체 또는 근거규정의 개정 또는 폐지에 의하여 그 근거가 소멸된 때에 종료된다. 또한, 위임행정청이나 수임기관이 폐지된 경우에도 위임은 실효된다.

위임이 종료되면 수임기관은 권한을 상실하고 그 권한은 당연히 위임청의 권한으로 환원된다. 위임 종료 전에 이루어진 수임기관의 권한행사는 그 효력에 영향을 받지 않는다.

제 4 장

국가경찰기관 상호간의 관계

제1절 개 설

행정조직은 다수의 행정기관이 대통령을 수반으로 하는 피라미드 형의 계층 조직을 이루면서 통일된 의사에 따라 활동한다. 따라서 행정조직을 구성하는 개개의 행정기관은 다른 행정기관과 수직적·수평적으로 일정한 관계를 맺고 있다. 이러한 관계는 국가경찰조직을 구성하는 국가경찰기관 상호간에 있어서도 마찬가지이다.

국가경찰기관 상호간의 관계는 상·하 경찰기관 상호간의 관계와 대등 경찰기관 상호간의 관계로 대별된다.

제2절 상·하 경찰기관 상호간의 관계

Ⅰ. 의 의

다수의 경찰기관으로 구성되는 경찰조직이 하나의 통일된 의사체로서 활동할 수 있도록 보장할 필요가 있다. 그 수단 중의 하나가 바로 감독권이다. 상급 경찰기관은 하급 경찰기관에 대하여 일반적인 감독권을 가진다.

권한의 감독이란 하급 경찰기관의 권한행사의 합법성과 합목적성을 확보할 수 있도록 하기 위하여 상급 경찰기관이 하급 경찰기관에 대하여 행하는 지도적 또는 통제적 작용을 말한다.

감독의 방법으로는 감시권 · 훈령권 · 인가권 · 취소 또는 정지권과 주관쟁의결정권이 있다.

Ⅱ. 감독권의 근거

일반적으로는 구체적인 법적 근거가 없더라도 상급 경찰기관은 행정조직의 본질에 비추어 당연히 하급 경찰기관에 대한 감독권을 가진다고 한다. 실제로는 행정조직법령에서 감독권을 명시적으로 규정하는 것이 보통이다.

감독권의 일반적인 근거규정으로는 정부조직법 제7조가 있다. 정부조직법 제7조는 각 행정기관의 장은 소관사무를 통할하고 소속공무원을 지휘 · 감독하며(동조①), 각 행정기관의 보조기관은 그 기관의 장, 차관 또는 차장을 보좌하여 소관사무를 처리하고 소속공무원을 지휘 · 감독한다(동조③)고 규정하고 있다.

경찰조직법인 경찰법은 경찰청장의 지휘 · 감독권(법11), 지방경찰청장의 지휘 · 감독권(법14) 및 경찰서장의 지휘 · 감독권(법17②)을 명시적으로 규정하고 있다.

Ⅲ. 감독관계의 성립

원칙적으로 감독관계는 동일한 행정주체에 속하는 상급행정기관과 하급행정기관 사이에 성립한다.

그러나 법령이 특별한 규정을 두는 경우에는 상하관계가 없는 행정기관 사이에도 감독관계가 성립할 수 있다. 그러한 예는 특히 다른 행정주체에 속한 행정기관에게 권한을 위임하는 경우에 볼 수 있다. 예컨대, 도로교통법시행령은 지방자치단체의 행정기관인 특별시장 · 광역시장 · 시장 · 군수의 권한 중 일부(교통안전시설의 설치 · 관리에 관한 권한과 유료도로관리자에 대한 지시 권한)를 국가의 행정기관인 지방경찰청장 또는 경찰서장에게 위임하고 있다(영86①). 이 경우 특별시장 등은 수임기관인 지방경찰청장 또는 경찰서장에 대하여 감독권을 가지게 된다. 행정권한의위임및위탁에관한규정에서는 위임 및 위탁기관은 수임 및 수탁기관의 수임 및 수탁사무 처리에 대한 지휘 · 감독권을 규정하고 있기 때문이다(규정6).

Ⅳ. 감독의 종류

감독의 시점을 기준으로 사전적 · 예방적 감독과 사후적 · 교정적 감독으로 구분된다. 전자는 하급 경찰기관의 위법 부당한 권한의 행사를 사전에 방지하기 위한 것이다. 후자는 이미 위법 부당하게 이루어진 하급 경찰기관의 권한의 행사를 사후에 시정하기 위한 것이다.

또한, 감독의 범위에 따라 위법사항만을 대상으로 하는 법규감독(적법성 감독)과, 합목적성의 통제까지 미치는 직무감독(타당성감독 · 합목적성 감독)으로 나눌 수 있다.

Ⅴ. 감독의 방법

1. 감시권

상급 경찰기관이 하급 경찰기관의 사무처리상황을 파악하기 위하여 하급 경찰기관으로부터 정기적 또는 수시적으로 보고를 받거나 사무감독을 하는 권한을 말한다. 감시권은 다른 감독수단을 행사하기 위한 전제가 되는 수단이라고 할 수 있다.

감시권은 사전적 예방적 감독의 수단인 것이 일반적이나, 사후적 교정적 감독의 수단으로도 활용된다.

2. 훈령권

1) 의의

훈령이란 상급기관이 하급기관의 권한행사를 지휘하기 위하여 발하는 명령이다. 훈령권은 훈령을 발할 수 있는 권한이다. 이를 지휘권이라고도 한다.

훈령권은 사전적 예방적 수단으로 사용되는 것이 일반적이나 사후적 교정적 수단으로도 활용된다.

훈령은 직무명령(또는 직무상 명령)과 구별된다. 훈령은 상급기관과 하급기관 사이의 문제이며, 훈령은 하급기관의 소관사무에 관한 것이다.

이에 비하여 직무명령 또는 직무상 명령은 상급공무원이 부하공무원에게 발하는 명령으로 부하공무원의 직무에 관한 것을 내용으로 한다. 부하공무원은 소속 상관의 직무명령에 복종하여야 할 의무를 부담한다(국가공무원법57).

훈령은 상급기관구성원의 변경에도 불구하고 효력을 가진다. 그러나 직무명령은 상급공무원이 변경되면 그 효력이 없다.

직무명령은 훈령의 성격을 가질 수 없지만, 훈령은 직무명령의 성격을 겸할 수 있다.

2) 근거

훈령권은 감독권의 중추적 수단으로서, 개별적인 법령의 근거를 요하지 않는다고 한다. 훈령권은 감독권의 당연한 수단이기 때문이라는 것이다.

그러나 전술한 바와 같이, 정부조직법과 경찰법 등 실정법령이 지휘·감독권을 명시적으로 규정하고 있기 때문에 지휘·감독권의 한 부분인 훈령권 역시 법적 근거를 갖추고 있다고 보아야 한다.

3) 법적 성질

훈령은 행정조직 내부에서의 작용이므로 하급기관을 구속할 뿐 일반 국민에게는 구속력이 없다. 즉, 훈령은 행정규칙의 대표적 형식으로 법규성이 부인된다. 다만, 훈령에 위반한 경우에는 징계의 사유가 된다.

4) 훈령의 종류

훈령은 다시 협의의 훈령과 지시, 예규 및 일일명령으로 구분되어 왔다. 행정효율과협업촉진에관한규정에서는 훈령 · 지시 · 예규 · 일일명령 등 행정기관이 그 하급기관이나 소속 공무원에 대하여 일정한 사항을 지시하는 문서를 지시문서라고 하여 공문서의 일종으로 구분하고 있다(규정4).

(1) 협의의 훈령

일반적으로 훈령이란 상급관청이 하급기관(보조기관 포함)의 권한행사를 지시하기 위해 하는 일반적 형식의 명령을 말한다. 훈령은 직무수행(職務遂行)에 관한 지침을 시달하고 법령해석에 통일을 기하는 것을 목적으로 한다.

예컨대, 경찰관직무집행법에의한직무집행시의보고절차규칙(경찰청훈령447)은 경찰관이 동법 소정의 그 직무를 수행함에 있어 소속 경찰관서(경찰서 · 지구대 · 파출소 또는 출장소)의 장에게 보고하여야 할 절차와 서식을 규정함을 목적으로 하는 훈령이다.

(2) 지시

지시는 상급기관이 하급기관의 문의나 질의 또는 신청에 의하여 하급기관에 개별적 · 구체적으로 발하는 명령이다. 일반적으로 질의회시(질의회신) 또는 지시의 형태를 띤다.

(3) 예규

예규는 행정사무의 통일을 기하기 위하여 반복적 행정사무(예 : 경찰공무원채용시험에관한규칙, 소년업무처리규칙 등)의 처리기준을 제시하는 법규문서 외의 문서로서 발하는 명령이다.

(4) 일일명령

일일명령은 당직 · 출장 · 시간외근무 · 휴가 등 일일업무에 관한 명령을 말한다.

3. 인가권

1) 의의

상급행정청이 하급행정청에 대하여 권한을 행사하여 어떤 행정작용을 하기 전에 사전에 상급행정청의 인가나 승인을 받도록 요구하는 경우가 있다. 이를 인가권 또는 승인권이라 한다. 인가권은 예방적 감독의 강력한 수단이다.

2) 근거

법령이 상급행정청의 인가권을 명시적으로 규정하는 경우도 있다. 그러나 법령의 구체적 근거가 없는 경우에도 상급행정청은 감독권의 내용으로서 하급행정청에 대하여 일정한 권한을 행사하기에 앞서 인가를 받도록 요구할 수 있다는 것이 통설이다.

3) 법적 성질

감독권 행사의 방법으로서의 인가권은 행정행위로서의 인가와 구분되어야 한다. 여기에서의 인가권은 행정내부적 행위에 불과하다.

4) 인가의 효력

인가권이 법령에 명시적으로 규정된 경우에 상급행정청의 승인 없는 하급행정청의 권한행사는 위법한 것이 된다.

그 권한행사가 국민에 대한 처분인 경우, 그 처분으로 인하여 법률상 이익을 침해받은 국민은 행정쟁송을 제기하여 처분의 효력을 다툴 수 있다. 그러나 쟁송의 대상은 처분이지, 인가 또는 인가의 거부가 아니다.

4. 취소 · 정지권

1) 의의

취소 · 정지권이란 상급행정청이 하급행정청의 위법 또는 부당한 권한행사를 취소하거나 그 효력을 일시적으로 정지할 수 있는 권한을 말한다. 취소 · 정지권은 가장 강력한 교정적 감독수단이다.

취소 · 정지의 대상이 되는 행위는 행정행위인 경우가 많지만, 법규명령이나 공법상 계약 등의 다른 행정작용일 수도 있다.

또한 상급행정청의 취소권행사는 직권에 의한 경우만을 의미한다. 행정심판의 청구에 의한 경우는 감독권의 행사에 의한 것이라고 하기 어렵기 때문이다.

2) 근거

법령에서 상급행정청의 취소 · 정지권을 명문으로 규정하는 경우도 있다. 예컨대, 정부조직법은 대통령의 취소 · 중지권[1] 국무총리의 취소 · 중지권[2]을 규정하고 있으며, 또 행정권한의위임및위탁에관한규정은 위임 또는 위탁기관은 수임 또는 수탁기관의 처리가 위법하거나 부당하다고 인정될 때에는 이를 취소하거나 정지시킬 수 있다(규정6)고 규정하고 있다. 이와 같이 명문의 규정이 있는 경우에는 취소 · 정지권을 행사하는 데에 아무런 문제가 없다.

이러한 규정이 없는 경우에도 감독청은 감독권의 당연한 내용으로서 하급행정청의 행위에 대한 취소 · 정지권을 행사할 수 있는지에 관하여는 견해가 갈린다.

적극설은 취소 · 정지권은 감독 목적을 달성할 수 있는 불가결의 수단이라는 이유로 상급행정청은 법령의 근거가 없더라도 당연히 하급행정청의 위법 부당한 행위를 취소 · 정지할 수 있다고 한다.

소극설은 상급행정청은 법령의 근거가 없는 한 하급행정청에 대하여 취소 · 정지를 명할 수 있을 뿐이고 직접 취소 · 정지권을 행사할 수 없다고 한다.

소극설이 타당하다. 왜냐하면, 행정관청의 권한은 국회가 법률의 형식으로 분배한 것이어서 상급 행정관청도 이에 기속되어야 하고, 상급 행정관청이 하급 행정관청의 소관사무를 침해하여 권한의 심급상 한계를 위반한 것이 되기 때문이다.

---

1) 대통령은 국무총리와 중앙행정기관의 장의 명령이나 처분이 위법 또는 부당하다고 인정하면 이를 중지 또는 취소할 수 있다(정부조직법11②).

2) 국무총리는 중앙행정기관의 장의 명령이나 처분이 위법 또는 부당하다고 인정될 경우에는 대통령의 승인을 받아 이를 중지 또는 취소할 수 있다(동법18②).

5. 주관쟁의결정권

1) 의의

하급 경찰기관 사이에 권한의 주관에 관한 분쟁이 있는 경우 상급 경찰기관은 그 분쟁을 해결하고 결정하는 권한을 주관쟁의결정권이라 한다. 이는 예방적 감독수단의 하나이다.

주관쟁의를 권한쟁의라고도 한다. 이에는 서로 자기의 권한이라고 주장하는 적극적 주관쟁의와, 서로 자기의 권한이 아니라고 주장하는 소극적 주관쟁의가 있다.

2) 법적 성질

행정관청은 행정주체의 기관일 뿐 권리주체가 아니다. 따라서 주관쟁의는 권한에 관한 다툼이지 권리 · 의무에 관한 분쟁, 즉 법률적 쟁송이 아니다.

그러므로 주관쟁의는 원칙적으로 행정쟁송의 대상이 아니라, 행정조직 내부에서 상급행정청의 감독권의 대상이 된다.

3) 주관쟁의결정

주관쟁의의 당사자인 하급 경찰기관을 공통으로 감독하는 상급 경찰기관이 결정하고, 공통의 상급 경찰기관이 없는 경우에는 각 상급 경찰기관의 협의에 의하여 결정한다(행정절차법6②).

상급 경찰기관 간의 협의가 이루어지지 않은 경우에는 궁극적으로 국무회의의 심의를 거쳐(헌법89 x 참조) 대통령이 결정한다.

제3절 대등 경찰기관 상호간의 관계

Ⅰ. 권한의 상호존중관계

대등한 경찰기관 간에는 서로 다른 경찰기관의 권한을 존중하고 이를 침범하지 않아야 한다. 특히 특정 경찰기관이 권한의 범위 내에서 행한 행위는, 그것이 흠이 있더라도 당연 무효가 아닌 한 경찰주체의 행위로서 유효하게 존속하므로, 다른 경찰기관은 그 효력을 인정하고 존중하여야 한다(행정행위의 공정력 또는 구성요건적 효력).

대등한 경찰기관 사이에 권한에 관한 다툼이 발생하는 경우에는 위에서 본 주관쟁의결정의 방법에 의하여 해결한다.

Ⅱ. 권한의 상호협력관계

1. 협의

특정한 사항이 둘 이상의 대등한 경찰기관의 권한에 관련된 경우에는 경찰기관 상호간의 협의에 의하여 결정 · 처리하여야 한다.

2. 사무의 위탁

사무의 위탁이란 대등한 경찰기관 사이에 특정 경찰기관이 자신의 직무상 필요한 사무를 다른 경찰기관에 위탁하여 그 사무를 처리하는 것을 말한다. 사무의 위탁은 법령의 근거가 있어야 한다.

행정권한을 위탁할 때에는 위탁하기 전에 수임기관의 수임능력 여부를 점검하고, 필요한 인력 및 예산을 이관하여야 한다(행정권한의위임및위탁에관한규정

3②).

수탁기관은 수탁사무를 처리할 때 법령을 준수하고, 수탁사무를 성실히 수행하여야 한다(규정5).

위탁기관은 수탁기관의 수탁사무 처리에 대하여 지휘·감독하고, 그 처리가 위법하거나 부당하다고 인정될 때에는 이를 취소하거나 정지시킬 수 있다(규정6).

3. 행정응원

1) 의의

행정응원이란 특정 행정기관이 자신의 인력과 장비만으로는 행정목적을 달성할 수 없는 경우에 그 행정기관의 요청에 의하여 또는 다른 행정기관이 자발적으로 다른 행정기관의 인력과 장비 또는 전문지식의 도움을 받는 것을 말한다.

행정응원에는 행정절차법에 의한 행정응원과 경찰직무응원법에 의한 경찰응원 및 경찰기동대의 편성·파견이 있다.

2) 행정절차법상의 행정응원

(1) 행정응원의 요청

행정청은 ① 법령 등의 이유로 독자적인 직무수행이 어려운 경우, ② 인원·장비의 부족 등 사실상의 이유로 독자적인 직무수행이 어려운 경우, ③ 다른 행정청에 소속되어 있는 전문기관의 협조가 필요한 경우, ④ 다른 행정청이 관리하고 있는 문서·통계 등 행정자료가 직무수행을 위하여 필요한 경우, ⑤ 다른 행정청의 응원을 받아 처리하는 것이 보다 능률적이고 경제적인 경우에는 다른 행정청에 행정응원을 요청할 수 있다(법8①).

행정응원은 당해 직무를 직접 응원할 수 있는 행정청에게 요청하여야 한다(동조③).

(2) 행정응원요청의 거부

행정응원을 요청받은 행정청은 ① 다른 행정청이 보다 능률적이거나 경제적으로 응원할 수 있는 명백한 이유가 있는 경우, ② 행정응원으로 인하여 고유의 직무수행이 현저히 지장 받을 것으로 인정되는 명백한 이유가 있는 경우에는 응원을 거부할 수 있다(동조②).

그러한 이유가 있어서 응원을 거부하는 경우에는 그 사유를 응원을 요청한 행정청에 통지하여야 한다(동조④).

(3) 파견 직원의 지휘 · 감독

행정응원을 위하여 파견된 직원은 응원을 요청한 행정청의 지휘 · 감독을 받는 것이 원칙이다. 다만, 당해 직원의 복무에 관하여 다른 법령 등에 특별한 규정이 있는 경우에는 그에 의한다(동조⑤).

(4) 비용부담

행정응원에 소요되는 비용은 응원을 요청한 행정청이 부담하며, 그 부담금액 및 부담방법은 응원을 요청한 행정청과 응원을 행하는 행정청이 협의하여 결정한다(동조⑥).

3) 경찰직무응원법상의 경찰응원

(1) 응원경찰관의 파견 요구

지방경찰청장 또는 지방해양경찰관서의 장은 돌발사태를 진압하거나 특수지구(공공질서가 교란되었거나 교란될 우려가 현저한 지역)를 경비할 때 그 소관 경찰력으로는 이를 감당하기 곤란하다고 인정할 때에는 응원을 받기 위하여 다른 지방경찰청장이나 지방해양경찰관서의 장 또는 자치경찰단을 설치한 제주특별자치도지사에게 경찰관 파견을 요구할 수 있다(법1①).

(2) 응원경찰관의 긴급파견명령

경찰청장이나 해양경찰청장은 돌발사태를 진압하거나 특수지구를 경비할 때 긴급한 경우 지방경찰청장, 소속 경찰기관의 장 또는 지방해양경찰관서의 장에게 다른 지방경찰청 또는 지방해양경찰관서의 경찰관을 응원하도록 소속 경찰관의 파견을 명할 수 있다.(동조②). 파견된 경찰관은 파견 목적 외의 직무를 수행할 수 없다(법8).

(3) 파견경찰관의 소속

파견된 응원경찰관은 파견받은 지방경찰청 또는 지방해양경찰관서의 경찰관으로서 직무를 수행한다(법2).

4) 경찰직무응원법상 경찰기동대의 편성 · 파견

(1) 경찰기동대의 의의

경찰기동대는 돌발사태가 발생하거나 특수지구를 경비하기 위하여 특히 필요한 경우에 경찰청장이나 해양경찰청장이 편성하여 필요한 지역에 파견하는 경찰관 부대이다. 폭동경찰이라고도 한다.

(2) 법적 근거

경찰직무응원법 제4조는 경찰기동대의 편성과 파견의 근거를 명시적으로 규정하고 있다.

(3) 경찰기동대의 직무

일반적으로 기동대의 임무는 구체적으로 다중범죄(多衆犯罪)의 진압, 방범 및 각종 범죄단속, 경호 · 경비, 기타 필요하다고 인정되는 임무 등으로 국한된다.

기동대는 파견 목적 외의 직무를 수행할 수 없다(법8).

(4) 경찰기동대의 편성 등

기동대의 편성, 파견목적, 주둔지역과 해체는 그때마다 경찰청장이나 해양경찰청장이 공고한다(법5).

기동대에 대장을 두되, 대장은 경무관 또는 총경 중에서 경찰청장이나 해양경찰청장이 임명한다. 다만, 필요에 따라 과장인 총경으로 하여금 대장을 겸하게 할 수 있다(법6).

대장은 경찰청장이나 해양경찰청장의 명을 받아 기동대의 업무를 맡아 처리하며 대원인 소속 경찰관을 지휘 · 감독한다(법7).

기동대는 대장과 대원인 파견근무 경찰관 및 헬멧 · 방패 · 장갑차 · 방수차 · 가스총 · 투광차 등의 장비로 구성된다.

제3편

경찰공무원법

제 1 장
총 설

제1절 경찰공무원법제 개관

Ⅰ. 경찰공무원법의 의의

경찰공무원법은 경찰행정을 수행하는 인적 요소인 경찰공무원의 법관계를 규율하는 법을 의미한다.

그러므로 경찰공무원법은 경찰공무원법관계의 발생·변경·소멸과, 경찰공무원의 권리와 의무 및 그 책임 등에 관하여 규율하는 법규의 총체라 할 수 있다.

Ⅱ. 경찰공무원법의 법원

1. 경찰공무원법

경찰법은 국가경찰공무원의 임용·교육훈련·복무·신분보장 등에 관하여는 따로 법률로 정한다고 규정(법23②)하고 있다. 이에 근거하여 국가공무원법에 대한 특별법으로 제정된 법률이 경찰공무원법이다.

경찰공무원법은 국가경찰공무원의 책임 및 직무의 중요성과 신분 및 근무 조건의 특수성에 비추어 그 임용 · 교육훈련 · 복무 · 신분보장 등에 관하여 국가공무원법에 대한 특례를 정하고 있다(법1).

경찰공무원법의 기본적인 법원은 경찰공무원법이다. 경찰공무원법에 근거하여 그 위임을 받은 사항이나 그 집행에 필요한 사항을 규정하는 다수의 법규명령이 있다.

2. 국가공무원법

경찰공무원법은 국가경찰공무원법관계에 관한 모든 사항을 규정하는 것이 아니라, 경찰공무원의 임용. 교육훈련. 복무. 신분보장 등에 관하여 국가공무원법에 대한 특례를 규정할 뿐이다(법1 · 30).

따라서 경찰공무원법은 국가공무원법에 대한 특별법으로서, 경찰공무원법에 규정이 없는 사항은 국가공무원법이 직접 적용된다.

그러므로 국가공무원법과 그에 근거한 법규명령 중에서 경찰공무원법과 그에 근거한 법규명령에 따로 규정이 없는 조항들은 경찰공무원법의 법원이 된다.

3. 제주특별자치도법

제주자치도의 자치경찰공무원에 관하여는 제주특별자치도법에서 규율하고 있다.

제주특별자치도법은 경찰공무원법의 여러 규정을 준용하고 있다. 제주자치도 자치경찰공무원의 경우 제주특별자치도법에 의하여 준용되는 경찰공무원법 관련 규정을 제외하고는 지방공무원법의 규율을 받게 된다.

제2절 경찰공무원의 개념과 경찰공무원 제도

Ⅰ. 경찰공무원의 개념

1. 경찰공무원의 의의

경찰공무원이란 경찰공무원법 또는 제주특별자치도법에 의하여 임용되어 국가 또는 지방자치단체와 공법상 근무관계를 맺고 있는 특정직 공무원[1]을 말한다.

국가경찰의 임무가 ① 국민의 생명·신체 및 재산의 보호, ② 범죄의 예방·진압 및 수사와 범죄피해자의 보호, ③ 경비·요인경호 및 대간첩·대테러 작전 수행, ④ 치안정보의 수집·작성 및 배포, ⑤ 교통의 단속과 위해의 방지, ⑥ 외국 정부기관 및 국제기구와의 국제협력, ⑦ 기타 공공의 안녕과 질서유지(경찰법3)라는 특수성을 띠고 있다.

그러므로 국가경찰공무원의 임용·교육훈련·신분보장·직무 등에 있어서 일반직 국가공무원과 차이가 있다.

2. 경찰공무원의 계급

경찰은 공권력을 행사하여 질서를 유지하여야 한다는 임무의 특성상 군대에 준하는 편제를 갖추고, 그에 종사하는 경찰공무원도 계급제를 채택하고 있다.

---

1) 국가공무원법과 지방공무원법은 국가경찰공무원과 자치경찰공무원을 경력직공무원 중 특정직 공무원으로 구분하여 규율하고 있다. 경력직공무원은 실적과 자격에 따라 임용되고 그 신분이 보장되며 평생 동안(근무기간을 정하여 임용하는 공무원의 경우에는 그 기간 동안) 공무원으로 근무할 것이 예정되는 공무원을 말하며, 일반직공무원(기술·연구 또는 행정 일반에 대한 업무를 담당하는 공무원)과 특정직공무원(법관, 검사, 외무공무원, 경찰공무원, 소방공무원, 교육공무원, 군인, 군무원, 헌법재판소 헌법연구관, 국가정보원의 직원과 특수 분야의 업무를 담당하는 공무원으로서 다른 법률에서 특정직공무원으로 지정하는 공무원)으로 구분된다. 한편, 특수경력직공무원은 경력직공무원 외의 공무원을 말하며, 정무직공무원과 별정직공무원으로 구분된다(국가공무원법 2).

현행 경찰공무원법상 국가경찰공무원의 계급은 치안총감 · 치안정감 · 치안감 · 경무관 · 총경 · 경정 · 경감 · 경위 · 경사 · 경장 · 순경의 11단계로 구분되어 있다(법2).

한편, 제주특별자치도법은 자치경찰공무원의 계급을 자치경무관 · 자치총경 · 자치경정 · 자치경감 · 자치경위 · 자치경사 · 자치경장 및 자치순경의 8단계로 구분하고 있다(법106).

3. 경과

1) 의의

경찰공무원법은 경찰공무원을 그 직무의 종류에 따라 경과(警科)에 의하여 구분할 수 있도록 하고 있다(법3①).

경찰공무원을 경과로 구분하는 것은 경찰공무원은 경찰업무의 전문성의 요청에 응하기 위한 것이다.

2) 경과의 구분

총경 이하의 경찰공무원은 일반경과 · 수사경과 · 보안경과 · 특수경과[2](항공경과 · 정보통신경과)로 구분한다. 다만, 수사경과 및 보안경과는 경정 이하 경찰공무원원에게만 부여한다(경찰공무원임용령3①).

총경 이하의 해양경찰청 소속 경찰공무원에게 부여하는 경과는 해양경과 · 수사경과 · 항공경과 · 정보통신경과 · 특임경과로 구분한다. 다만 해양경과 외의 경과는 경정 이하 해양경찰청 소속 경찰공무원에게만 부여한다(해양경찰청소속경찰공무원임용에관한규정1의2).

3) 경과의 부여

임용권자(임용권의 위임을 받은 소속기관 등[3]의 장 포함) 또는 임용제청권

2) 경찰업무의 전문성을 제고하기 위한 경과제도와 특기제도가 정비되었다. 우선, 특수경과 중 별도의 운영실익이 없는 운전경과와 해양경과가 폐지되었다. 또한 오랜 기간 이용되지 아니하고 있는 특기제도도 폐지되었다(개정 경찰공무원임용령, 2016. 12. 30.).

3) 이에는 경찰대학 · 경찰인재개발원 · 중앙경찰학교 · 경찰수사연수원 · 경찰병원 및 지방경찰

자(총경 이상의 경찰공무원 임용시 추천이 필요한 경우에는 경찰청장 또는 해양경찰청장을 포함)는 경찰공무원을 신규채용할 때에 경과를 부여하여야 한다(영3②).

4) 전과

전과라 함은 경과를 변경하는 것을 말한다(영2). 전과에는 다음의 요건을 충족해야 하는 제한이 따른다.

전과는 ① 정원감축 직제개편 등 부득이한 사유로 기존 경과를 유지하기 어렵거나, ② 현재 경과보다 다른 경과에서는 더욱 발전할 수 있다고 인정되거나, ③ 보충을 요하는 경과에 필요한 직무교육을 이수하였거나, ④ 전과하려는 경과와 관련된 자격증 소지자 또는 ⑤ 전과하려는 경과와 관련된 분야의 국가시험에 합격한 자에 한한다(칙28①).

Ⅱ. 경찰공무원 제도

1. 서설

근대 이전의 전제국가에서 공무원은 군주 개인에 대한 봉사자였다. 그러나 근대국가 이후 국민주권주의 하에서 공무원은 국민 전체에 대한 봉사자로 되어, 공무원의 사생활 공생활이 명확히 구분되고, 공무원직은 세습되는 것이 아니라 일정한 자격을 갖춘 자 중에서 임용된다.

근대국가 초기에 있어서는 공무원직을 선거에 승리한 집권당이 독식하는 것을 당연시하는 엽관제도(spoils system)는 공무원사회의 부패와 무능을 초래함에 따라 공무원 임용제도는 성적제도(merit system)로 바뀌었다.

성적제도는 객관적인 능력의 실증에 의한 공무원 임용, 공무원 임용에의 기회균등, 그리고 공무원의 정치적 중립을 핵심으로 한다.

우리나라의 공무원제도는 민주적 공무원제도와 직업공무원제도를 기본원칙으

청 그리고 경찰서가 포함된다.

로 하고 있다. 경찰공무원제도 역시 마찬가지다.

그러므로 경찰공무원은 국민 전체에 대한 봉사자의 지위에 놓이게 되며, 경찰공무원으로의 임용기회가 모든 국민에게 평등하게 보장된다. 그리고 경찰공무원은 직업공무원으로서 신분과 정치적 중립성이 보장되며, 성적주의를 바탕으로 하는 인사관리와 능률보장을 위한 여러 제도가 적용된다.

2. 민주적 경찰공무원제도

1) 국민 전체에 대한 봉사자

국민주권주의에 입각한 우리 헌법 하에서 공무원은 과거와 같이 특정인이나 특정의 정당·계급·종교·직역 등에 대한 개인적 부분적 봉사자가 아니라 주권자인 국민의 수임자로서 국민 전체의 최대의 이익에 대한 봉사자이어야 한다(헌법7①1문).

따라서 공무원은 무제한으로 권력을 행사하고 무제한의 의무를 지는 자가 아니라, 법률에 의하여 부여된 권한만을 행사하고 법률에 의하여 일정한 권리·의무의 주체가 되며, 의무위반에 대하여는 책임을 부담하도록 되어 있다.

2) 경찰공무원의 법적 책임

공무원은 국민의 수임자로서 국민에 대하여 책임을 진다(헌법7①2문). 경찰공무원도 경찰공무원법 및 국가공무원법 등에 의하여 부여된 직무의 수행과 관련하여 국민의 수임자로서 국민에 대하여 법적 책임을 지는 것은 당연하다. 이는 민주적 경찰공무원제도의 핵심이다.

법적 책임으로는 민사상의 책임, 형사상의 책임 및 공무원법상의 징계책임 및 변상책임이 있다.

3) 공무담임 기회의 평등

모든 국민은 법률이 정하는 바에 따라 공무담임권을 가지고 있다(헌법11·25). 따라서 누구든지 경찰공무원이 될 수 있는 기회가 개방되어 있다.

다만, 경찰공무원법 제7조에서는 경찰공무원의 임용자격 및 결격사유를 규정[4]하고 있음에 유의하여야 한다.

이와 같이, 법률이 일정한 자격과 능력을 갖추도록 요구하는 것은 경찰관의 직무를 수행하기 위하여 필수불가결한 것으로서, 평등한 공무담임권을 침해하는 것은 아니다.

4) 경찰인사행정에 대한 민주적 통제

경찰공무원의 계급 · 경과 · 임용 · 복무 · 보수 · 징계 등 인사에 관한 사항은 원칙적으로 경찰공무원법 및 국가공무원법 등의 법률로 정한다.

또한, 각급 인사위원회 · 승진심사위원회 · 징계위원회 · 소청심사위원회 등 경찰공무원의 인사사무를 취급하는 기관은 민주적으로 구성되어야 한다.

3. 직업공무원제도

1) 의의

직업공무원제도라 함은 공직에 종사하는 것을 일생의 직업으로 생각하고 또 여기에 대하여 긍지와 명예심을 갖도록 조직 · 운영되는 인사제도를 말한다.

직업공무원제도가 확립되기 위해서는 채용과 승진에서의 성적주의(능력주의)를 바탕으로 하여, 공무원의 신분과 정치적 중립성이 보장되어야 한다.

헌법 제7조는 공무원의 신분과 정치적 중립성은 법률이 정하는 바에 의하여 보장된다고 규정하여 직업공무원제도를 채택하고 있다.

[헌재 1989. 12. 18. 89헌마32,33(병합)] 우리나라는 직업공무원제도를 채택하고 있는데, 이는 공무원이 집권세력의 논공행상의 제물이 되는 엽관제도(獵官制度)를 지양하

4) 제7조(임용자격 및 결격사유) ① 경찰공무원은 신체 및 사상이 건전하고 품행이 방정(方正)한 사람 중에서 임용한다. ② 다음 각 호의 어느 하나에 해당하는 사람은 경찰공무원으로 임용될 수 없다. 1. 대한민국 국적을 가지지 아니한 사람, 2. 「국적법」 제11조의2제1항에 따른 복수국적자, 3. 피성년후견인 또는 피한정후견인, 4. 파산선고를 받고 복권되지 아니한 사람, 5. 자격정지 이상의 형(刑)을 선고받은 사람, 6. 자격정지 이상의 형의 선고유예를 선고받고 그 유예기간 중에 있는 사람, 7. 징계에 의하여 파면 또는 해임처분을 받은 사람

고 정권교체에 따른 국가작용의 중단과 혼란을 예방하고 일관성 있는 공무수행의 독자성을 유지하기 위하여 헌법과 법률에 의하여 공무원의 신분이 보장되는 공직구조에 관한 제도이다. 여기서 말하는 공무원은 국가 또는 공공단체와 근로관계를 맺고 이른바 공법상 특별권력관계 내지 특별행정법관계 아래 공무를 담당하는 것을 직업으로 하는 협의의 공무원을 말하며 정치적 공무원이라든가 임시적 공무원은 포함되지 않는 것이다. 직업공무원제도 하에 있어서는 특히 공무원의 정치적 중립과 신분보장은 그 중추적 요소라고 할 수 있는 것이다.

2) 신분보장

경력직공무원 중 특정직 공무원인 경찰공무원의 신분보장은 정권담당자에 의한 영향을 받지 아니하는 강력한 신분보장이 필요하다. 이는 국민전체의 봉사자로서의 경찰공무원이 영속적으로 직무에 전념할 수 있도록 하기 위한 것이다.

따라서 경찰공무원은 형의 선고, 징계처분 또는 경찰공무원법 및 국가공무원법에서 정하는 사유에 따르지 아니하고는 본인의 의사에 반하여 휴직·강임 또는 면직 등의 신분조치를 당하지 않도록 보장(법30· 국가공무원법68본)하고 있는 것이다.

다만, 경찰공무원법에서는 치안총감과 치안정감에 대하여는 국가공무원법상의 신분보장에 관한 규정의 적용이 배제되도록 규정(법30①)하고 있다. 따라서 치안총감과 치안정감은 신분보장의 대상에서 제외된다.

3) 정치적 중립성

헌법은 공무원의 정치적 중립성은 법률이 정하는 바에 의하여 보장된다고 규정(헌법7②)하고 있다.

이에 따라 국가공무원법은 공무원이 ① 정당이나 그 밖의 정치단체의 결성에 관여하거나 이에 가입하는 행위, ② 선거에서 특정 정당 또는 특정인을 지지 또는 반대하기 위한 행위, ③ 다른 공무원에게 위 ① 및 ②를 하도록 요구하거나, 정치적 행위에 대한 보상 또는 보복으로서 이익 또는 불이익을 약속하는 행위를 하여서는 아니된다고 하여 공무원의 정치운동을 금지하고 있다(법65). 이를 위반한 자는 정치운동죄[5]로 형사처벌의 대상이 된다(법84).

이는 선거로 인해 정권이 교체되더라도 공무원집단은 영향을 받지 않고 중립적인 입장에서 영속적으로 공무를 수행하도록 하기 위한 것이다.

그러나 정치적 중립과 일반적인 정치적 자유는 구분되어야 한다. 위에서 열거한 정치운동 외의 정치적 표현의 자유는 보장되어야 한다.

4) 성적주의

성적주의란 공무원이 직업으로서 전문적·능률적인 직무 수행을 위해서는 공무원의 신규채용 및 승진 등의 인사관리가 정실이나 당파성에 의해서가 아니라 객관적인 능력의 실증에 의해서 이루어져야 한다는 것을 말한다. 이를 능력주의 또는 성과주의라고도 한다.

국가공무원법은 공무원의 임용은 시험성적·근무성적, 그 밖의 능력의 실증에 따라 행한다고 규정(법26본)하여, 성적주의의 원칙을 채택하고 있다.

다만, 헌법의 기본원리인 사회국가의 원리와 이에 관한 특정 헌법조항에 비추어 능력주의원칙에 대한 예외를 인정할 수 있는 경우가 있다. 그리하여 국가공무원법은 장애인·이공계전공자·저소득층 등에 대한 채용·승진·전보 등 인사관리상의 우대와 실질적인 양성 평등을 구현하기 위한 적극적인 정책을 실시할 수 있다고 규정하여, 합리적인 범위 내에서 성적주의에 의한 임용원칙에 대한 예외를 인정하고 있다(법26단).

> [헌재 1999. 12. 23, 98헌바33] 다만, 헌법의 기본원리나 특정조항에 비추어 능력주의 원칙에 대한 예외를 인정할 수 있는 경우가 있다. 그러한 헌법원리로는 우리 헌법의 기본원리인 사회국가원리를 들 수 있고, 헌법조항으로는 여자·연소자근로의 보호, 국가유공자·상이군경 및 전몰군경의 유가족에 대한 우선적 근로기회의 보장을 규정하고 있는 헌법 제32조 제4항 내지 제6항, 여자·노인·신체장애자 등에 대한 사회보장 의무를 규정하고 있는 헌법 제34조 제2항 내지 제5항 등을 들 수 있다. 이와 같은 헌법적 요청이 있는 경우에는 합리적 범위 안에서 능력주의가 제한될 수 있다.

---

5) 정치운동죄의 처벌형량은 종래 1년 이하의 징역 또는 500만 원 이하의 벌금에서 3년 이하의 징역과 3년 이하의 자격정지로 강화되었으며, 정치운동죄의 공소시효기간도 10년으로 변경되었다(2014년 국가공무원법 개정법률 참조).

경찰공무원법도 경정 및 순경의 신규채용은 공개경쟁시험으로 하고, 경위의 신규채용은 경찰대학을 졸업한 사람 및 소정의 자격을 갖추고 공개경쟁시험으로 선발된 경찰간부후보생으로서 교육훈련을 마치고 정하여진 시험에 합격한 사람 중에서 한다고 규정(법8)하는 한편, 경찰공무원은 바로 아래 하위계급에 있는 경찰공무원 중에서 근무성적평정, 경력평정, 그 밖의 능력을 실증하여 승진 임용한다고 규정(법11)하는 등 성적주의를 그 바탕으로 하고 있다.

제 2 장

경찰공무원법관계의 발생 · 변경 및 소멸

제1절 개 설

Ⅰ. 경찰공무원법관계의 의의

경찰공무원법관계는 경찰공무원의 임용주체와 자연인인 경찰공무원 사이에 존재하는 공법상의 권리 · 의무관계이다. 종래 이를 특별근무관계로 보아 특별권력관계의 일종으로 이해하는 경향이 강하였다.

그러나 경찰공무원법관계는 경찰공무원법령과 국가공무원법령 등 각종 실정법에 의하여 규율되는 공법관계의 일종이다.

Ⅱ. 경찰공무원의 임용

1. 임용의 의의

1) 임용과 임명의 구분

(1) 임용

경찰공무원법에서는 임용이란 신규채용 · 승진 · 전보 · 파견 · 휴직 · 직위해제 · 정직 · 강등 · 복직 · 면직 · 해임 및 파면을 말한다(법1의2)고 규정하고 있다.

따라서 임용이란 경찰공무원법관계의 발생 · 변경 및 소멸의 원인이 되는 모든 행위를 지칭한다. 이를 넓은 의미의 임명이라고도 한다.

(2) 임명

임명은 일반적으로 공무원법관계를 설정하는 행위를 말한다. 공무원법관계는 신규채용, 선거나 법률의 규정에 의한 강제 또는 계약 등에 의하여 설정된다.

경찰공무원법은 경찰공무원법관계를 설정하는 행위를 신규채용이라 하고 있다. 경찰공무원의 신규채용은 임용주체의 행정행위이다.

신규채용에는 신규채용대상자의 동의를 필요로 한다. 즉, 경찰공무원임용령은 경찰공무원채용시험에 합격한 자로 하여금 임용권자 또는 임용제청권자에게 채용후보자등록을 하도록 하고 있다. 그리고 채용후보자등록을 하지 아니한 자에 대하여는 경찰공무원으로 임용될 의사가 없는 것으로 간주하도록 규정하고 있다.(영17①② 참조).

여기에서 채용후보자등록은 경찰공무원법관계의 설정에의 동의를 의미하는 것이다.

2) 보직

(1) 의의

보직이란 공무원의 신분을 가진 자에게 일정한 직위를 부여하여 그 직무를 담당하게 하는 한편 책임을 부과하는 것을 말한다.

국가공무원법에서는 직위란 1명의 공무원에게 부여할 수 있는 직무와 책임(법5 i)이라고 규정하고 있다.

(2) 보직관리의 원칙

경찰공무원으로 임명되면 임용권자 또는 임용제청권자는 원칙적으로 그 계급과 경과를 고려하여 그 계급에 상응하는 하나의 직위를 부여하여야 한다[1](법30②1, 영22①).

경찰공무원을 보직할 때에는 경과 · 교육훈련 · 근무경력 등을 고려하여 능력을 적절히 발전시킬 수 있도록 하여야 하고, 경찰공무원을 보직할 때에는 특별한 사정이 없으면 연고지를 고려하여야 한다(영22③④).

경찰청장 또는 해양경찰청장은 경찰공무원 보직관리기준을 정하여야 한다(동조⑤).

(3) 초임 경찰공무원의 보직

경위 이상으로 신규채용된 경찰공무원은 관리능력을 배양할 수 있도록 전공 및 적성을 고려하여 합리적으로 보직하여야 한다(영23①).

경사 이하로 신규채용된 경찰공무원은 지구대, 파출소, 기동순찰대, 경찰기동대나 그 밖에 경비업무를 수행하는 부서에 보직하여야 한다(동조②).

(4) 교육훈련이수자의 보직

1년 이상의 교육훈련을 받은 경찰공무원은 특별한 사정이 없으면 그 교육훈련내용과 관련되는 직위에 보직하여야 한다. 그럼에도 불구하고 2년 이상 교육훈련을 받은 경찰공무원은 교육훈련기관의 인력현황을 고려하여 교수요원으로 보직할 수 있다(영24).

---

1) 그러나 별도정원이 인정되는 휴직자의 복직, 파견된 자의 복귀 또는 파면 · 해임 · 면직된 자의 복귀 시에 그에 해당하는 계급의 결원이 없어 그 계급의 정원에 최초로 결원이 생길 때까지 해당 경찰공무원을 보직없이 근무하게 하는 경우 또는 직제의 신설 · 개편 또는 폐지 시 2개월 이내의 기간 동안 기관의 신설 준비 등을 위하여 보직없이 근무하게 하는 경우에는 그러하지 아니하다(영22① i · ii).

2. 임용의 시기

1) 임용일자

경찰공무원은 임용장 또는 임용통지서에 기재된 일자에 임용된 것으로 보며, 임용일자를 소급해서는 아니된다(영5①).

사망으로 인한 면직은 사망한 다음 날에 면직된 것으로 본다(동조②).

임용일자는 그 임용장이 피임용자에 송달되는 기간 및 사무인계에 필요한 기간을 참작하여 정하여야 한다(동조②).

그런데 임용은 상대방 있는 처분이므로 상대방에게 도달되어야 효력을 발생하게 된다. 임용장 또는 임용통지서에 기재된 일자보다 늦게 도달한 경우에는 도달한 날에 임용의 효력이 발생한다는 것이 학설과 판례의 태도이다.

2) 임용시기의 특례

경찰공무원의 임용에 있어서는 원칙적으로 임용일자를 소급하여서는 아니된다.

그러나 ① 특별유공자로서 전사하거나 순직한 경찰공무원으로서 재직 중 사망한 경우에는 사망일의 전날, 퇴직 후 사망한 경우에는 퇴직일의 전날을 임용일자로 하여 특별승진임용하는 경우, ② 형사사건으로 기소되어 직위해제하는 경우에는 기소된 날, ③ 국가공무원법에 의하여 직권면직(법70①iv)시키는 경우 휴직기간의 만료일 또는 휴직사유의 소멸일을 임용일자로 하여 면직하는 경우, ④ 경찰간부후보생, 경찰대학의 학생 또는 시보임용예정자가 직무수행과 관련된 실무수습 중 사망한 경우에는 사망일의 전날에 임용된 것으로 본다(영6).

3. 임용주체

경찰공무원의 임용주체는 국가 또는 제주특별자치도이다. 국가는 국가경찰의 임용주체이며, 제주특별자치도는 제주자치경찰의 임용주체이다.

4. 임용권자

임용권자란 임용주체의 임용에 관한 의사를 결정하고 표시할 권한을 보유한 행정기관을 말한다.

국가경찰공무원의 임용권자에는 대통령, 경찰청장, 해양경찰청장, 소속기관의 장과 지방경찰청장 또는 지방해양경찰관서의 장이 있다.

한편, 제주자치경찰공무원의 임용권자는 제주특별자치도의 도지사이다.

1) 대통령

(1) 경찰청장 및 해양경찰청장의 임명

경찰청장은 경찰위원회의 동의를 받아 장관의 제청으로 국무총리를 거쳐 대통령이 임명한다. 이 경우 국회의 인사청문을 거쳐야 한다(경찰법11②).

그리고 해양경찰청장은 해양수산부장관의 제청으로 국무총리를 거쳐 대통령이 임명한다(경공법6①).

(2) 총경 이상의 경찰공무원의 임용

총경 이상의 경찰공무원은 경찰청장 또는 해양경찰청장의 추천을 받아 장관의 제청으로 국무총리를 거쳐 대통령이 임용한다.

2) 경찰청장 또는 해양경찰청장

총경의 전보, 휴직, 직위해제, 강등, 정직 및 복직과 경정 이하의 경찰공무원의 임용은 경찰청장 또는 해양경찰청장이 한다(동조①단, ②).

3) 임용권의 위임

경찰청장 또는 해양경찰청장은 경찰공무원의 임용에 관한 권한의 일부를 소속 기관의 장, 지방경찰청장 또는 지방해양경찰관서의 장에게 위임할 수 있다(법6③).

이에 근거하여 경찰공무원임용령 및 해양경찰청소속경찰공무원임용에관한규정에서는 구체적인 임용권의 위임 및 재위임의 근거를 두고 있다.

5. 임용의 상대방

1) 경찰공무원의 능력요건

경찰공무원은 신체 및 사상이 건전하고, 품행이 방정한 사람 중에서 임용한다(법7①).

또한 경찰공무원은 국가의 공무를 집행하는 자이므로 국민의 신뢰를 확보하기 위하여 경찰공무원법은 일정한 능력요건을 갖추도록 규정하고 있다(동조②). 이를 소극적 요건 또는 결격사유라고도 한다.

경찰공무원으로 임용될 수 없는 자로는 ① 대한민국 국적을 가지지 아니한 자, ② 국적법에 따른 복수 국적자(동법11의2①), ③ 피성년후견인 또는 피한정후견인, ④ 파산자로서 복권되지 아니한 자, ⑤ 자격정지 이상의 형의 선고를 받은 자, ⑥ 자격정지 이상의 형의 선고유예를 받고 그 선고유예기간 중에 있는 자, 또는 ⑦ 징계에 의하여 파면 또는 해임의 처분을 받은 자가 있다(동조②).

이와 같이 경찰공무원법상의 능력요건은 국가공무원법상의 능력요건(동법33)보다 엄격하다. 이는 위해방지의 임무에 당하는 경찰공무원의 특성에 기인한 것이라 본다.

2) 능력요건을 결여한 자에 대한 임용의 효력 등

능력요건을 결여한 자에 대한 임용은 무효이다. 능력요건 구비 여부에 대한 판단기준 시점은 채용후보자명부 등록시점이 아니라 임용당시를 기준으로 한다.

또한 재직 중에 결격사유에 해당하게 되면, 위 ⑥에 해당하는 경우를 제외하고는, 당연퇴직사유가 된다(법21참조).

제 2 절 경찰공무원법관계의 발생

Ⅰ. 신규채용

1. 일반채용

경정 및 순경의 신규채용은 공개경쟁시험으로 한다(법8①).

경위의 신규채용은 경찰대학을 졸업한 사람 및 공개경쟁시험으로 선발된 경찰간부후보생으로서 교육훈련을 마치고 정하여진 시험에 합격한 사람 중에서 한다(동조②).

2. 경력경쟁채용

1) 의의

경력경쟁채용이란 경력경쟁채용시험을 통해 경찰공무원을 신규채용하는 것을 말한다(동조③).

경력경쟁채용시험은 경력 등 일정한 응시요건을 정하여 같은 사유에 해당하는 다수인을 대상으로 경쟁의 방법으로 채용하는 시험이다. 다만, 다수인을 대상으로 시험을 실시하는 것이 적당하지 아니한 소정의 경우에는 다수인을 대상으로 하지 아니한 시험으로 채용할 수 있다(동조④).

2) 경력경쟁채용의 요건

① 직제와 정원의 개폐 또는 예산의 감소 등에 따라 폐직 또는 과원이 되어 퇴직하거나 신체 · 정신상의 장애로 장기요양이 필요하여 명하여진 휴직기간의 만료로 퇴직한 경찰공무원을 퇴직한 날부터 3년(공무원재해보상법에 따른 공무상 부상 또는 질병으로 인한 휴직의 경우에는 5년) 이내에 퇴직 시에 재직하였

던 계급의 경찰공무원으로 재임용하는 경우, ② 공개경쟁시험으로 임용하는 것이 부적당한 경우에 임용예정 직무에 관련된 자격증 소지자를 임용하는 경우, ③ 임용예정직에 상응하는 근무실적 또는 연구실적이 있거나 전문지식을 가진 사람을 임용하는 경우, ④ 국가공무원법에 따른 5급 공무원의 공개경쟁채용시험이나 사법시험법에 따른 사법시험에 합격한 사람을 경정 이하의 경찰공무원으로 임용하는 경우, ⑤ 국가공무원법 제85조에 따라 재학 중에 장학금을 받고 졸업한 사람을 임용하는 경우, ⑥ 섬, 외딴 곳 등 특수지역에서 근무할 사람을 임용하는 경우, ⑦ 외국어에 능통한 사람을 임용하는 경우, ⑧ 제주특별자치도의 자치경찰공무원을 그 계급에 상응하는 경찰공무원으로 임용하는 경우에는 경력경쟁채용시험으로 경찰공무원을 신규채용할 수 있다(동조③). 단, 위 ⑧의 경우에는 경력경쟁채용시험을 거치지 아니할 수 있다(법10의2②).

그러나 ① 종전의 재직기관에서 감봉 이상의 징계처분을 받은 사람, ② 계급정년에 달하여 정년퇴직한 사람은 경력경쟁채용 등의 대상이 될 수 없다(임용령16①).

3) 경력경쟁채용 등의 임용직위 제한

경력경쟁채용시험 등을 통하여 채용하는 경우에는 그 경력경쟁채용시험 등을 실시할 당시의 임용예정직위 외의 직위로 임용할 수 없다(영15).

3. 부정행위자에 대한 제재

경찰청장 또는 해양경찰청장은 경찰공무원의 채용시험 또는 경찰간부후보생 공개경쟁선발시험에서 부정행위를 한 응시자에 대하여는 해당 시험을 정지 또는 무효로 하고, 그 처분이 있은 날부터 5년간 시험응시 자격을 정지한다(법8의2).

4. 채용후보자명부

1) 채용후보자 등록

공개경쟁채용시험, 경찰간부후보생 공개경쟁선발시험 및 경력경쟁채용시험 등에 합격한 자는 부령이 정하는 바에 따라 임용권자 또는 임용제청권자에게 채용후보자등록을 하여야 한다(영17①).

채용후보자등록을 하지 아니한 사람은 경찰공무원으로 임용될 의사가 없는 것으로 본다(동조②).

2) 채용후보자명부 등재

경찰청장 또는 해양경찰청장(임용권을 위임받은 자 포함)은 신규채용시험에 합격한 사람(경찰대학졸업자와 경찰간부후보생 포함)을 성적 순위에 따라 채용후보자 명부에 등재하여야 한다(법9①).

채용후보자명부는 임용예정계급별로 작성하되, 채용후보자의 서류를 심사하여 임용적격자만을 등재한다. 임용권자 또는 임용제청권자는 채용후보자명부에의 등재 여부를 본인에게 알려야 한다(영18①②).

3) 신규채용의 순위

경찰공무원의 신규채용은 채용후보자 명부의 등재 순위에 따른다. 다만, 채용후보자가 경찰교육기관에서 신임교육을 받은 경우에는 그 교육성적 순위에 따른다(법9②).

4) 채용후보자명부의 유효기간

채용후보자 명부의 유효기간은 2년으로 하되, 경찰청장 또는 해양경찰청장은 필요에 따라 1년의 범위에서 그 기간을 연장할 수 있다(법9③).

경찰청장 또는 해양경찰청장은 채용후보자 명부의 유효기간을 연장하기로 결정한 경우에는 그 사실을 공고하여야 한다(동조④).

5) 채용후보자의 자격상실

채용후보자가 ① 채용후보자가 임용 또는 임용제청에 응하지 아니한 경우, ② 채용후보자로서 받아야 할 교육훈련에 응하지 아니한 경우, ③ 채용후보자로서 받은 교육훈련성적이 수료점수에 미달되는 경우, ④ 채용후보자로서 교육훈련을 받는 중에 퇴학처분을 받은 경우(질병 등 교육훈련을 계속할 수 없는 불가피한 사정으로 인한 경우는 제외)에는 채용후보자로서의 자격을 상실한다(영19).

Ⅱ. 시보임용

1. 의의

시보(試補)임용이란 경찰공무원으로서의 적격성 파악 및 실무능력의 습득 등을 위하여 정규의 경찰공무원으로의 임용에 앞서 시험보직하는 것을 말한다.

시보임용기간 중에는 경찰공무원으로서의 신분보장을 받지 아니한다.

2. 시보임용기간

경정 이하의 경찰공무원을 신규채용할 때에는 1년간 시보로 임용하고, 그 기간이 만료된 다음 날에 정규 경찰공무원으로 임용한다(법10①).

시보임용 중인 경찰공무원의 휴직기간, 직위해제기간 및 징계에 의한 정직처분 또는 감봉처분을 받은 기간은 시보임용기간에 산입하지 아니한다(동조②).

3. 시보임용의 면제

경찰공무원법은 시보임용의 대상이 되는 공무원이라 하더라도 이미 경찰공무원으로서의 적격성을 갖추었다고 인정되거나 실무능력을 습득한 자로 인정되는 경우에는 시보임용을 면제하도록 규정하고 있다.

즉, ① 경찰대학을 졸업한 사람 또는 경찰간부후보생으로서 정하여진 교육을 마친 사람을 경위로 임용하는 경우, ② 경찰공무원으로서 대통령령으로 정하는 상위계급으로의 승진에 필요한 자격 요건을 갖추고 임용예정 계급에 상응하는 공개경쟁 채용시험에 합격한 사람을 해당 계급의 경찰공무원으로 임용하는 경우, ③ 퇴직한 경찰공무원으로서 퇴직 시에 재직하였던 계급의 채용시험에 합격한 사람을 재임용하는 경우, ④ 자치경찰공무원을 그 계급에 상응하는 경찰공무원으로 임용하는 경우가 이에 해당한다. 그러므로 이 경우에는 시보임용을 거치지 아니한다(법10④).

4. 시보임용경찰공무원의 지도 · 감독

임용권자 또는 임용제청권자는 시보임용기간 중의 경찰공무원에 대하여 근무사항을 항상 지도 · 감독하여야 한다(영20①).

5. 시보임용경찰공무원 등에 대한 교육훈련

임용권자 또는 임용제청권자는 시보임용경찰공무원 또는 시보임용예정자에 대하여 일정한 기간 교육훈련을 시킬 수 있다.

시보임용예정자가 교육훈련을 받는 기간 동안에는 예산의 범위 안에서 임용예정계급의 1호봉에 해당하는 봉급의 80%에 상당하는 금액 등을 지급할 수 있다.

임용권자 또는 임용제청권자는 시보임용예정자가 교육훈련성적이 만점의 60% 미만이거나 생활기록이 극히 불량할 때에는 시보임용을 하지 아니할 수 있다(영21).

6. 시보임용경찰공무원의 면직 등

시보임용경찰공무원을 정규경찰공무원으로 임용함에 있어서 그 적부를 심사하게 하기 위하여 임용권자 또는 임용제청권자소속하에 정규임용심사위원회를 둔다(영21).

임용권자 또는 임용제청권자는 시보임용기간 중에 있는 경찰공무원이 ① 징계사유에 해당하는 경우, ② 교육훈련성적이 만점의 60% 미만이거나 생활기록이 극히 불량한 경우, ③ 근무실적, 직무수행능력, 직무수행태도의 평정점이 만점의 50% 미만인 경우에 해당하여 정규경찰공무원으로 임용함이 부적당하다고 인정되는 경우에는 정규임용심사위원회의 심사를 거쳐 당해 시보임용경찰공무원을 면직시키거나 면직을 제청할 수 있다(법10③ · 영20②)

Ⅲ. 자치경찰공무원의 채용 등

1. 자치경찰공무원 임용 특례

임용권자는 경찰공무원의 결원을 보충할 때 채용후보자 명부 또는 승진후보자 명부에 등재된 후보자 수가 결원 수보다 적고, 인사행정 운영상 특히 필요하다고 인정할 때에는 그 결원된 계급에 관하여 다른 임용권자가 작성한 자치경찰공무원의 신규임용후보자 명부 또는 승진후보자 명부를 해당 기관의 채용후보자 명부 또는 승진후보자 명부로 보아 해당 자치경찰공무원을 임용할 수 있다. 이 경우 임용권자는 그 자치경찰공무원의 임용권자와 협의하여야 한다(법9⑥).

자치경찰공무원을 경찰공무원으로 채용할 때에는 경력경쟁채용시험 등을 거치지 아니할 수 있다(법10의2②).

2. 인사교류

경찰청장은 경찰공무원의 능력을 발전시키고 국가경찰과 자치경찰 사무의 연계성을 높이기 위하여 국가경찰과 자치경찰 간에 긴밀한 인사 교류가 될 수 있도록 노력하여야 한다(법10의2①).

제 3 절 경찰공무원법관계의 변경

Ⅰ. 개 설

1. 의의

경찰공무원법관계의 변경이란 경찰공무원의 신분을 유지하면서 경찰공무원법관계의 내용의 일부를 변경하는 것을 말한다.

2. 변경의 원인

경찰공무원법관계가 변경되는 원인으로는 승진 · 전보 · 파견 · 휴직 · 직위해제 · 정직 · 강등 · 복직 등이 있다.

이를 유형별로 분류하면 ① 상위계급으로의 변경인 승진임용, ② 동위 계급에서의 변경인 전보 · 파견 · 휴직 · 직위해제 · 정직 · 복직, ③ 하위계급으로의 변경인 강등으로 구분된다.

3. 경찰공무원법관계 변경의 성격

경찰공무원법관계의 변경은 일반적으로 임용주체의 행정행위로서의 성격을 가진다.

따라서 경찰공무원법관계의 변경은 행정쟁송법상의 처분성이 인정되므로 행정쟁송의 대상이 된다.

Ⅱ. 상위계급으로의 변경 : 승진임용

원래 승진임용이란 동일직렬 내의 하위직급에서 상위직급에 임용하는 것을 말한다. 경찰공무원법에는 직렬의 구분이 없고 직급 대신 계급이라는 용어를 사용하고 있다.

따라서 경찰공무원의 승진이란 하위계급에서 상위계급에 임용되는 것을 말한다.

승진임용은 경찰공무원의 승진임용은 심사승진임용 · 시험승진임용 · 특별승진임용으로 구분한다(경찰공무원승진임용규정3). 그 밖에 근속승진임용이 있다.

근속승진임용제도는 경사 · 경장 및 순경의 정원을 통합 운영함으로써 시행되고 있다.

Ⅲ. 동위계급에서의 변경인 전보 · 파견 · 휴직 · 직위해제 · 정직 · 복직

1. 전보

1) 전보의 의의 및 필요성

전보란 같은 계급 내에서의 보직변경 또는 고위공무원단 직위 간의 보직변경을 말한다(법5vi).

임용권자 또는 임용제청권자는 장기근무 또는 잦은 전보로 인한 업무 능률 저하를 방지하기 위하여 특별한 사정이 없으면 정기적으로 전보를 실시하여야 한다(영26).

2) 전보의 제한

(1) 소속공무원의 전보

임용권자 또는 임용제청권자는 소속 경찰공무원이 해당 직위에 임용된 날부터 1년(감사업무를 담당하는 경찰공무원의 경우에는 2년) 이내에 다른 직위에 전보할 수 없다(영27①본).

이 경우 ① 직제상의 최저단위인 보조기관 또는 보좌기관 내에서 전보하는 경우, ② 승진 또는 강등 임용, ③ 시보임용 중인 경찰공무원을 정규경찰공무원으로 임용하는 경우 및 ④ 기구의 개편, 직제 또는 정원의 변경에 따라 소속·직위만을 변경하여 재발령하는 경우에 해당하는 임용은 전보제한기간을 계산할 때에는 새로운 임용으로 보지 아니한다(동조④).

다만, ① 직제상 최저단위인 보조기관 또는 보좌기관 내에서 전보하는 경우, ② 경찰청 및 해양경찰청과 소속기관 등 또는 소속기관 등 상호간의 교류를 위하여 전보하는 경우, ③ 기구의 개편, 직제 또는 정원의 변경으로 해당 경찰공무원을 전보하는 경우, ④ 승진임용된 경찰공무원을 전보하는 경우, ⑤ 전문직위로 경찰공무원을 전보하는 경우, ⑥ 징계처분을 받은 경우, ⑦ 형사사건에 관련되어 수사기관에서 조사를 받고 있는 경우, ⑧ 경찰공무원으로서의 품위를 크게 손상하는 비위로 인한 감사 또는 조사가 진행 중이어서 해당 직위를 유지하는 것이 부적절하다고 판단되는 경찰공무원을 전보하는 경우, ⑨ 경찰기동대 등 경비부서에서 정기적으로 교체하는 경우, ⑩ 교육훈련기관의 교수요원으로 보직하는 경우, ⑪ 시보임용중인 경우, ⑫ 신규채용된 경찰공무원을 해당 계급의 보직관리기준에 따라 전보하는 경우 및 이와 관련된 전보순환보직 중인 자의 전보 및 이와 관련한 전보의 경우, ⑬ 감사담당 경찰공무원 가운데 부적격자로 인정되는 경우에는 전보제한기간에도 불구하고 소속공무원을 전보할 수 있다(영27①단).

(2) 교수요원의 전보

교육훈련기관의 교수요원으로 임용된 사람은 그 임용일로부터 1년 이상 3년 이하의 범위 안에서 경찰청장 또는 해양경찰청장이 정하는 기간 안에는 다른 직위에 전보할 수 없다. 다만, 기구의 개편, 직제·정원의 변경이나 교육과정의 개폐 또는 폐지가 있거나 교수요원으로서 부적당하다고 인정될 때에는 그러하지 아니하다(동조②).

(3) 특수지역근무자로 경력경쟁채용된 경찰공무원의 전보

섬, 외딴 곳 등 특수지역에서 근무할 사람을 임용하기 위하여 경력경쟁채용된 경찰공무원(법8③vi)은 그 채용일부터 5년의 범위에서 경찰청장 또는 해양경찰청장이 정하는 기간(휴직기간, 직위해제기간 및 정직기간은 불포함) 안에는 채용조건에 해당하는 기관 또는 부서 외의 기관 또는 부서로 전보할 수 없다(동조③).

(4) 전문직위에 임용된 경찰공무원의 전보

임용권자 또는 임용제청권자는 전문직위에 임용된 경찰공무원을 해당 직위에 임용된 날로부터 3년의 범위에서 경찰청장이 정하는 기간이 지나야 다른 직위에 전보할 수 있다. 다만, 직무수행요건이 같은 직위간의 전보 등 경찰청장이 정하는 경우에는 기간에 관계없이 전보할 수 있다(영25).

2. 파견근무

1) 의의

국가기관의 장은 국가적 사업의 수행 또는 그 업무 수행과 관련된 행정 지원이나 연수, 그 밖에 능력 개발 등을 위하여 필요하면 소속 공무원을 다른 국가기관·공공단체·정부투자기관·국내외의 교육기관·연구기관, 그 밖의 기관에 일정 기간 파견근무하게 할 수 있으며, 국가적 사업의 공동 수행 또는 전문성이 특히 요구되는 특수 업무의 효율적 수행 등을 위하여 필요하면 국가기관 외의 기관·단체의 임직원을 파견 받아 근무하게 할 수 있다(국가공무원법32의4①).

국가기관 외의 기관·단체에서 파견된 임직원은 직무상 행위를 하거나 형법, 그 밖의 법률에 따른 벌칙을 적용할 때 공무원으로 본다(동조③).

2) 파견사유

임용권자 또는 임용제청권자는 ① 국가기관 외의 기관·단체에서의 국가적 사업을 수행하기 위하여 특히 필요한 경우, ② 다른 기관의 업무폭주로 인한 행정지원의 경우, ③ 사무의 소관이 명백하지 아니한 관련 기관 간의 긴밀한 협조가 필요한 특수업무를 공동수행하기 위하여 필요한 경우, ④ 공무원인재개발법에 따른 소속 공무원의 교육훈련을 위하여 필요한 경우, ⑤ 공무원인재개발법에 따른 교육훈련기관의 교수요원으로 선발되거나 그 밖에 교육훈련 관련 업무수행을 위하여 필요한 경우, ⑥ 국제기구, 외국의 정부 또는 연구기관에서 업무수행 및 능력개발을 위하여 필요한 경우, ⑦ 국내의 연구기관, 민간기관 및 단체에서의 관련 업무수행 · 능력개발이나 국가정책수립과 관련된 자료수집 등을 위하여 필요한 경우에는 경찰공무원을 파견할 수 있다(영41①).

3) 복귀

파견권자는 파견 사유가 소멸하거나 파견 목적이 달성될 가망이 없으면 그 공무원을 지체 없이 원래의 소속 기관에 복귀시켜야 한다(법32의4②).

3. 휴직

1) 의의

휴직이라 함은 공무원으로서의 신분은 보유하나 그 직을 떠나 직무에는 종사하지 못하도록 하는 행정행위이다. 휴직은 직권휴직과 의원휴직으로 구분된다.

2) 직권휴직

(1) 의의

직권휴직이란 경찰공무원의 의사 여하에 불구하고 임용권자가 직권으로 명하는 휴직처분이다.

(2) 사유

공무원이 ① 신체 · 정신상의 장애로 장기 요양이 필요할 때, ② 병역법에 따른 병역 복무를 마치기 위하여 징집 또는 소집된 때, ③ 천재지변이나 전시 · 사변, 그 밖의 사유로 생사 또는 소재가 불명확하게 된 때, ④ 그 밖에 법률의 규정에 따른 의무를 수행하기 위하여 직무를 이탈하게 된 때, ⑤ 공무원의노동조

합설립및운영등에관한법률에 따라 노동조합 전임자로 종사하게 된 때에는 임용권자는 본인의 의사에도 불구하고 휴직을 명하여야 한다(법71①).

(3) 실종된 경찰공무원의 휴직기간 등에 대한 특례

천재지변이나 전시·사변, 그 밖의 사유로 생사 또는 소재가 불명확하게 된 경찰공무원의 휴직기간은 법원의 실종선고를 받는 날까지로 한다(경찰공무원법 23①).

이로 인하여 휴직자가 있는 경우에는 그 휴직자의 계급에 해당하는 정원이 따로 있는 것으로 보고, 결원을 보충할 수 있다(동조②).

(4) 처분사유 설명서의 교부

공무원에 대하여 직권휴직처분을 할 때에는 그 처분권자 또는 처분제청권자는 처분사유를 적은 설명서를 교부하여야 한다(국가공무원법75).

3) 의원휴직

(1) 의의

의원휴직이란 소정의 사유가 발생한 경우 공무원 본인의 원에 의하여 임용권자가 행하는 휴직처분을 말한다.

(2) 사유

임용권자는 공무원이 ① 국제기구, 외국 기관, 국내외의 대학·연구기관, 다른 국가기관 또는 대통령령으로 정하는 민간기업, 그 밖의 기관에 임시로 채용될 때, ② 국외 유학을 하게 된 때, ③ 중앙인사관장기관의 장이 지정하는 연구기관이나 교육기관 등에서 연수하게 된 때, ④ 만 8세 이하 또는 초등학교 2학년 이하의 자녀를 양육하기 위하여 필요하거나 여성공무원이 임신 또는 출산하게 된 때, ⑤ 사고나 질병 등으로 장기간 요양이 필요한 조부모, 부모(배우자의 부모 포함), 배우자, 자녀 또는 손자녀를 간호하기 위하여 필요한 때,[2] ⑥ 외국에

2) 다만, 조부모나 손자녀이 간호를 위하여 휴직할 수 있는 경우는 본인 외에는 간호할 수 있는 사람이 없는 등 소정의 요건을 갖추어야 한다. 이는 다양한 가족제도를 반영하여 조부모나 손자녀의 간호를 위해서도 휴직할 수 있도록 하기 위한 것이다.

서 근무 · 유학 또는 연수하게 되는 배우자를 동반하게 된 때에 휴직을 원하면 휴직을 명할 수 있다.

특히 위 ④의 경우에는 대통령령으로 정하는 특별한 사정이 없으면 휴직을 명하여야 한다(국가공무원법71②). 또한 이 경우 임용권자는 휴직을 이유로 인사에 불리한 처우를 하여서는 아니 된다(동조④)

4) 휴직의 효력

휴직 중인 공무원은 신분은 보유하나 직무에 종사하지 못한다(법73①).

휴직 기간 중 그 사유가 없어지면 30일 이내에 임용권자 또는 임용제청권자에게 신고하여야 하며, 임용권자는 지체 없이 복직을 명하여야 한다(동조②).

휴직 기간이 끝난 공무원이 30일 이내에 복귀 신고를 하면 당연히 복직된다(동조③).

4. 직위해제

1) 의의

직위해제는 임용권자가 경찰공무원 본인의 귀책사유를 이유로 하여 경찰공무원의 직위를 해제하여 직무에 종사하지 못하게 하는 처분을 말한다.

직위해제는 징계처분은 아니지만, 제재적 성격의 처분이다.

2) 직위해제사유

임용권자는 ① 직무수행 능력이 부족하거나 근무성적이 극히 나쁜 자, ② 파면 · 해임 · 강등 또는 정직에 해당하는 징계 의결이 요구 중인 자, ③ 형사 사건으로 기소된 자(약식명령이 청구된 자는 제외), ④ 금품비위, 성범죄 등 대통령령으로 정하는 비위행위로 인하여 감사원 및 검찰 · 경찰 등 수사기관에서 조사나 수사 중인 자로서 비위의 정도가 중대하고 이로 인하여 정상적인 업무수행을 기대하기 현저히 어려운 자에게는 직위를 부여하지 아니할 수 있다(법73의2①).

공무원에 대하여 ①의 사유와 ② · ③ 또는 ④의 직위해제 사유가 경합할 때에는 ②·③ 또는 ④의 사유로 인한 직위해제 처분을 하여야 한다(동조⑤).

3) 대기명령과 조치의무

(1) 대기명령

임용권자는 직무수행 능력이 부족하거나 근무성적이 극히 나빠 직위해제된 자에게 3개월의 범위에서 대기를 명한다(동조③).

(2) 교육훈련 등 필요한 조치를 하여야 할 의무

임용권자 또는 임용제청권자는 대기 명령을 받은 자에게 능력 회복이나 근무성적의 향상을 위한 교육훈련 또는 특별한 연구과제의 부여 등 필요한 조치를 하여야 한다(동조④).

4) 직위해제의 효력

직위해제로 인하여 공무원의 신분이 박탈되지는 않는다. 직위해제처분과 함께 대기명령을 받은 경우에는 대기부서에 출근할 의무가 있다.

직위해제처분으로 직위를 부여하지 아니한 경우에 그 사유가 소멸되면 임용권자는 지체 없이 직위를 부여하여야 한다(동조②).

임용권자는 대기 명령을 받은 경찰공무원이 그 기간에 능력 또는 근무성적의 향상을 기대하기 어렵다고 인정된 때에는 직권면직시킬 수 있다(법70①ⅴ).

5) 직위해제기간의 보수

직위해제된 사람에게는 봉급의 일부를 지급한다(공무원보수규정29 참조).

첫째, 직무수행 능력이 부족하거나 근무성적이 극히 나쁜 사람은 봉급의 80%를 지급한다.

둘째, 징계의결이 요구된 자, 형사사건으로 기소된 자 또는 조사나 수사 중인 자로서 직위해제된 자는 봉급의 50%를 지급한다.

다만, 직위해제일부터 3개월이 지나도 직위를 부여받지 못한 경우에는 그 3개월이 지난 후의 기간 중에는 봉급의 30%를 지급한다.

5. 정직

정직은 징계처분의 일종으로 중징계에 속한다. 이 점에서 징계처분이 아닌 휴직이나 직위해제와는 그 성격이 다르다.

정직기간은 1개월 이상 3개월 이하의 기간으로 한다. 정직 처분을 받은 자는 그 기간 중 공무원의 신분은 보유하나 직무에 종사하지 못하며 보수의 전액을 감한다(법80①).

정직기간이 종료되면 당연히 복직된다.

6. 복직

복직이란 공무원을 본래의 직위에 복귀시키는 것을 말한다. 이에는 휴직자의 복직, 파견된 자의 복귀, 직위해제 또는 정직된 자의 복귀 등을 들 수 있다.

경찰공무원법은 휴직 · 직위해제 또는 정직(강등에 따른 정직을 포함) 중에 있는 경찰공무원을 직위에 복귀시키는 것을 복직이라 정의하고 있다(법1의2iii).

파견권자는 파견 사유가 소멸하거나 파견 목적이 달성될 가망이 없으면 그 공무원을 지체 없이 원래의 소속 기관에 복귀시켜야 한다(국가공무원법32의4②).

휴직 기간 중 그 사유가 없어지면 30일 이내에 임용권자 또는 임용제청권자에게 신고하여야 하며, 임용권자는 지체 없이 복직을 명하여야 한다. 휴직 기간이 끝난 공무원이 30일 이내에 복귀 신고를 하면 당연히 복직된다(법73).

직위해제 사유가 소멸되면 임용권자는 지체 없이 직위를 부여하여야 한다.

정직의 경우에는 정직기간이 만료되면 별도의 처분이 필요 없이 당연히 복직된다.

Ⅳ. 하위계급으로의 변경 : 강등

1. 의의

강등은 1계급 아래로 직급을 내리고, 공무원신분은 보유하나 3개월간 직무에 종사하지 못하며 그 기간 중 보수 전액을 감하는 효력을 가지는 징계처분이다(법80①).

2. 강등된 경찰공무원의 계급정년 산정

계급정년이란 당해 계급에 재직하고 있는 기간이 법정 기간을 경과하여 당연 퇴직하게 되는 기간이다.

계급정년은 치안감·경무관·총경 및 경정의 계급에 적용된다. 치안감은 4년, 경무관은 6년, 총경은 11년, 경정은 14년이 계급정년이다(경찰공무원법24①).

그렇지만 징계로 인하여 강등된 경찰공무원의 계급정년은 강등된 계급의 계급정년을 적용하는 것이 아니라 강등되기 전 계급 중 가장 높은 계급의 계급정년으로 하도록 규정하고 있다(동조② i).

계급정년을 산정할 때에는 강등되기 전 계급의 근무연수와 강등 이후의 근무연수를 합산한다(동조② ii).

제 4 절 경찰공무원법관계의 소멸

Ⅰ. 개 관

경찰공무원법관계의 소멸이란 임용주체와 그 상대방인 경찰공무원 사이의 공법상의 법률관계가 종료되는 것을 말한다.

경찰공무원의 입장에서는 경찰공무원법관계의 소멸로 인하여 경찰공무원의 법적 지위를 상실하는 것이 된다.

헌법 제7조는 공무원의 신분과 정치적 중립성은 법률이 정하는 바에 의하여 보장된다고 규정하여 직업공무원제도를 채택하고 있다. 따라서 경찰공무원의 신분은 법률이 정하는 바에 의하여 영속적으로 직무에 전념할 수 있도록 보장되고 있다.

그러므로 경찰공무원 법관계의 소멸도 법률이 정하는 바에 따라야 한다. 경찰공무원 법관계의 소멸원인으로는 당연퇴직과 면직이 있다. 면직은 다시 의원면직과 강제면직으로 구분되며, 강제면직은 징계면직과 직권면직으로 구분된다.

Ⅱ. 당연퇴직

1. 의의 및 법적 성질

당연퇴직은 경찰공무원으로 재직 중 법정 사유의 발생에 의하여 임용권자의 의사와 관계없이 당연히 공무원법관계가 소멸되는 것을 말한다.

그러므로 당연퇴직에 있어서 퇴직발령통지서의 발부는 법정 사유의 발생에 따른 공무원법관계의 소멸사실을 확인하여 알려주는 행위에 불과하므로 행정쟁송의 대상에서 제외된다.

[대법원 1985. 7. 23. 선고 84누374 판결] 당연퇴직의 통보는 법률상 당연히 발생하는 퇴직사유를 공적으로 확인하여 알려 주는 사실의 통보에 불과한 것이지 그 통보자체가 징계파면이나 직권면직과 같이 공무원의 신분을 상실시키는 새로운 형성적 행위는 아니므로 항고소송의 대상이 되는 독립한 행정처분이 될 수는 없다.

2. 퇴직사유

1) 결격사유의 발생

현행법상 당연퇴직의 대상자는 ① 대한민국 국적을 상실한 자, ② 복수의 국적을 취득한 자, ③ 피성년후견인 또는 피한정후견인, ④ 파산자로서 복권되지 아니한 자, ⑤ 자격정지 이상의 형의 선고를 받은 자, ⑥ 징계에 의하여 파면 또는 해임의 처분을 받은 자이다(법7 · 21).

> [대법원 1997. 7. 8. 선고 96누4275 판결] 경찰공무원법 제7조 제2항, 제21조가 일정한 유죄판결을 받은 자 등을 국가공무원(경찰공무원 포함)에 임용될 수 없도록 정함과 동시에 국가공무원(경찰공무원 포함)으로 임용된 후에 임용결격자에 해당하게 된 자가 당연퇴직되도록 정하고 있는 것은 그러한 자로 하여금 국가의 공무를 집행하도록 허용한다면 그 공무는 물론 국가의 공무 일반에 대한 국민의 신뢰가 손상될 우려가 있으므로 그러한 자를 공무의 집행에서 배제함으로써 공무에 대한 국민의 신뢰를 확보하려는 것을 목적으로 하는 것인데, 국가공무원은 국민 전체에 대한 봉사자로서 국민에 대하여 책임을 지고(헌법 제7조 제1항) 공직 전체의 불명예를 가져오는 품위손상행위를 하지 아니하여야 할 의무를 부담하는(국가공무원법 제63조) 등 그 지위의 특수성 및 직무의 공공성이 있고 또한 우리 형사제도의 실정 및 국민의 법감정에 비추어 이에 해당하는 자는 공무원의 신분을 보유하기에 부적당하다고 보이므로 이와 같은 법의 목적 및 그 목적 달성을 위하여 임용결격사유를 당연퇴직사유로 정한 것은 합리적이라고 인정된다.

개정 전의 경찰공무원법은 경찰공무원이 재직 중 경찰공무원법 제7조제2항에 정한 결격사유에 해당하게 되면, 당연히 퇴직된다고 규정하였다. 그리하여 종래 경찰공무원법은 경찰공무원이 자격정지 이상의 형의 선고유예를 받은 경우(법7②vi)도 당연퇴직사유에 해당되었었다.

이에 대하여 헌법재판소는 당해 법률조항이 최소침해성의 원칙에 반하는 것으로서 공무담임권을 과도하게 침해하는 것이므로 이를 위헌이라 결정하였다. 따라서 경찰공무원법(법률 제6897호, 시행 2003. 5. 29.)은 경찰공무원이 자격정지 이상의 형의 선고유예를 받은 경우를 당연퇴직사유에서 제외하도록 개정되었다.

> [헌재 2010. 9. 30. 결정 2009헌바122 전원재판부] 경찰공무원이 자격정지 이상의 형의 선고유예를 받은 경우 공무원직에서 당연퇴직하도록 규정하고 있는 이 사건 법률조항은 자격정지 이상의 선고유예 판결을 받은 모든 범죄를 포괄하여 규정하고 있

을 뿐만 아니라 심지어 오늘날 누구에게나 위험이 상존하는 교통사고 관련범죄 등 과실범의 경우마저 당연퇴직의 사유에서 제외하지 않고 있으므로 최소침해성의 원칙에 반한다. 또한, 오늘날 사회국가 원리에 입각한 공직제도의 중요성이 강조되면서 개개 공무원의 공무담임권 보장의 중요성은 더욱 큰 의미를 가지고 있다. 일단 공무원으로 채용된 공무원을 퇴직시키는 것은 공무원이 장기간 쌓은 지위를 박탈해 버리는 것이므로 같은 입법목적을 위한 것이라고 하여도 당연퇴직 사유를 임용결격사유와 동일하게 취급하는 것은 타당하다고 할 수 없다. 따라서 이 사건 법률조항은 헌법 제25조의 공무담임권을 침해한 위헌 법률이다.

2) 정년퇴직

(1) 의의

정년이란 공무원법관계가 소멸되도록 법령에서 규정하고 있는 연령 또는 재직기간을 말한다.

정년에 도달하면 공무원법관계가 소멸되어 당연 퇴직한다. 이를 정년퇴직이라 한다.

경찰공무원법상의 정년에는 연령정년과 계급정년이 있다.

(2) 연령정년

경찰공무원의 연령정년은 계급에 구분이 없이 모두 60세로 규정되어 있다(법 24① i).

(3) 계급정년

계급정년이라 함은 동일 계급에 재직하고 있는 기간이 소정의 기간을 경과하는 경우에 당연히 퇴직하도록 하는 기간을 말한다.

치안감은 4년, 경무관은 6년, 총경은 11년, 경정은 14년이 계급정년이다(동조 ①ii). 치안정감 이상 또는 경감 이하의 경찰공무원은 계급정년이 없다.

계급정년을 산정할 때 자치경찰공무원으로 근무한 경력이 있는 경찰공무원의 경우에는 그 계급에 상응하는 자치경찰공무원으로 근무한 연수를 산입한다(동조⑥).

그러나 징계로 인하여 강등(경감으로 강등된 경우를 포함)된 경찰공무원의 계급정년은 강등된 계급의 계급정년은 강등되기 전 계급 중 가장 높은 계급의 계급정년으로 한다. 계급정년을 산정할 때에는 강등되기 전 계급의 근무연수와 강등 이후의 근무연수를 합산한다(법24②).

(4) 계급정년의 연장

경찰청장 또는 해양경찰청장은 수사, 정보, 외사, 보안 등 특수 부문에 근무하는 경찰공무원으로서 전문직위에 임용된 사람 중에서 정년 연장 대상 공무원을 지정한다(법24③ · 영49).

정년 연장 대상으로 지정된 총경 및 경정의 경우에는 3년의 범위에서 계급정년을 연장할 수 있다(법24③ · 영48).

경찰청장 또는 해양경찰청장은 전시 · 사변이나 그 밖에 이에 준하는 비상사태에서는 2년의 범위에서 계급정년을 연장할 수 있다. 이 경우 경무관 이상의 경찰공무원에 대하여는 행정안전부장관 또는 해양수산부장관과 국무총리를 거쳐 대통령의 승인을 받아야 하고, 총경 · 경정의 경찰공무원에 대하여는 국무총리를 거쳐 대통령의 승인을 받아야 한다(법24④).

(5) 정년퇴직일자

경찰공무원이 연령정년 또는 계급정년에 도달하면 그 정년에 달한 날이 1월에서 6월 사이에 있는 경우에는 6월 30일에, 7월에서 12월 사이에 있는 경우에는 12월 31일에 각각 당연퇴직한다(동조⑤).

Ⅲ. 면 직

1. 의의

면직이란 경찰공무원법관계 소멸원인의 하나로서, 당연퇴직과는 달리, 임용권자의 의사표시에 의하여 이루어지는 것을 말한다.

이는 다시 경찰공무원 자신의 원에 의한 것인지 여부에 따라 의원면직과 강제면직으로 나뉘고, 강제면직은 징계처분에 의한 징계면직과 징계에 의하지 않고 임용권자의 일방적 처분에 의해 공무원의 신분을 상실시키는 직권면직으로 나뉜다.

2. 의원면직

1) 의의

경찰공무원 자신의 사직의 의사표시에 근거하여 임용권자가 경찰공무원법관계를 소멸시키는 처분을 의원면직이라 한다.

2) 성질

의원면직에 있어서는 당해 경찰공무원의 사직의 의사표시가 의원면직의 필수적 요건이다. 이른바 상대방의 협력을 요하는 행정행위이다.

그러므로 사직의 의사표시가 없거나 무효인 경우에는 의원면직처분도 무효이다. 사직의 의사표시는 그에 기한 임용권자의 면직처분이 있기 전에는 원칙적으로 철회할 수 있다.

그러나 경찰공무원의 사직의 의사표시만으로 경찰공무원법관계가 종료되는 것은 아니다. 임용권자의 면직처분이 있어야만 비로소 경찰공무원법관계가 종료된다. 그러므로 임용권자의 면직처분이 있기 전까지는 여전히 경찰공무원으로서의 의무를 부담하며, 이에 위반하는 경우에는 공무원법상의 책임을 져야 한다.

한편, 임용권자에게는 경찰공무원의 사직의 의사표시에 따른 면직처분을 하여야 할 의무를 부담한다.

3) 명예퇴직

(1) 의의

공무원의 인사적체를 해소하기 위하여 국가공무원법은 장기 근속한 공무원이 정년 전에 자진하여 퇴직하는 경우에 정년퇴직에 준하여 처우하는 명예퇴직제도를 1991년에 도입하였다. 명예퇴직제도는 경찰공무원에게도 적용된다.

(2) 성질

명예퇴직은 본인의 의사를 전제로 하며, 따라서 법적으로는 의원면직의 일종이며, 상대방의 협력을 요하는 행정행위이다.

(3) 요건

명예퇴직은 공무원으로서 20년 이상 근속한 자가 정년 전에 스스로 할 수 있으며, 명예퇴직자에 대하여는 예산의 범위 안에서 명예퇴직수당을 지급할 수 있다(국가공무원법74의2①).

(4) 명예퇴직수당의 환수 및 강제징수

명예퇴직수당을 지급받은 자가 ① 재직 중의 사유로 금고 이상의 형을 받은 경우, ② 재직 중에 수뢰 · 사전수뢰(형법129), 제3자뇌물제공(형법130), 수뢰후부정처사 · 사후수뢰(형법131), 알선수뢰(형법132)의 죄를 범하여 금고 이상의 형의 선고유예를 받은 경우, ③ 명예퇴직 수당을 초과하여 지급받거나 그 밖에 명예퇴직 수당의 지급 대상이 아닌 자가 지급받은 경우에는 명예퇴직수당을 지급한 국가기관의 장이, ④ 경력직공무원 등 공무원으로 재임용되는 경우에는 재임용한 국가기관의 장이 그 명예퇴직 수당을 환수하여야 한다(동조③).

이 경우 환수금을 내야할 자가 기한 내에 내지 아니하면 국세 체납처분의 예에 따라 환수금을 징수할 수 있다(동조④).

4) 폐직 등으로 인한 자진퇴직

임용권자는 직제와 정원의 개폐 또는 예산의 감소 등에 따라 폐직 또는 과원이 되었을 때에는 직권으로 면직시킬 수 있다. 이는 대표적인 불이익처분이다.

그러나 그 밖의 직권면직 사유와는 달리, 폐직과 과원은 경찰공무원 본인의 귀책사유라 할 수 없다. 따라서 국가공무원법은 20년 미만 근속한 공무원이라도 직제와 정원의 개폐 또는 예산의 감소 등에 따라 폐직 또는 과원이 되었을 때에는 스스로 퇴직할 수 있도록 규정하고 있다. 이 경우에도 예산의 범위에서 수당을 지급할 수 있다(동조②).

3. 강제면직

1) 직권면직

(1) 의의

직권면직이란 법정의 사유가 있을 때 임용권자가 직권면직대상자의 의사와는 무관하게 임용권자의 일방적인 의사로써 공무원법관계를 소멸시키는 행위를 말한다. 직권면직처분은 대표적인 불이익처분이다.

직권면직의 사유는 공무원의 신분보장을 위해 법률로 엄격하게 규정되어 있다.

(2) 사유

경찰공무원법이 들고 있는 직권면직의 사유는 국가경찰공무원이 ① 직제와 정원의 개폐 또는 예산의 감소 등에 따라 폐직 또는 과원이 되었을 때, ② 휴직 기간이 끝나거나 휴직 사유가 소멸된 후에도 직무에 복귀하지 아니하거나 직무를 감당할 수 없을 때, ③ 직무수행 능력이 부족하거나 근무성적이 극히 나빠 대기명령을 받은 자가 그 기간에 능력 또는 근무성적의 향상을 기대하기 어렵다고 인정된 때, ④ 경찰공무원으로는 부적합할 정도로 직무 수행능력이나 성실성이 현저하게 결여된 사람으로서 지능저하 또는 판단력 부족으로 경찰업무를 감당할 수 없는 경우 또는 책임감의 결여로 직무수행에 성의가 없고 위험한 직무에 당하여 고의로 직무수행을 기피하거나 포기하는 경우에 해당된다고 인정될 때(임용령47①), ⑤ 직무를 수행하는 데에 위험을 일으킬 우려가 있을 정도의 성격적 또는 도덕적 결함이 있는 사람으로서 인격장애, 알코올 · 약물중독 그 밖의 정신장애로 인하여 경찰업무를 감당할 수 없는 경우 또는 사행행위 또는 재산의 낭비로 인한 채무과다, 부정한 이성관계 등 도덕적 결함이 현저하여 타인의 비난을 받는 경우에 해당된다고 인정될 때(동조②), ⑥ 해당 경과에서 직무를 수행하는 데 필요한 자격증의 효력이 상실되거나 면허가 취소되어 담당 직무를 수행할 수 없게 되었을 때이다(법22①).

(3) 직위해제처분과 직권면직처분

경찰공무원법은 직무수행 능력이 부족하거나 근무성적이 극히 나쁜 경찰공무원에 대하여 직위해제처분을 할 수 있도록 규정하고 있다. 이로 인한 직위해제처분을 하는 경우에는 대기명령을 하게 된다. 대기 명령을 받은 자가 그 기간에 능력 또는 근무성적의 향상을 기대하기 어렵다고 인정되는 경우에는 직권면직처분을 할 수 있도록 규정하고 있다.

그러나 직위해제처분과 직권면직처분은 각각 별개의 효과를 발생하는 행정처분이다.

우선 직위해제처분은 동위 계급에서의 경찰공무원법관계의 변경처분으로서 임용권자가 경찰공무원의 직위를 해제하여 직무에 종사하지 못하게 하는 제재적 성격이 처분이다. 그렇지만 직위해제처분의 사유가 소멸되면 임용권자는 지체 없이 직위를 부여하여야 한다. 따라서 직위해제처분을 받은 자는 복직처분의 대상 또는 직권면직처분의 대상이 된다.

이에 반하여 직권면직처분은 임용권자의 일방적인 의사표시로써 경찰공무원법관계를 소멸시키는 처분이다.

[대법원 1984. 9. 11. 선고 84누191 판결] 직위해제처분과 그에 따라 대기 명령을 받은 자가 그 기간에 능력 또는 근무성적의 향상을 기대하기 어렵다고 인정되는 경우의 면직처분은 후자가 전자의 처분을 전제로 한 것이기는 하나 각각 단계적으로 별개의 법률효과를 발생하는 행정처분이어서 선행직위 해제처분의 위법사유가 면직처분에는 승계되지 아니한다 할 것이므로 선행된 직위해제 처분의 위법사유를 들어 면직처분의 효력을 다툴 수는 없다.

(4) 징계위원회의 동의

직권면직의 사유가 ① 직무수행 능력이 부족하거나 근무성적이 극히 나빠 대기명령을 받은 자가 그 기간에 능력 또는 근무성적의 향상을 기대하기 어렵다고 인정된 때, ② 경찰공무원으로는 부적합할 정도로 직무 수행능력이나 성실성이 현저하게 결여된 사람으로서 지능저하 또는 판단력 부족으로 경찰업무를 감당할 수 없는 경우 또는 책임감의 결여로 직무수행에 성의가 없고 위험한 직무에 당하여 고의로 직무수행을 기피하거나 포기하는 경우에 해당된다고 인정될 때(임용령47①) ③ 직무를 수행하는 데에 위험을 일으킬 우려가 있을 정도의 성격적 또는 도덕적 결함이 있는 사람으로서 인격장애, 알코올 · 약물중독 그 밖의 정신장애로 인하여 경찰업무를 감당할 수 없는 경우 또는 사행행위 또는 재산의 낭비로 인한 채무과다, 부정한 이성관계 등 도덕적 결함이 현저하여 타인의 비난을 받는 경우에 해당된다고 인정될 때(동조②)에는 징계위원회의 동의를 받아야 한다(법22②).

(5) 휴직기간의 만료 등으로 인한 직권면직일

휴직 기간이 끝나거나 휴직 사유가 소멸된 후에도 직무에 복귀하지 아니하거나 직무를 감당할 수 없음을 사유로 인한 직권면직일은 휴직기간의 만료일이나 휴직 사유의 소멸일로 한다(법22③).

2) 징계면직

징계처분에 의하여 공무원의 신분을 상실시키는 것을 말한다. 징계면직에는 파면과 해임의 두 가지가 있다.

파면은 공무원의 신분을 박탈함과 동시에, 공무원연금법상의 퇴직급여 및 퇴직수당의 일정액 감액된다.

해임도 공무원의 신분은 박탈되며, 공무원연금법상의 퇴직급여와 퇴직수당의 일정액이 감액되기도 한다.

자세한 것은 경찰공무원의 징계책임에 관한 부분에서 설명한다.

제 5 절 불이익조치에 대한 구제

Ⅰ. 개 관

경찰공무원의 권익을 보호하기 위하여 국가공무원법과 경찰공무원법은 몇 가지 제도를 두고 있다.

불이익처분에 대한 행정구제절차로서 소청심사와 행정소송을 규정하는 외에, 널리 근무조건과 기타 신상문제에 대한 고충처리제도를 두고 있고, 또한 경찰공무원에 대하여 인사상 불이익처분을 하는 경우에는 처분사유설명서의 교부를 의무화하고 있다.

이러한 제도들은 경찰공무원관계의 변동이 없는 경우에도 이용할 수 있는 경우가 있지만, 대부분 경찰공무원 법관계의 변동에 관계되므로, 편의상 여기에서 설명한다.

Ⅱ. 처분사유설명서의 교부

1. 의의

처분사유설명서란 공무원에 대하여 징계처분 또는 징계부가금 부과처분이나 휴직, 직위해제 또는 면직처분을 행할 때에는 처분권자 또는 처분제청권자가 처분의 사유를 기재한 설명서를 말한다.

이는 처분의 상대방에게 당해 불이익 처분의 이유와 근거를 분명히 하고 상대방이 소청심사 · 행정소송 등 불복을 제기하는 데 편의를 제공하고, 처분권자가 불이익처분을 함에 있어서 신중을 기하게 하고자 함이다.

2. 처분사유설명서의 작성 및 교부

징계처분 또는 징계부가금 부과처분이나 휴직, 직위해제 또는 면직처분을 하고자 하는 처분권자 또는 처분제청권자는 처분사유설명서를 교부하여야 한다. 다만, 본인의 원에 의한 휴직 또는 면직처분을 하는 경우에는 처분사유설명서를 교부할 필요가 없다(국가공무원법75①).

따라서 처분사유설명서에 기재되어야 할 처분의 사유는 그러한 처분을 하게 된 원인이 된 사실의 적시뿐만 아니라 그 사실에 적용된 법적 근거를 포함하여야 할 것이다.

처분권자는 피해자가 요청하는 경우 성희롱에 해당하는 사유로 처분사유설명서를 교부할 때에는 그 징계처분결과를 피해자에게 함께 통보하여야 한다(동조②).

3. 소청심사의 청구

징계처분 또는 징계부가금 부과처분이나 휴직, 직위해제 또는 면직처분의 처분사유설명서를 교부받은 공무원이 이에 불복하는 경우에는 소청심사를 거쳐 행정소송을 제기할 수 있다.

Ⅲ. 심사청구와 후임자 보충발령의 금지

1. 소청심사

1) 의의

국가공무원법상의 소청심사는 행정기관 소속 공무원의 징계처분, 그 밖에 그 의사에 반하는 불리한 처분이나 부작위에 대한 사후적 구제절차로서, 특별행정심판의 성질을 가진다.

2) 소청심사전치주의

국가공무원법은 처분사유설명서 교부 대상이 되는 처분, 그 밖에 본인의 의사에 반한 불리한 처분이나 부작위에 관한 행정소송은 소청심사위원회의 심사·결정을 거치지 아니하면 제기할 수 없다(법15)고 규정하여 소청심사전치주의를 취하고 있다.

3) 소청심사의 대상

소청심사청구의 대상이 되는 처분은 처분사유설명서의 교부대상인 징계처분 등·휴직·직위해제·직권면직처분만이 아니라, 그밖에 자신의 의사에 반하는 불리한 처분이나 부작위처분을 포함한다(법9 참조).

4) 소청심사의 청구

처분사유설명서를 받은 공무원이 그 처분에 불복할 때에는 그 설명서를 받은 날부터, 공무원이 그 외에 본인의 의사에 반한 불리한 처분을 받았을 때에는 그 처분이 있은 것을 안 날부터 각각 30일 이내에 소청심사위원회에 이에 대한 심사를 청구할 수 있다(법76①). 소청심사청구기간은 제척기간이다.

소청심사청구를 하는 경우 변호사를 대리인으로 선임할 수 있다(법76①). 공무원은 심사청구를 이유로 불이익한 처분이나 대우를 받지 아니한다(동조⑥)

> [대법원 1984. 9. 11. 선고 84누191 판결] 법 소정의 부적격사유가 있는 자에 해당한다 하여 직위해제처분을 받은 자가 그 처분에 대하여 동법 제52조의 규정에 따라 소청심사위원회에 심사청구를 한 바 없다면 그 처분에 설사 위법사유가 있다 하더라도 그것이 당연무효 사유가 아닌 한 다툴 수 없다.

5) 심사

(1) 소청심사위원회

소청심사는 소청심사위원회가 담당한다. 소청심사위원회는 인사혁신처에 설치한다(법9①).

소청심사위원회는 위원장 1명을 포함한 5명 이상 7명 이하의 상임위원과 상임위원 수의 2분의 1 이상인 비상임위원으로 구성하되, 위원장은 정무직으로 보한다.(동조③).

(2) 심사

소청심사위원회는 소청을 접수하면 지체 없이 심사하여야 한다(법12①).

소청심사위원회는 심사를 할 때 필요하면 검증 · 감정, 그 밖의 사실조사를 하거나 증인을 소환하여 질문하거나 관계 서류를 제출하도록 명할 수 있다(동조②).

소청심사위원회가 소청 사건을 심사하기 위하여 징계 요구 기관이나 관계 기관의 소속 공무원을 증인으로 소환하면 해당 기관의 장은 이에 따라야 한다. 증인을 소환하여 질문할 때에는 일당과 여비를 지급하여야 한다(동조③ · ⑤).

소청심사위원회는 필요하다고 인정하면 소속 직원에게 사실조사를 하게 하거나 특별한 학식 · 경험이 있는 자에게 검증이나 감정을 의뢰할 수 있다(동조④).

(3) 소청인의 진술권

소청심사위원회가 소청 사건을 심사할 때에는 대통령령으로 정하는 바에 따라 소청인 또는 대리인으로 선임된 변호사에게 진술 기회를 주어야 한다(법13①).

소청인이나 대리인에게 진술 기회를 주지 아니한 소청심사위원회의 결정은 무효로 한다(동조②).

6) 임시결정

소청심사위원회는 당해 소청심사청구가 파면 또는 해임처분을 받거나 대기명령 기간에 능력 또는 근무성적의 향상을 기대하기 어렵다고 인정되어 면직처분으로 인한 경우에는 그 청구를 접수한 날부터 5일 이내에 해당 사건의 최종 결정이 있을 때까지 후임자의 보충발령을 유예하게 하는 임시결정을 할 수 있다(동조③).

소청심사위원회가 임시결정을 한 경우에는 임시결정을 한 날부터 20일 이내에 최종 결정을 하여야 하며 각 임용권자는 그 최종 결정이 있을 때까지 후임자를 보충발령하지 못한다(동조④).

7) 결정

(1) 결정기간

소청심사위원회는 후술하는 임시결정을 한 경우 외에는 소청심사청구를 접수한 날부터 60일 이내에 이에 대한 결정을 하여야 한다. 다만, 불가피하다고 인정되면 소청심사위원회의 의결로 30일을 연장할 수 있다(법76⑤).

(2) 결정 정족수

소청사건의 결정은 재적위원 3분의 2 이상의 출석과 출석위원 과반수의 합의에 따르되, 의견이 나뉠 경우에는 출석위원 과반수에 이를 때까지 소청인에게 가장 불리한 의견에 차례로 유리한 의견을 더하여 그 중 가장 유리한 의견을 합의된 의견으로 본다(법14①).

(3) 결정의 내용

소청심사위원회는 심사 청구가 부적법하면 이를 각하하고, 심사 청구가 이유 없다고 인정되면 그 청구를 기각한다.

그리고 처분의 취소 또는 변경을 구하는 심사 청구가 이유 있다고 인정되면 처분을 취소 또는 변경하거나 처분 행정청에 취소 또는 변경할 것을 명한다.

처분의 효력 유무 또는 존재 여부에 대한 확인을 구하는 심사 청구가 이유 있다고 인정되면 처분의 효력 유무 또는 존재 여부를 확인한다.

위법 또는 부당한 거부처분이나 부작위에 대하여 의무 이행을 구하는 심사 청구가 이유 있다고 인정되면 지체 없이 청구에 따른 처분을 하거나 이를 할 것을 명하는 결정을 한다(법14⑤).

(4) 결정의 효력 등

소청심사위원회의 결정은 처분 행정청을 기속한다(법15).

소청심사위원회의 취소명령 또는 변경명령 결정은 그에 따른 징계나 그 밖의 처분이 있을 때까지는 종전에 행한 징계처분 또는 징계부가금 부과처분에 영향을 미치지 아니한다(법14⑥).

소청심사위원회가 징계처분 또는 징계부가금 부과처분을 받은 자의 청구에 따라 소청을 심사할 경우에는 원징계처분보다 무거운 징계 또는 원징계부가금 부과처분보다 무거운 징계부가금을 부과하는 결정을 하지 못한다(동조⑦).

소청심사위원회의 결정은 그 이유를 구체적으로 밝힌 결정서로 하여야 한다(동조⑧).

7) 행정소송과의 관계

처분사유설명서 교부 대상이 되는 처분, 그 밖에 본인의 의사에 반한 불리한 처분이나 부작위에 관한 행정소송은 소청심사위원회의 심사 · 결정을 거치지 아니하면 제기할 수 없다(법16①).

경찰공무원의 징계처분, 휴직처분, 면직처분, 그 밖에 의사에 반하는 불리한 처분에 대한 행정소송의 경우에는 경찰청장 또는 해양경찰청장을 피고로 한다. 다만, 임용권을 위임한 경우에는 그 위임을 받은 자를 피고로 한다(경찰공무원법28).

2. 후임자의 보충발령

1) 원칙

본인의 의사에 반하여 파면 또는 해임처분을 받거나 대기명령 기간에 능력 또는 근무성적의 향상을 기대하기 어렵다고 인정되어 면직처분을 하면 그 처분을 한 날부터 40일 이내에는 후임자의 보충발령을 하지 못한다(국가공무원법76②본).

2) 예외

그러나 인력 관리상 후임자를 보충하여야 할 불가피한 사유가 있고, 소청심사위원회의 임시결정이 없는 경우에는 인사혁신처장과 협의를 거쳐 후임자의 보충발령을 할 수 있다(동조②단).

Ⅳ. 고충처리

1. 의의

고충처리란 공무원이 인사 · 조직 · 처우 등 각종 근무조건과 그 밖에 신상문제에 대하여 인사상담을 하거나 고충심사청구에 의하여 고충의 해소 등을 하는 것을 말한다(법76의2 참조).

고충처리제도는 공무원의 사기 앙양을 위하여 도입된 제도이다.

2. 처리기관

1) 경찰공무원고충심사위원회

경찰청 소속 경찰공무원의 인사상담 및 고충을 심사하기 위하여 경찰청, 해양경찰청, 지방경찰청, 경찰대학·경찰인재개발원·중앙경찰학교·경찰수사연수원·경찰서·경찰기동대·경비함정 기타 경감 이상의 경찰공무원을 장으로 하는 기관 중 행정안전부장관 또는 해양수산부장관이 지정하는 경찰기관 및 지방해양경찰관서에 경찰공무원 고충심사위원회를 둔다(경찰공무원법25①).

경찰공무원 고충심사위원회는 소속 경감 이하의 경찰공무원의 고충을 심사[3] 한다(국가공무원법76의2④).

2) 중앙고충심사위원회

경찰공무원 고충심사위원회의 심사를 거친 재심청구와 경정 이상의 경찰공무원의 인사상담 및 고충심사는 국가공무원법에 따라 설치된 중앙고충심사위원회에서 한다(동조② · 국가공무원법76의2④).

중앙고충심사위원회의 기능은 소청심사위원회에서 관장한다(법76의2③).

3) 다만, 6급 이하의 공무원의 고충은 임용권자를 달리하는 둘 이상의 기관에 관련된 경우에는 중앙고충심사위원회에서, 원 소속 기관의 보통고충심사위원회에서 고충을 심사하는 것이 부적당하다고 인정될 경우에는 직근 상급기관의 보통고충심사위원회에서 각각 심사할 수 있다(국가공무원법76의2④단).

3. 고충처리의 대상 등

고충처리의 대상은 공무원 개개인이 안고 있는 인사 · 조직 · 처우 등 각종 직무 조건이나 신상 문제이다. 그러므로 그 대상에 특별한 제한이 있는 것은 아니다. 또 인사상담이나 고충심사를 청구하였다고 하여 이를 이유로 불이익한 처분이나 대우를 받지 아니한다(법76의2①).

한편, 고충심사는 행정심판이 아니다. 또한 고충심사위원회의 결정은 행정청에 대하여 기속력이 없다. 즉, 고충심사청청구를 받은 중앙인사관장기관의 장, 임용권자 또는 임용제청권자는 이를 고충심사위원회에 부쳐 심사하게 하거나 소속 공무원에게 상담하게 하고, 그 결과에 따라 고충의 해소 등 공정한 처리를 위하여 노력하여야 한다(동조②).

중앙인사관장기관의 장, 임용권자 또는 임용제청권자는 심사 결과 필요하다고 인정되면 처분청이나 관계 기관의 장에게 그 시정을 요청할 수 있으며, 요청받은 처분청이나 관계 기관의 장은 특별한 사유가 없으면 이를 이행하고, 그 처리 결과를 알려야 한다. 다만, 부득이한 사유로 이행하지 못하면 그 사유를 알려야 한다(동조⑥).

제 3 장

경찰공무원의 권리 · 의무와 책임

제 1 절 경찰공무원의 권리

경찰공무원은 임용주체인 국가에 대하여 경찰공무원 법관계의 일방 당사자로서 여러 가지 권리를 가진다. 국가에 대한 경찰공무원의 권리는 신분상의 권리와 재산상의 권리로 나누어진다.

한편, 경찰공무원도 일반 국민과 마찬가지로 기본권의 주체이다. 그러나 경찰공무원의 기본권은 공공의 안녕과 질서의 유지라는 경찰목적의 효율적 수행을 위하여 또는 국민 전체에 대한 봉사자로서의 책무를 다하기 위하여 제한되는 경우가 있다.

경찰공무원의 기본권 제한은 어디까지나 법률에 근거한 것이어야 하고, 또한 목적 달성을 위하여 필요한 최소한에 그쳐야 한다.

Ⅰ. 신분상의 권리

경찰공무원의 신분상의 권리란 경찰공무원이 신분상 향유하는 권리를 말한다.

경찰공무원도 다른 공무원과 마찬가지로 신분보유권 · 직위보유권 · 직무집행권

· 직명사용권 · 행정쟁송권과 고충심사청구권 등을 가지며, 이 밖에 경찰공무원만이 가지는 권리로서 제복착용권과 무기휴대권이 있다.

1. 신분보유권

헌법은 공무원의 신분은 법률이 정하는 바에 의하여 보장된다고 규정하고 있다(헌법7②).

경찰공무원도 법이 정한 사유와 절차에 따르지 아니하는 한 자신의 의사에 반하여 공무원의 신분을 박탈당하지 아니할 권리, 즉 신분보유권을 가진다.

그러므로 형의 선고, 징계처분 또는 경찰공무원법과 국가공무원법이 정한 사유에 의하지 아니하고는 그 의사에 반하여 휴직 · 강임 또는 면직을 당하지 아니한다(국가공무원법68본 · 경찰공무원법30②iii).

다만, 치안총감과 치안정감 및 시보임용된 경찰공무원은 신분이 보장되지 않는다(법30① · 10③).

2. 직위보유권

공무원은 계급에 따라 그 계급에 상응하는 일정한 직위를 부여받을 권리가 있다(국가공무원법32의5).

경찰공무원을 보직함에 있어서는 경과 · 교육훈련 · 근무경력 등을 고려하여 능력을 적절히 발전시킬 수 있도록 하여야 하며, 특별한 사정이 없는 한 연고지를 고려하여야 한다(영22).

따라서 법률이 정한 사유에 해당하지 않는 한 직위를 해제당하지 않으며, 직위해제처분에 따라 직위를 부여하지 아니한 경우에 그 사유가 소멸된 때에는 임용권자는 지체 없이 직위를 부여하여야 한다(동법73의2). 휴직이나 정직 등의 경우에도 마찬가지이다.

3. 직무집행권

임용권자 또는 임용제청권자는 소속 경찰공무원에게 하나의 직위를 부여하여야 함이 원칙이다(영22①).

보직에 의하여 직위가 부여된다. 직위는 1명의 공무원에게 부여할 수 있는 직무와 책임이다(국가공무원법5 i). 따라서 경찰공무원은 자신이 보유하는 직위에 부여된 직무를 집행할 권리를 가진다.

타인이 경찰공무원의 직무집행을 방해하면 형법상 공무집행방해죄가 성립될 수 있다. 직무집행은 경찰공무원의 권리인 동시에 의무이기도 하다.

4. 지휘 · 감독에 대한 이의제기권

국가경찰공무원은 구체적 사건수사와 관련된 상관의 지휘 · 감독의 적법성 또는 정당성에 대하여 이견이 있을 때에는 이의를 제기할 수 있다(경찰법24②).

5. 직명사용권 및 제복착용권 · 무기휴대권

경찰공무원은 계급과 직위를 직명으로 사용할 권리가 있다. 또한 제복을 착용할 권리와 직무수행을 위하여 필요한 때에는 무기를 휴대할 권리를 가진다(경찰공무원법20①②). 제복착용은 경찰공무원의 의무로서의 성격이 강하다.

경찰공무원이 아닌 자가 경찰공무원의 직명을 거짓으로 꾸며 대거나 제복을 착용하면 관명사칭 등에 해당되어 경범죄로 처벌되거나(경범죄처벌법3vii), 경찰제복및경찰장비의규제에관한법률에 따라 처벌되며(동법12③), 공무원의 자격을 사칭하여 그 직권을 행사한 경우에는 공무원자격사칭죄(형법118)가 성립되어 처벌대상이 된다.

경찰공무원의 복제에 관한 사항은 부령으로 정한다(경찰공무원법20③).

6. 고충심사청구권

경찰공무원은 인사 · 조직 · 처우 등 각종 직무조건과 기타 신상문제에 대하여 중앙고충심사위원회 또는 경찰공무원고충심사위원회에 인사상담이나 고충의 심사를 청구할 수 있다(국가공무원법76① · 경찰공무원법25).

7. 불이익처분사유 설명서 교부청구권

경찰공무원은 징계처분 등이나 본인의 의사에 반하는 휴직 · 직위해제 또는 면직처분의 경우 그 처분권자 또는 처분제청권자에게 처분사유 설명서를 교부받을 권리가 있다(국가공무원법75).

8. 소청심사청구권 · 행정소송 제기권

1) 소청심사청구권

공무원은 전술한 불이익처분사유 설명서 교부 대상이 되는 처분, 그 밖에 본인의 의사에 반한 불리한 처분이나 부작위에 관하여 소청심사위원회에 심사를 청구할 수 있다(법76).

소청을 심사 · 결정하게 하기 위하여 인사혁신처에 소청심사위원회를 둔다(법9).

소청인 또는 그 대리인은 소청사건 심사에서 진술권을 가진다. 진술기회를 주지 아니한 결정은 무효이다(법13).

2) 행정소송 제기권

경찰공무원은 전술한 불이익처분사유 설명서 교부 대상이 되는 처분, 그 밖에 본인의 의사에 반한 불리한 처분이나 부작위에 관하여 소청심사위원회의 심사 · 결정을 거쳐 행정소송을 제기할 수 있다(법16①).

경찰공무원의 징계처분, 휴직처분, 면직처분, 그 밖에 의사에 반하는 불리한 처분에 대한 행정소송의 피고는 경찰청장 또는 해양경찰청장이 되며, 임용권을 위임한 경우에는 그 위임을 받은 자가 피고가 된다(경찰공무원법28).

Ⅱ. 재산상의 권리

1. 보수청구권

1) 의의

(1) 보수

법령이 정하는 바에 따라 보수를 청구할 권리를 가진다(국가공무원법46 · 47 · 48).

보수란 봉급과 그 밖의 각종 수당을 합산한 금액을 말한다(공무원보수규정4 i).

공무원의 보수는 직무의 곤란성과 책임의 정도에 맞도록 계급별 · 직위별 또는 직무등급별로 정한다(국가공무원법46①).

(2) 봉급

봉급이란 직무의 곤란성과 책임의 정도에 따라 직책별로 지급되는 기본급여 또는 직무의 곤란성과 책임의 정도 및 재직기간 등에 따라 계급(직무등급이나 직위를 포함)별, 호봉별로 지급되는 기본급여이다(공무원보수규정4 ii).

(3) 수당

수당이란 직무여건 및 생활여건 등에 따라 지급되는 부가급여이다(동조iii).

공무원에게는 예산의 범위에서 봉급 외에 필요한 수당을 지급할 수 있다(규정31).

수당에 관하여는 공무원보수규정과 공무원수당등에관한규정에서 규정하고 있다.

2) 공무원보수규정상의 수당

공무원보수규정에서 규정하는 수당으로는 겸임수당과 봉급조정수당이 있다.

(1) 겸임수당

겸임수당은 공무원이 본직 외의 다른 직에 겸임되거나 공공기관 및 그 밖에 인사혁신처장이 인정하는 기관 등의 임직원이 공무원으로 겸임되는 경우에는 업무의 특수성 및 본직 기관의 보수 수준을 감안하여 지급하는 수당(규정32)이다.

(2) 봉급조정수당

봉급조정수당은 공무원 처우개선을 위하여 필요한 경우에는 예산의 범위에서 지급하는 수당(규정33)이다.

3) 공무원수당등에관한규정상의 수당

공무원수당등에관한규정에서는 각종 수당과 실비변상 등에 관한 사항에 관하여 규정하고 있다.

공무원수당등에관한규정에서는 ① 대우공무원[1]수당, ② 정근수당, ③ 성과상여금, ④ 가계보전수당으로서 가족수당, 자녀학비보조수당, 주택수당, 육아휴직수당, ⑤ 특수지근무수당, ⑥ 특수근무수당으로서 위험근무수당, 특수업무수당, 업무대행수당,[2] ④ 초과근무수당으로서 시간외근무수당, 현업공무원 등에 대한 야간근무수당과 휴일근무수당, 관리업무수당 등에 관한 규정과 실비변상에 관한 규정을 두고 있다.

4) 보수의 성질

보수의 성질에 관하여는 견해가 나뉜다. 반대급부설과 생활자료설이 그것이다.

오늘날 통설은 보수가 기본적으로 근로의 대가로서의 반대급부적 성질을 가지지만, 공무원의 생활보장을 위한 자금이라는 생활자료로서의 성질도 가지는 것으로 보는 절충적인 입장을 취하고 있다.

즉, 국가공무원법은 공무원의 보수를 직무의 곤란성 및 책임의 정도에 적응하

---

1) 당해 계급에서 승진소요 최저 연수 이상 근무하고 승진임용의 제한 사유가 없으며 근무실적이 우수한 자를 바로 상위 직급의 대우공무원으로 선발할 수 있도록 한 것으로, 우리나라의 독특한 승진 제도로서, 만성적인 승진 적체 문제의 해결을 위해 도입되었다. 대우공무원으로 선발된 사람에게는 예산의 범위 내에서 해당 공무원 월봉급액의 4.1%를 대우공무원수당으로 지급할 수 있다(규정6의2).

2) 병가, 출산휴가, 유산휴가, 사산휴가 또는 육아휴직 중인 공무원(병가, 유산휴가 및 사산휴가의 경우에는 30일 이상 병가 또는 휴가를 사용하는 공무원으로 한정한다)의 업무를 대행하는 공무원에게는 예산의 범위에서 월 20만원의 업무대행수당을 지급한다.

도록 계급별 또는 직위별로 정하도록 규정(법46①)하여 보수가 반대급부의 성질을 가지고 있음을 인정하고 있다.

이와 동시에, 국가공무원법은 공무원의 보수는 일반의 표준 생계비, 물가 수준, 그 밖의 사정을 고려하여 정하되, 민간 부문의 임금 수준과 적절한 균형을 유지하도록 노력하여야 한다(동조②)는 보수 결정의 원칙을 규정함으로써 보수가 생활자료적 성질도 띠고 있음을 보이고 있는 것이라 한다.

5) 보수청구권의 성질

공무원의 보수청구권은 공무원법관계에서 발생하는 것이므로 공법상의 권리라는 것이 통설이다. 그러므로 이에 관한 분쟁의 해결은 행정상 쟁송에 의하여야 한다. 판례도 또한 같다.

6) 보수청구권의 보호 및 소멸시효

(1) 압류의 제한 등

공무원의 보수는 생활자료적 성격도 가지고 있다. 그러므로 임의로 포기할 수도 없고 압류에도 일정한 제한이 따른다.

공무원의 보수청구권도 급료 · 연금 · 봉급 · 상여금 · 퇴직연금, 그 밖에 이와 비슷한 성질을 가진 급여채권이다. 따라서 그 2분의 1에 해당하는 금액은 민사집행법 또는 국세징수법에 의한 압류가 금지된다(동법33).

(2) 보수청구권의 소멸시효

다수설에 의하면, 보수청구권은 국가에 대한 금전급부청구권이므로 그 소멸시효는 5년이라고 한다. 과거에 판례는 보수청구권을 급료채권으로 보아 그 소멸시효를 3년이라고 판시한 바 있다.

2. 실비변상청구권 등

1) 실비변상청구권

(1) 의의

실비변상청구권은 공무원이 그 직무수행을 위하여 소요되는 실비의 변상을 청구할 수 있는 권리이다.

(2) 근거

국가공무원법은 경찰공무원에게 보수 외에 대통령령이 정하는 바에 따라 직무수행에 소요되는 실비변상을 받을 수 있는 권리를 규정하고 있다(국가공무원법48①). 실비변상 등에 관하여는 공무원수당등에관한규정이 규정하고 있다.

(3) 내용

실비변상에는 ① 정액급식비(규정18), ② 명절휴가비(규정18의3), ③ 연가보상비(규정18의5), ④ 직급보조비(규정18의6)가 있다.

실비변상은 예산의 범위 내에서 지급하되, 지급방법은 원칙적으로 공무원보수규정을 준용한다(규정18의7).

실비변상을 거짓이나 그 밖의 부정한 방법으로 수령한 경우에는 수령한 금액의 2배의 범위에서 가산하여 징수할 수 있다(법48③).

2) 특수연구과제 처리 보상청구권

공무원이 소속 기관장의 허가를 받아 본래의 업무 수행에 지장이 없는 범위에서 담당 직무 외의 특수한 연구과제를 위탁받아 처리한 경우에는 그 보상을 지급받을 수 있다(국가공무원법48②).

보상을 거짓이나 그 밖의 부정한 방법으로 수령한 경우에는 수령한 금액의 2배의 범위에서 가산하여 징수할 수 있다(동조③).

3) 실물지급청구권

(1) 의의

경찰공무원은 제복 등의 급여품을 지급받을 권리와 장구 등의 대여품을 대여받을 권리를 가진다.

급여품이란 경찰공무원에게 지급되는 물품 중 지급받은 경찰공무원이 사용기간 동안 사용한 후 처분할 수 있는 물품을 말하며, 대여품이란 경찰공무원에게 지급되는 물품 중 지급받은 경찰공무원이 사용기간 동안 사용한 후 다시 반납하여야 하는 물품을 말한다(경찰공무원지급품에관한규칙1의2)

(2) 급여품 및 대여품의 보수

급여품 및 대여품의 보수에 드는 비용은 해당 물품을 지급받은 사람이 부담한다(규칙4).

(3) 급여품 및 대여품의 재지급

경찰공무원이 급여품 또는 대여품을 분실하거나 훼손하였을 때에는 대용품을 지급한다(규칙5①).

이 경우에 그 분실이나 훼손이 경찰공무원의 고의 또는 중대한 과실로 인한 것일 때에는 그 대가를 변상하게 하여야 한다(동조②).

(4) 대여품의 반납

대여품은 경찰공무원이 퇴직할 때에 반납하여야 한다(규칙6①).

경찰공무원의 고의 또는 중대한 과실로 대여품을 분실하거나 훼손하여 그 대여품을 반납할 수 없을 때에는 그 대가를 변상하게 하여야 한다(동조②).

4) 경찰간부후보생의 보수 등

교육 중인 경찰간부후보생에게는 대통령령으로 정하는 바에 따라 보수와 그 밖의 실비를 지급한다(경찰공무원법29).

3. 공무원연금법상의 급여청구권

1) 개설

국가공무원법은 공무원이 질병 · 부상 · 폐질 · 퇴직 · 사망 또는 재해를 입으면 본인 또는 그 유족에게 지급할 적절한 급여에 관하여 따로 법률을 제정하도록 규정(법77①)하고 있다.

이에 근거하여 제정된 법률이 공무원연금법[3]과 공무원재해보상법[4]이다.

2) 공무원연금법상 급여의 종류

(1) 구분

공무원연금법상의 급여는 공무원의 퇴직 · 사망 및 비공무상 장해에 대한 퇴직급여 · 퇴직유족급여 · 비공무상 장해급여 및 퇴직수당으로 구분된다(법28).

각종 급여는 그 급여를 받을 권리를 가진 사람의 신청에 따라 인사혁신처장의 결정으로 공단이 지급한다. 다만, 장해연금 또는 장해일시금, 급여제한사유 해당 여부 등 대통령령으로 정하는 사항은 공무원재해보상심의회(공무원재해보상법6)의 심의를 거쳐야 한다(법29).

(2) 퇴직급여

공무원이 10년 이상 재직하고 퇴직한 경우에는 퇴직급여가 지급되며, 이는 ① 퇴직연금, ② 퇴직연금일시금, ③ 퇴직연금공제일시금, ④ 퇴직일시금으로 세분된다(법43).

퇴직연금은 공무원이 10년 이상 재직하고 퇴직한 경우 사망할 때까지 지급하는 연금이다(법43①). 이 경우 퇴직연금 지급이 시작하기 전에 퇴직연금을 받

3) 공무원연금법은 공무원의 퇴직, 장해 또는 사망에 대하여 적절한 급여를 지급하고 후생복지를 지원함으로써 공무원 또는 그 유족의 생활안정과 복지 향상에 이바지함을 목적으로 하여 전문개정(2018. 3. 20. 법률 제15523호)되었다.

4) 공무원재해보상법은 공무원의 공무로 인한 부상 · 질병 · 장해 · 사망에 대하여 적합한 보상을 하고, 공무상 재해를 입은 공무원의 재활 및 직무복귀를 지원하며, 재해예방을 위한 사업을 시행함으로써 공무원이 직무에 전념할 수 있는 여건을 조성하고, 공무원 및 그 유족의 복지 향상에 이바지함을 목적으로 제정(2018. 3. 20. 법률 제15522호)되었다.

고자 하는 경우 미달연수에 따라 차감한 금액을 사망할 때까지 조기퇴직연금으로 지급받을 수 있다(동조②).

퇴직연금일시금은 퇴직연금이나 조기퇴직연금을 받을 권리가 있는 사람이 원하는 경우 이에 갈음하여 받는 연금이다(동조③).

퇴직연금공제일시금은 10년을 초과하는 재직기간 중 본인이 원하는 기간에 대하여 그 기간에 해당하는 퇴직연금 또는 조기퇴직연금을 갈음하여 지급받을 수 있는 급여이다.

그리고 퇴직일시금은 공무원이 10년 미만 재직하고 퇴직한 경우에 지급받는 급여이다(법51)

(3) 퇴직유족급여

퇴직유족급여는 ① 퇴직유족연금, ② 퇴직유족연금부가금, ③ 퇴직유족연금특별부가금, ④ 퇴직유족일시금이 있다(법54내지58).

퇴직유족연금은 공무원이거나 공무원이었던 사람으로서 퇴직연금 또는 조기퇴직연금을 받을 권리가 있는 사람이 사망한 경우에 지급한다(법54①).

퇴직유족연금부가금은 10년 이상 재직한 공무원이 재직 중 사망하면 퇴직유족연금 외에 따로 지급되는 급여이다(동조②).

퇴직유족연금특별부가금은 공무원이었던 사람이 퇴직 후 퇴직연금의 지급이 시작되기 전에 사망하거나 퇴직연금 또는 조기퇴직연금의 수급자가 연금지급이 시작되는 달로부터 3년 이내에 사망하면 퇴직유족연금 외에 따로 지급되는 급여이다(동조③).

퇴직유족일시금은 10년 미만 재직하고 사망한 공무원의 유족에게 지급한다(법58).

(4) 비공무상 장해급여

비공무상 장해급여는 공무원이 공무 외의 사유로 생긴 질병 또는 부상으로 인하여 장해상태가 되어 퇴직하였을 때 또는 퇴직 후에 그 질병 또는 부상으로 인하여 장해상태로 되었을 때에는 지급하는 연금이다.

이는 장해등급에 따라 제1급 내지 제7급의 장해에 지급되는 비공무상 장해연금과 제8급 이하 장해등급에 지급되는 장해일시금으로 구분된다(법59).

(5) 퇴직수당

퇴직수당은 공무원이 1년 이상 재직하고 퇴직하거나 사망한 경우에 지급한다(법62).

3) 재직기간 등

(1) 재직기간의 계산

공무원의 재직기간은 공무원으로 임명된 날이 속하는 달부터 퇴직한 날의 전날 또는 사망한 날이 속하는 달까지의 연월수(年月數)로 계산한다(공무원연금법23①).

(2) 재직기간의 합산

퇴직한 공무원 · 군인 또는 사립학교교직원이 공무원으로 임용된 경우에는 본인이 원하는 바에 따라 종전의 해당 연금법(공무원연금법 · 군인연금법 또는 사립학교교직원연금법)에 따른 재직기간 또는 복무기간을 재직기간에 합산할 수 있다(동조②).

(3) 복무기간의 산입

공무원으로 임용되기 전의 병역법에 따른 현역병 또는 지원하지 아니하고 임용된 부사관의 복무기간(방위소집 · 상근예비역소집 또는 보충역소집에 의하여 복무한 기간 중 대통령령으로 정하는 복무기간을 포함) 등은 본인이 원하는 바에 따라 재직기간에 산입할 수 있다(동조③).

[대법원 1995. 9. 15. 선고 95누6496 판결] 당연퇴직사유에 해당하여 공무원 신분을 상실한 자가 사실상 공무원으로서 계속 근무하면서 기여금을 납부하여 왔다고 하더라도 그 근무기간은 공무원연금법상의 재직기간에 합산할 수 없다.

4) 급여사유의 확인 · 급여결정

각종 급여는 그 급여를 받을 권리를 가진 사람의 신청에 따라 인사혁신처장의 결정으로 공단이 지급한다. 다만, 장해연금 또는 장해일시금, 급여제한사유 해당 여부 등 대통령령으로 정하는 사항은 공무원재해보상심의회(공무원재해보상법6)의 심의를 거쳐야 한다(법29).

5) 급여 비용의 부담과 급여의 성질

(1) 비용의 부담

퇴직급여, 퇴직유족급여 및 비공무상 장해급여에 드는 비용은 공무원과 국가 또는 지방자치단체가 부담하고(법66①), 퇴직수당 지급에 드는 비용은 국가나 지방자치단체가 부담한다(동조②).

급여에 드는 비용 중 공무원이 부담하는 비용을 기여금(寄與金 ; contribution)이라 한다. 기여금은 공무원이 공무원으로 임명된 날이 속하는 달부터 원칙적으로 퇴직한 날의 전날 또는 사망한 날이 속하는 달까지 월별로 최대 36년간 부담한다(법67).

공무원이 부담하는 기여금 외에 국가나 지방자치단체는 연금부담금과 보전금(補塡金 ; 기여금과 연금부담금으로 퇴직급여 및 퇴직유족급여를 충당하기에 부족한 금액)을 부담한다(법71).

(2) 공무원연금법상 급여의 성질

공무원연금법상의 급여의 성질에 관하여는 봉급연불설과 사회보장설 및 절충설의 대립이 있다.

공무원연금법상의 급여는 공무원이 부담하는 기여금(법67)과 국가 등이 부담하는 연금부담금과 보전금을 바탕으로 하는 점을 감안하면 공무원연금은 지급이 연기된 봉급이라고 볼 수도 있다. 이를 봉급연불설이라 한다.

그러나 퇴직이나 사망 이후에만 지급되는 것이 아니라 질병 · 부상 · 장애의 경우에도 급여가 지급되는 것을 감안하면 퇴직공무원이나 유족에 대한 사회보장적 성격을 띠는 것으로 볼 수도 있다. 이를 사회보장설이라 한다.

생각건대 공무원연금법상의 급여는 봉급연불적 성격과 사회보장적 성격을 동시에 가지고 있다고 하겠다.

6) 급여청구권의 보호와 소멸시효

(1) 양도 등의 제한

급여를 받을 권리는 양도, 압류하거나 담보로 제공할 수 없다. 다만, 연금인 급여를 받을 권리는 대통령령으로 정하는 금융기관에 담보로 제공할 수 있고, 국세징수법, 지방세기본법, 그 밖의 법률에 따른 체납처분의 대상으로 할 수 있다(법39①).

체납처분에 의한 연금의 압류는 2분의 1 이하로 제한되며(국세징수법33), 수급권자에게 지급된 급여 중 채무자 등의 생활에 필요한 1월간의 생계비로서 대통령령이 정하는 금액(민사집행법195iii) 이하는 압류할 수 없다(공무원연금법39②).

(2) 시효

공무원연금법에 따른 급여를 받을 권리는 그 급여의 사유가 발생한 날부터 5년간 행사하지 아니하면 시효로 인하여 소멸한다(법88①).

잘못 납부한 기여금을 반환받을 권리는 퇴직급여 또는 퇴직유족급여의 지급결정일부터 5년간 행사하지 아니하면 시효로 인하여 소멸한다(동조②).

기여금, 환수금 그 밖의 징수금 등을 징수하거나 환수할 공무원연금공단의 권리는 징수 또는 환수사유가 발생한 날로부터 5년간 행사하지 아니하면 시효로 인하여 소멸한다(동조③).

기여금, 환수금 및 그 밖의 징수금 등의 납입 고지 및 독촉과 급여의 지급의 또는 과납금 등의 반환청구는 소멸시효 중단의 효력을 가지며(동조④), 중단된 소멸시효는 납입의 고지 또는 독촉에 따른 납입기간이 지난 때부터 새로 진행한다(동조⑤).

7) 심사의 청구 및 행정소송의 제기

(1) 심사의 청구

급여에 관한 결정, 기여금의 징수, 그 밖에 공무원연금법에 따른 급여에 관하여 이의가 있는 사람은 공무원재해보상연금위원회(공무원재해보상법52)에 그 심사를 청구할 수 있다.

심사청구는 급여에 관한 결정 등이 있었던 날부터 180일, 그 사실을 안 날부터 90일 이내에 하여야 한다. 다만, 그 기간 내에 정당한 사유가 있어 심사 청구를 할 수 없었던 것을 증명한 경우에는 예외로 한다.

급여에 관한 결정, 기여금의 징수, 그 밖에 공무원연금법에 따른 급여에 관하여는 행정심판법에 따른 행정심판을 청구할 수 없다(법80).

(2) 행정소송의 제기

공무원재해보상연금위원회의 결정에 불복하는 경우에는 행정소송을 제기할 수 있다.

4. 공무원재해보상법상의 급여청구권

1) 개설

공무원재해보상법은 공무원연금법에서 규정하고 있던 공무원 재해보상제도를 분리하여 제정(2018. 3. 20. 법률 제15522호)된 법률이다.

이는 공무원의 공무로 인한 부상·질병·장해·사망에 대하여 적합한 보상을 하고, 공무상 재해를 입은 공무원의 재활 및 직무복귀를 지원하며, 재해예방을 위한 사업을 시행함으로써 공무원이 직무에 전념할 수 있는 여건을 조성하고, 공무원 및 그 유족의 복지 향상에 이바지함을 목적으로 한다(법1).

2) 공무원재해보상법상 급여의 종류

(1) 구분

공무원재해보상법상의 급여는 공무원의 공무로 인한 부상·질병·장해·사망에 대한 요양급여 · 재활급여 · 장해급여 · 간병급여 · 재해유족급여 및 부조급여로 구분된다(법8).

(2) 요양급여

요양급여는 공무상 부상 또는 질병으로 요양(재요양의 청구에 의한 요양 포함)을 하는 경우에 지급한다(법22①).

(3) 재활급여

재활급여는 ① 재활운동비, ② 심리상담비로 구분되며, 인사혁신처장이 고시하는 금액의 범위에서 실제 드는 비용으로 한다.

(4) 장해급여

장해급여는 공무원이 ① 공무상 부상 또는 질병으로 인하여 장해 상태로 되어 퇴직하였을 경우 또는 ② 퇴직 후에 퇴직 전의 공무상 부상 또는 질병으로 인하여 장해 상태로 된 경우에는 심의회의 심의를 거쳐 장해의 정도에 따른 등급을 기준으로 지급되는 장해연금 또는 장해일시금을 말한다(법26).

(5) 간병급여

간병급여는 공무상 요양을 마친 사람 중 치유 후 의학적으로 상시로 또는 수시로 간병이 필요하여 실제로 간병을 받는 사람에게 지급한다(법34).

(6) 재해유족급여

재해유족급여는 ① 장해유족연금, ② 순직유족급여 및 ③ 위험직무순직유족급여로 구분된다(법8).

장해유족연금은 장해연금을 받을 권리가 있는 사람이 사망한 경우에는 공무원이었던 사람의 유족에게 지급한다(법35).

순직유족연금은 순직공무원의 유족에게 지급하는 ① 순직유족연금과, ② 순직유족보상금으로 구분된다(법36).

위험직무순직유족급여는 위험직무순직공무원의 유족에게 지급하는 ① 위험직무순직유족연금과 ② 위험직무순직유족보상금으로 구분된다. 위험직무순직공무원이란 생명과 신체에 대한 고도의 위험을 무릅쓰고 직무를 수행하다가 재해를 입고 그 재해가 직접적인 원인이 되어 사망한 공무원을 말한다(법3①iv).

(7) 부조급여

부조급여는 ① 공무원이 수재나 화재 등의 재난으로 재산에 손해를 입었을 때에 지급하는 재난부조금(법42)과 ② 사망조위금(법43)로 구분된다.

사망조위금은 공무원의 배우자나 부모(배우자의 부모를 포함) 또는 자녀가 사망한 경우에는 그 공무원에게 지급하는 사망조위금(동조①)과 공무원이 사망한 경우 그 배우자(배우자가 없는 경우에는 장례를 치르고 제사를 지내는 자)에게 지급하는 사망조위금(동조②)으로 구분된다.

3) 연금의 지급기간 및 지급시기

(1) 연금의 지급기간

연금인 급여는 그 급여의 사유가 발생한 날이 속하는 달의 다음 달부터 그 사유가 소멸된 날이 속하는 달까지의 급여분을 지급한다(법13①).

(2) 연금의 지급정지

연금인 급여의 지급을 정지할 사유가 발생하였을 때에는 그 사유가 발생한 날이 속하는 달의 다음 달부터 그 사유가 소멸된 날이 속하는 달까지의 급여분 지급을 정지한다. 다만, 정지사유가 발생한 날과 그 사유가 소멸한 날이 같은 달에 속하는 경우에는 지급을 정지하지 아니한다(동조②).

(3) 지급시기

연금인 급여는 매월 지급한다(동조③).

4) 급여의 청구 · 결정

공무원재해보상법상의 급여의 청구는 인사혁신처장에게 하여야 하며, 그 결정은 급여의 요건을 확인한 후 결정(요양급여, 장해급여, 재해유족급여 중 순직유족급여 및 위험직무순직유족급여의 경우에는 심의회의 심의를 거쳐 결정)하고 집행하여야 한다(법9).

다만, 지방자치단체 공무원의 재난부조금 및 사망조위금은 해당 지방자치단체의 장에게 청구하고, 지방자치단체의 장의 결정으로 지방자치단체가 지급한다(동조④).

5) 급여비용의 부담과 급여의 성질

(1) 비용의 부담

공무원재해보상법에 따른 급여에 드는 비용은 국가 및 지방자치단체가 부담한다(법48①).

국가 및 지방자치단체는 회계연도마다 예산의 범위에서 공무원재해보상법에 따른 재해예방사업 및 재활 · 직무복귀 지원사업에 드는 비용을 지원할 수 있다(동조②).

순직공무원 또는 위험직무순직공무원의 유족이 순직유족연금 또는 위험직무순직유족연금을 선택하여 공무원연금법상의 퇴직유족연금, 퇴직유족연금일시금 또는 퇴직유족일시금을 지급하지 아니한 경우 인사혁신처장은 그 지급하지 아니한 금액을 다음 회계연도의 재해보상부담금 재원으로 이체하여야 한다(법50).

(2) 공무원재해보상법상 급여의 성질

공무원재해보상법상의 급여는 원칙적으로 사회보장적 급여라 할 수 있다. 공무원재해보상법상의 급여에 드는 비용의 부담주체가 국가 및 지방자치단체이기 때문이다.

다만, 전술한 바와 같이, 순직유족연금이나 위험직무순직유족연금의 지급으로 인하여 인사혁신처장이 재해보상부담금의 재원으로 이체되는 공무원연금액에는 공무원이 부담하는 기여금도 포함되어 있기 때문에 완전한 사회보장적 급부라 하기도 어렵다 할 것이다.

6) 급여청구권의 보호와 소멸시효

(1) 양도 등의 제한

급여를 받을 권리는 양도, 압류하거나 담보로 제공할 수 없다. 다만, 연금인 급여를 받을 권리는 대통령령으로 정하는 금융기관에 담보로 제공할 수 있고,

국세징수법, 지방세기본법, 그 밖의 법률에 따른 체납처분의 대상으로 할 수 있다(법18①).

그러나 체납처분에 의한 연금의 압류는 2분의 1 이하로 제한되며(국세징수법33), 수급권자에게 지급된 급여 중 채무자 등의 생활에 필요한 1월간의 생계비로서 대통령령이 정하는 금액(민사집행법195iii) 이하는 압류할 수 없다(공무원연금법18②).

(2) 시효

공무원재해보상법에 따른 급여를 받을 권리는 요양급여 · 재활급여 · 간병급여 · 부조급여는 3년간, 그 밖의 급여, 즉 장해급여와 재해유족급여는 5년간 행사하지 아니하면 시효로 인하여 소멸한다(법54①).

환수금 및 그 밖의 징수금을 환수하거나 징수할 인사혁신처장 및 지방자치단체의 장의 권리는 환수 및 징수 사유가 발생한 날부터 5년간 행사하지 아니하면 시효로 인하여 소멸한다(동조②).

환수금 및 그 밖의 징수금의 납입 고지 및 독촉과 급여의 지급 또는 과납금 등의 반환 청구는 소멸시효 중단의 효력을 가지며(동조③), 중단된 소멸시효는 납입의 고지 또는 독촉에 따른 납입기간이 지난 때부터 새로 진행한다(동조④).

공무원재해보상법에 따른 급여의 결정에 대하여 소를 제기하여 승소한 경우에 그에 관련되는 급여를 받을 권리는 그 판결이 확정된 날부터 요양급여 · 재활급여 · 간병급여 · 부조급여는 3년간, 그 밖의 급여는 5년간 행사하지 아니하면 시효로 인하여 소멸한다(동조⑤).

7) 심사의 청구 및 행정소송의 제기

(1) 심사의 청구

급여에 관한 결정, 그 밖에 공무원재해보상법에 따른 급여에 관하여 이의가 있는 사람은 공무원재해보상연금위원회(법52)에 그 심사를 청구할 수 있다(법51①).

심사청구는 그 결정 등이 있었던 날부터 180일, 그 사실을 안 날부터 90일 이내에 하여야 한다. 다만, 그 기간 내에 정당한 사유가 있어 심사 청구를 할 수 없었던 것을 증명한 경우에는 예외로 한다(동조②).

급여에 관한 결정, 그 밖에 공무원재해보상법에 따른 급여에 관하여는 행정심판법에 따른 행정심판을 청구할 수 없다(동조③).

(2) 행정소송의 제기

공무원재해보상연금위원회의 결정에 불복하는 경우에는 행정소송을 제기할 수 있다.

5. 보훈을 받을 권리

1) 근거

경찰공무원으로서 전투 기타 직무수행 또는 교육훈련 중 사망한 자(공무상 질병으로 사망한 자를 포함) 및 상이(공무상의 질병을 포함)를 입고 퇴직한 사람과 그 유족 또는 가족은 국가유공자등예우및지원에관한법률 또는 보훈보상대상자지원에관한법률에 따라 예우 또는 지원을 받는다(경찰공무원법16).

2) 국가유공자등예우및지원에관한법률

(1) 국가유공자

경찰공무원으로서 국가유공자등예우및지원에관한법률에 의한 보훈 대상이 되는 국가유공자는 전몰군경 · 전상군경 · 순직군경 · 공상군경으로 구분(동법4①)된다.

(2) 보훈급여금의 구분

보훈급여금은 보상금, 수당(생활조정수당 · 간호수당 · 무공영예수당 · 6 · 25전몰군경자녀수당 · 부양가족수당 · 중상이 부가수당 · 4 · 19혁명공로수당 등) 및 사망일시금으로 구분한다.

3) 보훈보상대상자지원에관한법률

(1) 입법목적

보훈보상대상자지원에관한법률은 직무와 직접적인 관련이 없는 직무수행이나 교육훈련 중에 사망하거나 상이를 입은 자를 보훈대상자로 하고 보훈대상자와 그 유족 또는 가족에게 합당한 지원을 하여 이들의 생활안정과 복지향상에 기여하고자 하는 법률이다.

(2) 보훈보상대상자

보훈보상대상자는 재해사망군경 · 재해부상군경으로 구분(동법2①)된다.

(3) 보훈급여금

보훈급여금은 보상금, 수당(생활조정수당 · 간호수당 · 부양가족수당 · 중상이부가수당 등) 및 사망일시금으로 구분한다.

4) 보훈급여금의 성질

국가유공자등예우에관한법률 등에 의한 보훈급여금 등은 사회보장적 성격을 가질 뿐만 아니라 국가를 위한 공헌이나 희생에 대한 응분의 예우를 베푸는 것으로서, 불법행위로 인한 손해를 전보하는 데 목적이 있는 손해배상제도와는 그 취지나 목적을 달리한다.

그러나 실질적으로는 사고를 당한 피해자 또는 유족의 금전적 손실을 메꾼다는 점에서 손해전보 기능을 수행하는 측면도 지니고 있다.

[대법원 1997. 7. 22. 선고 95다6991 판결] '국가유공자등예우및지원에관한법률은 국가를 위하여 공헌하거나 희생한 국가유공자와 그 유족에 대한 응분의 예우를 행함으로써 이들의 생활안정과 복지향상을 도모하고 국민의 애국정신 함양에 이바지함을 목적으로(제1조), 국가가 국가유공자 등에 대하여 그 공헌과 희생의 정도에 따라 생활정도도 고려하여 보상하고(제7조), 국가유공자 등이 품위를 손상하는 행위를 하거나 형 선고의 확정판결을 받은 경우 등에는 그들에 대한 보상을 정지 또는 배제할 수 있도록 규정하고 있는 바(제78조, 제79조), 이와 같은 국가유공자 등에게 연금, 각종 수당 등 보상금을 지급하는 제도는 그들의 생활안정과 복지향상을 도모한다는 사회보

장적 성격을 가질 뿐만 아니라 그들의 국가를 위한 공헌이나 희생에 대한 응분의 예우를 시행하는 것으로서 손해를 배상하는 제도와는 그 취지나 목적을 달리 하여 두 제도는 서로 아무런 관련이 없다.

제 2 절 경찰공무원의 의무

Ⅰ. 개 설

경찰공무원은 국민 전체에 대한 봉사자이자 공무의 수행자로서 일반 국민과는 달리 다양한 의무를 부담한다.

경찰공무원이 부담하는 의무에는 국가공무원법상의 의무 외에, 경찰법상의 의무와 경찰공무원법상의 의무 등을 부담한다. 이는 경찰공무원이 직접 공공의 안녕과 질서유지라는 경찰목적을 공권력을 행사하여 수행하는 데에서 오는 특수성이라 할 수 있다. 특히 경찰공무원은 직접 공권력을 행사하여 위해방지의 임무를 수행하는 까닭에, 일반직 공무원에 비하여 의무도 강화되어 있다.

이와 같이, 다양한 의무를 부담한다고 하더라도 이는 어디까지나 법률에 의하여 부과되는 의무이다. 경찰공무원의 근무관계가 종래의 특별권력관계에 의한 것이 아니라 경찰행정법관계의 일종인 경찰공무원법관계이기 때문이다. 따라서 경찰공무원법관계는 법치주의 원칙이 적용되는 것이다.

Ⅱ. 경찰법 및 경찰공무원법 등에 의한 의무

1. 경찰법상의 의무

1) 기본권 존중과 공정 · 중립 및 권한남용의 금지

국가경찰은 그 직무를 수행할 때 헌법과 법률에 따라 국민의 자유와 권리를 존중하고, 국민 전체에 대한 봉사자로서 공정 · 중립을 지켜야 하며, 부여된 권한을 남용하여서는 아니 된다(법4).

2) 직무수행 및 상호협력의무 등

국가경찰공무원은 상관의 지휘 · 감독을 받아 직무를 수행하고, 그 직무수행에 관하여 서로 협력하여야 한다(법24①).

2. 경찰공무원법상의 의무

1) 거짓 보고 · 통보 또는 직무태만 · 유기의 금지

경찰공무원은 직무에 관하여 거짓으로 보고나 통보를 하여서는 아니된다(법18①). 경찰공무원은 직무를 게을리하거나 유기해서는 아니 된다(동조②).

전시 · 사변, 그 밖에 이에 준하는 비상사태이거나 작전수행 중인 경우에 거짓으로 보고나 통보를 한 경찰공무원은 7년 이하의 징역이나 금고에 처하며, 직무를 게을리하거나 유기한 경찰공무원은 3년 이상의 징역이나 금고에 처한다(법31①).

그 밖에 집단살상의 위급 사태가 발생한 경우에 거짓 보고 또는 직무태만 등의 금지의무를 위반한 사람은 7년 이하의 징역이나 금고에 처한다(법31②).

2) 지휘권 남용 등의 금지의무

전시 · 사변, 그 밖에 이에 준하는 비상사태이거나 작전수행 중인 경우 또는 많은 인명 손상이나 국가재산 손실의 우려가 있는 위급한 사태가 발생한 경우, 경찰공무원을 지휘 · 감독하는 사람은 정당한 사유 없이 그 직무 수행을 거부 또는 유기하거나 경찰공무원을 지정된 근무지에서 진출 · 퇴각 또는 이탈하게 하여서는 아니 된다(법19).

이를 위반한 경찰공무원은 3년 이상의 징역이나 금고에 처한다(법31①).

집단살상의 위급 사태가 발생한 경우에 지휘권 남용 등의 금지의무를 위반한 사람은 7년 이하의 징역이나 금고에 처한다(법31②).

3) 제복 착용 및 무기 휴대의 의무

경찰공무원은 제복을 착용하여야 한다(법20①). 제복착용은 권리로서의 성격도 가진다. 또한 경찰공무원은 직무 수행을 위하여 필요하면 무기를 휴대할 수 있다(동조②). 명령에 따른 무기휴대는 의무의 성질을 가진다.

3. 경찰공무원복무규정상의 의무

1) 지정장소 외에서의 직무수행금지

경찰공무원은 상사의 허가를 받거나 그 명령에 의한 경우를 제외하고는 직무와 관계없는 장소에서 직무수행을 하여서는 아니된다(규정8).

2) 근무시간 중 음주금지의무

경찰공무원은 근무시간 중 음주를 하여서는 아니된다. 다만, 특별한 사정이 있는 경우에는 예외로 하되, 이 경우 주기가 있는 상태에서 직무를 수행하여서는 아니된다(규정9).

3) 민사분쟁에의 부당개입금지의무

경찰공무원은 직위 또는 직권을 이용하여 부당하게 타인의 민사분쟁에 개입하여서는 아니된다(규정10).

4) 상관에 대한 신고의무

경찰공무원은 신규채용 · 승진 · 전보 · 파견 · 출장 · 연가 · 교육훈련기관에의 입교 기타 신분관계 또는 근무관계의 변동이 있는 때에는 소속 상관에게 신고를 하여야 한다(규정11).

5) 상황 보고 및 통보 의무

경찰공무원은 치안상 필요한 상황의 보고 및 통보를 신속 · 정확 · 간결하게 하여야 한다(규정12).

6) 여행신고 등의 의무

경찰공무원은 휴무일 또는 근무시간 외에 2시간 이내에 직무에 복귀하기 어려운 지역으로 여행을 하고자 할 때에는 소속 경찰기관의 장에게 신고를 하여야 한다.

다만, 치안상 특별한 사정이 있어 경찰청장 또는 경찰기관의 장이 지정하는 기간 중에는 소속경찰기관의 장의 허가를 받아야 한다(규정13).

7) 비상소집 및 비상대기에 응할 의무

경찰기관의 장은 비상사태에 대처하기 위하여 필요하다고 인정 때에는 소속경찰공무원을 긴급히 소집하거나 일정한 장소에 대기하게 할 수 있다(규정14①).

따라서 소속 경찰공무원은 경찰기관의 장의 비상소집 및 비상대기에 응하여야 한다.

8) 국가공무원복무규정의 준용

경찰공무원의 복무에 관하여 경찰공무원복무규정에서 규정한 사항 외에는 국가공무원 복무규정을 적용한다(규정20).

Ⅲ. 국가공무원법상의 의무

1. 선서의무

국가공무원은 취임할 때에 소속 기관장 앞에서 대통령령으로 정하는 바에 따라 선서하여야 한다. 다만, 불가피한 사유가 있으면 취임 후에 선서하게 할 수 있다(법55).

2, 법령준수의무

1) 의의

모든 공무원은 법령을 준수하여야 한다(법56전). 법령준수의무는 법치행정의 원리상 가장 공무원이 부담하는 가장 기본적인 의무이다.

2) 법령의 범위

여기에서의 법령은 실정헌법을 비롯한 성문법과 불문법 등 행정법의 법원이 되는 일체의 법을 의미한다.

공무원의 법령위반에 의하여 행해진 행위는 위법 또는 부당한 행위가 되어 각종 행정구제의 대상이 된다. 공무원 본인도 징계책임이나 형사책임 등을 부담하게 된다.

3) 공무원의 법령심사권

실정법, 특히 성문법은 다양한 법형식이 상하 · 신구의 법령과 특별법 · 일반법의 구조로 혼재하고 있다. 이들 상호간에는 소관사항의 원칙, 상위법우선의 원칙, 신법우선의 원칙 및 특별법우선의 원칙이 적용된다. 또 법치행정의 원리에 따라 모든 법령은 합헌적일 것이 요구된다.

이러한 원칙에 위배되는 법령에 대하여도 공무원은 법령준수의무를 부담하는가의 문제가 발생한다.

법령의 공포여부, 정당한 제정권자인지의 여부 등 법령의 형식적 요건의 구비여부에 관하여는 일반적으로 공무원의 법령심사권을 인정한다.

이에 반하여 실질적 요건에 관하여는 공무원의 심사권을 부인하는 것이 종래의 통설이었다. 앞으로 검토하여야 할 과제이다.

3. 성실 의무

모든 공무원은 성실히 직무를 수행하여야 한다(법56후). 성실의무 역시 공무원이 부담하는 가장 기본적인 의무이다.

성실이란 최대한으로 공공의 이익을 도모하고 그 불이익을 방지하기 위하여 인격과 양심을 바쳐서 성실히 직무를 수행하여야 하는 것을 내용으로 한다.

성실의무는 경우에 따라 근무시간 외에 근무지 밖에까지 미칠 수도 있다.

4. 직무명령에의 복종의무

1) 의의

공무원은 직무를 수행할 때 소속 상관의 직무상 명령에 복종하여야 한다(법57).

행정조직은 피라미드식 계층제 조직의 형태를 띠게 되는 것이므로 직무명령에의 복종의무는 필수적인 것이다.

2) 직무명령

직무명령 또는 직무상 명령이란 소속 상관 즉, 상급공무원이 부하공무원에게 직무상 발하는 명령을 총칭한다.

직무명령을 발하는 소속 상관이란 당해 공무원의 직무에 관하여 지휘·감독권을 가진 기관을 말한다. 따라서 계층제 조직 내에서는 소속 상관 즉 상급공무원은 둘 이상인 것이 일반적이다.

둘 이상의 상관이 발한 직무명령의 내용이 상호 모순되는 경우에는 일반적으로 직근상관의 직무명령에 따라야 한다고 본다.

직무명령은 ① 이를 발할 수 있는 권한이 있는 상관이 ② 부하공무원의 직무에 관련이 있는 사항 중 ③ 직무상 독립이 인정되는 사항 이외의 사항에 관하여 ④ 실정 헌법 기타 법령에 반하는 것이 아니어야 한다. 법령에 특별한 규정이 없는 한 직무명령의 형식에는 제한이 없다.

3) 직무명령에의 복종

(1) 의의

부하공무원은 자신의 직무수행에 있어서 직무명령에 복종하여야 한다.

여기에서 복종한다는 것은 직무명령의 내용을 이행하여야 한다는 의미이다. 직무명령의 내용은 자신의 직무수행과 관련된 작위 · 부작위 · 급부 또는 수인의 의무로 이루어진다.

(2) 형식적 요건

직무명령이 소속 상관의 권한의 범위 내이고 부하공무원의 직무에 속하는지, 법정의 형식과 절차를 거쳤는지 등 직무명령의 형식적 요건에 관한 판단은 외관상 명백하다.

그러므로 형식적 요건을 결여하였다면 부하공무원은 직무명령에의 복종을 거절할 수 있다.

(3) 실질적 요건

이에 반해 직무명령의 적법성을 부하공무원이 심사할 수 있는가의 문제는 일률적으로 말하기 어렵다. 예컨대 참고인으로 소환된 자에게 가혹행위를 하라는 직무명령은 명백히 그 내용이 위법 · 불법하여 당연 무효이므로 복종을 거절할 수 있다고 보아야 한다.

그러나 그 내용이 단순위법이거나 부당에 그치는 경우에는 부하공무원은 그 내용을 심사할 수 없으며, 따라서 당해 직무명령에 복종하여야 한다.

4) 복종의무의 위반

적법한 직무명령은 물론, 단순 위법이나 부당한 직무명령에는 복종할 의무가 있다. 이에 위반하는 경우에는 공무원의 의무위반을 이유로 하여 징계책임을 부담하게 되기 때문이다(법78① i).

그리고 집단살상의 위급 사태가 발생한 경우에 직무명령에의 복종의무를 위반한 사람은 7년 이하의 징역이나 금고에 처한다(법31②).

5. 직장이탈금지의무

1) 직장이탈의 금지

공무원은 소속 상관의 허가 또는 정당한 사유가 없으면 직장을 이탈하지 못한다(법58①). 직장이탈금지의무는 경찰행정기관의 장이 시간외근무나 공휴일근무를 명한 경우에도 적용된다.

그러나 근무시간 외 또는 공휴일이나 휴가 · 휴직 · 직위해제 중에는 이러한 의무가 적용되지 않는다. 다만, 직위해제처분과 함께 대기명령을 받은 경우에는 대기부서에 출근할 의무가 있으므로 직장이탈금지의무가 적용된다고 본다.

2) 직장이탈금지의무의 위반

집단살상의 위급 사태가 발생한 경우에 직장이탈금지의무를 위반한 사람은 7년 이하의 징역이나 금고에 처한다(법31②).

6. 친절 · 공정의 의무

공무원은 국민 전체의 봉사자로서 친절하고 공정하게 직무를 수행하여야 한다(법59).

공무원의 친절 · 공정의 의무는 특정 민원인뿐만 아니라 국민 전체에 대한 봉사자의 지위에서 나오는 것이다. 국가공무원복무규정 제4조에서는 보다 구체적으로 공무원은 공 · 사를 분별하고 인권을 존중하며 친절 · 공정하고 신속 · 정확하게 업무를 처리하여야 한다고 규정하고 있다.

직접 국민에 대하여 공권력을 행사하는 경찰공무원의 경우에는 친절 · 공정의 의무가 더욱 강조된다. 경찰공무원복구규정 제4조는 경찰공무원은 고운 말을 사용하도록 노력하여야 하며, 국민에게 겸손하고 친절하여야 한다고 규정하고 있다. 친절 · 공정의 의무 역시 단순한 윤리적 의무가 아니라 법적 의무이다. 이를 위반하면 징계의 원인이 된다.

7. 종교중립의 의무

공무원은 종교에 따른 차별 없이 직무를 수행하여야 한다. 공무원은 소속 상관이 종교중립의무에 위배되는 직무상 명령을 한 경우에는 이에 따르지 아니할 수 있다(법59의2).

8. 비밀엄수의 의무

1) 의의

공무원은 재직 중은 물론 퇴직 후에도 직무상 알게 된 비밀을 엄수하여야 한다(법60).

공무원에게 직무상 비밀 엄수의 의무를 부과하는 것은 행정상의 비밀을 보호함으로써 행정목적의 달성과 국민 전체의 이익을 보호하고자 하는 것이다.

2) 직무상 비밀

(1) 의의

직무상 알게 된 비밀이란 공무원 자신이 취급한 직무에 관한 비밀뿐만 아니라 직무와 관련하여 알게 된 비밀로서 폐쇄적으로 일정한 범위의 사람에게만 알려진 것을 의미한다.

법률이 직무상 비밀로 정하고 있는 사항은 당연히 직무상 비밀이다. 예컨대 군사기밀보호법 제2조에서 규정하고 있는 군사기밀[5]은 당연히 직무상 비밀에

5) 군사기밀이란 일반인에게 알려지지 아니한 것으로서 그 내용이 누설되면 국가안전보장에

해당된다.

(2) 판단 기준

그렇지만 법률이 비밀로 정하지 아니한 사항이 직무상 비밀인가를 판단하는 기준에 관하여 형식설과 실질설이 대립된다.

형식설은 행정기관이 비밀로 취급하는 사항은 그 실질을 불문하고 모두 비밀이라는 입장이다.

이에 대하여 실질설은 객관적·실질적으로 보호할 가치 있는 것인가의 여부를 기준으로 하여 비밀 여부를 판단하여야 한다고 본다. 다수설과 판례는 실질설을 취하고 있다.

(3) 국가공무원복무규정상의 직무상 비밀

이와 관련하여 국가공무원복무규정 제4조의2에서는 직무상 비밀을 ① 법령에 따라 비밀로 지정된 사항, ② 정책 수립이나 사업 집행에 관련된 사항으로서 외부에 공개될 경우 정책 수립이나 사업 집행에 지장을 주거나 특정인에게 부당한 이익을 줄 수 있는 사항, ③ 개인의 신상이나 재산에 관한 사항으로서 외부에 공개될 경우 특정인의 권리나 이익을 침해할 수 있는 사항, ④ 그 밖에 국민의 권익 보호 또는 행정목적 달성을 위하여 비밀로 보호할 필요가 있는 사항으로 규정하고 있다.

3) 비밀의 엄수

비밀의 엄수란 비밀을 누설하거나 부당한 목적을 위해 사용하지 않아야 함을 의미한다.

이에는 형사소송법 및 국회에서의증언·감정등에관한 법률의 규정 등에 의한 예외가 인정된다.

(1) 형사소송법상의 증인 또는 감정인 심문

명백한 위험을 초래할 우려가 있는 군 관련 문서, 도화, 전자기록 등 특수매체기록 또는 물건으로서 군사기밀이라는 뜻이 표시 또는 고지되거나 보호에 필요한 조치가 이루어진 것과 그 내용을 말한다(군사기밀보호법2).

공무원 또는 공무원이었던 자가 그 직무에 관하여 알게 된 사실에 관하여 증인이나 감정인으로서 심문을 받을 경우에는 본인 또는 당해 공무소가 직무상 비밀에 속한 사항임을 신고한 때에는 그 소속공무소 또는 감독관공서의 승낙을 받은 경우에 진술할 수 있다. 이 경우 그 소속 공무소 또는 당해 감독관공서는 국가에 중대한 이익을 해하는 경우를 제외하고는 승낙을 거부하지 못한다(형사소송법147 · 177).

(2) 공무상 비밀에 관한 증언 · 서류 등의 제출

국회로부터 공무원 또는 공무원이었던 자가 증언의 요구를 받거나, 국가기관이 서류제출을 요구받은 경우에 증언할 사실이나 제출할 서류의 내용이 직무상 비밀에 속한다는 이유로 증언이나 서류제출을 거부할 수 없다. 다만, 군사 · 외교 · 대북관계의 국가기밀에 관한 사항으로서 그 발표로 말미암아 국가안위에 중대한 영향을 미친다는 주무부장관(대통령 및 국무총리의 소속기관에서는 당해 관서의 장)의 소명이 증언 등의 요구를 받은 날로부터 5일 이내에 있는 경우에는 그러하지 아니하다(국회에서의증언 · 감정등에관한법률4①).

국회가 주무부장관의 소명을 수락하지 아니할 경우에는 본회의의 의결로, 폐회 중에는 해당위원회의 의결로 국회가 요구한 증언 또는 서류의 제출이 국가의 중대한 이익을 해친다는 취지의 국무총리의 성명을 요구할 수 있다(동조②).

국무총리가 성명의 요구를 받은 날로부터 7일 이내에 그 성명을 발표하지 아니하는 경우에는 증언이나 서류제출을 거부할 수 없다(동조③).

4) 비밀엄수의무의 기간

공무원의 직무상 지득한 비밀은 공무원으로의 재직 중에는 물론, 퇴직 후에도 이를 엄수하여야 한다.

5) 비밀엄수의무의 위반

비밀엄수의무를 위반하면 징계책임 및 피의사실공표죄(형법126) · 공무상 비밀의 누설죄(동법127) 등 형사책임을 지게 된다.

다만, 비밀엄수의무를 위반하더라도 퇴직 후에는 징계책임의 문제는 생기지 않는다.

9. 청렴의 의무

공무원은 직무와 관련하여 직접적이든 간접적이든 사례 · 증여 또는 향응을 주거나 받을 수 없다. 공무원은 직무상의 관계가 있든 없든 그 소속 상관에게 증여하거나 소속 공무원으로부터 증여를 받아서는 아니 된다(법61).

청렴의무 위반은 징계사유가 되며, 형법상 뇌물에 관한 죄를 구성하는 경우도 있다.

10. 외국 정부의 영예 등에 대한 허가를 받을 의무

공무원이 외국 정부로부터 영예나 증여를 받을 경우에는 대통령의 허가를 받아야 한다(법62).

11. 품위유지의 의무

공무원은 직무의 내외를 불문하고 그 품위가 손상되는 행위를 하여서는 아니 된다(법63).

품위손상행위란 축첩 · 도박 · 알코올중독 등 공직의 권위나 위신 · 체면 · 신용 등에 직접 영향을 미치는 불건전한 행위 또는 직무와 관련하여 금품을 수수하거나 교통사고로 상해를 입히고도 구호조치 없이 도주하는 등의 불량한 행위를 말한다.

품위유지의 의무는 직무수행과 관계없이도 존재한다. 품위유지의무를 위반하면 징계책임을 진다.

12. 영리 업무 및 겸직 금지의무

공무원은 공무 외에 영리를 목적으로 하는 업무에 종사하지 못하며 소속 기관장의 허가 없이 다른 직무를 겸할 수 없다. 영리를 목적으로 하는 업무의 한계는 대통령령으로 정한다(법64).

1) 영리업무의 한계

공무원은 ① 공무원이 상업, 공업, 금융업 또는 그 밖의 영리적인 업무를 스스로 경영하여 영리를 추구함이 뚜렷한 업무, ② 공무원이 상업, 공업, 금융업 또는 그 밖에 영리를 목적으로 하는 사기업체의 이사 · 감사 업무를 집행하는 무한책임사원 · 지배인 · 발기인 또는 그 밖의 임원이 되는 것, ③ 공무원 본인의 직무와 관련 있는 타인의 기업에 대한 투자, ④ 그 밖에 계속적으로 재산상 이득을 목적으로 하는 업무에 종사함으로써 공무원의 직무 능률을 떨어뜨리거나, 공무에 대하여 부당한 영향을 끼치거나, 국가의 이익과 상반되는 이익을 취득하거나, 정부에 불명예스러운 영향을 끼칠 우려가 있는 경우에는 그 업무에 종사할 수 없다(규정25).

2) 겸직의 사전허가

공무원이 영리업무에 해당하지 아니하는 다른 직무를 겸하려는 경우에는 임용제청권자 또는 임용권자의 사전 허가를 받아야 한다. 겸직허가는 담당 직무수행에 지장이 없는 경우에만 한다(규정26).

13. 정치운동금지의무

1) 의의

공무원은 국민전체에 대한 봉사자로서 공무원은 정치적 중립성을 지켜야 한다(헌법7②). 이를 근거로 하여 국가공무원법은 공무원의 정치운동을 금지하고 있다.

2) 내용

(1) 정당 등 정치단체 결성 등의 금지

공무원은 정당이나 그 밖의 정치단체의 결성에 관여하거나 이에 가입할 수 없다(법65①).

(2) 선거운동의 금지

공무원은 선거에서 특정 정당 또는 특정인을 지지 또는 반대하기 위하여 ① 투표를 하거나 하지 아니하도록 권유 운동을 하는 것, ② 서명 운동을 기도·주재하거나 권유하는 것, ③ 문서나 도서를 공공시설 등에 게시하거나 게시하게 하는 것, ④ 기부금을 모집 또는 모집하게 하거나, 공공자금을 이용 또는 이용하게 하는 것, ⑤ 타인에게 정당이나 그 밖의 정치단체에 가입하게 하거나 가입하지 아니하도록 권유 운동을 하는 행위를 하여서는 아니 된다(법65②).

(3) 다른 공무원에 대한 정치운동금지

공무원은 다른 공무원에게 정당 등 정치단체 결성 등의 금지와 선거운동의 금지에 위배되는 행위를 하도록 요구하거나, 정치적 행위에 대한 보상 또는 보복으로서 이익 또는 불이익을 약속하여서는 아니 된다(동조③).

여기에서 정치적 행위란 ① 정당의 조직, 조직의 확장, 그 밖에 그 목적 달성을 위한 것, ② 특정 정당 또는 정치단체를 지지하거나 반대하는 것, ③ 법률에 따른 공직선거에서 특정 후보자를 당선하게 하거나 낙선하게 하기 위한 것으로서 정치적 목적을 가진 것을 말한다(규정27①).

3) 벌칙

정치운동금지의무를 위반한 경찰공무원에 대하여는 정치운동죄(3년 이하의 징역과 3년 이하의 자격정지)에 처한다(법84①).

정치운동죄에 대한 공소시효의 기간은 10년으로 한다(동조②).

14. 집단 행위의 금지의무

공무원은 노동운동이나 그 밖에 공무 외의 일을 위한 집단 행위를 하여서는 아니 된다. 다만, 사실상 노무에 종사하는 공무원은 예외로 한다(법66①).

여기에서 사실상 노무에 종사하는 공무원은 과학기술정보통신부 소속 현업기관의 작업 현장에서 노무에 종사하는 우정직공무원 일부로 한정(규정28)된다.

그러므로 경찰공무원은 누구든지 노동운동 등 집단행위를 하여서는 아니된다.

경찰공무원으로서 이를 위반한 사람은 2년 이하의 징역 또는 2천만 원 이하의 벌금에 처한다(경찰공무원법31④).

15. 시험 등 방해행위 금지의무

누구든지 시험 또는 임용에 관하여 고의로 방해하거나 부당한 영향을 주는 행위를 하여서는 아니 된다(법44).

경찰공무원으로서 이를 위반한 사람은 1년 이하의 징역 또는 1천만 원 이하의 벌금에 처한다(경찰공무원법31④).

16. 인사에 관한 부정행위 금지의무

누구든지 채용시험 · 승진 · 임용, 그 밖에 인사기록에 관하여 거짓이나 부정하게 진술 · 기재 · 증명 · 채점 또는 보고하여서는 아니 된다(법45).

경찰공무원으로서 이를 위반한 사람은 1년 이하의 징역 또는 1천만 원 이하의 벌금에 처한다(경찰공무원법31④).

Ⅳ. 공직자윤리법상의 의무

1. 재산등록의무

1) 등록의무자

총경(자치총경 포함) 이상의 경찰공무원은 공직자윤리법이 정하는 바에 따라 재산을 등록하여야 한다(법3①ix).

고급공무원에게만 적용되는 이러한 재산등록의무는 청렴의무를 제도적으로 구체화한 것이다.

2) 재산등록의무

등록의무자인 경찰공무원은 등록의무자가 된 날부터 2개월 이내에 등록의무자가 된 날 현재의 재산을 재산등록기관인 경찰청 또는 해양경찰청에 등록하여야 한다. 다만, 등록의무자가 된 날부터 2개월 이내에 등록의무를 면제받은 경우에는 그러하지 아니하며, 전보·강등 또는 퇴직 등으로 인하여 등록의무를 면제받은 사람이 3년(퇴직한 경우에는 1년) 이내에 다시 등록의무자가 된 경우에는 전보·강등 또는 퇴직 등을 한 날 이후 또는 재산변동사항 신고(법11) 이후의 변동사항을 신고함으로써 등록을 갈음할 수 있다(법5①).

공직자윤리위원회는 재산등록을 하지 아니한 경우에는 이를 사유로 해임 또는 징계의결을 요구할 수 있다(법22).

등록의무자가 정당한 사유 없이 재산등록을 거부하면 1년 이하의 징역 또는 1천만 원 이하의 벌금에 처한다(법24).

3) 성실등록의무

등록의무자는 등록대상재산과 그 가액, 취득일자, 취득경위, 소득원 등을 재산등록 서류에 거짓으로 기재하여서는 아니 된다(법12①).

공직자윤리위원회는 이에 위반하여 허위등록 등 불성실하게 재산등록을 한 경우에는 이를 사유로 해임 또는 징계의결을 요구할 수 있다(법22).

4) 등록사항 심사에 응할 의무

등록의무자는 공직자윤리위원회 등의 등록사항에 대한 심사에 성실하게 응하여야 하며, 등록의무자의 배우자(사실상의 혼인관계에 있는 사람 포함) 및 등록의무자의 직계존속·직계비속(혼인한 직계비속인 여성과 외증조부모, 외조부모, 외손자녀 및 외증손자녀는 제외)은 등록의무자의 재산등록이나 공직자윤리위원회 등의 등록사항의 심사에 성실하게 응하여야 한다(동조②③).

공직자윤리위원회는 이에 위반하여 공직자윤리위원회 등의 등록사항심사에 응하지 아니한 경우에는 이를 사유로 해임 또는 징계의결을 요구할 수 있다(법22).

그러나 등록의무자의 직계존속·직계비속 중 피부양자가 아닌 사람은 관할 공직자윤리위원회의 허가를 받아 자신의 재산신고사항의 고지를 거부할 수 있으며 3년마다 재심사를 받아야 한다. 이 경우 등록의무자는 고지거부 사유를 밝혀 허가를 신청하여야 한다(동조④).

2. 직무상 비밀을 이용한 재물취득의 금지 의무

등록의무자는 직무상 알게 된 비밀을 이용하여 재물이나 재산상 이익을 취득하여서는 아니 된다(법14의2).

3. 선물 신고 및 인도의무

공무원 또는 공직유관단체의 임직원은 외국으로부터 선물을 받거나 그 직무와 관련하여 외국인(외국단체 포함)에게 선물을 받으면 지체 없이 소속기관·단체의 장에게 신고하고 그 선물을 인도하여야 한다. 이들의 가족이 외국으로부터 선물을 받거나 그 공무원이나 공직유관단체 임직원의 직무와 관련하여 외국인에게 선물을 받은 경우에도 또한 같다. 신고할 선물의 가액은 대통령령으로 정한다(법15). 신고된 선물은 신고 즉시 국고에 귀속된다(법16).

4. 퇴직공직자의 취업제한 등의 의무

1) 퇴직공직자의 취업제한

총경 이상의 경찰공무원은 관할 공직자윤리위원회의 승인을 받은 때를 제외하고는 퇴직일로부터 3년간 퇴직 전 5년 이내에 소속하였던 부서 또는 기관의 업무와 밀접한 관련성이 있는 기관, 즉 취업제한기관에 취업할 수 없다(법17①).

이에 위반한 자는 2년 이하의 징역 또는 2천만 원 이하의 벌금에 처한다(법29).

2) 퇴직공직자의 업무취급 제한

(1) 재직 중 처리한 업무취급 제한

모든 공무원 또는 공직유관단체 임직원은 다른 법률에 특별한 규정이 있는 경우를 제외하고는 재직 중에 직접 처리한 소정의 업무(법17②)를 퇴직 후에 취급할 수 없다(법18의2①).

이에 위반한 자는 2년 이하의 징역 또는 2천만원 이하의 벌금에 처한다(법29).

(2) 취업제한기관 업무취급 제한

기관업무기준 취업심사대상자는 다른 법률에 특별한 규정이 있는 경우를 제외하고는 퇴직 전 2년부터 퇴직할 때까지 근무한 기관이 취업한 취업제한기관에 대하여 처리하는 취급제한업무(법17②)를 퇴직한 날부터 2년 동안 취급할 수 없다(동조②).

이에 위반한 사람에게는 5천만 원 이하의 과태료를 부과한다(법30①).

관할 공직자윤리위원회는 과태료 부과 대상자의 위반사실을 비송사건절차법에 따른 과태료재판 관할 법원에 통보하여야 한다(동조④.

(3) 예외

모든 경찰공무원 또는 공직유관단체 임직원은 예외적으로 국가안보상의 이유나 공공의 이익을 위한 목적 등 해당 업무를 취급하는 것이 필요하고 그 취급이 해당 업무의 공정한 처리에 영향을 미치지 아니한다고 인정되는 경우로서 관할 공직자윤리위원회의 승인을 받은 경우에는 해당 업무를 취급할 수 있다(동조③).

3) 퇴직공직자 등에 대한 행위제한

(1) 부정한 청탁 등의 금지

퇴직한 모든 공무원과 공직유관단체의 임직원은 본인 또는 제3자의 이익을 위하여 퇴직 전 소속 기관의 임직원에게 법령을 위반하게 하거나 지위 또는 권한을 남용하게 하는 등 공정한 직무수행을 저해하는 부정한 청탁 또는 알선을 하여서는 아니된다(법18의4①).

이에 위반하여 퇴직 전 소속 기관의 임직원을 상대로 부정한 청탁 또는 알선 행위를 한 사람은 2년 이하의 징역 또는 2천만 원 이하의 벌금에 처한다(법29).

(2) 신고 및 수사기관에의 통보

퇴직한 공무원과 공직유관단체 임직원이 부정한 청탁 또는 알선을 받은 때에는 이를 소속 기관의 장에게 신고하여야 한다(동조②).

소속 기관의 장은 신고된 사항에 대하여 수사의 필요성이 있다고 인정하는 경우 수사기관에 통보하여야 한다. 이 경우 소속 기관의 장은 신고된 사항과 수사기관에 통보한 사실을 관할 공직자윤리위원회에 통보하여야 한다(동조③).

(3) 신고자의 보호 등

신고자의 신분은 신고자의 동의 없이 공개할 수 없으며(동조④), 신고한 공무원과 공직유관단체 임직원은 신고로 인하여 소속 기관으로부터 징계조치 등 어떠한 신분상 불이익이나 근무조건의 차별을 받지 아니한다. 다만, 거짓으로 신고한 경우는 그러하지 아니하다(동조⑤).

제 3 절 경찰공무원의 책임

Ⅰ. 개 관

경찰공무원이 법률상 의무에 위반한 때에는 공무의 적정을 확보하기 위해 당해 공무원에게 소정의 책임을 묻게 된다. 경찰공무원의 책임이란 경찰공무원의 법률상의 의무위반을 이유로 하여 가해지는 법적인 제재로서의 불이익을 받을 지위를 말한다.

경찰공무원의 책임에는, 행정상의 책임, 형사상의 책임 및 민사상의 책임으로 구분된다.

행정상의 책임이란 공무원법상의 의무를 위반하는 경우에 부담하게 되는 공무원법상의 징계책임과 변상책임을 말한다.

형사상의 책임이란 경찰공무원의 행위가 범죄를 구성하는 경우에 부담하여야 하는 책임이다.

그리고 국가배상법상의 배상책임이 있다. 마지막으로 경찰공무원의 행위가 민사상 불법행위를 구성하는 경우에는 민사상의 손해배상책임을 진다.

Ⅱ. 징계책임

1. 개관

1) 의의

징계란 공무원이 공무원법상의 의무를 위반한 경우, 공무원관계의 질서유지를 위하여 관련 공무원법에 따라 제재를 가하는 것을 말한다.

그 제재로서 가하여지는 벌이 징계벌이다. 또 징계벌이라는 불이익을 받을 지위를 징계책임이라 한다.

2) 법적 근거

징계는 공무담임권에 대한 제한을 초래한다. 따라서 공무원의 신분보장 및 정치적 중립성 보장(헌법7②) 및 기본권 제한의 일반적 법률유보(헌법37②)에 따라 법률의 근거를 필요로 한다. 즉, 징계벌에도 법치주의가 적용되는 것이다.

징계벌에 관한 실정법적 근거로는 국가공무원법, 경찰공무원법 및 경찰공무원 징계령 등이 있다.

3) 법적 성질

징계위원회는 징계 등 사건을 의결할 때에는 징계 등 심의대상자의 평소 행실, 근무 성적, 공적, 뉘우치는 정도와 징계 등 의결을 요구한 자의 의견을 고려하여야 한다(동령16).

따라서 징계의결권의 행사는 재량행위로서의 성격을 가진다. 그러나 재량행위라 하더라도 법령의 규정뿐만 아니라 관습법 또는 일반적 조리에 의한 일정한 한계가 있다. 그러한 한계를 벗어난 재량행위는 위법한 것이 된다.

[대법원 1985. 1. 29. 선고 84누516 판결] 징계권의 행사가 임용권자의 재량에 맡겨진 것이라고 하여도 공익적 목적을 위하여 징계권을 행사하여야 할 공익의 원칙에 반하거나, 일반적으로 징계사유로 삼은 비행의 정도에 비하여 균형을 잃은 과중한 징계처분을 선택함으로써 이른바 비례의 원칙에 위반하거나 또는 합리적인 사유 없이 같은 정도의 비행에 대하여 일반적으로 적용하여 온 기준과 어긋나게 공평을 잃은 징계처분을 선택함으로써 이른바 평등의 원칙에 위반한 경우에 이러한 징계처분은 재량권의 한계를 벗어난 처분으로서 위법하다고 보게 된다. 수사업무에 종사하는 공무원으로서 형사피의자에게 직접 고문을 하거나 또는 이에 가세하는 등 가혹행위를 하여 허위자백을 받아 내는 것과 같이 적법절차를 무시한 강제수사는 헌법이 보장한 형사피의자의 기본적 인권을 침해하고 나아가 형사사건의 실체진실발견을 어렵게 하여 사법권의 공정한 행사를 저해한 중대한 비행이라고 보지 않을 수 없으니, 이러한 비행의 정도에 비추어 볼 때에 원고들을 파면에 처한 이 사건 징계처분은 결코 공익의 원칙이나 비례의 원칙 또는 평등의 원칙에 위반된다고 볼 수 없고 원고들의 재직년수와 그 동안에 받은 상훈관계 등을 참작하더라도 달리 보기 어렵다고 할 것이다.

4) 징계벌과 형벌과의 구별

징계벌도 제재로서 고통 내지 불이익을 부과한다는 점에서는 형벌과 다름이 없다. 그러나 다음의 점에서 차이가 있다.

첫째, 그 목적에 있어서 형벌은 국가와 일반사회 공공의 질서유지를 목적을 위하여 행하는 반사회적 법익침해에 대한 제재이다. 이에 비하여 징계벌은 공무원법관계의 질서유지를 목적으로 한다.

둘째, 그 대상에 있어서 형벌은 일반국민을 대상으로 하나, 징계벌은 공무원을 그 대상으로 한다.

셋째, 그 내용에 있어서 형벌은 생명 · 자유 · 재산 · 명예의 박탈을 내용으로 하나, 징계벌은 공무원의 신분적 이익의 전부 또는 일부의 박탈을 내용으로 한다.

넷째, 그 과벌 시기에 있어서 형벌은 공소시효가 남아 있는 한 공무원의 신분 유무와 관계없이 과할 수 있으나, 징계벌은 당해 공무원의 퇴직 후에 징계를 할 수는 없다.

다섯째, 그 범의에 있어서 형벌은 고의가 있는 경우에만 과할 수 있으나, 징계벌은 고의·과실과는 무관하게 의무위반이라는 객관적 사실에 대하여 과하여 진다.

여섯째, 책임주체에 있어서 형벌은 행위자 자신에게만 과하는 것이 원칙이나, 징계벌은, 감독책임 등에서 보는 바와 같이, 자신의 행위만을 원인으로 하는 것은 아니다.

5) 징계벌과 형벌의 병과

(1) 일사부재리의 원칙과의 관계

징계벌과 형벌은 그 목적과 내용 등이 각각 상이하다. 따라서 공무원의 의무위반행위가 동시에 반사회적 법익침해행위로 인정되어 형사법규에 의하여 형벌이 규정된 경우에는 동일한 행위에 대하여 징계벌과 형벌을 병과할 수 있다. 이는 일사부재리의 원칙에 저촉되지 않는다.

그러나 경찰공무원의 경우 형사재판의 결과 자격정지 이상의 형이 선고되면 당연퇴직이 되므로(경찰공무원법7②), 경찰공무원법관계가 소멸되어 이를 전제로 한 징계는 과할 수 없다.

(2) 임의적 징계절차의 중지 및 감사선행의 원칙

절차상으로도 우리나라에서는 형사소추선행의 원칙을 채택하고 있지 않다. 그러므로 형사절차와 동시에 징계절차를 진행하여도 무방하다.

그런데 수사기관에서 수사 중인 사건에 대하여는 수사개시 통보를 받은 날로부터 징계의결의 요구나 그 밖의 징계절차를 진행하지 않을 수 있다(국가공무원법83②). 즉 임의적으로 징계절차를 중지할 수 있다.

이에 반하여, 감사원에서 조사 중인 사건에 대하여는 조사개시 통보를 받은 경우에는 징계절차를 진행하지 못한다. 즉 감사선행의 원칙에 따라야 한다(동조①).

2. 징계원인

1) 징계사유

징계는 경찰공무원이 각종의 법령에 의하여 부과된 의무의 위반을 그 사유로 한다.

구체적으로는 경찰공무원이 ① 경찰공무원법과 국가공무원법 및 그 부속법령에 위반하였을 때, ② 직무상의 의무(다른 법령에서 공무원의 신분으로 인하여 부과된 의무를 포함)에 위반하거나 직무를 태만한 때, ③ 직무의 내외를 불문하고 그 체면 또는 위신을 손상하는 행위를 한 때에는 징계의결을 요구하여야 하고 그 징계의결의 결과에 따라 징계처분을 하여야 한다(국가공무원법78① · 경찰공무원법 30②iii).

그 밖에 공직자윤리법 등 개별법령에서 규정하는 의무(재산등록의무 또는 등록사항심사에 응할 의무)를 위반한 경우 당해 법률에서 해임 또는 징계의결의 요구 등에 관하여 규정하는 경우도 있다(공직자윤리법22 참조).

2) 징계사유의 발생시점

(1) 원칙

징계사유에 해당하는 사실은 원칙적으로 공무원의 재직 중에 발생한 것이어야 한다. 다만, 재직 전의 행위도 그로 인하여 재직 중인 공무원의 체면 또는 위신을 손상하는 결과를 발생시키고 있는 경우에도 징계사유가 된다.

(2) 예외

징계에 관하여 다른 법률의 적용을 받는 공무원이 국가공무원법 및 경찰공무원의 징계에 관한 규정을 적용받는 공무원으로 임용된 경우에 임용 이전의 다른 법률에 따른 징계 사유는 그 사유가 발생한 날부터 국가공무원법 및 경찰공무원법에 따른 징계 사유가 발생한 것으로 본다(국가공무원법78②).

3) 징계와 일사부재리의 원칙

징계에도 일사부재리의 원칙이 적용된다. 따라서 동일한 사유를 원인으로 다시 징계할 수 없다.

그러나 징계처분과 직위해제처분은 성질과 목적을 달리하므로, 동일한 사유를 원인으로 직위해제처분을 함과 동시에 징계처분을 하는 것은 일사부재리의 원칙에 저촉되지 않는다.

3. 징계기관

징계는 징계위원회의 의결을 거쳐 징계권자가 행한다. 징계권자란 자기의 이름으로 징계처분을 하는 행정청을 말한다. 징계권도 임용권의 일부이므로, 임용권자가 징계권자가 되는 것이 원칙이다.

경찰공무원의 징계는 징계위원회의 의결을 거쳐 징계위원회가 설치된 소속기관의 장이 하되, 국가공무원법에 따라 국무총리 소속으로 설치된 징계위원회에서 의결한 징계는 경찰청장 또는 해양경찰청장이 한다. 다만, 파면 · 해임 · 강등 및 정직은 징계위원회의 의결을 거쳐 해당 경찰공무원의 임용권자가 하되, 경무관 이상의 강등 및 정직과 경정 이상의 파면 및 해임은 경찰청장 또는 해양경찰청장의 제청으로 행정안전부장관 또는 해양수산부장관과 국무총리를 거쳐 대통령이 하고, 총경 및 경정의 강등 및 정직은 경찰청장 또는 해양경찰청장이 한다(경찰공무원법27).

4. 징계의 종류 및 효력

1) 징계의 종류

국가공무원법상 징계는 파면 · 해임 · 강등 · 정직 · 감봉 · 견책의 6종으로 구분한다(법79).

경찰공무원징계령은 징계벌을 그 경중에 따라 중징계와 경징계로 나누고 있다. 파면 · 해임 · 강등 · 정직은 중징계에, 감봉과 견책은 경징계에 속한다(동령2).

징계 중 공무원의 신분을 박탈하는 파면 및 해임을 배제징계라고 하고, 신분은 계속 보유하게 하면서 잘못을 교정하는 것을 내용으로 하는 강등 · 정직 · 감봉 · 견책을 교정징계라고 한다.

2) 징계의 효력

(1) 탄핵 또는 파면

탄핵 또는 파면은 공무원의 신분을 박탈하는 징계벌이다. 파면을 받은 자는 경찰공무원이 될 수 없다(경찰공무원법7②vii).

탄핵이나 징계에 의하여 파면된 경우에는 공무원연금법상의 퇴직급여의 일부(재직기간이 5년 미만인 자는 4분의 1, 5년 이상인 자는 2분의 1)와 퇴직수당의 2분의 1이 감액된다(공무원연금법65 · 영61① i).

(2) 해임

해임 역시 공무원의 신분을 박탈하는 징계벌이다. 해임된 자도 경찰공무원이 될 수 없다(경찰공무원법7②vii).

금품 및 향응수수, 공금의 횡령 · 유용으로 징계에 의하여 해임된 경우에는 공무원연금법상의 퇴직급여의 일부(재직기간이 5년 미만인 자는 8분의 1, 5년 이상인 자는 4분의 1)와 퇴직수당의 4분의 1이 감액된다(공무원연금법65 · 영61① ii).

> [대법원 2013. 10. 31. 선고 2011두28981 판결] 퇴직급여 및 퇴직수당(이하 '퇴직급여 등')의 일부수수로 징계 해임된 때'에는 공무원이 자신의 직무와 직접 관련하여 금품 및 향응을 수수한 경우뿐만 아니라, 공무원이 그 지위를 이용하여 이를 수수한 경우로서 공무원의 청렴의무를 저버린 행위로 평가될 수 있는 경우도 포함된다고 할 것이다.

(3) 강등

강등은 1계급 아래로 직급을 내리고 공무원신분은 보유하나 3개월간 직무에 종사하지 못하며 그 기간 중 보수는 전액을 감한다(국가공무원법80①).

징계로 인하여 강등(경감으로 강등된 경우를 포함)된 경찰공무원의 계급정년은 강등되기 전 계급 중 가장 높은 계급의 계급정년으로 하고, 계급정년을 산정할 때에는 강등되기 전 계급의 근무연수와 강등 이후의 근무연수를 합산한다(경찰공무원법24②).

경찰공무원이 강등처분을 받은 경우 그 집행이 종료된 날부터 18개월[6]이 경과하기 전에는 승진을 할 수 없다(경찰공무원승진임용규정6① ii).

(4) 정직

정직은 1개월 이상 3개월 이하의 기간으로 하고, 정직 처분을 받은 자는 공무원의 신분은 보유하나 직무에 종사하지 못하며 보수는 전액을 감한다(국가공무원법80③).

또한 정직처분을 받은 경우에도 그 집행이 종료된 날부터 원칙적으로 18개월이 경과하기 전에는 승진을 할 수 없다(규정6① ii).

(5) 감봉

감봉은 공무원의 신분을 보유하는 것은 물론, 직무에도 종사하게 하면서, 일정한 기간 보수의 3분의 1을 감하는 징계벌이다. 그 기간은 1개월 이상 3개월 이하이다(법80④).

감봉처분을 받으면 그 집행이 종료된 날부터 12개월이 경과하기 전에는 승진을 할 수 없다(규정6① ii).

(6) 견책

견책은 징계벌 중 가장 가벼운 것으로, 전과에 대하여 훈계하고 회개하게 하는 징계벌이다(법80⑤).

이처럼 견책처분을 받은 경우에는 공무원의 신분과 직위를 계속 보유하며, 보수도 감액되지 않는다.

---

6) 징계부가금이 부과된 징계처분과 성폭력, 성희롱 및 성매매에 따른 징계처분을 받은 경우에는 6개월을 더한 기간이 더 경과하여야 승진임용될 수 있다. 정직, 감봉 및 견책의 경우에도 각각 6개월을 더한 기간이 지나지 않으면 승진임용될 수 없다(규정6). 그렇지만 징계처분을 받은 후 직무수행의 공적으로 포상 등을 받은 공무원에 대하여는 대통령령등으로 정하는 바에 따라 승진임용이나 승급을 제한하는 기간을 단축하거나 면제할 수 있다.(법80⑥).

그러나 견책처분을 받으면 그 집행이 종료된 날부터 6개월이 경과하기 전에는 승진을 할 수 없다(규정6①ii)

[대법원 1996. 11. 26. 선고 95누15872 판결] 안전점검 과정에서 선원의 2중 승무 사실을 적발해 내지 못한 해양경찰서 방범계장의 직무위반행위에 대한 견책처분은 선원의 2중 승무가 유・도선의 안전운항과 유・도선사업의 건전한 발전에 장애가 되고, 그로 인하여 엄청난 인명과 재산피해를 가져오는 대형 해난사고로 이어질 수 있다는 점에서 그 직무위반행위는 결코 그 위반정도가 가볍다고 할 수 없으므로, 원고가 그 동안 성실히 근무하면서 표창을 받았다거나 기타 기록에 나타난 제반 사정을 참작한다고 하더라도 이 사건 징계처분이 징계재량권을 남용한 위법한 처분이라고 볼 수 없다.

5. 징계의 절차

1) 징계 등 의결의 요구

(1) 징계 등

'징계 등'이란 징계 및 징계부가금의 부과를 말한다.

징계부가금은 그 징계사유가 금품비위에 해당하는 경우, 즉 물품 · 부동산 그 밖의 재산상 이익을 수수한 경우와 예산 · 기금 · 국고금 · 보조금 · 국유재산 · 공유재산 및 물품을 횡령 · 배임 · 절도 · 사기 · 유용인 경우에는 해당 징계 외에 금품비위에 상당하는 액의 5배의 범위 내에서 부과(국가공무원법78의2①)하는 행정상의 제재이다.

(2) 징계 등 의결의 요구

경찰공무원의 징계절차는 경찰공무원징계령에서 규정하고 있다.

즉, 경찰기관의 장은 소속 경찰공무원의 ① 국가공무원법상의 징계사유(법78①)가 있다고 인정할 때, ② 하급 경찰기관의 장으로부터 징계 등 의결요구신청[7]을 받았을 때에는 지체 없이 관할 징계위원회를 구성하여 징계 등 의결을

7) 경찰기관의 장은 그 소속 경찰공무원에 대한 징계등 사건이 상급 경찰기관에 설치된 징계위원회의 관할에 속한 경우에는 그 상급 경찰기관의 장에게 징계의결서등을 첨부하여 징계등 의결의 요구를 신청하여야 한다.(영9②).

요구하여야 한다(영9①②).

(3) 사실조사 등

징계 등 의결 요구 또는 그 신청은 징계사유에 해당하는 사실을 충분히 조사한 후에 하며(영9③), 중징계 또는 경징계로 구분하여 요구하거나 신청하여야 한다(동조④).

(4) 징계 등 의결요구서 사본의 송부

경찰기관의 장은 징계 등 의결을 요구할 때에는 경찰공무원 징계 의결 또는 징계부가금 부과 의결요구서 사본을 징계 등 심의대상자에게 보내야 한다. 다만, 징계 등 심의대상자가 수령을 거부하는 경우에는 그러하지 아니한다(동조⑤).

2) 징계 및 징계부가금 부과 사유의 시효

(1) 원칙

징계의결 등의 요구는 징계 등의 사유가 발생한 날부터 3년, 금품비위의 경우에는 5년이 지나면 하지 못한다(법 83의2①).

징계사유가 계속적으로 행하여진 일련의 행위라면 최종의 행위를 기준으로 하여야 한다.

(2) 조사 · 수사의 경우

감사원과 검찰 · 경찰, 그 밖의 수사기관은 조사나 수사를 시작한 때와 이를 마친 때에는 10일 내에 소속 기관의 장에게 그 사실을 통보하여야 한다(법83③).

감사원에서 조사 중인 사건에 대하여는 조사개시 통보를 받은 날부터 징계 의결의 요구나 그 밖의 징계 절차를 진행하지 못한다(동조①).

검찰 · 경찰, 그 밖의 수사기관에서 수사 중인 사건에 대하여는 수사개시 통보를 받은 날부터 징계 의결의 요구나 그 밖의 징계 절차를 진행하지 아니할 수 있다(동조②).

이에 따라 징계 절차를 진행하지 못하여 징계 등 의결요구 기간이 지나거나 그 남은 기간이 1개월 미만인 경우에는 징계 등 의결요구기간은 조사나 수사의 종료 통보를 받은 날부터 1개월이 지난 날에 끝나는 것으로 본다(법83의2②).

(3) 결정 · 판결의 경우

징계위원회의 구성 · 징계의결 등 그 밖에 절차상의 흠이나 징계양정 및 징계부가금의 과다를 이유로 소청심사위원회 또는 법원에서 징계처분 등의 무효 또는 취소의 결정이나 판결을 한 경우에는 징계 등 의결요구기간이 지나거나 그 남은 기간이 3개월 미만인 경우에도 그 결정 또는 판결이 확정된 날부터 3개월 이내에는 다시 징계의결 등을 요구할 수 있다(동조③).

3) 징계위원회의 심의

(1) 출석통지

징계위원회의 징계 등의 심의에는 징계 등의 심의 대상자의 출석을 요구하여야 한다. 이는 강행규정이다. 그러므로 출석통지 없이 한 징계 등의 심의는 위법하다.

징계 등 심의대상자가 그 징계위원회에 출석하여 진술하기를 원하지 아니하는 경우 등에는 서면심사로 징계 등을 의결할 수 있다(영12).

> [대법원 1985. 10. 8. 선고 84누251 판결] 경찰공무원징계령 제12조 제1항 소정의 징계심의대상자에 대한 출석통지는 징계심의대상자로 하여금 징계심의가 언제 개최되는가를 알게 함과 동시에 자기에게 이익되는 사실을 진술하거나 증거자료를 제출할 기회를 부여하기 위한 조치에서 나온 강행규정이므로 위 출석통지 없이 한 징계심의 절차는 위법하다.

징계위원회는 징계 등 심의대상자의 출석을 요구할 때에는 출석통지서로 하되, 징계위원회 개최일 3일 전까지 그 징계 등 심의대상자에게 도달되도록 하여야 한다.

이와 관련하여 대법원은 구두 등의 방법에 의하여 출석통지를 한 것도 유효한 것으로 보고 있다.

[대법원 1985. 10. 8. 선고 84누251 판결] 경찰공무원징계령 제12조 제1항 소정의 출석통지는 소정의 서면에 의하지 아니하더라도 구두, 전화 또는 전언 등 방법에 의하여 징계심의 대상자에게 전달되었으면 출석통지로서 족하다.

(2) 심문

징계위원회는 징계 등 심의대상자에게 징계사유에 해당하는 사실에 관한 심문을 하고 관계인을 출석하게 하여 심문할 수 있다(영13①).

(3) 사실의 진술과 증거제출

징계위원회는 징계 등 심의대상자에게 진술할 수 있는 기회를 충분히 주어야 하며, 징계 등 심의대상자는 서면 또는 말로써 자기에게 이익이 되는 사실을 진술하거나 증거를 제출할 수 있다(영13②). 이는 징계 등 심의대상자에게 변명과 방어의 기회를 부여하고자 하는 것이다.

징계 등 심의대상자에게 진술 기회를 주지 아니한 결정은 무효로 한다(법81③·13②).

[대법원 1985. 1. 29. 선고 84누516 판결] 경찰공무원징계령의 출석통지 및 사실진술에 관한 각 규정은 징계심의대상자로 하여금 변명과 방어의 기회를 부여하려는 데에 그 취지가 있으므로 사전에 징계심의대상자에게 출석통지를 하지 아니하여 진술과 증거제출의 기회를 주지 아니한 채 징계의결을 하였다면 이에 터잡은 징계처분이 위법한 것임은 더 말할 것도 없다. 그러나 징계심의에 앞서 원고들에게 구두로 출석통지를 하였고 이에 따라 원고들 전원이 징계위원회의 심의에 출석하여 진술과 증거제출의 기회를 부여받았음이 인정되므로, 비록 원고들이 서면에 의한 출석통지를 받은바 없다 하여도 이로써 변명과 방어의 기회를 박탈당하였다고 보기는 어려우니 서면통지의 흠결을 가지고 이 사건징계처분이 위법하다고 할 수 없다.

4) 징계 등 의결기한

징계 등 의결 요구를 받은 징계위원회는 그 요구서를 받은 날부터 30일 이내에 징계 등에 관한 의결을 하여야 한다. 다만, 부득이한 사유가 있을 때에는 해당 징계 등 의결을 요구한 경찰기관의 장의 승인을 받아 30일 이내의 범위에서 그 기간을 연장할 수 있다(영11①).

징계 등 의결이 요구된 사건에 대한 징계 등 절차의 진행이 감사원과 검찰·경찰, 그 밖의 수사기관의 조사나 수사에 따라 중지되었을 때에는 그 중지된 기간은 징계 등 의결 기한에서 제외한다(동조②).

5) 징계위원회의 의결과 통지

징계위원회의 의결은 징계 등 의결서로 한다. 의결서의 이유란에는 ① 징계 등의 원인이 된 사실, ② 증거에 대한 판단, ③ 관계 법령, ④ 징계 등 면제 사유 해당 여부를 구체적으로 적어야 한다. 징계위원회의 의결 내용은 공개하지 아니한다(영14).

징계위원회는 징계 등 의결을 하였을 때에는 지체 없이 징계 등 의결을 요구한 자에게 의결서 정본을 보내어 통지하여야 한다(영17).

6) 징계의 집행

(1) 경징계 등의 집행과 결과 보고 등

징계 등 의결을 요구한 자는 경징계의 징계 등 의결을 통지받았을 때에는 통지받은 날부터 15일 이내에 징계 등을 집행하여야 한다. 징계 등 의결을 집행할 때에는 의결서 사본에 징계 등 처분사유 설명서를 첨부하여 징계 등 처분대상자에게 보내야 한다(영18).

징계 등 의결을 요구한 경찰기관의 장은 경징계의 징계 등 의결을 집행하였을 때에는 지체 없이 그 결과에 의결서의 사본을 첨부하여 해당 임용권자에게 보고하고, 징계 등 처분을 받은 사람의 소속 경찰기관의 장에게 통지하여야 한다(영20).

(2) 중징계 등의 처분 제청과 집행

징계 등 의결을 요구한 자는 중징계의 징계 등 의결을 통지받았을 때에는 지체 없이 징계 등 처분대상자의 임용권자에게 의결서 정본을 보내어 해당 징계 등 처분을 제청하여야 한다. 다만, 경무관 이상의 강등 및 정직, 경정 이상의 파면 및 해임 처분의 제청, 총경 및 경정의 강등 및 정직의 집행은 경찰청장 또는 해양경찰청장이 한다(영19①).

중징계 처분의 제청을 받은 임용권자는 15일 이내에 의결서 사본에 징계 등 처분사유 설명서를 첨부하여 징계 등 처분대상자에게 보내야 한다(동조②).

6. 징계 등에 대한 불복

징계 등 처분에 대하여는 소청심사위원회에 소청심사를 청구할 수 있고, 소청심사위원회의 결정에 불복하는 경우에는 행정소송을 제기할 수 있다(법9① · 16①).

Ⅲ. 변상책임

1. 의의

변상책임이란 경찰공무원이 의무를 위반하여 국가 또는 지방자치단체에 손해를 발생하게 한 경우에 그 손해에 대하여 부담하는 당해 경찰공무원이 국가 또는 지방자치단체에 대한 변상책임을 말한다.

변상책임은 회계관계직원등의책임에관한법률에 의한 회계관계직원 등의 변상책임과 국가배상법에 의한 국가 등의 구상권행사에 응할 책임으로 구분된다.

여기에서는 회계관계직원의 변상책임에 관하여 기술하기로 한다.

2. 회계관계직원의 변상책임

1) 근거법률

경찰공무원이 국가재정법, 국가회계법, 국고금관리법, 지방재정법 등 국가 또는 지방자치단체의 예산 및 회계에 관계되는 사항을 정한 법령에 따라 국가의 회계사무를 집행하는 경우에 회계관계직원등의책임에관한법률의 적용을 받는다(법2).

2) 변상책임

(1) 회계관계직원의 의무

회계관계직원은 법령, 그 밖의 관계 규정 및 예산에 정하여진 바에 따라 성실하게 직무를 수행하여야 한다(법3).

(2) 회계관계직원의 변상책임

회계관계직원은 고의 또는 중대한 과실로 법령이나 그 밖의 관계 규정 및 예산에 정하여진 바를 위반하여 국가 또는 지방자치단체의 재산에 손해를 끼친 경우에는 변상할 책임이 있다(법4①).

현금 또는 물품을 출납 · 보관하는 회계관계직원은 선량한 관리자로서의 주의를 게을리하여 그가 보관하는 현금 또는 물품이 망실되거나 훼손된 경우에는 변상할 책임이 있다(동조②). 망실에는 당사자의 의사에 의하지 아니한 경우는 물론, 흠있는 의사에 의하여 점유를 상실한 경우까지 포함된다는 것이 대법원의 판단이다.

이 경우 현금 또는 물품을 출납 · 보관하는 회계관계직원은 스스로 사무를 집행하지 아니한 것을 이유로 그 책임을 면할 수 없다(동조③).

> [대법원 2002. 10. 11. 선고 2001두3297 판결] 현금 등을 출납하는 자의 행위태양을 분실, 도난 등으로 한정하는 취지로는 보이지 않는 점 등을 고려하면, '망실'의 의미에는 분실, 도난 등 당사자의 의사에 의하지 아니하고 그 점유를 상실한 경우뿐만 아니라 편취 등 당사자의 하자 있는 의사에 의하여 그 점유를 상실한 경우까지도 모두 포함된다고 보아야 한다.

그 손해가 2명 이상의 회계관계직원의 행위로 인하여 발생한 경우에는 각자의 행위가 손해발생에 미친 정도에 따라 각각 변상책임을 진다. 이 경우 손해발생에 미친 정도가 분명하지 아니하면 그 정도가 같은 것으로 본다(동조④).

(3) 상급자의 연대책임

회계관계직원의 상급자가 회계관계직원에게 위법한 회계관계행위를 지시 또는 요구한 경우 그에 따른 회계관계행위로 인하여 변상의 책임이 있는 손해가 발생한 경우에는 그 상급자도 회계관계직원과 연대하여 변상책임을 진다(법8①).

(4) 통지의무

경찰청장·해양경찰청장 또는 지방자치단체의 장은 변상책임이 있는 손해가 발생한 경우에는 지체 없이 기획재정부장관과 감사원에 알려야 한다(법7).

3. 변상책임의 판정

1) 감사원 판정 전의 변상

(1) 경찰청장 등의 변상명령

경찰청장·해양경찰청장 또는 지방자치단체의 장은 회계관계직원이 변상책임이 있다고 인정되는 경우에는 감사원이 판정하기 전이라도 해당 회계관계직원에 대하여 변상을 명할 수 있다(법6①).

이 경우 필요하다고 인정되면 대통령령으로 정하는 바에 따라 기관별·직위별로 위임 한도액의 범위에서 해당 기관 또는 직위에 있는 사람에게 변상명령의 조치를 하게 할 수 있다(동조②).

경찰청장 등의 변상명령서가 해당 회계관계직원에게 송달된 때에는 시효중단의 효력이 있다(동조⑤).

(2) 감사원 판정의 청구

변상명령을 받은 회계관계직원은 이의가 있으면 감사원에 판정을 청구할 수 있다(동조③).

2) 감사원의 변상판정

(1) 감사원의 심리·판정권

감사결과에 따라 따로 법률이 정하는 바에 의하여 회계관계직원 등에 대한 변상책임의 유무에 관한 심리·판정권은 감사원에 있다(감사원법31①).

(2) 변상판정서의 송부

감사원은 변상책임이 있다고 판정하면 변상책임자, 변상액 및 변상의 이유를 분명히 밝힌 변상판정서를 경찰청장 등에게 송부하여야 한다(동조②).

(3) 변상판정서의 교부

변상판정서를 받은 경찰청장 등은 송부를 받은 날부터 20일 이내에 변상판정서를 변상책임자에게 교부하여 감사원이 정한 날까지 변상하게 하여야 한다(동조③).

(4) 시효중단 등

감사원의 판정에 따른 변상명령서가 해당 회계관계직원에게 송달된 때에는 시효중단의 효력이 있다(회계관계직원등의책임에관한법률4⑤).

변상책임자가 감사원이 정한 날까지 변상의 책임을 이행하지 아니하였을 때에는 경찰청장 등은 관계 세무서장에게 위탁하여 국세징수법 중 체납처분의 규정을 준용하여 이를 집행한다(감사원법31⑤).

(5) 재심의와 행정소송

변상책임자와 경찰청장 등은 감사원의 변상 판정이 위법 · 부당하다고 인정할 때에는 변상판정서가 도달한 날부터 3개월 이내에 감사원에 재심의를 청구할 수 있다(감사원법36①). 변상 판정에 대한 재심의 청구는 집행정지의 효력이 없다(동조③).

청구에 따라 재심의한 사건에 대하여는 또 다시 재심의를 청구할 수 없다(법40①).

감사원의 재심의 판결에 대하여는 감사원을 당사자로 하여 행정소송을 제기할 수 있다. 다만, 그 효력을 정지하는 가처분결정은 할 수 없다(동조②).

Ⅳ. 형사책임

1. 의의

경찰공무원이 의무를 위반하여 형벌을 받게 되는 지위를 경찰공무원의 형사책임이라고 하며, 형벌이 과해지는 공무원의 의무위반행위를 공무원범죄라고 한다.

경찰공무원범죄에는 형법상 공무원의 직무에 관한 죄와 특별법이 정하는 경찰공무원범죄가 있다.

2. 형법상의 공무원범죄

형법은 제2편 제7장에서 공무원의 직무에 관한 죄를 규정하고 있다(법122내지133).

형법상의 공무원범죄는 진정공무원범죄와 부진정공무원범죄로 구분된다.

1) 진정공무원범죄

(1) 직무범

직무범이란 공무원의 직무행위 자체가 범죄를 구성하는 것을 말한다.

이에는 직무유기죄(법122), 직권남용죄(법123), 불법체포 · 불법감금죄(법124), 폭행 · 가혹행위죄(법125), 피의사실공표죄(법126), 공무상비밀누설죄(법127) 및 선거방해죄(법128)가 있다.

(2) 준직무범

준직무범이란 공무원의 직무행위 자체가 범죄를 구성하는 것이 아니라 공무원의 신분을 가지고 있거나 공무원의 직무와 관련이 있어서 일정한 행위가 범죄로 되는 경우이다.

이에는 수뢰죄(법129), 제3자 뇌물제공죄(법130), 수뢰후 부정처사 및 사후수뢰죄(법131), 알선수뢰죄(법132) 및 뇌물공여죄(법133)가 있다.

[대법원 2010. 1. 28. 선고 2007도9331 판결] 공무원은 국가 또는 지방자치단체의 업무를 담당하는 자이고 국가 등의 기능은 공무원의 직무수행을 매개로 하여 비로소 발휘되는 것이므로, 공무원의 직무수행이 적정하지 못하거나 그에 대한 사회의 신뢰가 무너지면 국가 등의 기능이 현저히 저해될 것임은 명확하다. 따라서 직무수행에 있어서의 공정과 청렴성, 불가매수성 등 공직윤리의 근간을 침해하는 행위는 기본적 사회질서를 위태롭게 하는 행위로서 여러 법률에 의해 엄격히 금지되고 제재의 대상이 되고 있다. 공무집행의 불가매수성은 반드시 위법·부당한 직무집행만을 전제로 하는 것이 아니므로 정당한 직무집행이라도 그에 대해 대가를 받으면 형법상의 뇌물수수죄는 성립하는 것이고, 형법 제130조의 제3자 뇌물공여죄에 있어서도 위법·부당한 직무집행을 내용으로 하는 청탁은 물론, 청탁의 대상이 된 직무집행 그 자체는 위법·부당한 것이 아니라 하더라도 당해 직무집행을 어떤 대가관계와 연결시켜 그 직무집행에 관한 대가의 교부를 내용으로 하는 것도 '부정한 청탁'에 해당하여 처벌대상이 된다(대법원 2006. 6. 15. 선고 2004도3424 판결, 대법원 2007. 2. 22. 선고 2006도3339 판결 등 참조). 이처럼 공무의 불가매수성을 해하는 행위에 대한 법의 응징은 매우 엄정하고 단호하다.

2) 부진정공무원범죄

진정공무원범죄 외에, 공무원 아닌 자도 범할 수 있지만 공무원이 범한 경우에는 더 무겁게 처벌되는 경우가 있다. 이를 부진정공무원범죄라고 한다. 공무원의 허위공문서작성죄(법227)가 그 예이다.

그 밖에도 공무원이 직권을 이용하여 제2편 제7장에서 정한 죄 이외의 죄를 범한 경우에는 그 죄에 정한 형의 2분의 1까지 가중된다(법135).

3. 경찰공무원법상의 범죄

경찰공무원법도 경찰공무원의 의무위반행위에 대하여 형사책임을 규정하는 경우가 있다.

1) 비상사태 등에 있어서의 범죄

경찰공무원으로서 ① 전시·사변, 그 밖에 이에 준하는 비상사태이거나 작전

수행 중인 경우 직무를 게을리 하거나 유기한 경우(법18②), ② 경찰공무원을 지휘·감독하는 사람이 정당한 사유 없이 그 직무 수행을 거부 또는 유기하거나 경찰공무원을 지정된 근무지에서 진출·퇴각 또는 이탈하게 한 경우(법19), ③ 공무원으로서 소속 상관의 허가 또는 정당한 사유 없이 직장을 이탈한 경우(국가공무원법58①)에는 3년 이상의 징역이나 금고에 처한다(법31①전).

경찰공무원으로서 직무에 관하여 거짓으로 보고나 통보를 하거나 직무를 수행할 때 소속 상관의 직무상 명령에 복종하지 아니한 자(국가공무원법57)는 7년 이하의 징역이나 금고에 처한다(법18①).

2) 집단 살상의 위급사태 발생시의 범죄

위 1)의 경우 외에, 집단 살상의 위급 사태가 발생한 경우에 위 ① 내지 ③에 해당하는 행위를 하거나 경찰공무원이 직무에 관하여 거짓으로 보고나 통보를 한 경우(법18①) 및 직무를 수행할 때 소속 상관의 직무상 명령에 복종하지 아니한 경우 (국가공무원법57) 또는 소속 상관의 허가 또는 정당한 사유 없이 직장을 이탈한 경우(동법58①)에는 7년 이하의 징역이나 금고에 처한다(법31②).

3) 정치운동죄

경찰공무원으로서 정치활동금지의무(국가공무원법65)를 위반한 사람은 3년 이하의 징역과 3년 이하의 자격정지에 처하고, 그 죄에 대한 공소시효의 기간은 10년으로 하여(법31③) 형사소송법상의 공소시효의 기간보다 길게 규정하고 있다.

이는 경찰공무원으로서 정치 운동의 금지 규정을 위반한 자에 대한 처벌을 강화하고자 하는 것이다.

4) 기타 국가공무원법상의 범죄

경찰공무원으로서 시험 또는 임용의 방해행위 금지의무(국가공무원법44), 인사에 관한 부정행위 금지의무(동법45)를 위반한 경우에는 국가공무원법과 마찬가지로 1년 이하의 징역 또는 100만원 이하의 벌금에 처한다.

그렇지만 집단행위금지의무(동법66)를 위반한 사람은 2년 이하의 징역 또는 200만 원 이하의 벌금에 처하도록 하여 국가공무원보다 무겁게 처벌하도록 하고 있다(법31④).

4. 공직자윤리법상의 범죄

1) 재산등록거부의 죄

재산등록의무자가 정당한 사유 없이 재산등록을 거부하면 1년 이하의 징역 또는 1천만 원 이하의 벌금에 처한다(법24①).

2) 출석거부의 죄

공직자윤리위원회로부터 출석요구를 받은 등록의무자와 그 배우자, 등록의무자의 직계존속 · 직계비속, 그 밖의 재산등록사항 관계인이 정당한 사유 없이 출석요구에 응하지 아니하면 6개월 이하의 징역 또는 500만 원 이하의 벌금에 처한다(법26).

3) 취업제한, 업무취급 제한 및 부정한 청탁 또는 알선의 죄

① 취업제한기관에 취업(법17①)하거나, ② 재직 중 본인이 직접 처리한 업무를 퇴직 후 취급(법18의2①)한 사람 또는 ③ 퇴직 전 소속 기관의 임직원을 상대로 부정한 청탁 또는 알선 행위를 한 사람(법18의4①)은 2년 이하의 징역 또는 1천만 원 이하의 벌금에 처한다.

5. 경찰작용법상의 범죄

1) 개설

경찰작용법상의 행정형벌은 일반적으로 행정행위의 상대방의 의무위반행위를 처벌 대상으로 한다.

그러나 경찰공무원을 처벌 대상으로 하는 경찰작용법도 있다.

2) 집회 및 시위에 대한 방해금지죄

집회및시위에관한법률은 집회 및 시위에 대한 방해 금지에 관하여 규정하고 있다. 즉, ① 폭행, 협박, 그 밖의 방법으로 평화적인 집회 또는 시위를 방해하거나 질서를 문란하게 하거나 ② 폭행, 협박, 그 밖의 방법으로 집회 또는 시위의 주최자나 질서유지인의 임무 수행을 방해금지의무(법3)를 위반한 경우에는 행정형벌의 대상이 된다.

이러한 방해금지의무를 위반한 자에게는 3년 이하의 징역 또는 300만 원 이하의 벌금에 처한다(법22①).

집회 및 시위에 대한 방해금지 의무위반의 주체가 군인·검사 또는 경찰관인 경우에는 5년 이하의 징역에 처하도록 규정하고 있다(법22①).

3) 경찰관직무집행법상의 의무위반·직권남용의 죄

경찰관직무집행법에 규정된 경찰관의 의무에 위반하거나 직권을 남용하여 다른 사람에게 해를 끼친 자는 1년 이하의 징역이나 금고에 처한다(법12).

Ⅴ. 국가배상책임

1. 공무원의 직무상 불법행위로 인한 배상책임

1) 의의

경찰공무원이 그 직무와 관련하여 불법행위로 타인에게 손해를 발생하게 한 때에는 피해자는 국가 또는 지방자치단체에 대하여 손해배상을 청구할 수 있다(국가배상법2①).

> [대법원 1993. 2. 12. 선고 91다43466 선고 판결] 공무원에게 부과된 직무상 의무의 내용이 단순히 공공 일반의 이익을 위한 것이거나 행정기관 내부의 질서를 규율하기 위한 것이 아니고, 전적으로 또는 부수적으로 사회구성원 개인의 안전과 이익을 보호하기 위하여 설정된 것이라면, 공무원이 그와 같은 직무상 의무를 위반함으로 인하여 피해자가 입은 손해에 대하여는 상당인과관계가 인정되는 범위 내에서 국가가 배상책임을 지는 것이고, 이때 상당인과관계의 유무를 판단함에 있어서는 일반적인 결과발생의 개연성은 물론 직무상 의무를 부과하는 법령 기타 행동규범의 목적이나 가해행위의 태양 및 피해의 정도 등을 종합적으로 고려하여야 할 것이다.

2) 공무원 개인의 배상책임

이 경우 피해자가 직접 가해공무원에 대하여 손해배상을 청구할 수 있는가의 여부가 문제가 된다. 이에 대하여는 견해가 나뉜다. 이것이 공무원의 개인책임 또는 피해자의 선택적 청구권에 관한 것이다.

대법원은 공무원에게 고의 또는 중과실이 있는 경우에만 피해자는 공무원 개인에게 배상을 청구할 수 있다고 판시하였다.

[대법원 1996. 2. 15. 선고 95다38677 전원합의체 판결] 공무원의 직무상 위법행위로 타인에게 손해를 끼친 경우에는 변제자력이 충분한 국가 등에게 선임감독상 과실 여부에 불구하고 손해배상책임을 부담시켜 국민의 재산권을 보장하되, 공무원이 직무를 수행함에 있어 경과실로 타인에게 손해를 입힌 경우에는 그 직무수행상 통상 예기할 수 있는 흠이 있는 것에 불과하므로, 이러한 공무원의 행위는 여전히 국가 등의 기관의 행위로 보아 그로 인하여 발생한 손해에 대한 배상책임도 전적으로 국가 등에만 귀속시키고 공무원 개인에게는 그로 인한 책임을 부담시키지 아니하여 공무원의 공무집행의 안정성을 확보하고, 반면에 공무원의 위법행위가 고의·중과실에 기한 경우에는 비록 그 행위가 그의 직무와 관련된 것이라고 하더라도 그와 같은 행위는 그 본질에 있어서 기관행위로서의 품격을 상실하여 국가 등에게 그 책임을 귀속시킬 수 없으므로 공무원 개인에게 불법행위로 인한 손해배상책임을 부담시키되, 다만 이러한 경우에도 그 행위의 외관을 객관적으로 관찰하여 공무원의 직무집행으로 보여질 때에는 피해자인 국민을 두텁게 보호하기 위하여 국가 등이 공무원 개인과 중첩적으로 배상책임을 부담하되 국가 등이 배상책임을 지는 경우에는 공무원 개인에게 구상할 수 있도록 함으로써 궁극적으로 그 책임이 공무원 개인에게 귀속되도록 하려는 것이라고 봄이 합당하다.

3) 국가 등의 구상권

국가 또는 지방자치단체가 배상을 한 경우에 공무원에게 고의 또는 중과실이 있는 때에는 그 공무원에게 구상할 수 있다(법2②).

여기에서 공무원의 중과실이란 고의에 가까울 정도로 공무원이 현저히 주의를 결여한 상태를 말하며, 국가 등이 구상권을 행사할 수 있는 범위는 배상책임의 공평 분담의 견지에서 신의칙상 인정되는 한도에 그친다고 보아야 한다.

[대법원 2003. 12. 26. 선고 2003다13307 판결] 헌법 제29조 제1항 본문과 단서 및 국가배상법 제2조를 그 입법취지에 조화되도록 해석하면 공무원이 직무 수행 중 불법행위로 타인에게 손해를 입힌 경우에 국가나 지방자치단체가 국가배상책임을 부담하는 외에 공무원 개인도 고의 또는 중과실이 있는 경우에는 불법행위로 인한 손해배상책임을 지지만, 공무원에게 경과실이 있을 뿐인 경우에는 공무원 개인은 불법행위로 인한 손해배상책임을 부담하지 아니하고, 여기서 공무원의 중과실이라 함은 공무원에게 통상 요구되는 정도의 상당한 주의를 하지 않더라도 약간의 주의를 한다면 손쉽게 위법·유해한 결과를 예견할 수 있는 경우임에도 만연히 이를 간과함과 같은 거의 고의에 가까운 현저한 주의를 결여한 상태를 의미한다.

[대법원 2008. 3. 27. 선고 2006다70929 판결] 국가배상법 제2조 제2항에 의하여 국가 또는 지방자치단체가 산하 공무원에 대하여 구상권을 행사하는 경우 국가 등은 당해 공무원의 직무내용, 당해 불법행위의 상황, 손해발생에 대한 당해 공무원의 기여 정도, 당해 공무원의 평소 근무태도, 불법행위의 예방이나 손실분산에 관한 국가 또는 지방자치단체의 배려의 정도 등 제반 사정을 참작하여 손해의 공평한 분담이라는 견지에서 신의칙상 상당하다고 인정되는 한도 내에서만 당해 공무원에 대하여 구상권을 행사할 수 있다고 봄이 상당하다(대법원 1991. 5. 10. 선고 91다6764 판결 등 참조).

2. 영조물의 설치 · 관리의 하자로 인한 배상책임

1) 의의

경찰청사 등의 공용물이나 도로 · 하천 등의 공공용물, 도로상의 보행자신호기나 차량신호기 등의 인공공물, 경찰차 · 경찰선(警察船) · 경찰기(警察機) · 경찰견 · 경찰마 등의 동산 등의 영조물의 설치 · 관리상의 흠(하자)로 인한 손해배상책임을 말한다.

2) 배상책임자

영조물의 설치 · 관리의 하자로 인하여 타인에게 손해를 발생하게 하였을 때에는 국가 또는 지방자치단체는 그 손해를 배상하여야 한다(법 5①).

3) 국가 등의 구상권

손해의 원인에 대하여 책임을 질 자가 따로 있을 때에는 그 자에 대하여 국가 또는 지방자치단체는 그 자에 대하여 구상할 수 있다(법5②). '손해의 원인에 대하여 책임을 질 자'란 고의 또는 과실로 영조물의 설치 · 관리에 흠을 생기게 한 자를 말한다.

이 경우 책임을 질 자가 공무원인 경우에는, 공무원의 불법행위로 인한 손해배상책임과의 균형 차원에서, 당해 공무원에게 고의 또는 중과실이 있는 때에만 구상을 할 수 있다고 하여야 할 것이다.

Ⅵ. 사경제작용으로 인한 손해배상책임

공무원의 직무상 행위가 사경제적 행위의 성질을 가지는 경우에는 국가배상법이 적용되지 않고 민법에 의하여 배상책임이 결정된다.

이 경우에도 그 공무원이 속한 국가 또는 지방자치단체는 사용자로서 배상책임이 있지만(민법756), 공무원 개인도 불법행위자로서 배상책임이 있고, 피해자는 어느 쪽이나 선택하여 배상을 청구할 수 있다.

[대법원 2008. 2. 1. 선고 2006다6713 판결] 불법행위에 따른 형사책임은 사회의 법질서를 위반한 행위에 대한 책임을 묻는 것으로서 행위자에 대한 공적인 제재(형벌)를 그 내용으로 함에 비하여, 민사책임은 타인의 법익을 침해한 데 대하여 행위자의 개인적 책임을 묻는 것으로서 피해자에게 발생된 손해의 전보를 그 내용으로 하는 것이고 따라서 손해배상제도는 손해의 공평 • 타당한 부담을 그 지도원리로 하는 것이므로, 형사상 범죄를 구성하지 아니하는 침해행위라고 하더라도 그것이 민사상 불법행위를 구성하는지 여부는 형사책임과 별개의 관점에서 검토되어야 할 것이다(대법원 1971. 11. 15. 선고 71다1985 판결, 대법원 1999. 10. 22. 선고 99다35799 판결 등 참조). 권총을 사용하여야 될 만큼의 급박한 위험성이 있는지 여부를 판단하였어야 옳고, 만약 위와 같이 신중하게 판단하였다면 굳이 아무런 흉기도 소지하고 있지 않던 자에 대하여 권총을 사용하지 않더라도 함께 출동한 경찰관 등과 협력하여 폭력을 저지할 수 있었을 터인데도 섣불리 실탄을 발사하였으며, 또 설령 부득이 실탄을 발사할 수밖에 없는 상황이었다고 하더라도 하체 부분을 향하여 발사하는 등의 방법

으로 그 위해를 최소한으로 줄일 여지도 있었음에도 불구하고 우측 흉부를 향해 실탄을 발사하여 사망에까지 이르게 한 과실이 있으며, 한편 위 총기사용은, 그 동기나 목적, 경위, 상황에 참작할 만한 사정이 있고 그 때문에 형사사건에서는 무죄판결이 선고, 확정되었다고 하더라도, 위와 같은 과실의 내용 및 총기사용의 구체적인 태양이 사람에게 결정적인 위해를 가할 수 있는 것이었고 실제로 사망이라는 중대한 결과를 초래한 점에다가 이 사건 사고로 발생한 손해의 공평한 분담이라는 측면까지 종합하여 고찰하면, 민사상 불법행위를 구성한다.

제4편

경찰작용법

제 1 장 경찰작용과 법률유보

제 2 장 경찰권의 한계

제 3 장 실정 경찰작용법

제 4 장 경찰관직무집행법상의 표준처분

제 5 장 해양경비법상의 표준조치

제 1 장

경찰작용과 법률유보

제 1 절 경찰작용과 법률유보의 원칙

Ⅰ. 개 설

경찰작용이란 직접으로 사회공공의 안녕을 확보하고 질서를 유지하기 위하여 일반통치권을 바탕으로 국민 또는 주민에게 명령·강제하여 그 자연적 자유를 제한하는 작용이다.

그러므로 경찰권의 구체적인 발동은, 경찰조직규범 및 직무·임무규정 외에, 경찰권 발동의 개별적 근거가 되는 법규범, 즉 근거규범에 의하여 이루어져야 하는 것이다. 근거규범을 행위규범 또는 수권규범이라고도 한다.

특히 경찰작용은 권력적·침익적 작용을 그 내용으로 한다. 따라서 법률유보의 적용범위에 관한 다양한 학설 중 어느 것을 취하더라도 경찰작용은 반드시 법률에 근거를 두어야 하는 것이다.

다만, 비권력적 경찰작용의 경우에는, 전부유보설을 취하지 아니하는 한 그리고 중요사항유보설의 경우 의회가 중요사항으로 유보하지 아니하는 한, 법률에 근거 없이도 가능하다고 할 것이다.

경찰작용의 근거규범과 관련하여 종래 조직규범이나 직무규범에 근거하여 경찰권을 발동할 수 있는가의 여부와 법률유보의 적용범위에 관한 논의가 전개되어 왔다.

Ⅱ. 조직규범과 직무규범의 근거규범성 여부

1. 조직규범의 문제

경찰권의 발동이 경찰의 조직에 관한 규정, 즉 조직규범에 근거하여 이루어질 수 있는가의 문제이다.

헌법 제96조는 행정각부의 설치·조직과 직무범위를 법률로 정하도록 규정하고 있다. 이에 근거하여 제정된 정부조직법에서는 치안에 관한 사무를 관장하게 하기 위하여 행정안전부장관 소속으로 경찰청을 두며(법34⑤), 해양에서의 경찰 및 오염방제에 관한 사무를 관장하게 하기 위하여 해양수산부장관 소속으로 해양경찰청을 둔다고 규정(법43②)하고 있다.

이와 관련하여 경찰의 성질상 경찰행정청에게 임기응변의 조치를 취하게 할 필요가 있으므로 경찰작용의 발동근거는 이러한 조직규범만으로도 족하다는 견해를 취할 수도 있다.

그러나 경찰행정법상의 조직규범은 헌법 제96조를 근거로 하여 제정된 정부조직법과 이에 근거한 경찰법 및 경찰관직무집행법에 의한 국가경찰의 임무 및 직무의 범위를 정한 것인 데에 반하여, 경찰행정권 발동의 근거규범(행위규범)은 헌법 제37조제2항에 근거하여 질서유지를 목적으로 하여 국민의 자유와 권리를 제한하기 위하여 제정된 법률을 의미하는 것이다.

2. 직무규범의 문제

경찰권 발동의 근거규범은 경찰의 직무·임무에 관한 규정으로 충분한 것인가의 문제이다. 예컨대 경찰법은 ① 국민의 생명·신체 및 재산의 보호, ② 범죄의 예방·진압 및 수사와 범죄피해자 보호, ③ 경비·요인경호 및 대간첩·대테러작전수행, ④ 치안정보의 수집·작성 및 배포, ⑤ 교통 단속과 교통 위해의 방지, ⑥ 외국 정부기관 및 국제기구와의 국제협력, ⑦ 그 밖의 공공의 안녕과 질서유지를 국가경찰의 임무(동법3)로 규정하고 있다. 또한 경찰관직무집행법은 이를 경찰관의 직무의 범위(동법2)라고 규정하고 있다.

개별적인 경찰작용법의 근거규정 없이 경찰의 직무·임무에 관한 규정인 경찰법 제3조와 경찰관직무집행법 제2조에만 근거하여 경찰권을 발동할 수 있는가 하는 문제가 대두되는 것이다.

오늘날의 법치국가의 원리라는 관점에서는 경찰의 직무·임무에 관한 규정과 경찰작용에 관한 개별적 근거규범(수권규범)을 구별하는 것이 일반적이다.

따라서 국민의 자유와 권리를 제한하는 경찰권의 발동에는 법률유보의 원칙이 적용된다. 그러한 한 경찰의 직무·임무에 관한 규정은 여기서 말하는 경찰작용에 관한 근거규범이 될 수가 없다.

> [헌법재판소 2011. 6. 30. 2009헌마406 지정재판부 결정] 경찰의 임무 또는 경찰관의 직무 범위를 규정한 경찰법 제3조, 경찰관직무집행법 제2조는 국민의 기본권을 구체적으로 제한 또는 박탈하는 행위의 근거조항으로 삼을 수는 없다.

3. 결 어

그러므로 경찰권의 발동이 법률유보원칙의 적용범위 안에 있는 한, 경찰조직규범은 여기서 말하는 경찰작용에 관한 근거규범이 될 수가 없다.

헌법재판소 역시 우리 헌법이 국민의 자유와 권리를 제한하는 경우 근거하도록 한 '법률'은 개별적 또는 구체적 사안에 적용할 작용법적 조항을 의미하는 것이지, 조직법적 규정까지 포함하는 것이 아니라고 판시하고 있다.

> [헌법재판소 2011. 6. 30. 2009헌마406 지정재판부 결정] 우리 헌법이 국민의 자유와 권리를 제한하는 경우 근거하도록 한 '법률'은 개별적 또는 구체적 사안에 적용할 작용법적 조항을 의미하는 것이지, 조직법적 규정까지 포함하는 것이 아니다.

Ⅲ. 법률유보원칙의 적용범위

경찰작용에 관한 근거규범은 경찰의 권력적 작용에 한하는 것이지 경찰의 비권력적 작용에까지 요구하는 것이 아니라는 견해가 있다. 이는 법률유보원칙의 적용범위의 문제이다.

생각건대 경찰작용이 비권력적 작용이라고 해서 당연히 법률유보원칙의 작용에서 배제되는 것은 아니라 할 것이다. 즉, 오늘날 지배적 견해인 본질성설 또는 중요사항유보설에 의할 경우 비권력적 경찰작용이라 하더라도 법률유보의 범위에 둘 것인가의 여부는 그 작용이 중요사항 즉, 본질에 해당하는 사항인가의 여부가 의회의 판단에 의하여 결정되며, 중요사항일 경우 반드시 근거규범이 있어야 한다고 하게 된다.

Ⅳ. 경찰권의 발동과 기본권

1. 경찰입법과 기본권

1) 기본적 인권의 보장

우리 헌법은 포괄적 기본권인 인간으로서의 존엄과 가치 및 행복추구권의 보장을 위시하여, 평등권, 자유권적 기본권, 정치적 기본권, 청구권적 기본권, 생존권적 기본권은 물론, 헌법에 열거되지 아니한 기본권의 보장을 규정하는 동시에, 국가는 개인이 가지는 불가침의 기본적 인권을 확인하고 이를 보장할 의무를 진다고 규정하고 있다(헌법10내지37①).

2) 기본권제한입법의 헌법적 근거

이와 같이 헌법은 기본권을 보장하는 한편, 헌법이 보장하는 "국민의 모든 자유와 권리를 질서유지를 위하여 필요한 경우에 한하여 법률로써 제한"할 수 있도록 하는 일반적 법률유보에 관한 규정(헌법37②)을 두고 있다.

나아가 긴급재정경제명령권[1] (헌법76①)과 긴급명령권[2] (동조②) 및 계엄선포권[3] (헌법77)에 관하여도 규정하고 있다.

이러한 헌법 규정을 근거로 하여 국민의 자유와 권리의 본질적인 내용을 침해하지 않는 한, 기본권을 제한하는 것을 내용으로 하는 경찰작용의 근거법이 제정되는 것이다.

3) 기본권제한입법의 한계

우리 헌법상 모든 권력은 국민으로부터 나올 뿐만 아니라 국가는 불가침의 기본권을 확인하고 이를 보장하여야 하므로, 기본권을 제한하는 경찰작용의 근거법을 제정함에 있어서 기본권의 침해가 최소화되도록 해야 한다.

또한 개인은 국가와 더불어 같은 자유를 향유하는 다른 단체나 개인으로부터 여러 가지 영향을 주고받는다. 그러한 과정에서 기본권 상호간의 갈등이 야기될 수도 있다.

그러므로 기본권 제한의 근거가 되는 경찰작용법을 제정하는 경우에도 입법의 형식, 입법의 일반성과 명확성의 확보, 과잉금지의 원칙, 본질내용의 침해 금지 등의 기본권제한입법의 한계를 준수하여야 하며, 기본권 상호간의 갈등을 최대한 해소할 수 있도록 함으로써 국가는 개인의 기본권이 최대한 보장될 수 있는 사회를 형성하도록 하여야 한다.

---

1) 대통령은 내우 · 외환 · 천재 · 지변 또는 중대한 재정 · 경제상의 위기에 있어서 국가의 안전보장 또는 공공의 안녕질서를 유지하기 위하여 긴급한 조치가 필요하고 국회의 집회를 기다릴 여유가 없을 때에 한하여 최소한으로 필요한 재정 · 경제상의 처분을 하거나 이에 관하여 법률의 효력을 가지는 명령을 발할 수 있다.

2) 대통령은 국가의 안위에 관계되는 중대한 교전상태에 있어서 국가를 보위하기 위하여 긴급한 조치가 필요하고 국회의 집회가 불가능한 때에 한하여 법률의 효력을 가지는 명령을 발할 수 있다.

3) ① 대통령은 전시 · 사변 또는 이에 준하는 국가비상사태에 있어서 병력으로써 군사상의 필요에 응하거나 공공의 안녕질서를 유지할 필요가 있을 때에는 법률이 정하는 바에 의하여 계엄을 선포할 수 있다. ② 계엄은 비상계엄과 경비계엄으로 한다. ③ 비상계엄이 선포된 때에는 법률이 정하는 바에 의하여 영장제도, 언론 · 출판 · 집회 · 결사의 자유, 정부나 법원의 권한에 관하여 특별한 조치를 할 수 있다.

2. 경찰권발동과 기본권

구체적인 경찰권의 발동에 있어서는 반드시 작용법적 근거에 의하여 경찰권 발동을 발동하여야 한다.

위법·부당한 경찰권 발동으로 개인의 권리·이익이 침해당하는 일이 없도록 법규상의 한계 및 조리상의 한계를 준수하여야 하며, 이러한 한계를 일탈하는 경찰권 발동으로 인한 개인의 권리구제 및 경찰행정에 대한 통제가 완벽하게 기능하여야 할 것은 물론이다.

나아가 보다 적극적으로 개인의 기본권이 침해되지 않도록 하기 위하여 경찰권의 적극적 한계의 활용 내지 경찰권 개입의무를 확대해 나가야 한다.

제 2 절 법률유보의 방식

Ⅰ. 협의의 행정경찰과 법률유보

1. 협의의 행정경찰

협의의 행정경찰이란 일반경찰기관과는 별도로 고유의 행정임무를 수행하는 일반행정기관이 그 임무와 관련하여 그가 관장하는 행정영역에서의 위해를 방지하는 작용을 말한다.

경찰 개념에서 협의의 행정경찰이 분리된 것은 제2차 세계대전 이후 진행된 탈경찰화 현상에 의한 것이다. 즉, 협의의 행정경찰작용이 각각의 일반 행정기관의 소관사항으로 이관되었기 때문이다.

2. 협의의 행정경찰과 법률유보

협의의 행정경찰은 보건위생경찰, 산림경찰, 교통경찰, 건축경찰 등 다양하게 구분된다. 협의의 행정경찰작용도 국민의 권리·이익에 대한 침해를 예정하고 있는 것이므로 당연히 법률유보의 원칙이 적용된다. 따라서 그 작용의 근거법률이 존재하여야 한다.

Ⅱ. 보안경찰과 법률유보

1. 보안경찰법상의 개별조항에 의한 법률유보

경찰권발동의 근거가 되는 법률은 대단히 많다. 개개의 법률에서 경찰권발동의 근거를 규정하고 있는 조항을 개별적 수권조항 또는 개별조항이라 한다.

현행법상 보안경찰권 발동의 근거를 규정하고 있는 법률로는 경찰관직무집행법, 도로교통법, 집회및시위에관한법률, 총포·도검·화약류등의안전관리에관한법률, 사격및사격장안전관리에관한법률, 풍속영업의규제에관한법률, 사행행위등규제및처벌특례법, 해양경비법, 해사안전법, 유선및도선사업법, 수상레저안전법, 수상에서의수색·구조등에관한법률, 해양환경관리법 등이 있다.

2. 경찰상 표준조치와 보충성의 원칙

1) 경찰상 표준적 수권조항

경찰관직무집행법은 경찰권 발동에 관한 일반법적 지위를 가지고 있다. 이 법률은 제3조 이하에서 일상적이고도 전형적인 경찰상의 위해에 대하여 경찰권을 발동할 수 있는 근거를 두고 있다.

이를 경찰상 표준적 수권조항이라 하며, 이에 근거하는 경찰권의 발동을 경찰상 표준조치라 한다.

2) 경찰상 표준조치

경찰상 표준조치에는 ① 불심검문, ② 보호조치 등, ③ 위험발생의 방지 등, ④ 범죄의 예방과 제지, ⑤ 위험방지를 위한 출입, ⑥ 사실의 확인, ⑦ 경찰장비 및 경찰장구의 사용, ⑧ 분사기 · 최루탄 및 무기의 사용 등이 있다.

3) 보충성의 원칙

경찰관직무집행법상의 경찰상 표준조치는 개개의 법률에 경찰권발동의 근거규정이 없는 경우 경찰상 표준적 수권조항에 의하여 경찰권을 발동하게 되는 것이지만, 개개의 법률에 경찰권발동의 근거규정이 있는 경우 경찰관직무집행법상의 표준적 수권조항은 적용되지 않는다. 이를 보충성의 원칙이라고 한다.

3. 해양경비법과 해양경찰상의 표준조치

1) 해양경비법의 제정

경찰관직무집행법은 주로 육상에서의 경찰활동을 전제로 하고 있다. 해상에서의 경찰작용도 국민의 신체 및 재산권 행사에 직접적이고 중대한 물리적 침해를 가져오는 권력적 작용이다. 그러므로 이러한 이에 대한 별도의 명시적인 법적 근거가 필요하다.

따라서 제한적 영역에서 경찰관직무집행법에 대한 특례적 보충적 규범으로서 해양경비에 관한 일반적인 근거법인 해양경비법이 제정(1992. 2. 22. 법률 제11372호)되었다.

2) 해양경찰상의 표준조치

경찰관직무집행법의 특례법으로서 해양경비법은 선박 등과 그에 속한 자원 등을 주된 대상으로 하여 ① 해상검문검색, ② 선박의 추적 · 나포, ③ 해상항행보호조치에 관하여 규정하고 있으며, 해상경찰활동에 필요한 ④ 무기의 사용, ⑤ 해상경찰장비 및 장구의 사용 등에 관한 해양경찰상의 표준조치에 관하여 규정하고 있다.

제 3 절 보안경찰법상의 일반수권조항의 문제

Ⅰ. 의의 및 필요성

1. 의의

경찰법규가 사회공공의 안전과 질서에 위해가 발생하거나 발생할 우려가 있는 경우에 사회공공의 안전의 확보와 질서유지를 위하여 국민 또는 주민에게 명령·강제하여 그 자연적 자유를 제한할 수 있도록 하는 권한을 경찰기관에게 부여하는 일반적인 법적 근거를 둘 때가 있다.

이러한 일반적인 법적 근거를 일반수권조항이라 한다. 이를 개괄조항, 일반적 수권조항 또는 개괄수권조항(Generalermächtigung)이라고도 부른다.

2. 필요성

1) 법률유보의 원칙과 개별적 수권조항

경찰권의 발동은, 헌법 자체가 예외를 인정하는 경우를 제외하고, 경찰조직규범 외에 개별적 근거가 되는 경찰작용법적 근거규범, 즉 개별적 수권조항에 따라 행하여져야 한다. 이는 법률유보의 원칙상 당연하다.

따라서 개별적 수권조항도 없고 경찰상 표준적 수권조항에도 해당되지 아니하는 위해가 발생한 경우에는 경찰권을 발동할 수 없게 된다.

2) 일반수권조항의 필요성

그런데 실제 경찰작용은 주로 장래 발생할 위해에 대한 것이고, 그 위해의 형태는 천차만별이어서 이를 모두 예측하고 이에 대처할 수 있는 개별적 수권조항을 빠짐없이 둔다는 것은 입법현실상 거의 불가능하다.

뿐만 아니라 위험의 긴급성·다양성·상황적응성 등 경찰작용의 특수성으로 인하여 경찰기관으로 하여금 임기응변으로 대처하도록 요구하는 것이 불가피한 경우가 있을 수 있다.

이러한 이유로 경찰권 발동에 관한 일반수권조항을 둘 필요성이 있다고 한다.

3) 일반수권조항의 유래

독일에 있어서 일반수권조항의 시발은 1794년의 프로이센 일반란트법 제10조를 근거로 한 프로이센고등행정법원은 크로이츠베르크판결(Kreuzberg-Urteil)이다.

"공공의 평온, 안녕과 질서를 유지하고 공중 혹은 개개구성원에 대한 위험을 방지하기에 적합한 조직이 경찰이다"(동조제2항제17호)라고 규정한 이 조항은 법치행정의 원리가 확립되어 있지 않던 당시 경찰의 직무에 관하여 규정한 것이었다.

그럼에도 불구하고, 1882년 프로이센고등행정법원은 크로이츠베르크판결에서 성문의 개별적 수권규범의 부재에 대한 응급처방으로 이 일반적 직무규정을 일반수권규정 즉, 개괄적 수권조항으로 보았던 것이었다.

Ⅱ. 일반수권조항의 존부에 관한 논의

1. 일반수권조항의 존부

우리나라에서는 경찰권직무집행법상의 경찰관의 직무에 관한 규정(법2)을 중심으로 하여 일반수권조항의 존부에 대하여 학설은 긍정설과 부정설로 구분되어 왔다.

1) 긍정설

긍정설은 다시 ① 경찰관직무집행법 제2조제7호에서 경찰관의 직무 중 하나로서 규정하고 있는 "기타 공공의 안녕과 질서유지"를 직접 일반수권조항으로 보는 견해, ② 경찰관직무집행법 제5조제1항 소정의 "위해방지상 필요하다고 인정되는 조치"를 일반수권조항으로 보는 견해, ③ 경찰관직무집행법 제2조제7호와 제5조제1항의 유추해석에 의하여 일반수권조항을 인정할 수 있다는 견해, ④ 경찰관직무집행법 제2조 및 제5조제1항 및 범죄의 예방과 제지에 관하여 규정하고 있는 제6조를 종합하여 일반조항으로 보는 견해 등으로 나뉜다.

2) 부정설

부정설은 우리나라에 있어서 실정법상 경찰관의 발동근거를 규정하고 있는 일반수권조항은 존재하지 아니한다는 견해이다.

이 견해는 경찰작용에 대한 법률근거는 개별적 수권법규이어야 하며 포괄적·일반적인 수권법규는 허용되지 아니한다는 입장에서 경찰관직무집행법제2조제7호는 단지 경찰의 직무범위를 정한 것으로서 본질적으로는 조직법적 성질의 규정이라는 입장에서 이는 수권법규가 될 수 없다고 한다.

2. 일반수권조항의 도입 필요성 여부

일반수권조항의 존재를 부정하는 견해를 바탕으로 하여, 일반수권조항의 도입이 필요한가의 여부에 대하여는 그 필요성을 부인하는 견해와 필요성을 긍정하는 견해로 나뉜다.

Ⅲ. 판례의 태도

1. 대법원 판례

대법원 85도2448, 85감도356 판결은 명확하지는 않으나, 경찰관직무집행법 제2조를 경찰권발동의 근거로 보는 듯한 태도를 취하고 있다. 한편, 국가배상책임의 발생요건과 관련하여 대법원은 일관하여 경찰관직무집행법 제2조를 경찰권발동의 근거조항으로 인정하고 있다.

그리고 군사시설보호법상의 통제보호구역이나 울타리 또는 출입통제표찰이 설치된 부대주둔지에 출입하려는 자는 관할부대장 등 또는 주둔지부대장의 허가를 받아야 한다(법7). 그런데 2008다86249 판결에서 대법원은 관할 부대장 등의 허가 없이 그 지역 내의 마을에 출입하려는 사람들을 제지한 경찰의 통행 제한행위는 경찰관직무집행법에 기한 정당한 직무집행으로 볼 여지가 있다고 하여 구체적인 조항을 적시하지 아니한 채 경찰관직무집행법을 경찰권발동의 근거법률로 인정하고 있다. 따라서 대법원은 경찰관직무집행법 제2조를 일반수권조항으로 인정하고 있으며, 나아가 경찰관직무집행법 자체를 경찰권발동의 일반적 근거법률로 인정하는 태도를 취하고 있다.

2. 헌법재판소의 결정

헌법재판소는 2005년의 99헌마513 헌법소원심판에서 경찰조직규범인 경찰법 제3조 및 경찰관의 직무근거규범인 경찰관직무집행법 제2조를 경찰작용의 근거규정으로 보았다. 다만, 소수의견은 이를 근거규정이라고 해석할 수는 없으므로, 헌법상 법률유보원칙에 어긋난다는 주장을 하고 있다.

이에 대하여 2011년의 2009헌마406 헌법소원심판에서는 경찰의 임무 또는 경찰관의 직무 범위를 규정한 경찰법 제3조, 경찰관직무집행법 제2조는 경찰권 발동의 일반수권조항이라 하여 국민의 기본권을 구체적으로 제한 또는 박탈하는 행위의 근거조항으로 삼을 수는 없다고 판시하여 2005년의 판결과는 상반되는 입장을 취하였다.

특히 이 심판에서 헌법재판소는 법률유보원칙에서 말하는 법률은 개별적 또는 구체적 사안에 적용할 작용법적 조항만을 의미하는 것이라고 명시하고 있다. 나아가 일반수권조항을 인정하는 것은 경찰권의 발동을 개별적 수권조항에 의해 엄격하게 기속하려는 입법의도를 뒤집는 것이며, 여타의 국가조직규범과는 달리 경찰조직규범에 의한 경찰권발동을 예외적으로 인정하는 것은 법치행정의 원리를 형해화하는 것이라고 지적하고 있다.

Ⅳ. 보안경찰법상의 일반수권조항 논의에 대한 검토

1. 경찰관직무집행법상의 표준조치

1953년에 제정된 경찰관직무집행법은 경찰관의 직무범위를 명시적으로 규정한 바 없다.

뿐만 아니라, 경찰관직무집행법의 목적(법1)을 수행하기 위한 수단으로서 불심검문, 보호조치, 위험발생의 방지, 범죄의 예방과 제지, 위험방지를 위한 출입, 무기의 사용 등 6가지의 표준조치를 구체적으로 규정하고 있다.

그 후 수차의 개정을 거쳐 6가지의 표준조치 외에, 사실의 확인 등, 경찰장비의 사용 등, 경찰장구의 사용, 분사기 등의 사용 등 4가지의 표준조치를 추가하였다.

그런데 그 가운데에서 1981년의 개정법률에서 치안정보의 수집 등(법2iv)에 관한 경찰관의 직무에 관한 경찰권 발동의 표준조치로서 사실의 확인 등(법8)에 관한 규정을 제외하면, 나머지는 경찰권발동에 부수되는 장비 등에 관한 규정일 뿐, 1953년의 경찰관직무집행법 제정 이래 60년 가까이 흐른 지금까지 특별하게 경찰권발동의 근거로 추가된 것은 거의 없다.

2. 개별적 수권조항의 체계적 정비

보안경찰의 영역에서도 개별법에 의하여 개별적 수권조항은 대부분 체계적으로 정비되어 있다.

도로교통법, 집회및시위에관한법률, 총포·도검·화약류등의안전관리에관한법률, 사격및사격장안전관리에관한법률, 풍속영업의규제에관한법률, 사행행위등규제및처벌특례법, 해사안전법, 유선및도선사업법, 수상레저안전법, 수상에서의수색·구조등에관한법률, 해양환경관리법 등이 그것이다.

3. 직무범위와 관련된 개별법의 정비

경찰관직무집행법상의 직무의 범위와 관련하여 경비·주요 인사 경호 및 대간첩·대테러 작전수행(법2 iii) 및 교통 단속과 교통 위해의 방지(법2 v)에 관하여는 경찰관직무집행법이 별도의 표준조치에 관한 명시적인 규정을 두고 있지 아니하다.

그런데 경비·주요 인사 경호 및 대간첩·대테러 작전 수행(법2 iii)에 관하여는 대통령등의경호에관한법률과 통합방위법 등에 근거하여 경찰권의 발동이 이루어진다.

또한, 교통 단속과 교통 위해의 방지(법2 v)에 관하여는 도로교통법, 해사안전법 등에 의하여 경찰권의 발동이 이루어지게 되므로 경찰관직무집행법에서는 별도로 표준조치에 관한 규정을 두고 있지 아니한 것으로 보아야 한다.

4. 결 어

경찰관직무집행법이 제정된 이래 60년 가까이 일반적 수권규정의 필요성과, 그 허용 및 존재 여부, 그리고 실정법에 일반적 수권규정이 존재하지 아니하는 경우에 있어서의 일반적 수권규정의 입법필요성에 관한 논의가 지속되어 왔다.

긍정설은 오랫동안 경찰관직무집행법 제2조 및 제5조 또는 제6조를 근거로 하여 일반수권조항의 존재를 긍정하여 왔으며, 부정설을 취하는 견해도 그 일부는 일반수권조항의 도입 필요성을 강조하여 왔다.

판례의 태도 또한 오랫동안 변함없이 그 논의의 한 가운데 있었다. 대법원 판례는 현재까지도 경찰관직무집행법 제2조를 일반수권조항으로 인정하고 있다. 이에 대하여 헌법재판소 역시 다수의견과 소수의견이 대립되는 입장을 보였다. 최근 판례에서 헌법재판소는 비교적 분명한 입장으로 경찰법 제3조 및 경찰관직무집행법 제2조를 조직규범인 이상 이를 일반수권조항으로 볼 수 없다는 점을 밝히고 있다.

또한, 경찰관직무집행법은 도입 당시부터 불심검문 등 경찰관이 국민의 재산과 생명을 보호하고 범죄의 예방과 치안의 유지 등 직무를 충실히 수행할 수 있도록 필요한 6가지의 표준조치를 규정하고 있었다. 그 후 학계와 법조계의 오랜 논란에도 불구하고, 실질적으로 경찰관직무집행법 개정법률에 의하여 추가된 표준조치는 정보경찰권발동의 근거인 사실의 확인 등이 추가되었을 뿐이다. 이는 여타의 개별 근거법령이 정비됨에 따라 별도의 표준조치를 경찰관직무집행법에 도입할 필요가 없었음을 반증하는 것이다. 물론, 별도의 표준조치를 도입할 필요가 앞으로 발생할 지의 여부는 두고 보아야 할 일이다.

그러한 필요가 있는 경우에는 경찰관직무집행법을 개정함으로써 이를 도입하거나 아니면 개별 근거법령의 제·개정을 통해 이를 해결할 수 있을 것이다. 그러나 이 경우에도 가급적이면 개별 근거법령의 제·개정을 통하여 해결하는 것이 바람직하다고 본다. 왜냐하면, 경찰관직무집행법상의 표준조치는 불확정개념의 사용이나 경찰재량의 통제 등에 있어서 문제가 있을 뿐만 아니라 명확성의 원칙에도 반할 우려가 있기 때문이다.

마지막으로 보충성의 원칙이 충실히 준수되어야 한다. 보충성의 원칙이란 경찰관직무집행법상의 표준조치는 개개의 법률에 경찰권발동의 근거규정이 없는 경우에 한하여 발동하게 됨을 의미한다. 따라서 보충성의 원칙은 개개의 법률에 경찰권발동의 근거규정이 정비되어 있을 것을 요구한다고 보아야 하기 때문이다. 그러므로 구체적인 경찰권발동의 근거를 경찰관직무집행법상의 표준조치에서 찾을 것이 아니라 가급적이면 별도의 개별법을 입법하여 이를 근거로 하여 경찰권을 발동하는 것이 바람직하다.

제 2 장
경찰권의 한계

제1절 개 설

Ⅰ. 의 의

법치행정의 원리에 따라 일정한 작용법적 근거에 의하여 경찰권을 발동하는 경우에도 공공의 안녕과 공적 질서의 유지라는 경찰목적을 달성함과 동시에, 국민의 기본권에 대한 최소한의 침해를 통하여 국민의 기본권을 최대한으로 보장하여야 한다.

경찰권의 한계이론은 공공의 안녕과 질서유지를 목적으로 하여 국민의 자유와 권리를 침해하는 경찰권의 발동과 국민의 자유와 권리의 최대한의 보장이라는 헌법상의 요청을 조화시키고자 하는 이론이다.

Ⅱ. 종 류

경찰권발동의 근거규범을 정립하는 경우 경찰권의 발동요건을 일의적으로 규정하고 그 효과를 지속적으로 규정하는 것이 바람직하다.

그럼에도 입법기술상 일반적 추상적 개념을 사용하는 것이 일반적이어서 규율대상을 개별적 일의적으로 규정하기란 쉽지 않다. 경찰작용은 주로 장래 발생할 위해에 대한 것이고, 그 위해의 형태는 다양하므로 이를 모두 예측하여 규정하기 어렵기 때문이다. 따라서 경찰작용은 그 성질상 경찰기관에게 임기응변으로 대처하도록 요구하는 것이 불가피한 경우가 적지 않다. 그래서 입법자는 다의적인 규정형식에 의할 수밖에 없다.

경우에 따라서는 불확정개념이나 공백규정에 의한 입법이 불가피하게 되며, 이러한 경우에는 필연적으로 개괄적이고도 다의적인 개념에 의해 경찰권발동의 요건을 규정하게 되어 경찰기관에게 재량권을 부여하게 되는 경우가 적지 않다. 나아가 효과의 선택에 있어서도 결정재량과 선택재량을 부여하고 있는 경우가 많다.

그리하여 종래의 통설은 경찰권 발동의 한계를 법규상의 한계와 조리상의 한계로 구분한다.

제 2 절 법규상의 한계

1. 의 의

법규상의 한계란 경찰법규가 정한 경찰권발동의 근거에 의하여 그리고 근거법규가 정한 범위 내에서 발동되어야만 한다. 이를 규범상의 한계라고도 한다.

근거법규가 경찰권발동의 요건을 일의적으로 규정하고 있는 경우에는 그 요건이 충족되면 기속적으로 경찰권이 발동되어야 한다.

근거법규상의 경찰권 발동의 요건이 공백규정이거나 불확정개념으로 이루어진 경우에도, 경찰행정청에게 판단의 여지가 인정되지 않는 이상, 입법자의 의도를 명확하게 파악하여 그에 따라 경찰권이 발동되어야 한다.

2. 이론적 근거

법규상의 한계는 법치행정의 원리를 구성하는 요소인 법률유보의 원칙에서 도출된다. 성질상 국민의 자유와 권리에 대한 제한을 내용으로 하는 경찰권의 발동은 법률에 근거하여, 그리고 근거법규가 정한 범위 내에서 발동되어야 하기 때문이다.

3. 근거법규의 형식

여기에서의 근거법규는 원칙적으로 법률이어야 하며, 이에는 수권법률이 구체적으로 범위를 정하여 수권한 사항을 입법내용으로 하는 법규명령이 포함된다.

자치경찰의 경우에는 조례와 그 수권에 의한 규칙이 근거법규에 포함된다.

그리고 헌법상의 법률대위명령(긴급재정경제명령, 긴급명령)도 이에 포함된다.

4. 위반의 효과

경찰권의 발동이 그 법적 근거를 결여하거나 근거법규의 범위를 벗어난 경우에는 위법한 경찰권의 발동이 된다. 특히 권력적 침익적 경찰작용에 있어서의 근거법규는 동시에 경찰권발동의 한계를 구성한다.

제 3 절 경찰법원리상의 한계

1. 의의

경찰법원리상의 한계란 경찰법규가 경찰기관에게 재량권을 부여하고 있는 경우에도 경찰권의 발동에 준수되어야 하는 일정한 조리상 한계를 말한다. 이를 조리상의 한계라고도 한다.

경찰법원리상의 한계를 넘는 경찰권의 발동은 재량권일탈·남용으로 위법하게 된다고 한다.

전술한 바와 같이, 실정 경찰행정법은 경찰권발동의 요건과 효과를 엄격하게 구속하는 경우가 그리 많지 않다. 예컨대 경찰관직무집행법은 불심검문(법3①)[1]이나 보호조치 등(법4①)[2]에 관하여 규정하면서도, 불심검문이나 보호조치의 요건을 일의적으로 규정하고 있지 않으며, 효과에 대하여도 결정재량을 부여하고 있는 것이다.

이러한 경우 경찰관은 경찰권발동의 요건과 효과의 선택에 있어 비교적 광범한 재량을 가지게 된다. 경찰관이 가지는 이러한 재량의 남용이나 일탈을 방지하기 위해 경찰권의 한계로서의 경찰법원리상의 한계는 중요한 의미를 가진다.

경찰법원리상의 한계로서 경찰소극목적의 원칙, 경찰공공의 원칙, 경찰책임의 원칙, 경찰비례의 원칙을 드는 것이 일반적이다. 최근 그 외에 경찰권의 적극적 한계로서 경찰권 발동 의무가 논의되고 있다.

2. 경찰소극목적의 원칙

경찰소극목적의 원칙이란 경찰권은 공공의 안전·질서의 유지라는 소극적 목적을 위하여서만 발동될 수 있다는 원칙이다. 이는 실질적 경찰개념에서 도출된다.

그러므로 경찰권이 소극목적을 넘어서 공공복리의 증진과 같은 적극적 목적을 위하여 발동되거나, 군정이나 재정 등 국가목적적 작용을 위해 발동되어서는 아니 된다.

---

1) 경찰관은 수상한 행동이나 그 밖의 주위 사정을 합리적으로 판단하여 볼 때 어떠한 죄를 범하였거나 범하려 하고 있다고 의심할 만한 상당한 이유가 있는 사람 또는 이미 행하여진 범죄나 행하여지려고 하는 범죄행위에 관한 사실을 안다고 인정되는 사람을 정지시켜 질문할 수 있다.

2) 경찰관은 수상한 행동이나 그 밖의 주위 사정을 합리적으로 판단해 볼 때 정신착란을 일으키거나 술에 취하여 자신 또는 다른 사람의 생명·신체·재산에 위해를 끼칠 우려가 있는 사람이거나, 자살을 시도하는 사람 또는 미아, 병자, 부상자 등으로서 적당한 보호자가 없으며 응급구호가 필요하다고 인정되는 사람(다만, 본인이 구호를 거절하는 경우는 제외)이 명백하고 응급구호가 필요하다고 믿을 만한 상당한 이유가 있는 사람(이하 "구호대상자"라 한다)을 발견하였을 때에는 보건의료기관이나 공공구호기관에 긴급구호를 요청하거나 경찰관서에 보호하는 등 적절한 조치를 할 수 있다.

3. 경찰공공의 원칙

1) 의의

경찰공공의 원칙이란 경찰권은 공공의 안녕·질서의 유지라는 공공의 목적을 위하여만 발동될 수 있다는 원칙이다. 경찰공공의 원칙 역시 실질적 경찰개념에서 도출된다.

경찰권은 공공의 안녕과 질서 유지를 위하여 일반 국민을 대상으로 하여 명령·강제하는 것을 그 내용으로 한다. 그러므로 국민 개개인의 활동이 공공의 안녕과 질서유지라는 경찰목적을 침해하지 아니하는 경우에는 경찰권을 발동할 수는 없다.

따라서 공공의 안녕·질서의 유지에 직접적인 관계가 없는 사생활, 사주소 및 민사상의 법률관계에는 경찰권이 관여하여서는 아니 된다.

이 원칙은 구체적으로는 다시 사생활불가침의 원칙, 사주소불가침의 원칙, 민사관계불간섭의 원칙으로 나뉜다. 사생활불가침의 원칙 및 사주소불가침의 원칙은 헌법규정에서도 그 근거를 도출할 수가 있다.

2) 사생활불가침의 원칙

사생활불가침의 원칙이란 공공의 안녕·질서의 유지에 직접적인 위해가 없는 개인의 생활이나 행동에 경찰권이 간섭하여서는 아니 된다는 원칙이다.

사생활이란 개인의 사적 생활의 범위에 한정되어 그 영향이 사회 공공의 안녕과 질서의 유지에 위해를 미치지 아니하는 개인의 생활활동을 의미한다.

따라서 국민 각자의 생활활동이 사적인 생활범위에 한정되어 사회 공공의 안녕과 질서의 유지에 위해를 미치지 아니하는 것은 개개인의 자율에 맡겨야 한다는 것이다.

사생활의 범위는 때와 장소에 따라 반드시 동일하다고 할 수 없으며 그때그때의 사회통념에 따라 이를 결정할 수밖에 없다고 보는 것이 일반적이다.

경찰권의 발동이 사생활불가침의 원칙에 위반하여 발동된 경우에는 위헌·위법행위가 된다.

그러나 개인은 사회의 구성원이고 사회는 개인의 집합으로 이루어져 있으므로 개인의 생활활동이 동시에 사회공공의 안녕과 질서의 유지에 위해를 미치는 경우가 있을 수 있다. 이와 같이 공공의 안녕과 질서의 유지에 위해를 주는 사생활에 대하여는 부득이 경찰권을 발동할 수밖에 없다.

예컨대, 경찰관직무집행법상의 보호조치 등(법4①)에 관한 규정에서 보는 바와 같이, 경찰관이 응급구호가 필요하다고 믿을 만한 정신착란 또는 술 취한 상태로 인하여 자기 또는 다른 사람의 생명·신체와 재산에 위해를 미칠 우려가 있어 응급구호가 필요하다고 믿을 만한 자를 발견한 때에는 보건의료기관이나 공공구호기관에 긴급구호를 요청하거나 경찰관서에 보호하는 등 적당한 조치를 할 수 있으며, 경찰관은 피구호자가 휴대하고 있는 무기·흉기 등 위험을 야기할 수 있는 것으로 인정되는 물건은 경찰관서에 임시영치할 수 있다(동조②). 이와 같이 정신착란자나 술에 취한 자가 사회공공의 안녕질서에 위해를 미칠 우려가 있는 경우 경찰권을 발동하게 되는 것이다.

도로교통법은 이와 관련하여, 무면허운전 등의 금지(법43), 술에 취한 상태에서의 운전 금지(법44), 과로한 때 등의 운전 금지(법45), 공동위험행위의 금지(법46), 난폭운전의 금지(법46의3) 등에 관하여 규정하고 있다. 나아가 경찰공무원은 자동차 등의 운전자가 이를 위반하여 자동차 등 또는 노면전차를 운전하고 있다고 인정되는 경우에는 이를 일시정지시키고 그 운전자에게 자동차 운전면허증을 제시할 것을 요구할 수 있도록 규정(법47①)하는 한편, 술에 취한 상태 및 과로한 때 등의 운전 금지규정을 위반하여 자동차 등을 운전하는 사람에 대하여는 정상적으로 운전할 수 있는 상태가 될 때까지 운전의 금지를 명하고 그 밖의 필요한 조치를 할 수 있도록 규정(동조②)하고 있다.

3) 사주소불가침의 원칙

사주소불가침의 원칙이란 사회와 직접 접촉되지 아니하는 사주소에서의 행위에 대하여는 경찰권을 발동하여서는 아니 된다는 원칙이다.

개개인의 행위가 공개된 장소에서 행하여지면 당연히 금지될 행위에 해당하는 것이라 하더라도 그것이 사주소에서 행해지는 경우에는 원칙적으로 사회공공의 안녕질서에 위해를 미치는 것이 아니므로 경찰권발동대상에서 제외된다는 의미이다.

여기서 사주소란 직접으로 일반 공중과 접촉되지 아니하는 장소를 의미한다. 이에는 개인의 주거용 건축물 외에도 회사 · 사무소 · 연구실 · 공장 · 창고 등의 비주거용 건축물도 이에 포함된다.

그러나 흥행장 · 여관 · 음식점 · 역 등과 같이 일정한 조건하에 불특정의 많은 사람이 항상 자유로이 출입할 수 있는 장소는 공적 장소와 다름이 없는 경찰상 공개된 장소에 해당된다. 그러므로 경찰상 공개된 장소는 사주소에는 포함되지 아니하므로 경찰권발동의 대상이 된다.

이와 관련하여, 경찰관직무집행법은 흥행장 · 여관 · 음식점 · 역 그 밖에 많은 사람이 출입하는 장소의 관리자 또는 이에 준하는 관계인은 그 영업시간이나 해당 장소가 일반인에게 공개된 시간 내에 경찰관이 범죄의 예방 또는 사람의 생명 · 신체와 재산에 대한 위해예방을 목적으로 그 장소에 출입할 것을 요구한 때에는 정당한 이유 없이 이를 거절할 수 없다(법7②)고 규정하고 있다.

또한, 사주소 내에서의 행위가 모두 경찰권발동의 대상에서 제외되는 것은 아니다. 사주소 내의 행위라도 지나친 악취나 부부싸움 또는 연주 등으로 인한 지나친 소음 등을 발생시키는 행위, 외부로부터 공공연히 관망할 수 있는 장소에서의 나체로 있는 행위 등은 직접 사회공공의 안녕질서에 위해를 미치는 행위가 된다. 이러한 경우에는 경찰권발동의 대상이 된다.

이와 관련하여, 경찰관직무집행법은 제7조제1항에서 경찰관의 위험방지를 위한 긴급출입의 근거규정을 두고 있다. 즉, 경찰관은 위험발생의 방지(법5) 및 범죄의 예방과 제지(법6)에 규정한 위험한 사태가 발생하여 사람의 생명 · 신체 또는 재산에 대한 위해가 절박한 때에 그 위해를 방지하거나 피해자를 구조하기 위하여 부득이 하다고 인정할 때에는 합리적으로 판단하여 필요한 한도 내에서 다른 사람의 토지 · 건물 · 배 또는 차에 출입할 수 있는 것이다.

4) 민사관계불간섭의 원칙

민사관계불간섭의 원칙이란 민사상의 법률관계의 발생·변경 및 소멸과 권리의 침해 등에 대한 구제는 경찰권발동의 대상에서 제외된다는 원칙이다.

민사상의 법률관계인 개인의 재산권이나 친권의 행사·민사상의 매매나 임대차 등의 계약 등은 사적인 법률관계에 그치는 한, 공공의 안녕질서에 위해를 초래하지 아니하기 때문이다.

그러나 민사상의 법률관계라 하더라도 공공의 안전과 질서에 영향을 미치는 경우에는 법률의 근거에 의하여 경찰권의 대상이 된다.

이와 관련하여, 총포·도검·화약류등의안전관리에관한법률은 총포·도검·화약류·분사기·전자충격기·석궁의 제조·거래·소지·사용 그 밖의 취급에 관한 사항을 경찰권발동의 대상으로 규정하고 있다. 총포·도검·화약류·분사기·전자충격기·석궁으로 인한 위험과 재해를 미리 방지함으로써 공공의 안전을 유지하기 위한 것이다.

또한, 사행행위등의규제및처벌특례법 제12조는 사행행위영업자와 그 종사자는 영업소에 청소년을 입장시키거나 인터넷 등 정보통신망을 이용하는 사행행위영업에 청소년이 참가하는 것을 허용하지 아니하도록 규제하고 있으며, 지나친 사행심을 유발하는 등 선량한 풍속을 해칠 우려가 있는 광고 또는 선전의 금지와 영업방법 및 당첨금, 영업시간 등에 관하여 경찰권을 발동할 수 있도록 규정하고 있다.

4. 경찰책임의 원칙

경찰책임의 원칙이란 경찰권은 경찰책임을 부담하여야 할 지위에 있는 이른바 경찰책임자 즉, 경찰상 위험의 발생 또는 그 제거에 책임이 있는 자에게만 발동되어야 한다는 원칙이다.

예외적으로 경찰상 위험의 발생 또는 그 제거에 책임이 없는 자에게 경찰권이 발동되는 경우도 있다. 이를 경찰상 긴급상태라 한다. 경찰책임자가 아닌 제3자를 경찰권발동의 대상으로 하려면 경찰권발동의 필요가 긴급하고 또 그 법적 근거가 있어야 한다.

개개인은 사회의 구성원으로서 자신의 행위나 물건으로 인하여 경찰상의 위험을 초래하여서는 아니된다. 그러나 고의에 의한 것이든 과실에 의한 것이든 간에 자신의 행위나 물건에 의하여 객관적으로 보아 경찰상의 위험을 초래한 경우에는 자신이 속한 사회의 구성원으로서의 의무위반에 따르는 책임을 지게 되는 것이다.

5. 경찰비례의 원칙

1) 의의

경찰비례의 원칙이란 경찰권의 발동은 공공의 안녕과 질서유지라는 경찰목적을 달성하기 위하여만 발동할 수 있으며, 발동하는 경우에도 위해의 제거에 필요한 최소한의 한도로 발동되어야 한다는 원칙이다.

다시 말하면, 경찰권 발동의 조건과 그 정도는 공공의 안녕과 질서유지의 필요의 정도와 비교하여 그 사이에 적당한 비례가 유지되어야 한다.

2) 내용

경찰비례의 원칙은 다시 수단의 목적적합성의 원칙(적합성의 원칙), 가장 부드러운 수단의 원칙(필요성의 원칙) 및 수단을 통한 사익침해와 경찰목적의 달성이라는 공익을 형량하여 공익이 우월한 경우에 한하여 경찰권을 발동할 수 있다는 이익형량의 원칙(상당성의 원칙)으로 구분된다.

이와 관련하여, 경찰관직무집행법은 동법에 규정된 경찰관의 직권은 그 직무수행에 필요한 최소한도 내에서 행사되어야 한다고 명시적으로 규정(법1②)하여 이를 확인하고 있다.

6. 경찰권의 적극적 한계로서의 경찰권 발동의무

경찰권 발동의무가 명시적으로 규정되어 있는 경우에는 당연히 경찰의 개입의무가 발생한다.

그 외에 경찰권의 발동 여부가 재량으로 규정되어 있는 경우에도 경찰의 개입의무가 발생할 수도 있다. 이는 경찰재량권을 행사함에 있어서 공공의 안녕과 질서유지라는 경찰목적에 급박하고 현존하는 위험이 있는 경우 다른 행위를 선택하는 것은 위법이 되고 오직 하나의 행위를 선택하는 것만이 적법하게 되는 경우를 말한다. 이 경우에는 경찰재량권이 '영으로의 수축'되어 경찰권이 발동되어야 하는 것이다.

이와 관련하여, 대법원은 경찰관에게 그러한 권한을 부여한 취지와 목적에 비추어 볼 때 구체적인 사정에 따라 경찰관이 그 권한을 행사하여 필요한 조치를 취하지 아니하는 것이 현저하게 불합리하다고 인정되는 경우에는 그러한 권한의 불행사는 직무상의 의무를 위반한 것이 되어 위법하게 된다고 판시(대법 1998. 8. 25. 선고 98다16890판결)[3] 한 바 있다.

군경공무원들이 3차에 걸친 간첩출현신고를 묵살하고 즉시 출동하지 아니한 직무유기행위로 인하여 피해자가 공비에 의하여 살해된 경우 국가배상책임을 인정(대법 1971. 4. 6. 선고 71다124판결)하여 경찰재량권의 행사에 있어서 경찰권 발동의무를 인정하고 있다.

그리고 긴급구호권한과 같은 경찰관의 조치권한은 일반적으로 경찰관의 전문적 판단에 기한 합리적인 재량에 위임되어 있는 것이나, 그렇다고 하더라도 구체적 상황 하에서 경찰관에게 그러한 조치권한을 부여한 취지와 목적에 비추어 볼 때 그 불행사가 현저하게 불합리하다고 인정되는 경우에는, 그러한 불행사는 법령에 위반하는 행위에 해당하게 되어 국가배상법상의 다른 요건이 충족되는 한, 국가는 그로 인하여 피해를 입은 자에 대하여 국가배상책임을 부담한다(대법 1996. 10. 25. 선고 95다45927판결).

---

3) 같은 취지의 판결로는 대법원 2017. 11. 9. 선고 2017다228083 판결 ; 대법원 2004. 9. 23. 선고 2003다49009 판결 등 다수가 있다.

제4절 한계 일탈의 효과와 권리구제

Ⅰ. 한계 일탈의 효과

경찰권이 법규상의 한계 또는 경찰법원리상의 한계를 일탈하여 발동된 경우에는 모두 위법한 행위로서 무효 또는 취소의 사유가 된다.

Ⅱ. 권리구제

경찰권이 법규상의 한계 또는 경찰법원리상의 한계를 일탈하여 발동됨으로써 국민의 자유와 권리를 침해한 경우에는 각종 구제절차에 따라 구제를 받을 수 있다.

구제방법으로는 관련 경찰공무원의 징계책임, 국가배상책임, 형사책임, 민법상의 손해배상 등을 통한 구제는 물론, 상급청의 지휘감독권에 의한 취소 또는 정지(명령)권의 발동에 의한 구제, 행정상 쟁송에 의한 구제, 헌법소원 등을 통한 구제를 들 수 있다.

제 5 절 경찰책임

Ⅰ. 경찰책임의 개념

1. 의의

국가공동체의 모든 구성원은 자신의 행위와 자신의 물건으로 인하여 공공의 안녕과 질서를 침해하여서는 아니 되는 경찰상의 의무를 부담한다. 이에 위반하여 공공의 안녕과 질서를 침해한 자는 경찰책임자가 되어 경찰권 발동의 대상이 된다.

경찰책임자는 자신의 비용으로 장해의 원인인 위험과 그 결과인 장해를 제거하여야 한다. 원인과 결과를 모두 제거하여야 하는 책임을 실질적 의미의 경찰책임이라 한다. 그리고 실질적 의미의 경찰책임을 지는 자는 공공의 안녕과 질서회복을 위한 경찰행정청의 명령에 복종하여야 한다. 이를 형식적 의미의 경찰책임이라 한다.

2. 경찰책임자

누구든지 자기의 생활범위 안에서 객관적으로 경찰위반의 상태가 발생한 경우에는 경찰책임자가 된다. 경찰책임자의 고의 · 과실은 묻지 않는다.

자연인은 모두 경찰책임의 주체가 된다. 법인이나 권리능력 없는 사단도 마찬가지이다. 경찰책임은 국적과 무관하므로 외국인이나 무국적자도 경찰책임을 진다. 다만, 경찰상의 면책특권을 가진 외국인은 그 범위 내에서 경찰책임이 면제된다.

자기의 생활범위란 자기 자신은 물론 자신이 사실상 지배하고 있는 모든 사람(가족 · 사용인 등) 및 물건(가축 기타 소유물 또는 점유물)을 지칭한다.

Ⅱ. 경찰책임의 형태

1. 행위책임

행위책임은 작위 · 부작위 등 사람의 행위로 인하여 경찰위반상태가 발생한 경우에 부담하는 경찰책임이다. 여기에서 부작위란 단순히 아무런 행위를 하지 아니한 것이 아니라, 법상 요구되는 행위를 하지 아니하는 것을 의미한다.

행위책임은 자신의 행위로 인한 것이 대부분이다. 그러나 다른 사람의 행위를 관리하고 있는 자는 그 자의 행위로 인하여 발생한 경찰위반상태에 대하여 책임을 진다. 이는 그 자를 대신하여 지는 책임이 아니라 자기의 생활범위 안에서 경찰위반상태를 발생시킨 것에 대한 자기책임으로 본다.

2. 상태책임

상태책임은 사람의 행위가 아니라 토지·공작물·식물·동물 등 물건의 상태로부터 위험 또는 장해가 야기되는 경우에 부담하는 책임이다.

물건으로부터 이익을 얻는 자는 그 물건으로부터 발생하는 위험에 대하여도 원칙적으로 책임을 부담하여야 한다. 물건으로부터 이익을 얻는 자는 물건의 소유자에 한정되지 않는다.

그러므로 상태책임을 부담하여야 하는 경우에는 당해 물건의 소유자나 임차인 등 정당한 권원을 가진 자는 물론, 당해 물건에 대하여 사실상의 지배권을 행사하는 자도 상태책임의 주체가 된다.

예컨대, 경찰관은 재산 등에 중대한 손해를 끼칠 우려가 있는 천재, 사변, 인공구조물의 파손이나 붕괴, 위험물의 폭발, 위험한 동물의 출현, 극도의 혼잡 기타 위험한 사태가 있을 때에는 사물의 관리자 기타 관계인에게도 위해를 방지하기 위하여 필요하다고 인정되는 조치를 하게 할 수 있다고 규정하고 있다(경찰관직무집행법5① 참조). 여기에서의 관리자 기타 관계인은 반드시 정당한 권원을 가진 자에 한정되지 않는다.

3. 경찰책임의 경합

1) 의의

하나의 경찰위반상태가 많은 사람의 행위 또는 많은 사람이 관리하는 물건의 상태에 기인하거나 행위책임과 상태책임의 중복에 기인하는 형태의 경찰책임을 경찰책임의 경합이라 한다.

경찰책임의 경합을 복합적 책임, 다수자책임 또는 혼합책임이라고도 한다.

2) 경찰책임자

경찰책임이 경합된 경우 경찰관은 경찰위반상태를 가장 신속하고도 효과적으로 제거할 수 있는 자에게 경찰권을 발동하여야 한다.

행위책임과 상태책임이 중복되어 있는 경우에는 행위책임자에게 경찰권이 발동되어야 한다는 것이 지배적 견해이다.

구체적인 판단은 경찰관의 성실한 재량에 맡겨져 있다고 할 것이다.

4. 행정주체의 경찰책임

1) 의의

국가기관의 행위나 공용에 제공되는 물건의 상태가 경찰의무를 위반한 경우 국가 등의 행정주체가 경찰책임을 부담하는가의 문제이다.

즉, 행정주체가 경찰위반의 사태의 발생에 대하여 행위책임이나 상태책임이 있는 경우, 경찰기관은 당해 행정주체를 대상으로 하여 경찰권을 발동할 수 있는가가 문제된다.

2) 행정주체의 경찰책임

이에 관하여는 제2차 세계대전까지의 독일의 지배적 견해는 국가 등 행정주체는 경찰권발동의 대상이 되지 아니한다는 입장이었다. 그 후 학설과 판례는 행정주체의 경찰책임을 긍정하고 있다.

우리나라에서도 국가 등 행정주체가 국고주체로서는 물론 공권력주체로서도 원칙적으로 경찰권발동의 대상이 된다는 견해가 지배적이다.

Ⅲ. 경찰책임의 승계

경찰책임의 승계는 경찰책임자가 사망하거나 그가 소유 또는 지배하던 물건이 매각 등으로 다른 사람에게 이전된 경우에 경찰책임이 상속인이나 양수인 등에게 승계되는가의 문제이다.

행위책임의 경우에는 법률에 명문의 규정이 있거나 대체가능한 경우를 제외하고는 승계가 허용되지 아니한다는 것이 통설이다.

상태책임의 경우에는 상태책임이 물건의 상태와 관련되기 때문에 승계가 원칙적으로 허용된다는 것이 일반적이다.

Ⅳ. 제3자의 경찰책임

1. 의의

경찰권은 경찰책임자에 대하여만 발동할 수 있는 것이 원칙이다. 그러나 예외적으로 경찰책임자가 아닌 제3자에 대하여도 발동할 수 있다.

제3자에게 발동되는 경찰권을 제3자의 경찰책임 또는 경찰긴급권이라고 한다.

2. 발동요건

제3자에 대하여 경찰권을 발동하려면 ① 위해방지 또는 제거를 위한 명백하고 급박한(clear and present) 필요가 있고, ② 본래의 경찰책임자에 대한 경찰권의 발동으로는 위해 방지 또는 제거를 기대할 수 없으며, ③ 엄격한 법률의 근거를 필요[4]로 한다.

---

4) 예컨대, 수상에서의수색 · 구조등에관한법률은 구조본부의 장 및 소방관서의 장은 수난구호

3. 경찰책임의 이행과 불이익의 보전

제3자는 이러한 경찰책임을 이행함으로써 발생한 불이익의 보전을 청구할 수 있다.

예컨대, 수상에서의수색·구조등에관한법률이 규정하는 바에 따라, 국가 또는 지방자치단체는 수난구호업무 종사명령에 따라 수난구호 업무에 종사한 자가 부상을 입은 때에는 치료를 실시하고, 사망이나 신체에 장애를 입은 때에는 보상금을 지급하여야 한다(법29 참조).

를 위하여 부득이하다고 인정할 때에는 필요한 범위에서 사람 또는 단체를 수난구호업무에 종사하게 하거나 선박, 자동차, 항공기, 다른 사람의 토지·건물 또는 그 밖의 물건 등을 일시적으로 사용할 수 있다(법29①본)고 규정하고, 수난구호를 위한 종사명령을 받은 자는 구조본부의 장 및 소방관서의 장의 지휘를 받아 수난구호업무에 종사하여야 할 의무를 부과하고 있다(동조② 참조). 정당한 사유 없이 수난구호업무에의 종사명령에 불응하거나 선박·자동차·항공기·토지·건물, 그 밖의 물건 등의 일시사용을 거부한 자는 300만 원 이하의 벌금에 처하게 되어 있다(법45).

제 3 장 실정 경찰작용법

제1절 개 설

여기에서는 실정 경찰행정법 가운데에서 경찰청 및 해양경찰청 소관법령을 소개한다.

경찰청의 소관법령에는 도로교통법, 집회및시위에관한법률, 화염병사용등의처벌에관한법률, 사격및사격장안전관리에관한법률, 총포·도검·화약류등의안전관리에관한법률, 풍속영업의규제에관한법률, 사행행위등규제및처벌특례법 등이 있다.

나아가 해양경찰청 소관법령으로는 해사안전법, 유선및도선사업법, 수상레저안전법, 수상에서의수색·구조등에관한법률 그리고 해양환경관리법 등이 있다.

이들 소관법령을 중심으로 하여, 경찰행정작용에 관한 근거법의 입법목적과 그 주요 내용 등을 개략적으로 살펴보고자 한다.

제 2 절 국가경찰작용법

Ⅰ. 도로교통법

1. 입법목적

도로교통법은 도로에서 발생하는 모든 교통상의 위해를 방지하여 교통의 안전을 확보하기 위하여 제정(1961. 12. 31. 법률 제941호), 시행(1962. 1. 20.) 되었다.

그 후 1984. 8. 4.에 전면개정되었으며, 2005. 5. 31.에 다시 전면개정(법률 제7545호)되었다. 2005년의 개정법률은 도로통행과 자동차운전면허 등과 관련된 규정의 체계와 내용을 전면적으로 정비하기 위한 것이다.

현행 도로교통법은 도로에서 일어나는 교통상의 모든 위험과 장해를 방지하고 제거하여 안전하고 원활한 교통을 확보함을 목적(법1)으로 하고 있다.

2. 도로교통경찰작용

1) 의의

도로교통경찰이란 불특정한 다수인 또는 차마의 통행에 공개된 장소인 도로에서 야기되는 각종 위험을 방지하고 장해를 제거함으로써 교통의 원활을 확보하려는 경찰활동이다.

여기에서 도로란 현실적으로 불특정 다수의 사람 또는 차마가 통행할 수 있도록 공개된 장소로서 안전하고 원활한 교통을 확보할 필요가 있는 장소(법2 ⅰ)를 말하며, 교통이란 거리저항을 극복하기 위한 인간과 재화의 장소적 이동을 말한다.

2) 성질

도로교통경찰은 일반 공중의 공공사용에 제공되는 공물, 즉 공공용물(公共用物)인 도로에서의 교통을 규제하는 경찰작용으로서 공물경찰작용으로서의 성질을 가진다.

공물경찰권은 공물의 안전을 해하거나 사회공공의 질서에 영향을 미치는 경우 또는 공물의 사용이 경찰상의 위해를 발생하게 하는 경우에 소극적으로 공공의 안녕과 질서를 유지하고 그 위해를 제거하기 위하여 공물 위에 발동되는 일반경찰권이다. 공물경찰권은 공물관리권과는 구별된다.

3) 공물경찰권과 공물관리권의 구별

(1) 공물관리권

공물관리란 공물의 존립을 유지하고 공공목적을 위하여 사용함으로써 공물 본래의 목적을 달성하도록 하는 작용이다. 공물을 관리할 수 있는 공물주체의 권한을 공물관리권이라 한다.

공물관리권의 내용은 당해 공물에 관한 법령 또는 자치법규에 의하여 정하여진다. 공물의 소극적인 관리작용은 범위의 결정, 공용담보 및 공공목적에의 사용 등이 있고, 적극적인 관리작용으로는 공물의 유지 · 수선 · 보관 및 공공목적에 대한 장해의 방지 · 제거 등이 있다.

(2) 공물경찰권과의 구별

따라서 공물경찰권은 일반경찰기관의 소극목적적 권한인 데에 반하여, 공물관리권에는 공물관리청의 적극목적적 권한도 포함되기 때문이다.

경우에 따라 공물경찰권과 공물관리권이 경합되는 경우도 있다. 양자는 별개의 독립된 권한이므로 상호존중되어야 하며, 필요시 상호 협의에 의하여 조정되기도 한다.

3. 도로교통법의 주요 내용

도로교통법은 도로교통에 관한 금지와 제한 즉, 도로교통규제에 관한 대표적인 법률이다. 도로교통법은 ① 보행자의 통행방법, ② 차마 및 노면전차의 통행방법, ③ 운전자 및 고용주 등의 의무, ④ 고속도로 및 자동차전용도로에서의 특례, ⑤ 도로의 사용, ⑥ 교통안전교육과 운전면허 등, ⑦ 도로교통공단, ⑧ 행정벌과 범칙행위의 처리에 관한 특례 등에 관하여 규정하고 있다.

Ⅱ. 집회및시위에관한법률

1. 집회의 자유의 헌법적 보장

1) 의의

헌법 제21조제1항[1]은 집회 · 결사의 자유를 규정하는 한편, 제2항에서는 집회 · 결사에 대한 허가제의 부인을 규정하고 있다.

집회의 자유는 뜻을 같이하는 국민들이 공동의 의사를 표현하기 위하여 회합하는 자유를 의미한다.

헌법은 집회의 자유를 국민의 기본권으로 보장함으로써, 평화적 집회 그 자체는 공공의 안녕질서에 대한 위험이나 침해로서 평가되어서는 아니 되며, 개인이 집회의 자유를 집단적으로 행사함으로써 불가피하게 발생하는 일반대중에 대한 불편함이나 법익에 대한 위험은 보호법익과 조화를 이루는 범위 내에서 국가와 제3자에 의하여 수인되어야 한다는 것을 헌법 스스로 규정하고 있는 것이다.

집회의 자유는 개인의 인격발현의 요소이자 민주주의를 구성하는 요소라는 이중적 헌법적 기능을 가지고 있다.

---

1) 헌법 제21조제1항은 언론 · 출판의 자유와 집회 · 결사의 자유를 규정하여, 다른 사람과의 의견교환을 위한 기본권인 표현의 자유, 집회의 자유를 국민의 기본권으로 보장하고 있다.

2) 집회의 자유의 역할

집회의 자유는 집단적 의사표명을 통해 여론형성에 영향을 미친다는 점에서 민주정치의 불가결한 근본요소가 된다.

헌법재판소는 헌법이 이와 같이 집회의 자유를 보장하는 것은 관용과 다양한 견해가 공존하는 다원적인 '열린 사회'에 대한 헌법적 결단이라고 판시한 바 있다(헌재 2003. 10. 30. 2000헌바67결정 ; 헌재 2009. 9. 24, 2008헌가25결정).

2. 집회및시위에관한법률의 입법목적

집회및시위에관한법률은 적법한 집회 및 시위를 최대한 보장하고 위법한 시위로부터 국민을 보호함으로써 집회 및 시위의 권리 보장과 공공의 안녕질서가 적절히 조화를 이루도록 하는 것을 목적으로 하여 제정되었다.

3. 집회 및 시위경찰

집회 및 시위경찰이란 헌법이 보장하고 있는 집회 및 시위의 자유를 최대한 보장하는 동시에, 위법한 시위로부터 국민을 보호하기 위한 경찰작용을 말한다.

4. 주요 내용

집회및시위에관한법률은 ① 평화적 집회 및 시위의 보호와 방해 금지(법3), 특정인 참가의 배제(법4), ② 집회 및 시위의 절대적 금지[2](법5), ③ 옥외집회 및 시위의 신고 등(법6 · 7), ④ 집회 및 시위의 금지통고와 이의신청(법8 · 9), ⑤ 옥외집회 및 시위의 금지시간과 금지장소(법10 · 11), ⑥ 교통소통을 위한 제한(법12), ⑦ 질서유지선의 설정(법13) 및 주최자 · 질서유지인 · 참가자의 준수사항(법14내지16), ⑧ 경찰관의 출입(법17) 및 집회 또는 시위의 해산요청과

2) 누구든지 ① 해산된 정당의 목적을 달성하기 위한 집회 또는 시위, ② 공공의 안녕 질서에 직접적인 위협을 끼칠 것이 명백한 집회 또는 시위를 주최하여서는 아니 되며, 이러한 집회 또는 시위를 할 것을 선전하거나 선동하여서는 아니된다(법5).

해산명령(법18), ⑨ 벌칙(법19내지22) 등을 규정하고 있다.

Ⅲ. 화염병사용등의처벌에관한법률

1. 입법목적

화염병사용등의처벌에관한법률은 화염병의 사용으로 인한 국민의 생명·신체·재산에 대한 위협이 증대하고 공공의 안녕과 질서가 침해되어 사회의 불안이 야기되고 있으며, 또한 화염병은 인명의 살상이나 재물의 훼손 외에는 그 용도가 거의 없음에도 화염병의 제조·소지·사용을 처벌할 직접적인 근거법령이 없어 화염병에 대하여 효과적으로 대처할 수 없으므로 이에 화염병의 제조·소지·사용에 대한 처벌규정을 두어 사회의 불안을 해소하고 국민의 생명·신체 및 재산을 보호하려는 것이다.

2. 주요 내용

이 법률은 ① 화염병을 사용하여 사람의 생명·신체 또는 재산에 위험에 빠뜨린 자 및 그 미수범의 처벌, ② 화염병을 제조하거나 보관·운반·소지한 자의 처벌, 및 ③ 화염병의 제조에 쓸 목적으로 화염병을 사용할 위험이 있는 장소에서 그 제조에 사용되는 물건 또는 물질을 보관·운반·소지한 자의 처벌에 관하여 규정하고 있다.

Ⅳ. 사격및사격장안전관리에관한법률

1. 입법목적

사격및사격장안전관리에관한법률은 사격과 사격장으로 인한 위험과 재해를 미리 방지하여 공공의 안전을 확보하는 것을 목적으로 한다(법1).

2. 규제대상

사격및사격장안전관리에관한법률의 규제대상은 사격·사격장 및 사격장설치자이다.

여기에서 사격이란 총기 또는 석궁을 사용하여 실탄 또는 화살 등을 발사하는 모든 행위를 말한다. 사격장이란 사격을 할 수 있도록 시설을 갖춘 특정 장소를 말한다. 그리고 사격장설치자란 사격장의 설치허가를 받은 자를 말한다(법2).

사격 및 사격장은 사람의 생명 및 신체에 큰 위해를 끼치기 쉽기 때문이다. 그러므로 사격과 및 사격장의 설치·운영 및 총기관리 등을 엄격히 규제하고 있다.

3. 적용 배제

경찰, 군, 그 밖의 그 구성원이 법령에 따라 무기를 휴대할 수 있는 국가기관이 설치하는 사격장 및 그 구성원이 공무상 목적으로 실시하는 사격에 대하여는 사격및사격장안전관리에관한법률을 적용하지 아니한다(법3).

4. 주요 내용

사격및사격장안전관리에관한법률은 ① 사격장 외에서의 사격의 금지(법4), ② 사격장의 종류 및 폐쇄회로텔레비전 설치의무(법5), ③ 사격장의 설치허가 및 실외사격장 설치의 제한 등(법6내지8), ④ 사격장의 휴업·폐업신고의무(법6의2), ⑤ 종기 및 실탄 보관설비의 분리의무(법9), ⑥ 사격장 또는 주요 구조설비의 완성검사 수검의무 등(법10), 사격장 설치자의 영업개시 의무 등 영업상의 의무(10내지14), 허가관청의 감독(법15내지21)과 행정벌(법22내지24)에 관하여 규정하고 있다.

V. 총포 · 도검 · 화약류등의안전관리에관한법률

1. 입법목적

총포 · 도검 · 화약류등의안전관리에관한법률(약칭 : 총검안전관리법)은 총포 · 도검[3] · 화약류 · 분사기 · 전자충격기 · 석궁의 제조 · 판매 · 임대 · 운반 · 소지 · 사용과 그 밖에 안전관리에 관한 사항을 정하여 총포 · 도검 · 화약류 · 분사기 · 전자충격기 · 석궁으로 인한 위험과 재해를 미리 방지함으로써 공공의 안전을 유지하는 데 이바지함을 목적으로 한다(법1).

2. 제 · 개정경과

1961년의 총포 · 화약류단속법(법률 제835호)은 총포 · 화약류의 제조 · 거래 · 소지 · 사용 기타의 취급에 관한 사항을 규정하여 이로부터의 위험과 재해를 미연에 방지함으로써 공공의 안전을 확보하기 위하여 제정되었다.

그 후 이를 전면 개정한 1981년의 총포 · 도검 · 화약류단속법(법률 제3354호)은 위험도가 높은 도검류에 대하여도 총포에 준하여 규제할 수 있도록 하였다.

한편, 2015년의 개정법률은 법률명칭을 총포 · 도검 · 화약류등의안전관리에관한법률로 개정하고, 법의 목적을 총포 · 도검 · 화약류 · 분사기 · 전자충격기 · 석궁의 제조 · 판매 등의 안전관리에 관한 사항을 정하여 공공의 안전을 확보하고자 하였다.

3. 규제대상

총검안전관리법은 구체적으로는 총포 · 도검 · 화약류 · 분사기 · 전자충격기 · 석궁의 제조 · 판매 등과 그 소지와 사용 및 관리를 규제대상으로 한다.

그러나 군수용으로 제조 · 판매 · 수출 · 수입 또는 관리되는 총포 · 도검 · 화약

3) 도(刀)는 베기에 편리한 날이 한 쪽에만 있는 무기이고, 검(劍)은 찌르기에 편리한 쌍날의 무기를 의미한다.

류 · 분사기 · 전자충격기 · 석궁에 대하여는 총검안전관리법을 적용하지 아니하며, 수출하기 위한 목적으로 제조되는 총포 · 도검 · 화약류 · 분사기 · 전자충격기 및 석궁에 대하여는 해당종류별 제조허가에 관한 구조 및 성능기준을 적용하지 아니한다(법3③④).

4. 주요 내용

총검안전관리법은 구체적으로는 총포안전관리계획에 관한 사항, 총포 · 도검 · 화약류 · 분사기 · 전자충격기 · 석궁의 제조 · 판매 등과 그 소지와 사용 및 관리에 대한 규제와 감독, 그리고 총포 · 화약류 · 분사기 · 전자충격기 · 석궁으로 인한 위험과 재해의 예방을 위한 안전기술의 연구 · 개발과 행정관청이 위탁하는 총포 · 화약류 · 분사기 · 전자충격기 · 석궁의 안전에 관한 교육 그 밖의 업무를 수행하기 위한 총포 · 화약안전기술협회의 설립 등과 보칙과 벌칙을 그 내용으로 하여 구성되어 있다.

1) 총포안전관리계획의 수립

경찰청장은 관계 행정기관의 장과 협의를 거쳐 총포안전관리계획을 수립하여 경찰위원회(경찰법5)에 보고하여야 한다. 계획을 변경하는 경우에도 또한 같다(법3의2①).

경찰청장은 총포안전관리계획을 수립 또는 변경한 경우에는 관보에 게재하고, 인터넷 등 정보통신망을 통하여 공고하여야 한다(동조④).

경찰청장은 총포안전관리계획을 집행하기 위한 세부계획을 수립 · 시행하여야 한다(동조⑤).

2) 제조에 대한 규제

총포 · 도검 · 화약류 · 분사기 · 전자충격기 · 석궁의 제조업에 대하여는 허가제를 통하여 규제를 하고 있다(법4). 다만, 총포와 화약류의 제조업에 대한 허가권자는 경찰청장인 데에 반하여, 도검 · 분사기 · 전자충격기 · 석궁의 제조업에 대한 허가권자는 지방경찰청장이라는 점에서 차이가 있다.

아울러 제조업자의 지위승계에 관한 규정을 두고 있는 동시에, 제조업자의 지위 승계사실을 신고하도록 하고 있다. 이 경우의 신고를 받은 경찰청장 또는 지방경찰청장은 그 내용을 검토하여 적법하면 신고를 수리하여야 한다(법4의2④). 즉 총검안전법상 제조업자의 지위 승계사실의 신고는 강학상 '수리를 요하는 신고'에 해당한다.

또한 제조업자의 결격사유에 해당하는 자는 제조업 허가를 받거나 제조업을 승계할 수 없도록 규정하고 있다(동조⑤).

3) 판매 · 임대에 관한 규제

총포 · 도검 · 화약류 · 분사기 · 전자충격기 · 석궁의 판매업에 대하여도 지방경찰청장의 허가를 받도록 규정하고 있으며, 한편, 영화 · 연극 등을 위한 예술소품용으로 사용되는 총포 · 도검 · 분사기 · 전자충격기 · 석궁의 임대업을 하려는 자도 임대업소마다 임대업소의 소재지를 관할하는 지방경찰청장의 허가를 받도록 하고 있다.

그리고 총검의 행상 · 노점이나 그 밖에 옥외 등에서의 판매 · 임대 · 광고의 금지 및 인터넷 등을 통한 총포 · 화약류 제조방법 등의 게시 · 유포를 금지하고 있다(법8 · 8의2).

제조업자의 지위승계와 승계사실의 신고(법4의2) 및 제조업자의 결격사유(법5)에 관한 규정은 판매업자 및 임대업자에게도 준용된다(법6의2 · 7).

4) 수출입의 허가 및 신고

총포 · 도검 · 화약류 · 분사기 · 전자충격기 · 석궁의 수출입은 제조업자 · 판매업자 또는 임대업자가 아니면 허가를 받을 수 없도록 제한을 가하고 있다(법9).

총포와 화약류의 수출입허가권자는 경찰청장이며, 도검 · 분사기 · 전자충격기 · 석궁의 수출입허가권자는 지방경찰청장이다.

그리고 화약류를 수입한 자는 수입지를 관할하는 경찰서장에 신고하여야 할 의무가 있다.

5) 소지와 사용에 대한 규제

총검의 소지는 원칙적으로 금지(법10)된다. 모의총포의 제조·판매 또는 소지 역시 원칙적으로 금지(법11)된다. 그리고 누구든지 결격사유가 있는 자에게 총검을 취급하게 할 수 없다(법19).

소지[4]가 금지된 총포 등에 대하여는 소지허가제(법12)[5]를, 화약류에 대하여는 사용허가제(법18)를 취하고 있다.

또한 총기 폐기신청에 따른 허가관청의 소지허가의 취소 및 폐기, 화약류 폐기신고제 및 폐기중지명령제도(법19), 총검의 양도·양수 또는 대여에 대한 허가제도(법21)가 규정되어 있다.

그 외에, 교육이수의무(법22) 및 습득하거나 발견한 총검의 신고의무(법23)가 적용된다.

6) 관리

총검의 관리와 관련하여 총검안전법은 화약류저장소 설치의무(법24) 및 설치허가제(법25), 화약류 운반 신고제(법25), 화약류제조보안책임자·화약류관리보안책임자의 선임 및 면허제도(법27내지31), 화약류의 안정도 시험의무 및 시험실시명령제도(법32), 남은 화약류의 양도·폐기의무(법33), 자체안전교육(법39)과 자체안전점검의무(법40) 및 허가관청의 정기안전검사 수검의무(법41) 등에 관하여 규정하고 있다.

7) 감독

총검안전법은 감독을 위하여 제조업자·판매업자 또는 화약류저장소설치자의 시설·설비에 대한 완성검사제도(법43), 허가관청의 출입·검사의 수인 및 보고의무(법42), 제조업자 등에 대한 허가취소 또는 영업정지처분(법45)과 그 효과

4) [대법원 1999. 8. 20. 선고 98도1304 판결] 당국의 허가 없이 분사기를 피고인의 사무실에 보관한 경우, 총포·도검·화약류등의안전관리에관한법률 소정의 '소지'에 해당한다.

5) 또한 소지허가를 받을 수 없는 결격사유를 열거하는 동시에, 결격사유가 없는 자에 대하여도 타인의 생명·재산 또는 공공의 안전을 해할 염려가 있다고 인정하는 경우에는 소지허가를 하지 않을 수 있도록 규정(법13)하고 있다.

의 승계(법45의2), 총검의 소지허가를 받은 자 등에 대한 소지허가의 취소와 총검의 임시영치 및 소유권포기조치 등(법46), 허가관청의 공공의 안전을 위한 조치(법47) 등에 관하여 규정하고 있다.

8) 벌칙

총검안전관리법을 위반한 자에 대하여는 자유형 또는 재산형의 행정형벌을 부과한다(법70내지73). 특정 범죄에 대하여는 미수범도 처벌하며, 상습범은 형이 가중된다(법70내지70의3).

그리고 총검안전법상의 행정형벌을 과함에 있어서는 징역과 벌금형을 병과할 수 있으며(법75), 법인 등에 대하여는 책임주의 원칙에 입각한 양벌규정[6]이 적용된다(법76).

총검안전법상의 일정한 의무를 위반한 자에 대하여는 과태료를 부과한다. 과태료는 소관에 따라 관할관청 즉, 경찰청장, 지방경찰청장 또는 경찰서장이 부과 · 징수한다(법75).

Ⅵ. 풍속영업의규제에관한법률

1. 입법목적

풍속영업의규제에관한법률은 풍속영업을 하는 장소에서 선량한 풍속을 해치거나 청소년의 건전한 성장을 저해하는 행위 등을 규제하여 미풍양속을 보존하고 청소년을 유해한 환경으로부터 보호함을 목적으로 한다(법1).

풍속영업의규제에관한법률은 1991년 법률 제4337호로 제정되었다.

그 후 13차에 걸쳐 개정되어 오늘에 이르고 있다.

---

6) 법인의 대표자나 법인 또는 개인의 대리인, 사용인, 그 밖의 종업원이 그 법인 또는 개인의 업무에 관하여 총검안전관리법상의 행정형벌에 해당하는 위반행위를 하면 그 행위자를 벌하는 외에 그 법인 또는 개인에게도 그 위반행위에 따른 벌금형을 과한다. 다만, 법인 또는 개인이 그 위반행위를 방지하기 위하여 해당 업무에 관하여 상당한 주의와 감독을 게을리하지 아니한 경우에는 그러하지 아니하다.

2. 풍속경찰작용

1) 의의

풍속경찰작용은 풍속영업이나 사행행위 윤락행위 등을 대상으로 하여 사회의 선량한 풍속을 유지하기 위하여 사회 일반의 풍기 및 건전한 생활습관에 영향을 주는 행위를 금지 또는 제한하는 규제를 하기 위한 경찰작용이다.

선량한 풍속이란 어느 특정 시대나 국가에 있어서 일반적으로 용인되고 있는 도덕적 관념과 규범을 말한다. 어떠한 행위가 선량한 풍속을 해하는 행위인가를 판단하는 기준은 역사적 문화적 환경에 따라 국가별로 다르게 나타난다. 선량한 풍속은 그 사회의 공공의 안녕과 질서의 윤리적 기반을 이루고 있다. 그러한 의미에서 공공의 질서와 선량한 풍속을 합하여 공서양속(公序良俗)이라 부른다.

2) 풍속경찰의 대상

풍속경찰의 대상이 되는 행위는 풍속(風俗)영업자와 그 종사자에 의한 성매매알선 등의 행위, 음란행위 등, 음란물의 반포 등 행위 및 사행(射倖)행위이다.

이러한 행위는 국민의 건전한 도덕 감정 및 청소년과 여성 등을 포함한 가족제도에 대한 위해를 미친다. 또한 약취유인이나 폭력 등 다른 범죄와 밀접한 관련을 맺고 있다.

이러한 행위는 형법에 의하여 처벌대상이 되기도 한다. 그러나 형법에 의한 처벌만으로는 일정한 한계가 있으므로 행정법규를 통하여 풍속을 해하는 영업이나 행위 등을 규제하려는 것이다.

3. 주요 내용

1) 개관

풍속영업자와 그 종사자는 선량한 풍속을 해하거나 청소년의 건전한 육성을 저해하는 행위를 할 수 없도록 하고 이를 위반하는 경우 벌칙이 적용되도록 규정하고 있다.

한편, 풍속영업의 허가관청은 허가 등의 내용을 경찰서장에게 통보하도록 하고, 경찰서장은 풍속영업자가 위법행위를 한 경우 그 사실을 허가관청에 통보하여 허가취소 등 필요한 조치를 할 수 있도록 하여 형사처벌과 행정처분을 할 수 있는 근거를 두고 있다.

나아가, 형사처벌과 행정처분 외에, 과세에 필요한 자료를 국세청에 통보하여 조세탈루 및 회피 여부 등을 확인하고, 관련 조치를 하여 범죄수익금 환수로 불법행위를 위한 금원을 차단함으로써 불법 및 재범을 원천적으로 방지하고자 하는 형태를 취하고 있다.

2) 풍속영업의 범위

풍속영업이란 미풍양속에 관계되는 영업을 말한다. 구체적으로는 ① 게임산업진흥에관한법률에 따른 게임제공업 및 복합유통게임제공업, ② 영화및비디오물의진흥에관한법률에 따른 비디오물감상실업, ③ 음악산업진흥에관한법률에 따른 노래연습장업, ④ 공중위생관리법에 따른 숙박업, 목욕장업, 이용업 중 대통령령으로 정하는 것, ⑤ 식품위생법에 따른 식품접객업 중 대통령령으로 정하는 것, ⑥ 체육시설의설치·이용에관한법률에 따른 무도학원업 및 무도장업, ⑦ 그 밖에 선량한 풍속을 해치거나 청소년의 건전한 성장을 저해할 우려가 있는 영업으로 대통령령으로 정하는 영업을 말한다(법2).

3) 풍속영업자 등의 준수사항

풍속영업자[7] 및 그 종사자는 풍속영업소에서 ① 성매매알선등행위의처벌에관한법률에 따른 성매매[8]알선 등 행위,[9] ② 음란행위[10]를 하게 하거나 이를 알

---

7) 풍속영업자에는 허가나 인가를 받지 아니하거나 등록이나 신고를 하지 아니하고 풍속영업을 하는 자도 포함한다.

8) 성매매알선등행위의처벌에관한법률에서는 불특정인을 상대로 금품이나 그 밖의 재산상의 이익을 수수(收受)하거나 수수하기로 약속하고 ① 성교행위, ② 구강, 항문 등 신체의 일부 또는 도구를 이용한 유사 성교행위를 하거나 그 상대방이 되는 것을 성매매라고 규정하고 있다(동법2① i).

9) 성매매알선 등 행위를 ① 성매매를 알선, 권유, 유인 또는 강요하는 행위, ② 성매매의 장소를 제공하는 행위, ③ 성매매에 제공되는 사실을 알면서 자금, 토지 또는 건물을 제공하

선 또는 제공하는 행위, ③ 음란한 문서 · 도화 · 영화 · 음반 · 비디오물, 그 밖의 음란한 물건[11]에 대한 반포 · 판매 · 대여하거나 이를 하게 하는 행위, 관람 · 열람하게 하는 행위, 반포 · 판매 · 대여 · 관람 · 열람의 목적으로 진열하거나 보관하는 행위, ④ 도박이나 그 밖의 사행행위[12]를 하게 하는 행위를 하여서는 아니된다(법3).

풍속영업소에서 준수사항을 위반하여 성매매알선 등 행위를 한 자는 3년 이하의 징역 또는 3천만 원 이하의 벌금에 처하며, 그 외의 위반행위를 한 자는 3년 이하의 징역 또는 2천만 원 이하의 벌금에 처한다(법10).

4) 허가관청의 풍속영업 통보

허가관청[13]은 풍속영업소의 소재지 관할 경찰서장에게 ① 풍속영업자의 성명 및 주소(법인인 경우 대표자의 성명과 주소를 포함), ② 풍속영업소의 명칭 및 주소, ③ 풍속영업의 종류에 관한 사항을 알려야 하며, 풍속영업자가 휴업 · 폐

는 행위를 하는 것이라고 규정(동항ii)하는 한편, 영업으로 성매매알선 등 행위를 한 사람은 7년 이하의 징역 또는 7천만 원 이하의 벌금에 처하도록 규정하고 있다(동법19②).

10) 형법에서는 공연히 음란한 행위를 한 자는 1년 이하의 징역, 500만 원 이하의 벌금, 구류 또는 과료(동법245)에 처한다고 규정하고 있다. 그러나 법률에서는 음란을 명확하게 규정하고 있지 아니하다. 그러므로 음란의 규범적 개념은 최종적으로 법원이 정립하게 된다. 일반적으로 학설과 판례는 그 시대의 사회통념상 일반 보통인의 성욕을 자극하여 성적 흥분을 유발하고 정상적인 성적 수치심을 해하여 성적 도의관념에 반하는 것을 음란이라고 한다.

11) 형법에서는 음란한 문서, 도화, 필름 기타 물건을 반포, 판매 또는 임대하거나 공연히 전시 또는 상영한 자는 1년 이하의 징역 또는 500만 원 이하의 벌금에 처한다(동법243)고 규정하여 음화반포 등을 처벌대상으로 하는 한편, 음화반포 등(동법243조)의 행위에 제공할 목적으로 음란한 물건을 제조, 소지, 수입 또는 수출한 자는 1년 이하의 징역 또는 500만 원 이하의 벌금에 처한다(동법244)고 규정하여 음화제조 등을 처벌대상으로 하고 있다. 대법원은 남성용 자위기구인 모조여성성기(대법원 2003.5.16, 선고 2003도988 판결), 사진 전체로 보아 선정적 측면을 강조하여 주로 독자의 호색적 흥미를 돋구는 사진첩(대법원 1997.8.22. 선고 97도937 판결) 등을 음란한 물건에 해당하는 것으로 판단하고 있다.

12) 사행행위란 여러 사람으로부터 재물이나 재산상의 이익을 모아 우연적 방법으로 득실을 결정하여 재산상의 이익이나 손실을 주는 행위이다. 형법은 도박죄(동법246 · 247)와 복표의 발매 등의 죄(동법248)를 규정하고 있고, 특별법인 사행행위 등 규제 및 처벌특례법에 의하여 사행행위를 처벌하고 있다. 그리고 풍속영업의 규제에 관한 법률에서는 풍속영업을 하는 자의 사행행위를 처벌하고 있다.

13) 여기에서 허가관청이란 다른 법률에 따라 풍속영업의 허가 또는 인가를 하거나 등록 · 신고를 접수한 자를 말한다(법4①).

업하거나 그 영업내용이 변경된 경우와 그 밖에 대통령령으로 정하는 사유가 발생한 경우에는 경찰서장에게 그 사실을 알려야 한다(법4).

5) 위반사실 및 과세자료의 통보 등

경찰서장은 풍속영업자나 대통령령으로 정하는 종사자가 준수사항(법3)을 위반하면 그 사실을 허가관청에 알리고 과세에 필요한 자료를 국세청장에게 통보하여야 한다(법6①).

경찰서장으로부터 통보를 받은 허가관청은 그 내용에 따라 허가취소·영업정지·시설개수 명령 등 필요한 행정처분을 한 후 그 결과를 경찰서장에게 알려야 한다(동조②).

경찰청장 및 지방자치단체의 장은 행정처분을 받은 풍속영업소에 관한 정보를 공유하기 위하여 정보공유시스템을 구축·운영하여야 한다(동조③).

6) 금지사항 준수여부의 출입·검사

경찰서장은 특별히 필요한 경우 국가경찰공무원에게 풍속영업소에 출입하여 풍속영업자와 그 종사자가 준수사항(법3)을 지키고 있는지를 검사하게 할 수 있다. 이에 따라 풍속영업소에 출입하여 검사하는 국가경찰공무원은 그 권한을 표시하는 증표를 지니고 이를 관계인에게 내보여야 한다(법9).

Ⅶ. 사행행위등규제및처벌특례법

1. 입법목적

사행행위등규제및처벌특례법은 건전한 국민생활을 해치는 지나친 사행심[14]의 유발을 방지하고 선량한 풍속을 유지하기 위하여 사행행위[15] 관련 영업에 대한

14) 사행심(射倖心)은 우연한 이익이나 행운을 바라는 마음이란 뜻이다 사행심은 인간의 본성에 비롯된 것이다. 아무리 법으로 도박 등 사행행위를 금지한다고 하더라도 일정한 한계가 있다. 특히 최근에는 정부에서 다양한 복권을 발행하는 등 국가가 주도하는 사행행위가 급증하고 있다. 이에 대하여는 합법화를 통해 규제의 대상에서 제외하고 있다.

15) 사행행위란 여러 사람으로부터 재물이나 재산상의 이익을 모아 우연적 방법으로 득실을 결정하여 재산상의 이익이나 손실을 주는 행위를 말한다(법2①ⅰ).

지도와 규제에 관한 사항, 사행행위 관련 영업 외에 투전기[16]나 사행성 유기기구[17]로 사행행위를 하는 자 등에 대한 처벌의 특례에 관한 사항을 규정함을 목적으로 한다(법1).

2. 제 · 개정경과

1961년 '복표발행 · 현상 기타 사행행위 단속법'으로 제정된 뒤, 1991년 '사행행위등규제법'으로 명칭이 바뀌어 전문 개정되었고, 1993년 현재의 명칭인 사행행위등규제및처벌특례법으로 개정되었다.

3. 주요 내용

1) 사행행위영업의 의의

사행행위영업이란 ① 특정한 표찰(컴퓨터프로그램 등 정보처리능력을 가진 장치에 의한 전자적 형태를 포함)을 이용하여 여러 사람으로부터 재물 등을 모아 추첨 등의 방법으로 당첨자에게 재산상의 이익을 주고 다른 참가자에게 손실을 주는 행위를 하는 복권발행업, ② 특정한 설문 또는 예측에 대하여 그 답을 제시하거나 예측이 적중하면 이익을 준다는 조건으로 응모자로부터 재물 등을 모아 그 정답자나 적중자의 전부 또는 일부에게 재산상의 이익을 주고 다른 참가자에게 손실을 주는 행위를 하는 현상업, ③ 그 밖에 영리를 목적으로 회전판돌리기, 추첨, 경품 등 사행심을 유발할 우려가 있는 기구 또는 방법 등을 이용하는 영업으로서 대통령령으로 정하는 그 밖의 사행행위업을 말한다(법2①ii).

2) 사행행위영업의 시설 및 허가 등

사행행위영업의 시설 및 허가 등에 관하여 이 법률은 사행행위영업 종류별 시설 및 사행기구의 유지 · 관리의무(법3), 사행행위영업허가 또는 승인(국가나

16) 투전기란 동전 · 지폐 또는 그 대용품을 넣으면 우연의 결과에 따라 재물 등이 배출되어 이용자에게 재산상 이익이나 손실을 주는 기기를 말한다.

17) 사행성 유기기구란 투전기 외에 기계식 구슬치기 기구와 사행성 전자식 유기기구 등 사행심을 유발할 우려가 있는 기계 · 기구 등을 말한다.

지방자치단체가 사행행위영업을 하려는 경우) 및 허가요건과 허가의 제한 등(법4내지9)을 규정하고 있다.

3) 사행행위영업의 운영

사행행위영업의 방법과 당첨금에 필요한 사항은 대통령령으로 정한다. 경찰청장은 공익 또는 선량한 풍속을 유지하기 위하여 필요하다고 인정하면 사행행위영업의 영업시간, 영업소의 관리 · 운영 또는 그 밖에 영업에 관하여 필요한 제한을 할 수 있다(법11).

영업자의 준수사항(법12) 및 경찰청장이 행하는 사행기구 검사 수검의무(법12의2)를 규정하고 있다.

4) 사행기구의 제조 · 판매 등

사행기구의 제조 · 판매 등에 관하여는 사행기구 제조업허가 · 판매업허가 및 중요사항 변경허가제도(법13), 사행기구의 규격 및 기준(법14), 사행기구제조 · 판매업자의 경찰청장이 행하는 사행기구 검사를 받을 의무(법15), 표시기준 및 허위표시 금지(법16), 사행기구제조 · 판매업자의 준수사항(법17)을 규정하고 있다.

5) 영업자에 대한 지도 · 감독 등

영업자에 대한 지도 · 감독 등을 위하여는 경찰청장 또는 지방경찰청장의 보고징수권, 출입 · 검사권(법18)과 행정지도 및 시정명령권(법19), 위법 사행기구의 폐기명령 및 폐기처분권(법20), 허가취소 또는 영업정지 등 행정처분권(법21) 및 영업소 폐쇄조치권(법24) 그리고 사행행위영업소 이용자 준수사항(법25)을 규정하고 있다.

6) 행정형벌

사행행위등규제및처벌특례법은 징역형과 벌금형의 행정형벌을 규정(법30)하고 있으며, 양벌규정(법31)을 두고 있다.

제 3 절 해양경찰작용법

Ⅰ. 해사안전법

1. 입법목적

해사안전법은 선박의 안전운항을 위한 안전관리체계를 확립하여 선박항행과 관련된 모든 위험과 장해를 제거함으로써 해사안전 증진과 선박의 원활한 교통에 이바지함을 목적으로 한다(법1).

해사안전관리란 선원 · 선박소유자 등 인적 요인, 선박 · 화물 등 물적 요인, 항행보조시설 · 안전제도 등 환경적 요인을 종합적 · 체계적으로 관리함으로써 선박의 운용과 관련된 모든 일에서 발생할 수 있는 사고로부터 사람의 생명 · 신체 및 재산의 안전을 확보하기 위한 모든 활동을 말한다(법2).

2. 제 · 개정경과

1986년에 제정된 해상교통안전법(법률 제3909호)은 선박의 고속화 · 대형화 및 해상교통량의 증가에 대처하여 해상교통질서를 확립하고 해난을 미연에 방지하도록 하여 해상교통의 안전을 확보하려는 법률이다.

2007년에는 국민 중심의 법률 문화로 바꾸기 위하여 해상교통안전법을 전면개정(법률 제8380호)하였다.

그 후 2011년에는 국제해사기구(IMO)의 회원국 감사제도에서 요구하고 있는 해사안전정책의 수립 · 시행 · 평가 및 환류체계를 확립함으로써 해사안전정책의 실효성을 높이고, 해양법에관한국제연합협약 등에서 연안국의 권한으로 규정하고 있는 영해 밖 해양시설의 안전관리에 관한 사항 및 난파물 처리에 관한 사항 등의 수용 등을 위하여 해상교통안전법의 명칭을 해사안전법으로 하여 전면 개정(법률 제10801호)하였다.

3. 주요 내용

1) 교통안전특정해역에서의 안전관리

교통안전특정해역[18]에서는 ① 해양경찰서장의 거대선 등의 항행안전 확보를 위한 통행시각제한 등 명령권(법11), ② 특별자치도지사 등의 어업면허 허가(유효기간 연장허가 포함)시 해양경찰청장과의 사전 협의 의무(법12), ③ 해양경찰청장의 선박의 항행에 지장을 줄 우려가 있는 공사 등 허가권과 허가취소권, 공사 등 정지명령권 및 구조물의 제거와 원상복구의무(법13)에 관한 규정이 적용된다.

2) 항해 안전관리

해사안전법은 항해 안전관리를 위하여 ① 해양경찰서장의 항로 등의 보전의무를 위반한 선박 이동 등 명령권과 해양경찰서장의 해상레저활동 허가권 및 허가취소 또는 시정명령권(법34), ② 수역 등 및 항로의 안전확보를 위한 선박통항 방해금지의무 및 해양경찰서장의 위반자에 대한 해산요청 및 해산명령권(법35), ③ 선박교통관제의 시행(법36), ④ 선박 통항의 안전과 질서 유지를 위한 순찰(법39), ⑤ 해양경찰서장의 위법선박에 대한 정선 또는 회항명령권(법40), ⑥ 술에 취한 상태에서의 조타기 조작 등의 금지 및 음주측정(법41), ⑦ 약물복용 등의 상태에서 조타기 조작 등 금지(법41의2), ⑧ 위험방지를 위한 조타기 조작 금지 등 명령 등 필요한 조치권(법41의3), ⑨ 해기사면허의 취소 또는 해기사면허 효력 정지요청권(법42) ⑩ 해양사고시 필요한 조치 명령권 및 선박의 이동·항행제한 또는 조업중지명령권(법43) 및 ⑪ 선박관제에 관련된 항행보조시설의 설치 및 관리·운영(법44)에 관하여 규정하고 있다.

---

18) 해양수산부장관은 해상교통량이 아주 많은 해역이나 거대선, 위험화물운반선, 고속여객선 등의 통항이 잦은 해역으로서 대형 해양사고가 발생할 우려가 있는 해역을 교통안전특정해역으로 설정할 수 있다(법10①). 교통안전특정해역의 범위는 대통령령으로 정한다(동조③).

3) 행정벌

해사안전법은 제103조 내지 제108조에서 다양한 행정형벌의 사유 및 종류를 규정하고 있으며, 책임주의에 입각한 양벌규정(법109)을 두고 있다.

그리고 제110조에서는 과태료부과사유를 규정하고 있다. 과태료는 대통령령이 정하는 바에 따라 해양경찰청장 또는 해양경찰서장 등이 부과 · 징수한다.

Ⅱ. 유선및도선사업법

1. 입법목적

유선및도선사업법은 유선사업[19] 및 도선사업[20]에 관하여 필요한 사항을 정하여 유선 및 도선의 안전운항과 유선사업 및 도선사업의 건전한 발전을 도모함으로써 공공의 안전과 복리의 증진에 이바지함을 목적으로 한다(법1).

2. 제 · 개정경과

1980. 1. 4. 종래의 유선영업단속법과 도선업단속법을 통합하여 유선및도선업법(법률 제3225호)을 제정하였다.

1993. 12. 27.에는 유선및도선업법을 전문 개정하여 그 명칭을 유선및도선사업법으로 하고, 해상운항 유 · 도선은 해양경찰청장이, 내수면운항 유 · 도선은 시 · 도지사가 각각 관리하도록 관리체계를 2원화하되, 유 · 도선사업은 유 · 도선의

19) 유선사업(遊船事業)은 유선 및 유선장을 갖추고 수상에서 고기잡이, 관광, 그 밖의 유락(遊樂)을 위하여 선박을 대여하거나 유락하는 사람을 승선시키는 것을 영업으로 하는 것으로 해운법의 적용을 받지 않는 것을 말한다(법2).

20) 도선사업(渡船事業)이란 도선 및 도선장을 갖추고 내수면 또는 대통령령으로 정하는 바다목에서 사람을 운송하거나 사람과 물건을 운송하는 것을 영업으로 하는 것으로 역시 해운법을 적용받지 아니하는 것을 말한다(법2). 여기에서 대통령령이 정하는 바다목이란 내수면과 해수면이 접하는 하구 또는 만(灣)의 형태를 갖춘 곳으로서 해안 간의 해상거리가 2해리 이내인 해역과, 육지와 도서간 또는 도서와 도서간의 거리가 비교적 가깝고 해운법에 따른 여객선이 운항되지 아니하는 해역(여객선이 운항되고 있는 도서 중 한 곳과 여객선이 운항되지 아니하는 다른 도서간의 해역을 포함)을 말한다(영2).

규모 등에 따라 면허제 또는 신고제로 운영하도록 하였다.

그 후 2012. 2. 22.에는 유선및도선사업법을 일부 개정(법률 제11344호)하여 연륙교 또는 연도교 건설에 따라 손실을 입은 도선사업자가 사업시행자로부터 적절한 보상을 받을 수 있도록 관할관청이 자료의 제공 등 필요한 조치를 하도록 하였다.

3. 주요 내용

1) 적용배제

유선및도선사업법은 ① 수상레저안전법에 따른 수상레저사업 및 그 사업과 관련된 수상에서의 행위를 하는 경우, ② 체육시설의설치·이용에관한법률에 따른 체육시설업 및 그 사업과 관련된 수상에서의 행위를 하는 경우, ③ 낚시관리및육성법에 따른 낚시어선업 및 그 사업과 관련된 수상에서의 행위를 하는 경우, ④ 마리나항만의조성및관리등에관한법률에 따른 마리나업 및 그 사업과 관련된 수상에서의 행위를 하는 경우, ⑤ 수중레저활동의안전및활성화등에관한법률에 따른 수중레저사업 및 그 사업과 관련된 수상에서의 행위를 하는 경우에는 적용하지 아니한다(법2의2).

2) 유·도선사업의 면허 또는 신고 등

유선및도선사업법은 유·도선사업의 면허 또는 신고와 관련하여 ① 사업면허신청 또는 신고자의 결격사유(법6), ② 유·도선사업의 면허 또는 신고와 관할관청[21], ③ 유·도선사업의 면허 또는 신고의 관광진흥법에 따른 관광사업 등록 의제(법3의2), ④ 유·도선사업자의 지위 승계(법3의3), ⑤ 유·도선사업의 종류별 시설기준 등(법4) 및 면허기준(법4의2)과 면허 또는 신고의 유효기간

21) 유선장 및 도선장 또는 영업구역이 내수면과 해수면에 걸쳐 있거나 둘 이상의 시·도에 걸쳐 있는 경우에는 해당 유·도선을 주로 매어두는 장소를 관할하는 시·도지사 또는 지방해양경찰청장을 관할관청으로 하고, 영업구역이 내수면인 경우에는 특별자치도지사·시장·군수·자치구의 구청장을 관할관청으로 하되, 영업구역이 둘 이상의 특별자치도·시·군·자치구의 관할구역에 걸쳐 있고 운항거리가 5해리 이상인 경우에는 시·도지사, 운항거리가 5해리 미만인 경우에는 해당 유·도선을 주로 매어두는 장소를 관할하는 시장·군수·구청장을 관할관청으로 한다(법3① 참조).

(법5), ⑥ 유 · 도선사업의 휴업 · 폐업 · 선박 일부의 운항중단이나 사업 · 운항의 재개 신고(법7), ⑦ 유 · 도선사업의 영업구역 및 영업시간 등(법8), ⑧ 유 · 도선사업 면허의 취소, 사업의 폐쇄, 사업의 일부 또는 전부의 정지명령(법9), ⑨ 사업의 정지명령에 갈음하는 과징금 처분(법10) 등에 관하여 규정하고 있다.

3) 유선사업

유선사업에 관하여는 ① 유선의 승선정원의 기준(법11), ② 유선사업자와 선원의 안전운항 의무(법12), ③ 유선 승객의 준수사항(법13)에 관한 규정을 두고 있다.

4) 도선사업

도선사업에 관하여는 ① 승선정원, 적재 중량과 용량의 기준(법14), ② 도선사업자의 운항준비의무와 승객의 출선요구와 출선지연 금지의무(법15), ③ 도선사업자와 선원의 안전운항 의무(법16), ④ 도선과 도선장에서의 도선사업자, 선원, 그 밖의 종사자의 금지행위(법18), ⑤ 도선 승객의 준수사항(법19)을 규정하고 있다.

5) 안전검사와 안전관리

안전검사와 안전관리에 관하여는 ① 유 · 도선사업자의 안전검사 수검의무(법20), ② 지방해양경찰청장의 유 · 도선 안전관리계획 수립의무 및 해양경찰청장의 지도 · 감독권(법21), ③ 유 · 도선사업자의 인명구조용 장비 및 인명구조요원 배치의무(법22), ④ 선원의 정원 · 자격기준 및 선원 명부의 작성 · 비치의무(법23), ⑤ 유 · 도선사업자, 선원, 그 밖의 종사자의 유 · 도선 안전운항 교육 이수의무(법24), ⑥ 유 · 도선사업자의 출항 · 입항의 기록 · 관리와 승선신고서의 작성 · 제출 · 보관 의무(법25)와 이들 업무의 효율적 수행을 위한 해양경찰청장 등의 정보시스템의 구축 · 운영(법25의2), ⑦ 검사와 안전점검(법26), ⑧ 유 · 도선의 안전사고 예방과 공공복리의 증진을 위한 개선명령(법27), ⑨ 유 · 도선사업자와 선원의 사고발생 시의 인명구조 의무(법28)와 사고발생의 보고의무(법

29), ⑩ 유 · 도선의 안전운항과 위해방지를 위한 관계 행정기관의 장의 협조요청과 협조(법30), ⑪ 유 · 도선안전협회의 설립(법30의2), ⑫ 운항규칙의 준수의무(법31)가 규정되어 있다.

6) 운항약관 신고의무 등

그 밖에 이 법률은 ① 운항약관 신고의무(법32), ② 유 · 도선사업자의 보험 또는 공제에의 가입의무(법33), 요금 및 운임의 신고와 요금 등의 게시의무(법34), ③ 도선사업자에 대한 적정한 손실보상을 위한 관할관청의 자료 제공 등 필요한 조치 의무(법36의2) 등을 규정하고 있다.

7) 행정벌

유선및도선사업법은 행정형벌의 사유와 종류(법39내지41) 및 양벌규정(법42)을 두고 있다.

또한 유선및도선사업법에 의한 과태료는 대통령령으로 정하는 바에 따라 관할관청이 부과 · 징수한다(법42).

Ⅲ. 수상레저안전법

1. 입법목적

수상레저안전법은 수상레저활동[22]의 안전과 질서를 확보하고 수상레저사업의 건전한 발전을 도모함을 목적으로 한다(법1).

2. 제 · 개정경과

수상레저활동의 안전과 질서를 확보하고 수상레저사업의 건전한 발전을 도모

22) 수상레저활동이란 수상에서 수상레저기구를 이용하여 취미 · 오락 · 체육 · 교육 등을 목적으로 이루어지는 활동을 말하며, 수상레저기구란 수상레저활동에 이용되는 선박이나 기구로서 대통령령으로 정하는 것을 말한다. 또한 수상이란 해수면(바다의 수류나 수면)과 내수면(하천, 댐, 호수, 늪, 저수지, 그 밖에 인공으로 조성된 담수나 기수의 수류 또는 수면)을 말한다(법2 참조).

하기 위하여 제정된 법률이 수상레저안전법(법률 제5910호, 1999. 2. 8.)이다.

이 법률은 국민소득수준의 향상과 수상레저활동의 다양화로 수상레저 인구가 급속히 증대됨에 따라 수상레저기구 조종자에 대한 면허제도, 수상레저활동자의 안전준수의무, 수상레저사업자의 등록제도 등을 도입함으로써 수상레저활동의 안전과 질서를 확보하고 수상레저사업의 건전한 발전을 도모하려는 것이다.

2005년의 개정법률(법률 제7478호, 2005. 3. 31. 전부개정)주 5일 근무제의 확대시행과 더불어 수상레저활동의 대중화 추세에 부응하기 위하여 수상레저기구에 대한 등록 및 검사제도와 수상레저기구 형식승인제를 도입하였다.

3. 주요 내용

1) 적용배제

수상레저안전법은 ① 유선및도선사업법에 따른 유·도선사업 및 그 사업과 관련된 수상에서의 행위를 하는 경우, ② 체육시설의설치·이용에관한법률에 따른 체육시설업 및 그 사업과 관련된 수상에서의 행위를 하는 경우, ③ 낚시관리및육성법에 따른 낚시어선업 및 그 사업과 관련된 수상에서의 행위를 하는 경우에는 적용하지 아니한다(법3)[23].

2) 조종면허

수상레저안전법은 조종면허와 관련하여 ① 동력수상레저기구 조종면허시험(법6내지8)과 조종면허(법4·5) 및 국제경기에 참가하려는 외국인에 대한 조종면허의 특례(법4의2), ② 조종면허의 갱신과 실효(법9), ③ 수상안전교육의 이수와 면제(법10), ④ 면허증의 발급과 조종면허의 효력 발생(법11), ⑤ 면허증의 휴대 및 제시 의무(법12), ⑥ 조종면허의 취소와 면허증의 반납의무 및 조종면허의 효력정지(법13), ⑦ 조종면허시험업무의 지정대행과 지정취소 또는 업무정지(법14) 및 업무정지처분에 갈음하는 과징금 부과와 강제징수(법15), ⑧ 시험대행기관에서 시험업무에 종사하는 자의 교육이수의무(법16)에 관하여 규

23) 다만, 다른 법률에서 조종면허(법4)를 자격요건으로 규정한 경우에는 면허증의 휴대 및 제시의무(법12) 및 조종면허의 취소·정지(법13)에 관한 규정이 적용된다(법3②).

정하고 있다.

3) 안전준수의무

안전준수의무에 관하여는 ① 구명조끼 등 인명안전장비의 착용 의무(법17), ② 수상레저기구 조종·운항시의 운항규칙 준수 의무(법18), ③ 원거리 수상레저활동의 신고 및 동승자의 사망 등의 사고 발생시의 신고 의무와 관계기관의 조치의무(법19), ④ 무면허조종의 금지(법20), ⑤ 야간수상레저활동의 금지와 금지시간의 조정 및 조정사실의 공고(법21), ⑥ 주취 중 조종 금지 및 음주측정(법22), ⑦ 약물복용 등의 상태에서 조종 금지(법23) 및 ⑧ 정원초과 운항 금지(법24)에 관하여 규정하고 있다.

4) 안전관리

수상레저안전법은 안전관리를 위하여 ① 수상레저활동 금지구역의 지정과 금지구역에서의 수상레저활동의 금지(법25), ② 수상레저활동의 안전을 위한 탑승인원의 제한 등 시정명령(법26), ③ 법령 위반자에 대한 일시정지·면허증 등의 확인 등(법27), ④ 수상레저활동의 안전을 위한 관계 행정기관의 장에의 협조 요청(법28), ⑤ 한국수상레저안전협회의 설립 등(법28의2), ⑥ 시·도지사의 수상레저활동안전협의회의 구성·운영(법29), ⑦ 해양경찰서장 등의 수상레저안전관리계획의 수립·시행의무 및 해양경찰청장의 지도·감독(법29의2)에 관하여 규정하고 있다.

5) 수상레저기구 등록 및 검사

수상레저기구 등록 및 검사에 관하여는 ① 동력수상레저기구 소유자의 등록의무 및 시장 등의 등록신청의 거부(법30), ② 수상레저기구 등록원부에의 등록 및 등록증과 등록번호판의 교부(법31)와 변경등록 등(법32) 및 말소등록(법33), ③ 동력수상레저기구의 압류등록과 소유자에의 통지(법33의3), ④ 등록대상 수상레저기구 소유자의 피해자 보상을 위한 보험 또는 공제에의 가입 의무(법34), ⑤ 등록번호판의 부착의무(법35), ⑥ 수상레저기구의 구조·장치의 변경을 위한 임시검사와 변경등록신청(법36), ⑦ 등록대상 동력수상레저기구의 안전검사 수검의무(법37)와 안전검사 업무의 대행 및 검사대행자 지정취소 또는 사업정지명령(법38)을 규정하고 있다.

6) 수상레저사업

수상레저사업이란 수상레저기구를 빌려 주는 사업 또는 수상레저활동을 하는 자를 수상레저기구에 태우는 사업을 말한다.

수상레저안전법은 수상레저사업에 관하여 ① 수상레저사업의 등록의 결격사유(법40) 및 사업의 등록과 변경등록(법39)과 수상레저교육사업의 신고(법39의2), ② 수상레저사업의 등록 유효기간 및 등록갱신(법39의3), ③ 수상레저사업 등록에 따른 수상레저사업자의 권리 · 의무의 승계(법41), ④ 휴업 · 폐업 또는 재개업의 신고 및 관할 세무서에의 사실 통보(법42), ⑤ 탑승료 · 대여료 등 이용요금의 신고 및 게시의무(법43), ⑥ 수상레저사업자의 종사자와 이용자의 피해 보전을 위한 보험 등의 가입의무(법44)와 보험 등의 가입 여부 정보의 이용자에이 제공 의무(법44의2) 및 해양경찰청장 · 해양경찰서장 등의 보험 등의 가입정보 요청과 보험회사 등의 정보제공(법44의3), ⑦ 해양경찰서장 등의 수상레저시설 안전점검(법45), ⑧ 사업자와 종사자의 안전점검 등 조치 의무 및 금지행위(법48), ⑨ 기상 · 수상 상태 악화 등으로 인한 해양경찰서장 등의 수상레저사업자의 영업제한 또는 영업의 일시정지명령과 해제(법49), ⑩ 해양경찰서장 등의 수상레저활동의 안전을 위한 관련 서류 또는 자료 제출요구(법50), ⑪ 수상레저사업의 등록취소 및 영업정지명령(법51)을 규정하고 있다.

7) 행정벌

수상레저안전법은 행정형벌에 관한 규정(법56내지58)과 과태료에 관한 규정(법59)을 두고 있다.

과태료는 해양경찰청장, 해양경찰서장 등이 부과 · 징수한다(법59③). 과태료의 부과 · 징수, 재판 및 집행 등의 절차에 관한 사항은 질서위반행위규제법을 따른다.

Ⅳ. 수상에서의수색구조등에관한법률

1. 입법목적

수상에서의수색 · 구조등에관한법률(약칭 : 수상구조법)은 수상에서 조난된 사람, 선박, 항공기, 수상레저기구 등의 수색[24] · 구조[25] · 구난[26] 및 보호에 필요한 사항을 규정함으로써 조난사고[27]로부터 국민의 생명과 신체 및 재산을 보호하고 공공의 복리증진에 이바지하는 것을 목적으로 한다(법1).

2. 제 · 개정경과

1961. 11. 1. 제정된 수난구호법(법률 제761호)은 조난선박과 인명의 구호 및 표류물 · 침몰품 등의 인양과 이에 수반한 업무처리에 관한 사항을 규정하여, 수난구호업무에 신속 · 적절한 처리를 기하며, 인명 · 재산의 보전에 기여하고자 하였다.

그 후 1994. 12. 22.에는 수난구호법이 전면 개정(법률 제4793호)되었다. 이는 범국가적 수난구호체제의 구축과 조난된 사람과 선박 등을 신속히 구조하여 인명과 재산의 보호에 기여하는 동시에, 1979년 국제해사기구에서 채택한 해상에서의수색및구조에관한국제협약(SAR협약)에의 가입에 필요한 사항을 수용하기 위한 것이었다.

세월호 침몰참사 이후 조난사고로부터 국민의 생명과 신체 및 재산을 보호하기 위하여 사고의 재발 방지를 위한 안전관리의 강화, 사고 발생 시 신속한 구

24) 인원 및 장비를 사용하여 조난을 당한 사람 또는 사람이 탑승하였을 것으로 추정되는 선박 등을 찾는 활동을 말한다.

25) 조난을 당한 사람을 구출하여 응급조치 또는 그 밖의 필요한 것을 제공하고 안전한 장소로 인도하기 위한 활동을 말한다.

26) 조난을 당한 선박 등 또는 그 밖의 다른 재산(선박 등에 실린 화물 포함)에 관한 원조를 위하여 행하여진 행위 또는 활동을 말한다.

27) 수상에서 ① 사람의 익수 · 추락 · 고립 · 표류 등의 사고, ② 선박 등의 침몰 · 좌초 · 전복 · 충돌 · 화재 · 기관고장 또는 추락 등의 사고로 인하여 사람의 생명 · 신체 또는 선박 등의 안전이 위험에 처한 상태를 말한다.

호조치 실시, 사고에 대응하기 위한 시스템 개선 등 대책 마련의 필요성이 강조됨에 따라 2015. 7. 24. 에는 법률의 명칭을 수상에서의수색 · 구조등에관한법률(법률 제13440호)로 변경하고 대폭적인 손질을 하였다.

3. 수상구조법의 적용범위 및 일반법적 지위

1) 적용범위

수상구조법령 중 선박소유자에 관한 규정은 선박을 공유하는 경우로서 선박관리인을 임명하였을 때에는 그 선박관리인에게 적용하고, 선박을 임차하였을 때에는 그 선박임차인에게 적용하며, 선장에 관한 규정은 선장을 대신하여 그 직무를 수행하는 사람이 있는 경우 그 사람에게 적용한다(법2의2).

2) 수상구조법의 일반법적 지위

수상구조법은 수상에서 발생한 조난사고에 관한 일반법적 지위를 가지고 있다. 즉, 수상에서 발생한 모든 조난사고에 대하여는 다른 법률에 따로 정한 경우를 제외하고는 수상구조법이 정하는 바에 의하도록 규정하고 있기 때문이다(법3).

4. 주요 내용

1) 수난대비

수상구조법은 수난대비에 관하여 ① 해양경찰청장의 수난대비기본계획의 수립 및 수난대비집행계획의 수립 · 집행(법4), ② 해양경찰청에 설치하는 중앙구조본부, 지방해양경찰청에 두는 광역구조본부 및 해양경찰서에 두는 지역구조본부의 설치 및 구조본부의 장의 지원 요청(법5), ③ 중앙구조본부의 수난대비기본훈련의 실시 및 해양경찰청장의 실시결과 보고의무(법5의2), ④ 수난구호대책위원회의 설치(법6) 및 구조대와 구급대의 편성 · 운영(법7), ⑤ 종합상황실의 설치 · 운영(법8), ⑥ 여객선 소유자의 여객선비상수색구조계획서의 작성 · 신고 및 비치의무(법9), ⑦ 구조본부의 장의 조난이 우려되는 선박 등의 이동 · 대피

명령권(법10), ⑧ 조난된 선박의 긴급피난(법11), ⑨ 긴급피난의 허가신청과 허가 및 조건부 허가(법12)에 관하여 규정하고 있다.

2) 수난구호

수상구조법은 수난구호와 관련하여 ① 수난구호의 관할(법13), ② 수난구호 협력기관과의 협조 및 특별자치도지사 등의 사후처리 사무 담당(법14), ③ 조난사실의 신고의무 및 조난사실의 통보(법15), ④ 구조본부 등의 구조요청 등의 조치의무(법16), ⑤ 구조본부의 장 등의 조난현장에서의 수난구호활동의 지휘권 및 현장지휘관의 지휘·통제에 따를 의무(법17), ⑥ 인근 선박 등의 조난자 구조지원(법18), ⑦ 조난된 선박 등의 구난작업의 사전 신고 및 보완신고(법19), ⑧ 구난작업 현장의 안전관리와 환경오염 방지를 위한 구조본부의 장 등의 조치 등의 명령(법19의2), ⑨ 조난된 선박 등의 구난작업 시 보험가입의무(법20), ⑩ 조난된 선박 등의 예인 시 선박 등의 파손 또는 멸실에 대한 민사상 형사상 책임의 면제(법21), ⑪ 외국구조대의 영해진입 허가 및 허가사실의 통보(법22), ⑫ 해외 수난 발생 시 중앙구조본부의 장의 구조대의 파견(법23), ⑬ 구조활동의 완료에 따른 구조활동의 종료 또는 더 이상 구조활동이 불필요한 경우의 구조활동의 중지(법24) 및 ⑭ 해양경찰청장의 국내 조난사고의 사고원인과 피해상황에 관한 조사(법25)에 관하여 규정하고 있다.

3) 민간구조활동의 지원 등

수상구조법은 민간구조활동의 지원 등에 관하여 ① 수난구호를 위한 종사명령과 선박 등의 일시사용권 등 경찰긴급권의 발동과 보상금의 지급(법29), ② 민간해양구조대원의 수당 및 실비의 지급과 보상금의 지급 등(법30), ③ 수상구조사의 결격사유 등(법30의3) 및 부정행위에 대한 제재(법30의4)와 수상구조사의 준수사항(법30의5)·비밀유지의무(법30의6), 자격유지를 위한 보수교육(법30의7), 자격의 취소와 효력정지(법30의8), ④ 심해잠수사의 양성 및 관리를 위한 해양경찰청장의 심해잠수구조훈련센터 설치 및 신체검사 실시(법30의11)를 규정하고 있다.

4) 조난통신

수상구조법은 조난통신에 관하여 ① 해양경찰청장의 해상구조조정본부와 해상구조조정지부의 지정 · 운영 및 필요한 사항의 고시(법31), ② 해상구조조정본부의 장의 조난통신시설의 구비 및 조난통신의 수신(법32), ③ 선장의 선박위치통보 의무(법33), ④ 수난구호활동을 위한 전기통신사업자에 대한 전기통신 업무의 전부 또는 일부의 정지 요청과 방송사업자에 대한 필요한 정보의 신속한 방송 요청(법34)을 규정하고 있다.

5) 사후처리

사후조치에 관하여는 ① 구조된 사람 · 선박 등 · 물건의 인계(법35), ② 구조된 사람의 보호조치와 사망자의 영안실 안치 등 필요한 조치의무(법36), ③ 인계된 물건의 보관 · 인도청구 · 인도 및 공매와 공매대금의 보관 처리(법37), ④ 구조된 사람과 사망자의 구호비에 대한 본인 및 유족의 부담 및 비용의 납부와 국고부담(법38), ⑤ 수난구호비용[28]의 결정과 선장 등에의 납부고지 및 지급신청(법40내지42)을 규정하고 있다.

6) 행정벌

(1) 행정형벌

수상구조법은 ① 조난사고의 원인을 제공한 선박의 선장 및 승무원이 조난사실을 신고하지 아니하거나 구조에 필요한 조치를 하지 아니한 경우 7년 이하의 징역 또는 5천만 원 이하의 벌금에 처하고, 이로 인하여 피해자를 사망에 이르게 한 경우에는 무기 또는 3년 이상의 징역, 상해에 이르게 한 경우에는 10년 이하의 징역 또는 1억 원 이하의 벌금(법43), ② 구조본부의 장 등이 행하는 수난구호를 방해한 자에게는 5년 이하의 징역 또는 5천만 원 이하의 벌금(법

28) 수난구호비용이란 ① 구조본부의 장 등의 요청에 따른 조난된 선박 등의 예인(법16③)에 소요된 비용, ② 수난구호 종사명령(법29①)에 따라 조난된 선박등과 그 여객 · 승무원의 수난구호에 종사한 자의 노무에 대한 보수와 그 밖의 구조비용, ③ 수난구호를 위한 선박 · 자동차 · 항공기 · 토지 · 건물, 그 밖의 물건 등의 사용(법29①)에 대한 손실보상비용, ④ 구조된 물건의 운반 · 보관 또는 공매에 소요된 비용을 말한다(법39②).

44)), ③ 정당한 사유 없이 구조본부의 장 등의 수난구호업무에의 종사명령에 불응하거나 물건 등의 일시사용을 거부한 자에는 300만 원 이하의 벌금에 처하도록 규정하고 있다(법45).

(2) 과태료

수상구조법상의 과태료는 대통령령이 정하는 바에 의하여 구조본부의 장 등이 부과 · 징수한다(법46).

V. 해양환경관리법

1. 입법목적

해양에 서식하는 생물체와 이를 둘러싸고 있는 해양수 · 해양지 · 해양대기 등 비생물적 환경 및 해양에서의 인간의 행동양식을 포함하는 것으로서 해양의 자연 및 생활상태를 해양환경이라 한다.

한편, 해양오염이란 해양에 유입되거나 해양에서 발생되는 물질 또는 에너지로 인하여 해양환경에 해로운 결과를 미치거나 미칠 우려가 있는 상태를 의미한다(법2).

이와 관련하여, 해양환경관리법은 선박, 해양시설, 해양공간 등 해양오염물질을 발생시키는 발생원을 관리하고, 기름 및 유해액체물질 등 해양오염물질의 배출을 규제하는 등 해양오염을 예방, 개선, 대응, 복원하는 데 필요한 사항을 정함으로써 국민의 건강과 재산을 보호하는 데 이바지함을 목적으로 한다(법1).

2. 제 · 개정경과

해양오염방지법은 선박 및 해양시설 등에서 해양에 배출하는 기름 또는 폐기물을 규제하고 해양의 오염물질을 제거하여 해양환경을 보전함으로써 국민의 건강과 재산을 보호하기 위하여 1977. 12. 31. 법률 제3079호로 제정되었다.

그 후 2007. 1. 19. 해양환경관리법(법률 제8260호)이 제정 · 시행됨에 따라 해양오염방지법은 폐지되었다.

해양환경관리법은 환경친화적 해양자원의 지속가능한 이용 · 개발을 도모하고 해양환경의 효과적인 보전 · 관리를 위하여 국가 차원의 해양환경종합계획을 수립 · 시행하고, 해양에 유입되거나 해양에서 발생되는 각종 오염원을 통합관리하게 하는 등 해양 분야에서의 환경정책을 종합적 · 체계적으로 추진할 수 있는 법적근거를 마련하여 해양환경의 훼손 또는 해양오염을 방지하고, 깨끗하고 안전한 해양환경을 조성하는 데 기여할 수 있도록 해양환경관리체계를 전면 개편하려는 것이었다.

3. 주요 내용

1) 선박에서의 해양오염방지

선박에서의 해양오염방지를 위하여 선박소유자는 선박해양오염비상계획서 작성, 해양경찰청장의 검인을 받아 이를 선박 내 비치하여야 할 의무 및 계획서에 따른 조치 등을 이행할 의무(법31)를 부담한다.

2) 해양시설에서의 해양오염방지

해양시설에서의 해양오염방지를 위하여 기름 및 유해액체물질을 사용 · 저장 또는 처리하는 해양시설의 소유자는 해양시설오염비상계획서를 작성하여 해양경찰청장의 검인을 받아 이를 비치하고 계획서에 따른 조치 등을 할 의무를 부담한다(법35).

3) 해양오염방제를 위한 조치

해양환경관리법은 해양오염방제를 위하여 ① 해양경찰청장의 해양오염의 사전예방 또는 방제에 관한 국가긴급방제계획의 수립 · 시행 의무(법61), ② 해양경찰청장의 긴급방제 총괄지휘 및 방제대책본부의 설치와 방제대책본부 조치사항 및 결과의 보고의무(법62), ③ 오염물질이 배출되는 경우의 선장 또는 해양시설관리자 등의 신고 의무(법63)와 방제의무자의 방제조치 및 방제조치명령과 그 불이행시의 해양경찰청장의 대행과 비용부담(법64), ④ 방제선 등의 배치 또는 설치의무 위반자에 대한 해양경찰청장의 선박입출항금지 또는 시설사용정지명령, 해양경찰청장의 배치의무자에 대한 방제조치 및 배출방지조치명령(법67), ⑤ 해양경찰청장의 직접 방제조치 및 지방자치단체의 장 또는 행정기관의 장 등의 방제조치의 지원과 비용부담명령 및 행정대집행법의 준용(법68)에 관한 규정을 두고 있다.

4) 해양환경관리업의 등록 및 등록의 취소

해양환경관리업 중 ① 해양오염방제업[29] 및 유창청소업의[30] 해양경찰청장에의 등록의무(법70) 및 결격사유(법71)와, 해양환경관리업자의 오염물질의 방제·청소 처리실적서 작성·제출 및 비치의무(법72), ② 해양경찰청장의 위탁폐기물 등 방치된 오염물질 처리명령(법73), ③ 해양환경관리업의 승계와 신고의무(법74), ④ 해양환경관리업 등록의 취소 또는 영업정지(법75)에 관한 사항을 규정하고 있다.

5) 긴급방제조치 업무의 지도 · 감독

해양경찰청장은 해양환경공단의 해양오염방제에 관한 사업 중 긴급방제조치에 필요한 업무에 대한 지도·감독권(법108)을 행사할 수 있다.

6) 형식승인 등

그 밖에, 해양환경관리법은 ① 해양경찰청장의 자재·약재 등의 사전 성능시험과 형식승인 및 검정과 형식승인의 취소 또는 영업정지명령(법110), ② 형식승인대상외 자재·약재에 대한 해양경찰청장의 성능인정과 그 취소(법110의2), ③ 형식승인 등을 받은 자의 지위 승계(법110의3), ④ 선박해체 작업계획의 신고와 해양경찰청장의 시정명령(법111), ⑤ 해양경찰청장의 선박해양오염비상계

---

29) 해양오염방제업은 오염물질의 방제에 필요한 설비 및 장비를 갖추고 해양에 배출되거나 배출될 우려가 있는 오염물질을 방제하는 사업을 말한다.

30) 유창청소업이란 선박의 유창을 청소하거나 선박 또는 해양시설(그 해양시설이 기름 및 유해액체물질 저장시설인 경우에 한정)에서 발생하는 해양수산부령으로 정하는 오염물질의 수거에 필요한 설비 및 장비를 갖추고 그 오염물질을 수거하는 사업을 말한다.

획서 검인대행 협정의 체결 또는 형식승인 등 업무의 지정 대행(법112)과 업무대행 또는 지정의 취소(법113), ⑥ 해양경찰청장의 해양오염방지에 필요한 관계 행정기관의 자료 및 정보의 제공 또는 인력 및 장비의 동원 요청(법114), ⑦ 자료제출 · 출입검사 · 보고 등(법115), ⑧ 해양환경감시원 지정 및 명예해양환경감시원의 위촉과 활동경비 지급(법116), ⑨ 해양환경관리법 위반 혐의가 인정되는 경우의 해양경찰청장의 정선 · 검색 · 나포 · 입출항금지 등의 명령 · 조치권(법117), ⑩ 오염물질배출자의 신고자에 대한 신고포상금 지급(법119의2), ⑪ 벌칙 적용에 있어서 형식승인 · 검사 · 성능시험 · 검정 등과 관련한 업무대행기관의 임원 및 직원의 공무원 의제(법124)에 관하여 규정하고 있다.

7) 행정벌

해양환경관리법은 행정형벌에 관한 규정(법126내지129)과 책임주의에 입각한 양벌규정(법130)을 두고 있다.

한편, 외국인에 대한 벌칙적용의 특례를 규정(법131)하여 일정한 경우에는 고의로 우리나라의 영해 안에서 위반행위를 한 경우를 제외하고는 벌금형에 처하도록 규정하고 있다.

해양환경관리법상의 과태료(법132)는 대통령령으로 정하는 바에 따라 해양경찰청장 등이 부과 · 징수(법133)하도록 규정하고 있다.

제 4 장

경찰관직무집행법상의 표준처분

제1절 개 관

1. 경찰관직무집행법의 입법목적

현행 경찰관직무집행법의 입법목적은 국민의 자유와 권리의 보호 및 사회공공의 질서유지를 위한 국가경찰공무원인 경찰관의 직무수행에 필요한 사항을 규정하기 위한 것이다(법1).

2. 경찰관직무집행법의 제정 및 개정 경과

1) 경찰관직무집행법의 제정과 표준조치 등

1953년의 경찰관직무집행법은 경찰관이 국민의 재산과 생명을 보호하고 범죄의 예방과 치안의 유지 등 직무를 충실히 수행할 수 있도록 필요한 조치를 규정하기 위하여 제정되었다. 이 법률은 전후 일본의 경찰관직무집행법을 직역한 것이었다.

1953년 법률은 그 목적을 달성하기 위한 경찰관 직무집행의 표준조치로서 불심검문(법2), 보호조치(법3), 위험발생의 방지(법4), 범죄의 예방과 제지(법5), 위험방지를 위한 출입(법6), 무기의 사용(법7) 등 6가지의 표준조치에 관하여 규정하였다.

여기에서 유의할 점은 현행 경찰관직무집행법 제2조에서 규정하고 있는 경찰관의 직무범위에 관하여는 별도의 명시적인 규정을 두지 아니하고 법 제1조의 입법목적에서 개괄적으로 규정하고 있다는 점이다. 경찰관의 직무범위에 관한 별도의 규정은 1981년의 개정법률에서 명문화되었다.

2) 1981년 경찰관직무집행법 전문개정

(1) 개정이유

1981에는 경찰관직무집행법이 전문 개정되었다. 이는 전후 일본의 경찰관직무집행법을 직역한 우리의 경찰관직무집행법이 우리나라의 실정에 맞지 아니할 뿐 아니라, 치안수요의 급증에 따라 법적 근거 없이 사실상 수행하고 있는 제 경찰작용이 다양한 바, 현 실정에 맞도록 명문화하여 경찰관의 직무집행에 합리성과 합법성을 보장하려는 것이었다.

그리하여 1953년 법률에서 경찰관의 직무를 경찰관이 국민의 생명, 신체, 재산의 보호와 범죄의 예방, 공안의 유지 기타 법령집행 등이라고 규정(법1①)하였던 것을 개정 법률에서는 입법목적과 경찰관의 직무범위로 나누어 구체적으로 규정하고 있다.

(2) 입법목적과 경찰관의 직무범위

1981년 법률은 국민의 자유와 권리의 보호 및 사회공공의 질서유지를 위한 경찰관의 직무수행에 필요한 사항을 규정하는 것을 목적(법1①)으로 함을 밝히고 있다.

경찰관의 직무범위를 ① 범죄의 예방 · 진압 및 수사, ② 경비 · 주요 인사 경호 및 대간첩 · 대테러 작전 수행, ③ 치안정보의 수집 · 작성 및 배포, ④ 교통 단속과 교통 위해의 방지, ⑤ 기타 공공의 안녕과 질서유지로 구체화(법2)하였다.

(3) 표준조치의 확대

경찰관의 직무집행을 위한 표준조치를 불심검문(법3), 보호조치 등(법4), 위험발생의 방지(법5), 범죄의 예방과 제지(법6), 위험방지를 위한 출입(법7), 사실의 확인 등(법8), 경찰장구의 사용(법10), 무기의 사용(법11)의 8가지로 확대하여 규정하였다.

3) 1988년의 개정법률

1988년의 개정법률은 불심검문과 임의동행 요구 등 경찰권의 남용으로 인한 기본권침해의 소지가 있는 사항에 관하여 경찰권행사의 요건과 한계를 엄격하게 규정하였다.

4) 최루탄 사용을 표준조치에 추가

1989년의 개정 법률은 각종 불법집회 및 시위진압을 위하여 사용되는 최루탄의 사용요건 등을 규정하여 그 피해를 예방하기 위해 최루탄의 사용(법10의2)을 표준조치에 추가하였다.

5) 임의동행 및 경찰장구사용의 요건 완화

1991년의 개정법률은 경찰의 민생치안활동의 효율적 수행을 뒷받침하기 위하여 경찰관의 임의동행 및 경찰장구사용의 요건을 일부 완화하는 것을 내용으로 하고 있다.

6) 해양경찰청의 신설과 관련 규정의 정비

1996년의 개정법률은 해양수산부장관 소속하에 해양경찰청을 신설하게 됨에 따라 경찰관직무집행법 관련 규정을 정비하려는 것이었다.

7) 경찰장비의 사용 등 관련 규정의 정비

1999년 개정법률은 경찰장비의 사용 등(법10), 분사기·최루탄 또는 무기 사용기록의 보관(법11)에 관한 규정을 신설하고, 경찰장구(법10의2)와 분사기 등(법10의3) 및 무기의 사용(법10의4)에 관한 규정을 대폭 개정하였다.

8) 경찰법상 국가경찰의 임무와 경찰관의 직무범위 관련 규정의 정비

2011년의 개정법률은 경찰관직무집행법상의 직무범위에 관한 규정(법2)을 국가경찰의 임무에 관한 경찰법의 규정(법3)에 맞게 조정하였다.

이에 따라 경찰의 직무범위는 ① 국민의 생명·신체 및 재산의 보호, ② 범죄의 예방·진압 및 수사, ③ 경비·주요 인사 경호 및 대간첩·대테러 작전 수행, ④ 치안정보의 수집·작성 및 배포, ⑤ 교통 단속과 교통 위해의 방지, ⑥ 기타 공공의 안녕과 질서유지로 조정되었다.

9) 손실보상 규정 신설 및 직무범위의 확대

2014년 4월의 개정법률은 경찰관의 적법한 직무집행으로 인하여 재산상 손실이 발생한 경우 국가가 그 손실을 보상하도록 손실보상 규정을 신설하였다.

2014년 5월의 개정법률은 대테러 작전 수행 및 국제협력 관련 규정을 경찰관의 직무범위에 추가하고, 국제협력을 위한 개별적 수권조항을 마련하는 등 현행 경찰작용의 법적 근거를 명확히 하는 한편, 주요 경찰장비로서 시위진압에 사용되고 있는 살수차를 명시적으로 규정하였다.

10) 범죄피해자 보호를 경찰의 직무범위에 추가

2018년의 개정법률은 경찰의 직무범위에 범죄피해자 보호를 명시함으로써 범죄피해자를 경찰이 적극적으로 보호하도록 하고, 범죄피해자가 적시에 필요한 지원을 받을 수 있도록 한다.

제 2 절 불심검문

Ⅰ. 불심검문의 의의 및 필요성

1. 의의

불심검문은 교통의 단속, 흉악하고 중요한 사건발생시 범인의 체포, 경찰활동에 수반하는 위험물의 발견, 그 외 일반범죄의 예방과 검거 등 경찰상의 목적을 달성하기 위하여 통상 복수의 경찰관이 일정한 장소에서 경계함에 있어서 행동이 수상한 자 또는 통행인에 대하여 질문하거나 소지품을 검사하여 소정의 경찰목적을 달성하려는 경찰활동의 총체를 의미한다.

2. 필요성

불심검문은 원래 상호의존도가 높고, 익명성·이동성을 특성으로 하는 도시화 사회에서 범죄의 예방과 이미 발생한 범죄의 조기발견, 적발 및 진압을 위해 만들어진 제도이다.

Ⅱ. 불심검문의 요건

경찰관은 수상한 행동 기타 주위 사정을 합리적으로 판단하여 볼 때 어떠한 죄를 범하였거나 범하려 하고 있다고 의심할 만한 상당한 이유가 있는 사람 또는 이미 행하여진 범죄나 행하여지려고 하는 범죄행위에 관한 사실을 안다고 인정되는 사람을 정지시켜 질문할 수 있다(법3①).

이를 중심으로 불심검문의 판단요소와 판단기준 및 불심검문의 대상을 살펴 볼 수 있다.

1. 불심검문의 판단요소

경찰관은 수상한 행동 기타 주위 사정을 합리적으로 판단하여야 한다. 따라서 판단의 주체는 경찰관이라 할 것이다.

수상한 행동이란 이상하거나 부자연스러운 언행 등을 말한다. 또한 주위 사정이란 관계인의 수상한 행동을 제외한 제반 사정을 말하는 것으로서, 주위의 사람이나 당해 시간 또는 장소 등에 관한 일체의 사정을 말한다.

여기에서 문제가 되는 것은 수상한 행동과 주위 사정과의 관계이다. 다시 말하면 수상한 행동이 없음에도 불구하고 주위 사정을 판단하여 불심검문의 대상으로 할 수 있는가의 여부에 관한 문제이다. 이에 대하여는 수상한 행동이 불심검문의 필수적인 요소라는 견해와, '수상한 행동과 기타 주위 사정을 합리적으로 판단하여'라고 표현하고 있는 것은 병렬적인 관계에 있다고 볼 것이므로 주위 사정을 합리적으로 판단한 결과 수상한 행동에 준하는 판단이 들고 또한 어떠한 죄를 범하였거나 범하려 하고 있다고 인정될 수 있다면 불심검문을 할 수 있다고 보는 견해가 있다.

생각건대, '수상한 행동 기타 주위 사정을 합리적으로 판단하여'라 함은 불심검문의 필요성에 대한 판단요소가 '주위 사정'임을 명시한 것이고, '수상한 행동'은 합리적으로 판단하여야 할 '주위 사정' 가운데에서 대표적인 것을 예시적으로 표현하고 있는 것으로서, 이는 입법기술상의 동류의 원칙이 적용된 것으로 보아야 한다.

그러므로 수상한 행동을 보이지 않더라도 주위의 제반 사정을 고려한 합리적인 판단에 의하여 불심검문의 대상으로 할 수 있다고 이해하여야 한다.

2. 불심검문의 판단기준

불심검문을 할 것인가의 여부는 '합리적으로 판단'하여야 한다. 즉 불심검문의 판단기준은 합리성이다.

합리적 판단이란 불심검문을 행하는 경찰관의 주관적 독단적인 판단이 아니라 합리적 경험칙 등을 바탕으로 하는 경찰관의 평균적인 기준에 입각하여 불심검문의 필요성 여부를 판단하는 것을 의미한다.

3. 불심검문의 대상

불심검문의 대상은 ① 어떠한 죄를 범하였거나 범하려 하고 있다고 의심할 만한 상당한 이유가 있는 자 또는 ② 이미 행하여진 범죄나 행하여지려고 하는 범죄행위에 관한 사실을 안다고 인정되는 사람이다.

여기서의 '죄'는 형식적 의미의 범죄행위를 의미하는 것이므로 행정질서벌의 대상이 되는 행위는 제외된다. 또한 위 ②의 경우에는 범죄수사의 단서를 얻기 위하여 범죄의 피해자 또는 목격자 등을 불심검문의 대상으로 하기 위한 것이다.

[대법원 2014. 2. 27. 선고 2011도13999 판결] 경찰관이 법 제3조 제1항에 규정된 불심검문 대상자 해당 여부를 판단할 때에는 불심검문 당시의 구체적 상황은 물론 사전에 얻은 정보나 전문적 지식 등에 기초하여 불심검문 대상자인지를 객관적・합리적인 기준에 따라 판단하여야 하나, 반드시 불심검문 대상자에게 형사소송법상 체포나 구속에 이를 정도의 혐의가 있을 것을 요한다고 할 수는 없다.

Ⅲ. 불심검문의 수단

경찰관직무집행법은 불심검문의 수단으로서 ① 정지, ② 질문, ③ 소지품검사 그리고 ④ 임의동행 등의 방법을 규정하고 있다.

1. 정지

1) 의의

경찰관은 불심검문의 대상이 되는 사람을 정지시켜 질문할 수 있다(법3① 참조). 정지는 거동이 수상한 자를 불러 세우는 것을 말한다.

따라서 불심검문의 첫 번째 수단은 질문을 하기 위한 정지라 할 수 있다.

2) 유형력의 인정 여부

이 경우 질문을 하기 위하여 불심검문의 대상인 사람을 유형력을 가하여 강제로 정지시킬 수 있는가에 대하여는 강제설, 임의설, 중간설 등으로 학설이 나뉘고 있다.

(1) 강제설

강제설은 ① 정지에 불응하는 경우 이를 강제할 방법이 없다면 불심검문의 입법의미를 상실하게 되고, ② 임의동행의 경우에는 '요구할 수 있다'고 규정하고 있음에 비하여, '정지시켜'라고 규정하고 있는 것은 정지에 대하여 강제성을 인정하는 것으로 이해한다.

강제설의 입장에서는 정지의 법적 성격을 대인적 경찰강제라고 파악한다.

(2) 임의설

임의설은 불심검문 자체가 법문상 임의처분인 것이므로, 구두로 부르거나, 설득의 방법에 의하여 멈출 것을 요구하거나, 구두요구와 더불어 본인에게 주의를 촉구하는 정도의 임의행위에 그쳐야 한다는 견해이다.

(3) 중간설

중간설은 정지를 위하여 길을 막거나 신체에 접촉하는 행위 등 피검문자의 의사를 제압하지 않는 정도의 물리력의 행사는 허용된다고 본다.

(4) 결어

불심검문을 규정하고 있는 경찰관직무집행법 제3조의 전체적인 맥락은 불심검문과 질문을 위한 동행을 임의적인 행위로 규정하고 있다. 다만, 법문의 표현이 '정지시켜' 질문할 수 있다고 하는 표현을 두고 정지의 강제성을 용인하는 것으로 보는 견해도 있다.

이와 관련하여, 판례는 불심검문의 목적달성에 필요한 범위 내에서 사회통념상 용인될 수 있는 상당한 방법으로 정지시킬 수 있다고 판시하고 있다.

> [대법원 2012. 9. 13. 선고 2010도6203 판결] 경찰관은 법 제3조 제1항에 규정된 대상자에게 질문을 하기 위하여 범행의 경중, 범행과의 관련성, 상황의 긴박성, 혐의의 정도, 질문의 필요성 등에 비추어 그 목적 달성에 필요한 최소한의 범위 내에서 사회통념상 용인될 수 있는 상당한 방법으로 그 대상자를 정지시킬 수 있고 질문에 수반하여 흉기의 소지 여부도 조사할 수 있다 할 것이다.

2. 질문

1) 의의

질문은 불심검문의 핵심내용이며, 정지와 임의동행의 요구는 질문을 위한 수단이다.

여기에서 질문이란 피검문자에 대하여 검문을 하는 경찰관이 품고 있는 합리적인 의심을 해소하거나 기타 경찰목적상 필요한 사항을 알아내기 위하여 물어보는 조사방법이다.

2) 질문의 내용

질문의 내용은 불심검문의 목적 범위 내의 것이어야 한다. 따라서 구체적인 범죄사실에 대한 질문으로서 피의자 신문에 해당하는 질문은 할 수 없다.

3) 증표의 제시 및 검문 목적과 이유의 설명

경찰관이 불심검문의 대상이 되는 사람에게 질문을 할 경우, 경찰관은 자신의 신분을 표시하는 증표를 제시하면서 소속과 성명을 밝히고 그 목적과 이유를 설명하여야 한다(법3④).

이 경우 어느 정도까지 설명하여야 하는가의 문제는 구체적인 경우에 따라 다를 수 있으나 적어도 피검문자가 무엇 때문에 검문을 당하는지를 알 수 있을 정도면 충분할 것으로 본다.

또한 질문은 임의행위이다. 왜냐하면, 피검문자는 경찰관의 질문에 대하여 그 의사에 반하여 답변을 강요당하지 아니하기 때문이다.

[대법원 2014. 12. 11. 선고 2014도7976 판결] 불심검문을 하게 된 경위, 불심검문 당시의 현장상황과 검문을 하는 경찰관들의 복장, 피고인이 공무원증 제시나 신분 확인을 요구하였는지 여부 등을 종합적으로 고려하여, 검문하는 사람이 경찰관이고 검문하는 이유가 범죄행위에 관한 것임을 피고인이 충분히 알고 있었다고 보이는 경우에는 신분증을 제시하지 않았다고 하여 그 불심검문이 위법한 공무집행이라고 할 수 없다.

3. 흉기 소지여부 조사

1) 의의 및 근거

경찰관은 불심검문의 대상이 되는 사람에게 질문을 할 때에 흉기를 가지고 있는지를 조사할 수 있다(법3③). 흉기란 총이나 칼 등 그 물건의 본래의 성능이 사람을 살상하는 데 쓰이는 도구 또는 가위나 곤봉 등 본래의 성능과 달리 그 용법에 따라서는 사람을 살상하는 데에 쓰일 수 있는 물건을 지칭한다.

이에 근거하여 경찰관은 질문의 한 내용으로서 흉기를 가지고 있는지를 질문할 수도 있다. 그리고 경찰관은 질문과 병행하여 또는 질문에 갈음하여 흉기를 가지고 있는지에 대한 조사를 할 수도 있다.

2) 허용범위

흉기 소지여부의 조사는 그 진행단계에 따라 ① 겉모양으로 소지품을 관찰하는 행위, ② 소지품에 대하여 질문하는 행위, ③ 소지품의 임의제시를 요구하는 행위, ④ 외표검사, 즉 옷이나 휴대품의 외부에 손을 가볍게 대어 소지품을 조사하는 행위, ⑤ 개봉검사, 즉 소지품을 강제로 열어보거나 주머니 속의 소지품을 점검하는 행위로 구분할 수 있다.

①과 ②의 행위는 당연히 인정된다. ③의 경우에도 흉기 소지여부의 확인 및 질문의 내용과 관계가 있는 한 허용되며, 의문의 해소를 위하여 임의로 제시된 소지품을 조사할 수도 있다.

그런데 ④와 ⑤의 경우에 대하여는 견해가 나뉜다. ④의 경우에는 이른바 외표검사(stop and frisk)의 범위에 해당하는 한 이를 인정하는 것이 다수의 견해이다.

그러나 ⑤의 경우에는 검문대상자의 승낙 없이 강제로 소지품을 열어보거나 주머니나 가방 등에 손을 넣어 소지품을 끄집어내는 행위는 허용되지 않는다고 보아야 한다.

3) 판례의 태도

판례는 흉기를 소지하고 있을 개연성이 없는 한 일반 소지품의 조사는 허용되지 않는다고 한다. 즉, 경찰은 불심검문에 수반하여 소지품검사를 할 수 있으나 그 소지품검사는 흉기소지 여부를 조사하는 것에 한정되어 있으므로, 의복 또는 휴대품의 외부를 손으로 만져서 확인하는 검사(stop and frisk)로 흉기 소지여부를 탐지하고 그 개연성이 있는 경우 가방 등을 열어 보여줄 것을 요구할 수 있을 뿐 그 개연성이 없는 한 일반소지품 검사는 허용되지 않는다고 판시하고 있다(서울지법 1997. 11. 13. 91가소316755판결).

4. 임의동행

1) 의의 및 법적 근거

(1) 의의

임의동행이란 피검문자의 자발적인 의사에 의하여 일정한 요건 아래 경찰관의 요구에 따라 경찰관서에 동행하는 것을 말한다.

자발적인 의사에 의한 것인지의 여부는 객관적인 사정에 의하여 동행이 이루어졌음이 명백하게 입증되어야 한다.

[대법 2006. 7. 6. 선고 2005도6810판결] 형사소송법상의 임의동행은 피의자의 자발적인 의사에 의하여 수사관서 등에의 동행이 이루어졌음이 객관적인 사정에 의하여 명백하게 입증된 경우에 한하여 적법성이 인정되는 것으로 봄이 상당하다. 행정경찰 목적의 경찰활동으로 행하여지는 질문을 위한 동행요구도 형사소송법의 규율을 받는 수사로 이어지는 경우에는 역시 위 법리가 적용되어야 할 것이다.

(2) 법적 근거

경찰관직무집행법은 "정지시킨 장소에서 질문을 하는 것이 그 사람에게 불리하거나 교통에 방해가 된다고 인정될 때에는 질문하기 위하여 부근의 경찰관서에 동행할 것을 요구할 수 있다(법3②1문)"고 규정하여 질문을 위한 임의동행을 인정하고 있다.

여기에서 경찰관서란 경찰서 · 지구대 · 파출소 또는 출장소를 말한다. 이에는 지방해양경찰관서를 포함한다. 동행장소는 '부근의' 경찰관서이므로 가까운 경찰관서가 있음에도 불구하고 행정편의만을 고려하여 멀리 떨어진 곳으로 동행하는 것은 허용되지 않는다고 하여야 한다.

2) 법적 성질

동행의 요구 역시 임의처분이다. 따라서 동행한 사람의 의사에 반하여 유형력을 행사하여 동행을 강제할 수는 없다.

경찰관직무집행법도 이에 관하여 "동행을 요구받은 사람은 그 요구를 거절할 수 있다(법3②2문)"고 규정하고 있다.

동행한 사람의 승낙을 얻지 아니한 채 임의동행형식으로 연행하는 것은 경찰관직무집행법상 임의동행의 범위를 넘어서는 것으로 위법한 행위가 된다.

3) 동행사유

경찰관이 임의동행을 요구할 수 있는 경우는 ① 정지시킨 장소에서 질문을 하는 것이 그 사람에게 불리하거나 ② 교통에 방해가 된다고 인정될 때이다.

①의 경우에는 검문대상자의 명예를 다치거나 수치심을 유발하게 될 우려가 있다든지 또는 물리적 신체적으로 검문대상자를 보호할 필요가 있는 경우 등을 위한 것이며, ②의 경우에는 보행자나 자동차를 상대로 하는 불심검문이 교통방해를 유발하게 될 우려가 있는 경우 등을 위한 것이므로 이를 제외한 일반적인 경찰목적을 달성하기 위하여 동행을 요구할 수는 없다고 보아야 한다.

4) 증표의 제시 등

동행을 요구할 경우 경찰관은 그 사람에게 자신의 신분을 표시하는 증표를 제시하면서 소속과 성명을 밝히고 그 목적과 이유를 설명하여야 하며, 동행 장소를 밝혀야 한다(법3④).

이는 동행의 임의성을 확보하는 최소한의 요건이다. 임의동행이 상대방의 동의를 전제로 하는 것인 만큼 동행할 장소를 밝히고 동행의 목적 및 이유에 대하여 설명하는 것은 너무나 당연하다고 하겠다.

5) 동행사실의 고지 등

동행을 한 경우 경찰관은 동행한 사람의 가족이나 친지 등에게 동행한 경찰관의 신분, 동행 장소, 동행 목적과 이유를 알리거나 본인으로 하여금 즉시 연락할 수 있는 기회를 주어야 하며, 변호인의 조력을 받을 권리가 있음을 알려야 한다(법3⑤).

이는 임의동행이 수사를 위한 편법으로 악용되는 것을 방지하기 위한 것인 동시에, 체포와 유사한 외형을 갖추고 있는 임의동행에 대하여 동행한 사람과 가족 등으로 하여금 경찰관의 질문 등 경찰권 행사에 대하여 법적인 대응능력 등을 갖출 수 있도록 하기 위한 것이다.

그러므로 임의동행에 관한 사실의 직접 알리거나 연락할 기회의 부여와 변호인의 조력을 받을 권리가 있음을 알리는 것은 임의동행 즉시 이루어져야 한다.

6) 보고

경찰관이 임의동행을 한 때에는 소속 국가경찰관서의 장에게 이를 보고하여야 한다(영7 i).

7) 동행시간의 제한

동행을 한 경우 경찰관은 동행한 사람을 6시간을 초과하여 경찰관서에 머물게 할 수 없다(법3⑥). 동행한 사람은 6시간 내에는 언제든지 자신의 의사로 경찰관서에서 퇴거할 수 있으며, 동행한 사람에 대한 질문을 통하여 불심검문의 목적이 달성된 경우에는 6시간 내라고 하더라도 즉시 동행을 종료하여야 한다.

[대법원 1997. 8. 22. 선고 97도1240 판결] 임의동행은 상대방의 동의 또는 승낙을 그 요건으로 하는 것이므로 경찰관으로부터 임의동행 요구를 받은 경우 상대방은 이를 거절할 수 있을 뿐만 아니라 임의동행 후 언제든지 경찰관서에서 퇴거할 자유가 있다 할 것이고, 경찰관직무집행법 제3조 제6항이 임의동행한 경우 당해인을 6시간을 초과하여 경찰관서에 머물게 할 수 없다고 규정하고 있다고 하여 그 규정이 임의동행한 자를 6시간 동안 경찰관서에 구금하는 것을 허용하는 것은 아니라고 할 것이다.

8) 불법체포 · 감금

① 동행시간이 6시간을 초과하거나 ② 불심검문의 목적이 달성되었음에도 불구하고 동행을 계속하는 경우 및 ③ 동행한 사람의 의사에 반하여 동행을 계속

하는 경우에는 불법체포·감금의 문제가 발생한다.

임의동행 형식으로 경찰서로 연행한 후 구속영장에 의하지 아니하고 6일간 경찰서 조사실 또는 보호실 등에서 계속 구금하다가 구속영장을 발부받은 경우, 구속영장을 발부받음이 없이 구금한 행위는 경찰관이 직권을 남용하여 불법 감금한 것에 해당한다(대법1985. 7. 29. 85모16결정 참조).

Ⅳ. 자동차검문

1. 의의 및 필요성

1) 의의

자동차검문은 자동차주행에 수반하는 위험의 방지 및 교통위반을 포함한 범죄의 예방과 단속을 위하여 주행 중인 자동차의 정지를 요구하거나 정지시켜 그 자동차의 외관이나 내부의 상황 및 탑승자 등을 살펴봄과 동시에, 단속 또는 수사상의 필요한 사항에 관하여 탑승자에게 질문하는 것을 의미한다.

2) 필요성

오늘날 자동차의 수가 급격히 증가하고 있고 이에 따라 자동차를 이용한 범죄도 급증하고 있다. 이러한 사회적 변화에 부응하여 원활한 경찰활동을 하기 위해서는 자동차에 대한 불심검문이 필수적으로 요청된다.

2. 자동차검문의 허용 여부

현행 경찰관직무집행법상의 불심검문은 사람에 대한 경우만을 규정하고 있어, 자동차검문이 가능한가의 여부에 대하여 견해가 엇갈리고 있다.

우선, 자동차의 정지 자체가 불심검문의 정지에 해당하므로 자동차의 정지도 불심검문의 요건을 갖춘 경우에 한하여 허용된다는 견해와, 불심검문의 전단계적 조치로서 불심검문의 요건을 확인하기 위한 질문을 위한 것이라는 견해가 있는데, 후자가 다수의 견해이다.

입법론적으로는 도로교통법 외에 경찰관직무집행법에 자동차검문의 법적 근거를 명시하는 것이 바람직한 것으로 본다.

3. 자동차검문의 법적 근거

1) 경찰관직무집행법

현행 경찰관직무집행법에는 자동차검문을 명시적으로 규정하고 있는 조항은 없다.

이와 관련하여 자동차검문을 불심검문의 전단계적 조치로서 불심검문의 요건을 확인하기 위한 질문을 위한 활동으로 파악하는 다수설의 입장에서는 불심검문의 근거조항인 경찰관직무집행법 제3조제1항을 자동차검문의 근거로 보게 된다.

그 밖에 경찰관의 일반수권조항을 근거로 보는 견해도 있다. 일반수권조항도 없을 뿐만 아니라 이는 경찰작용의 근거규범이 될 수 없음은 이미 설명한 바와 같다.

2) 도로교통법

(1) 의의

도로교통법은 무면허운전, 음주운전, 과로한 때 등의 운전 등 도로교통법 위반사범의 예방 및 검거를 목적으로 하는 검문에 관하여 규정하고 있다. 도로교통법상의 검문도 자동차검문의 한 형태이다.

(2) 정지 및 운전면허증 제시요구 등

자동차 등 또는 노면전차의 운전자가 무면허운전 등의 금지(법43) · 술에 취한 상태에서의 운전 금지(법44) 및 과로한 때 등의 운전 금지(법45) 규정을 위반하여 자동차 등 또는 노면전차를 운전하고 있다고 인정되는 경우에는 경찰공무원은 차를 일시 정지시키고 그 운전자에게 자동차 운전면허증을 제시할 것을 요구할 수 있다(법47①).

경찰공무원은 술에 취한 상태에서의 운전 금지(법44) 및 과로한 때 등의 운전 금지(법45) 규정을 위반하여 자동차 등 또는 노면전차를 운전하는 사람이나 술에 취한 상태에서의 운전금지의무에 위반한 자전거 운전자에 대하여는 정상적으로 운전할 수 있는 상태가 될 때까지 운전의 금지를 명하고 차를 이동시키는 등 필요한 조치를 할 수 있다(동조②).

(3) 도로교통법상의 음주측정

누구든지 술에 취한 상태에서 자동차 등을 운전하여서는 아니 된다(법44①)고 규정하고 있다. 그리고 국가경찰공무원은 교통의 안전과 위험방지를 위하여 필요하다고 인정하거나 술에 취한 상태에서 자동차 등, 노면전차 또는 자전거를 운전하였다고 인정할 만한 상당한 이유가 있는 경우에는 운전자가 술에 취하였는지를 호흡조사로 측정할 수 있다. 이 경우 운전자는 경찰공무원의 측정에 응하여야 한다(동조②).

호흡조사 측정 결과에 불복하는 운전자에 대하여는 그 운전자의 동의를 받아 혈액 채취 등의 방법으로 다시 측정할 수 있다(동조③).

운전이 금지되는 술에 취한 상태의 기준은 운전자의 혈중알코올농도가 0.03% 이상인 경우로 한다(동조④).

(4) 음주측정을 위한 일제검문

음주측정을 위한 일제검문이란 도로상의 불특정 자동차를 정지시켜 음주 여부를 측정하는 것을 말한다. 도로교통법상의 음주측정에 관한 국가경찰공무원의 권한에 도로상의 불특정 다수의 자동차에 대한 일제검문권이 포함되어 있는가에 대하여는 견해가 나뉜다.

이와 관련하여 헌법재판소는 잠재적인 음주운전자로 인한 위해를 방지하기 위하여 그 필요성이 충족되는 것으로 넓게 해석하여 도로교통법상의 음주측정의 근거(법44②전단)에는 음주측정을 위한 일제검문권이 내포되어 있다고 본다.

[헌재 2004. 1. 29. 2002헌마293 전원재판부] 도로교통법상 음주측정의 근거(법44② 전단)인 교통안전과 위험방지의 필요성은 음주 측정의 대상이 되는 운전자의 운전으로 인하여 야기된 개별적·구체적인 위험방지를 위하여 필요할 뿐만 아니라, 잠재적 음주운전자의 계속적인 음주운전을 차단함으로써 그렇지 않았을 경우 음주운전의 피해자가 되었을지도 모를 잠재적인 교통관련자의 위해를 방지할 가능성이 있다면 그

> 필요성이 충족되는 것으로 넓게 해석하여야 하고, 이러한 음주측정을 위하여, 검문지점을 설치하고 그곳을 통행하는 불특정 다수의 자동차를 정지시켜 운전자의 음주 여부를 점검해 볼 수 있는 권한도 여기에 내포되어 있다고 보아야 한다.

음주측정을 위한 일제검문의 위헌성 여부에 대하여 헌법재판소는 적법한 경찰작용이라고 본다. 그러나 이 경우에도 과잉금지원칙은 준수되어야 한다고 판시한 바 있다.

> [헌재 2004. 1. 29. 2002헌마293 전원재판부] 일제단속 음주운전으로 인한 피해를 예방하여야 하는 공익은 대단히 중대하며, 그러한 단속방식이 그 공익을 보호함에 효율적인 수단임에 반하여, 일제단속식 음주단속으로 인하여 받는 국민의 불이익은 비교적 경미하다. 검문을 당하는 국민의 불이익은 교통체증으로 인한 약간의 시간적 손실, 주관적 • 정서적 불쾌감 정도에 불과하고, 음주측정을 실시하는 경우라 할지라도 그것은 단속현장에서 짧은 시간 내에 간단히 실시되고 측정결과도 즉석에서 알 수 있는 호흡측정 방법에 의하여 실시되므로 편이성이 높다. 따라서 도로를 차단하고 불특정 다수인을 상대로 실시하는 일제단속식 음주단속은 그 자체로는 도로교통법 제44조 제2항 전단에 근거를 둔 적법한 경찰작용이다. 그러나 그 경우에도 과잉금지원칙은 준수되어야 하므로, 음주단속의 필요성이 큰, 즉 음주운전이 빈발할 것으로 예상되는 시간과 장소를 선정하여야 할 것이고, 운전자 등 관련국민의 불편이 극심한 단속은 가급적 자제하여야 하며, 전방지점에서의 사전 예고나 단시간 내의 신속한 실시 등과 같은 방법상의 한계도 지켜야 할 것이다.

V. 의무경찰의 검문 등

1. 의무경찰의 검문

의무경찰은 임무수행상 필요하다고 인정할 때에는 경비지역에서 검문을 할 수 있다(의무경찰대설치및운영에관한법률2의2)

의무경찰이 검문을 할 때에는 대간첩작전이나 경비임무 수행을 위하여 필요한 최소한도로 하여야 하며, 검문권을 남용하여 국민에게 피해를 주는 일이 없도록 하여야 한다(동법시행령27①).

의무경찰이 검문 과정에서 필요하여 검문대상자를 인근 경찰기관으로 데리고 갔을 때에는 지체 없이 그 사실을 소정의 서식에 따라 지휘관에게 보고하여야 한다(동조②).

2. 의무경찰의 무기사용

의무경찰은 검문이나 기타 경비업무를 수행함에 있어 검문 등 경비목적으로 3회 이상 정지를 명하여도 이에 불응하고 도주하거나 도주하려고 하는 경우에 무기를 사용하지 아니하고는 다른 수단이 없다고 인정되는 상당한 이유가 있는 경우에 한하여 휴대한 무기를 사용할 수 있다. 이 경우에는 그 업무수행에 필요한 최소한도에 국한하여야 하며 특히 국민에게 피해가 없도록 유의하여야 한다(영27의2).

의무경찰이 무기를 사용하였을 때에는 그 사유 및 상황을 지체 없이 지휘관 또는 소속기관 등의 장에게 보고하여야 한다(영27의3).

대법원은 의무경찰도 치안업무를 보조하는 업무의 일환으로서 경찰공무원법상의 경찰공무원과 마찬가지로 단독으로 업무를 수행할 수 있다고 한다.

[대법원 1998. 7. 24. 선고 98다18339 선고 판결] 차마는 신호기 또는 안전표지가 표시하는 신호 또는 지시와 교통정리를 하는 경찰공무원 등의 지시 또는 신호에 따라야 하고, 신호기 또는 안전표지가 표시하는 신호 또는 지시와 경찰공무원 등의 신호 또는 지시가 다른 때에는 경찰공무원 등의 신호 또는 지시에 따라야 하며, 의무전투경찰순경은 치안업무를 보조하는 업무의 일환으로서 경찰공무원법의 규정에 의한 경찰공무원과 마찬가지로 단독으로 교통정리를 위한 지시 또는 신호를 할 수 있고, 이 경우 그 수신호(手信號)는 도로교통법시행규칙 제7조 [별표 7]의 규정에 따라 보행자나 차마의 운전자가 명료하게 이해할 수 있는 방법으로 행하여져야 한다.

대법원은 의무경찰대원의 신분은 군인이 아니며, 국가배상법 소정의 경찰공무원에 해당한다고 판시한 바 있다.

[대법원 1995. 3. 24. 선고 94다25414 선고 판결] 현역병으로 입영하여 소정의 군사교육을 마치고 전임이 되어 전투경찰순경으로 임용된 자는 군인으로서의 신분을 상실하고 전투경찰순경의 신분을 취득한다 할 것이므로, 전투경찰순경은 군인이 아니라고 할 것이다. 공무원의 국가배상청구를 제한한 헌법 제29조 제2항은 그 입법취지가 위험성이 높은 직무에 종사하는 자에 대하여는 사회보장적 위험부담으로서의 국가보상제도를 별도로 마련함으로써 그것과 경합되는 국가배상청구를 배제하려는 것이고, 국가배상법 제2조 제1항 단서 소정의 "경찰공무원"은 위 헌법규정을 그대로 이어받은 규정이며, 전투경찰순경이 경찰청 산하의 전투경찰대에 소속되어 대간첩작전의 수행 및 치안업무의 보조를 그 임무로 하고 있어서 그 직무수행상 위험성이 다른 경찰공무원의 경우보다 낮지 않을 뿐 아니라, 전투경찰대설치법 제4조 에서 경찰공무원법의 일부 조항을 준용하고 있는 점에 비추어 보면, 국가배상법 제2조 제1항 단서 소정의 "경찰공무원"이 "경찰공무원법상 경찰공무원"에 한정된다고 단정하기 어렵고, 오히려 경찰업무의 위험성을 고려하여 "경찰조직의 구성원을 이루는 공무원"을 특별취급하려는 것으로 보아야 할 것이므로 전투경찰순경은 국가배상법 제2조 제1항 단서 소정의 "경찰공무원"에 해당한다고 보아야 한다.

제 3 절 보호조치 등

Ⅰ. 의의 및 법적 성격

1. 의의

보호조치란 경찰관의 직무집행 중 정신착란자 등에 의한 위해를 방지하기 위하여 경찰관이 응급의 정도에 따라 긴급구호를 요청하거나 보호하는 등 적당한 조치를 취하도록 하는 것을 말한다.

2. 보호조치의 법적 성격

보호조치는 목전에 급박한 경찰상의 장해를 제거하기 위하여 필요하거나 성질상 의무를 명하여서는 위해방지라는 경찰목적을 달성할 수 없을 경우에 직접 실력으로써 목적을 달성하기 위한 경찰상의 대인적 즉시강제의 일종이다.

보호조치를 권력적 사실행위로서의 성격을 가진다. 이에 대하여는 보호조치가 대상자에게 수인의무를 부과하는 것이므로 법적 행위이고 순수한 사실행위는 아니라는 견해도 있다.

따라서 경찰관의 보호조치는 구속과는 다르지만 기본적 인권인 신체의 자유를 제한하는 조치이므로 경찰목적의 실현을 위해 행정편의적인 고려에서 이루어져서는 아니 되며, 자기 및 다른 사람에 대한 위해방지라는 경찰상의 소극목적을 달성하기 위한 것에 한정되는 것으로 보아야 한다. 또한 보호조치는 권력적 침익적 행위이므로 반드시 법률에 근거가 있어야 한다.

정신착란자 등에 대한 보호는 1차적으로는 그의 부모형제 등 보호의무자에 의하여 사생활의 범위 내에서 이루어지는 것이 정상적인 것이므로, 경찰관에 의한 보호조치는 2차적이며 보충적으로 이루어지는 것이다.

Ⅱ. 보호조치의 대상 등

1. 보호조치의 대상

경찰관직무집행법은 경찰관의 보호조치의 대상으로서 '① 정신착란을 일으키거나 술에 취하여 자기 또는 다른 사람의 생명·신체와 재산에 위해를 미칠 우려가 있는 사람과 자살을 시도하는 사람 또는 ② 미아·병자·부상자 등으로서 적당한 보호자가 없으며 응급구호가 필요하다고 인정되는 사람(본인이 이를 거절하는 경우에는 제외)임이 명백하고 응급구호가 필요하다고 믿을 만한 상당한 이유가 있는 자'(법4①)를 들고 있다.

미아·병자·부상자 등에는 가출청소년이나 기아(棄兒), 기아(飢餓)상태에 있는 자, 조난자 등이 이에 포함될 수 있을 것이다. 보호자란 부양의무자만을 의미하는 것은 아니다. 실질적인 보호를 하고 있는 관계에 있는 자를 의미한다고 보아야 한다.

따라서 정신착란자 등이 모두 보호조치의 대상이 되는 것이 아니라 응급구호가 필요하다고 믿을 만한 상당한 이유가 있는 경우에 한하여 보호조치의 대상이 된다.

여기에서 응급이란 시간적인 급박함을 의미하며, 경찰관이 미아 등을 보호조치의 대상자로 판단한 경우라도 본인이 이를 거절하는 경우에는 보호조치를 취하여서는 아니 된다. 보호조치가 권력적 행위이기 때문이다. 다만, 보호조치를 거절하는 자가 의사무능력자인 경우에는 보호조치의 대상으로 할 수 있을 것으로 본다.

> [대법원 2012. 12. 13. 선고 2012도11162 판결] 보호조치 요건이 갖추어지지 않았음에도, 경찰관이 실제로는 범죄수사를 목적으로 피의자에 해당하는 사람을 이 사건 조항의 피구호자로 삼아 그의 의사에 반하여 경찰관서에 데려간 행위는, 달리 현행범체포나 임의동행 등의 적법 요건을 갖추었다고 볼 사정이 없다면, 위법한 체포에 해당한다고 보아야 한다.

2. 보호조치권의 법적 성질

피구호자에 대한 보호조치는 경찰상 대인적 즉시강제에 해당한다. 그러므로 그 조치가 불가피한 한도 내에서만 행사되도록 보호조치권의 발동 및 행사요건을 신중하고 엄격하게 해석하여야 한다.

또한 경찰관은 보호조치권을 발동함에 있어서 그 대상자의 수상한 행동 그 밖의 주위 사정을 합리적으로 판단하여 보호조치권의 발동 여부를 결정하여야 한다.

이와 관련하여, 대법원은 긴급구호권한과 같은 경찰관의 조치권한은 일반적으로 경찰관의 전문적 판단에 기한 합리적인 재량에 위임되어 있는 것으로 판단하고 있다. 정신질환자의 평소 행동에 포함된 범죄 내용이 경미하거나 범죄라고 볼 수 없는 비정상적 행동에 그치고 그 행동 기타 주위 사정을 합리적으로 판단하여 볼 때보더라도 구체적 위험이 객관적으로 존재하고 있었다고 보기 어려운 경우, 경찰관이 그때그때의 상황에 따라 그 정신질환자를 훈방하거나 일시 정신병원에 입원시키는 등 경찰관직무집행법의 규정에 의한 긴급구호조치를 취하였고, 정신질환자가 퇴원하자 정신병원에서의 장기 입원치료를 받는 데 도움이 되도록 생활보호대상자 지정 의뢰를 하는 등 그 나름대로의 조치를 취한 이상, 더 나아가 경찰관들이 정신질환자의 살인범행 가능성을 막을 수 있을 만한 다른 조치를 취하지 아니하였거나 입건 · 수사하지 아니하였다고 하여 이를 법령에 위반하는 행위에 해당한다고 볼 수 없다고 판시하였다(대법 1996. 10. 25. 선고 95다45927판결).

Ⅲ. 보호조치의 방법

경찰관직무집행법은 보호조치의 방법으로서 응급의 정도에 따라 ① 보건의료기관이나 공공구호기관에 긴급구호를 요청하거나 ② 경찰관서에 보호하는 등 적당한 조치를 할 수 있다(법4①)고 규정하고 있다. 따라서 ①의 경우가 ②의 경우보다 응급한 것으로 볼 수 있다.

1. 긴급구호의 요청

1) 구호기관

경찰관직무집행법은 보건의료기관이나 공공구호기관에 관한 개념을 명시적으로 규정하고 있지는 않으나, 일응 보건의료기관이란 보건의료인이 공중 또는 특정 다수인을 위하여 보건의료서비스를 행하는 보건기관 · 의료기관 · 약국 등의 기관(보건의료기본법3ⅳ)을 말한다.

그리고 공공구호기관이란 아동보호소, 부녀보호소, 양로원 등 국가 · 지방자치단체 기타 공공단체가 설립 · 운영하는 구호기관을 말한다고 볼 수 있다.

2) 구호

경찰관으로부터 긴급구호요청을 받은 보건의료기관이나 공공구호기관은 정당한 이유 없이 긴급구호를 거절할 수 없다(법4②). '정당한 이유'란 보호조치에 필요한 보건의료나 구호행위 등이 객관적으로 불가능한 경우를 지칭하는 것이라 하겠다.

정당한 이유 없이 긴급구호를 거절하는 것과 관련하여 긴급구호대상자가 응급환자인 경우 응급의료종사자는 불이익을 받을 수도 있다.

응급의료에 관한 법률은 응급의료기관 등에서 근무하는 응급의료종사자는 응급환자를 항상 진료할 수 있도록 응급의료 업무에 성실히 종사하여야 한다(법6①). 응급의료종사자는 업무 중에 응급의료를 요청받거나 응급환자를 발견하면 즉시 응급의료를 하여야 하며 정당한 사유 없이 이를 거부하거나 기피하지 못한다(동조②)고 규정하는 한편, 응급의료를 거부 또는 기피한 응급의료종사자는 3년 이하의 징역 또는 1천만 원 이하의 벌금에 처하도록 규정(법60)하고 있기 때문이다.

3) 비용부담

경찰관의 긴급구호요청에 따른 보건의료기관 등에서 소요되는 비용은 피보호자가 부담하는 것이 원칙이다. 긴급구호요청에 따른 보건의료기관의 치료행위가 있었다고 하더라도 국가와 보건의료기관 사이에 치료위임계약이 체결된 것으로 볼 수 없기 때문이다.

보건의료기관에서 소요되는 비용은 일정한 경우에 의료급여법에서 정하는 바에 따라 처리될 수 있다. 의료급여법은 생활이 어려운 자에 대한 의료급여의 실시에 관한 법률이다. 의료급여 수급권자(동법3)의 경우에는 이 법률에 의하여 의료급여를 받을 수 있다. 일정한 거소가 없는 사람으로서 경찰관서에서 무연고자로 확인된 사람으로서 보건복지부장관이 의료급여가 필요하다고 인정하는 경우 및 보건복지부령이 정하는 생활유지의 능력이 없거나 생활이 어려운 자는 의료급여 수급권자가 된다.

[대법원 1994. 2. 22. 선고 93다4472 판결] 경찰관직무집행법에 의하면 경찰관이 병자, 부상자 등으로서 적당한 보호자가 없으며 응급의 구호를 요한다고 인정되는 자를 발견한 때에는 보건의료기관 또는 공공구호기관에 긴급구호를 요청할 수 있고, 이러한 긴급구호요청을 받은 보건의료기관이나 공공구호기관은 정당한 이유 없이 긴급구호를 거절할 수 없다고 규정하고 있을 뿐이고(경찰관직무집행법 제4조 제1항, 제2항), 응급의 구호를 요하는 자의 치료가 국가의 사무라거나 국가가 응급의 구호를 요하는 자에 대하여 응급의 구호에 필요한 치료의 의무를 부담한다는 규정을 두고 있지 아니하므로 경찰관이 응급의 구호를 요하는 자를 보건의료기관에게 긴급구호요청을 하고, 보건의료기관이 이에 따라 치료행위를 하였다고 하더라도 국가와 보건의료기관 사이에 국가가 그 치료행위를 보건의료기관에 위탁하고 보건의료기관이 이를 승낙하는 내용의 치료위임계약이 체결된 것으로는 볼 수 없다 할 것이다.

2. 보호 등의 조치

1) 의의

경찰관은 긴급구호의 요청을 할 정도가 아니라고 판단되는 보호조치의 대상자를 경찰관서에 보호하는 등의 적당한 조치를 할 수도 있다. 경찰관서에서의 보호는 24시간을 초과할 수 없다(법4⑦).

2) 경찰관서에서의 보호

여기에서 경찰관서란 경찰서, 지구대, 파출소 등을 지칭한다. 구체적으로는 주취자안정실 등의 시설이 활용될 수 있다.

경찰서장은 주취자를 보호하기 위해 주취자안정실을 둘 수 있다. 주취자안정실은 보호대상자의 난동 · 자해 등의 방지를 위해 적합한 구조와 시설을 갖추어야 하며, 비상상황을 대비하여 경보종, 폐쇄회로TV 및 녹화장치 등을 설치한다.

한편, 대법원은 보호조치된 주취운전자에 대하여도 음주측정을 할 수 있으며, 음주측정을 요구하였다고 하여 경찰관의 보호조치가 당연히 종료된 것으로 볼 수도 없다고 한다.

[대법원 2012. 12. 13. 선고 2012도11162 판결] '술에 취한 상태'란 피구호자가 술에 만취하여 정상적인 판단능력이나 의사능력을 상실할 정도에 이른 것을 말하고, 이 사건 조항에 따른 보호조치를 필요로 하는 피구호자에 해당하는지는 구체적인 상황을 고려하여 경찰관 평균인을 기준으로 판단하되, 그 판단은 보호조치의 취지와 목적에 비추어 현저하게 불합리하여서는 아니 되며, 피구호자의 가족 등에게 피구호자를 인계할 수 있다면 특별한 사정이 없는 한 경찰관서에서 피구호자를 보호하는 것은 허용되지 않는다.

[대법원 2012. 2. 9. 선고 2011도4328 판결] 경찰공무원은 교통의 안전과 위험방지를 위하여 필요하다고 인정하거나 운전자가 술에 취한 상태에서 자동차 등을 운전하였다고 인정할 만한 상당한 이유가 있고 운전자의 음주운전 여부를 확인하기 위하여 필요한 경우에는 사후의 음주측정에 의하여 음주운전 여부를 확인할 수 없음이 명백하지 않는 한 당해 운전자에 대하여 음주측정을 요구할 수 있고, 당해 운전자가 이에 불응한 경우에는 음주측정불응죄가 성립한다(대법원 1997. 6. 13. 선고 96도3069 판결, 대법원 2007. 9. 7. 선고 2007도5928 판결 등 참조). 이와 같은 법리는 당해 운전자가 경찰관직무집행법 제4조에 따라 보호조치된 사람이라고 하여 달리 볼 것이 아니므로, 경찰공무원이 보호조치된 운전자에 대하여 음주측정을 요구하였다는 이유만으로 그 음주측정 요구가 당연히 위법하다거나 그 보호조치가 당연히 종료된 것으로 볼 수는 없다.

3) 경찰장구의 사용

원칙적으로 보호대상자를 위하여 수갑이나 포승 등의 경찰장구를 사용할 수 없다. 다만, 보호조치시설 내에서 정신착란자 또는 주취자 등 보호대상자의 난동이나 자살 또는 자해기도 등 위해행위를 방지하기 위하여 필요한 때에는 수갑·포승 또는 호송용 포승을 사용할 수도 있다. 이 경우에는 비례의 원칙이 준수되어야 한다.

보호대상자를 대상으로 하여 경찰장구를 사용한 경찰관은 소속 국가경찰관서의 장(경찰청장·해양경찰청장·지방경찰청장·지방해양경찰청장·경찰서장 또는 해양경찰서장 기타 경무관·총경·경정 또는 경감을 장으로 하는 국가경찰관서의 장)에게 그 사실을 보고하여야 한다(위해성경찰장비의사용기준등에관한 규정5).

4) 보호실 등의 활용

이 경우 보호하기에 적합한 시설이 없음을 이유로 하여 유치장이나 보호실 또는 형사피의자 대기실을 활용할 수 있는가가 문제가 된다.

유치장은 경찰관직무집행법 제9조의 규정에 근거하여 '법률에서 정한 절차에 따라 체포·구속된 사람 또는 신체의 자유를 제한하는 판결이나 처분을 받은 사람을 수용하기 위하여 경찰서와 해양경찰서에 설치'된 시설이다. 따라서 보호조치대상자를 유치장에 보호하는 것은 위법하다.

경찰서에 설치되어 있는 보호실은 영장대기자나 즉결대기자 등의 도주 방지와 경찰업무의 편의 등을 위한 수용시설로서 사실상 설치, 운영되고 있는 특수사무실의 하나이다. 그러므로 보호조치대상자의 보호조치를 위해서는 원칙적으로 보호실을 활용할 수도 없다[1]. 형사피의자대기실도 활용할 수 없다.

5) 분리보호

경찰관서에서의 긴급구호 대상자를 보호조치하는 경우 여자 보호대상자는 남자 보호대상자와 분리하여 보호하여야 한다.

3. 위험물의 임시영치

1) 의의 및 법적 근거

(1) 의의

임시영치(臨時領置, temporary custody)란 경찰이 보호조치 등 즉시강제를

1) 보호실은 그 시설 및 구조에 있어 통상 철창으로 된 방으로 되어 있어 그 안에 대기하고 있는 사람들이나 그 가족들의 출입이 제한되는 등 일단 그 장소에 유치되는 사람은 그 의사에 기하지 아니하고 일정 장소에 구금되는 결과가 되므로, 경찰관직무집행법상 정신착란자, 주취자, 자살기도자 등 응급의 구호를 요하는 자를 24시간을 초과하지 아니하는 범위 내에서 경찰관서에 보호조치할 수 있는 시설로 제한적으로 운영되는 경우를 제외하고는 구속영장을 발부받음이 없이 피의자를 보호실에 유치함은 영장주의에 위배되는 위법한 구금이므로, 긴급구속절차를 밟음이 없이 영장집행을 위한 편의를 위해 보호실에 유치하는 것은 불법구금에 해당한다(대법 1999. 4. 23. 선고 98다41377판결).

하는 경우에 공공의 안녕질서 또는 사람의 생명 · 신체 또는 재산에 대한 위해를 방지할 필요가 있어 특정한 물건의 점유를 그 소유자나 점유자로부터 잠정적으로 박탈하여 경찰기관에 보관하게 하는 조치이다.

(2) 법적 근거

경찰관은 보호조치를 하는 경우에 구호대상자가 휴대하고 있는 무기 · 흉기 등 위험을 일으킬 수 있는 것으로 인정되는 물건을 경찰관서에 임시로 영치하여 놓을 수 있다(법4③).

임시영치는 경찰관직무집행법 소정의 보호조치 외에도 총검안전관리법 제46조 등의 단행법에서도 근거규정을 찾을 수 있다.

2) 임시영치의 성질

임시영치를 가영치(假領置)라고도 한다. 임시영치는 행정상 즉시강제 중 대물적 즉시강제수단의 하나이다.

영치가 계속적 · 확정적 조치임에 비하여 임시영치는 일시적 · 임시적 조치라는 점에 특색이 있으나 실제로는 엄격하게 구별되지 않는다.

3) 임시영치의 대상물

보호조치에 있어서 임시영치의 대상물은 자해 또는 난동에 이용이 가능한 무기 · 흉기, 화재발생의 우려가 있는 성냥이나 라이터 기타 위해를 가할 수 있는 물건 등이다.

4) 임시영치의 기간

물건을 경찰관서에 임시로 영치하는 기간은 10일을 초과할 수 없다(법4⑦). 따라서 영치한 위험물은 영치의 필요성이 없어진 시점에 반환하여야 하며, 늦어도 10일을 초과하여서는 아니 된다.

Ⅳ. 사후조치

1. 보호조치 사실의 통지

경찰관이 보호조치를 한 때에는 지체 없이 구호대상자의 가족·친지 그 밖의 연고자에게 그 사실을 알려야 한다(법4④).

이는 경찰관의 보호조치가 응급에 따른 경찰상의 즉시강제이므로 정상적인 보호책임자인 연고자에게 구호대상자를 인수하도록 하기 위한 것이다.

여기에서 통지는 지체 없이 이루어져야 한다. '지체 없이'란 보호조치가 이루어진 시점으로서 '가능한 한 빨리(as soon as possible)' 알려야 한다는 의미이다.

통지의 수단에는 구두나 서면 등 아무런 제한이 없으므로, 실무상 전화나 문자 메세지, email, fax 등 가장 신속하고 편리한 방법을 사용하면 충분할 것으로 본다.

2. 구호대상자의 퇴실 및 인계

1) 퇴실 및 영치물의 반환

구호대상자가 ① 입실 후 24시간이 도래한 경우, ② 가족·친지 등 연고자가 신병인도를 요청한 경우, ③ 기타 주취상태에서 깨어나는 등 보호조치가 필요하지 않다고 인정되는 경우에는 지체 없이 주취자안정실 등에서 퇴실시켜야 한다.

임시영치한 물품이 있는 경우에는 정확하게 반환하고 그 사실을 기록하여야 한다.

2) 구호대상자의 인계

경찰관은 보호조치 후 구호대상자를 즉시 인계하여야 한다. 인계란 피보호자의 신병을 인도하는 것을 말한다. 구호대상자를 인계할 때에는 신병인수증을 인수자 또는 인수기관의 인적사항과 인계시의 구호대상자의 상태 등을 기록해 두는 것이 좋다.

우선, 구호대상자의 연고자가 나타난 경우에는 연고자에게 인계하면 족하다. 그러나 연고자가 발견되지 아니할 때에는 구호대상자를 적당한 공중보건의료기관이나 공공구호기관에 즉시 인계하여야 한다(법4④).

3. 인계사실의 보고 및 통보

1) 인계사실의 보고

경찰관은 피구호자를 공중보건의료기관이나 공공구호기관에 인계한 때에는 즉시 그 사실을 소속 경찰서장 또는 해양경찰서장에게 보고하여야 한다(법4⑤).

2) 인계사실의 통보

인계사실의 보고를 받은 소속 경찰서장 또는 해양경찰서장은 대통령령이 정하는 바에 의하여 구호대상자를 인계한 사실을 지체 없이 당해 공중보건의료기관·공공구호기관의 장 및 그 감독행정청에 통보하여야 한다(법4⑥).

제 4 절 위험발생의 방지

Ⅰ. 의의 및 구분

1. 위험방지조치의 의의 및 근거

1) 의의

위험방지조치란 긴급한 위험상황에 직면하여 그 위험이 발생하는 것을 방지하거나 그로 인한 위해를 배제하기 위하여 경찰관직무집행법이 정하는 요건 아래 경찰관이 행하는 경찰상의 즉시강제의 일종이다.

2) 법적 근거

국민의 생명 · 신체 · 재산에 대하여 긴급한 위험이 있는 경우에 그 위험의 발생을 방지하거나 위해를 배제하는 경찰권의 발동을 위해서는 별도의 법적 근거가 필요하게 된다. 이를 직접적으로 규정하고 있는 것이 경찰관직무집행법 제5조이다.

2. 위험방지조치의 구분

경찰관직무집행법 제5조는 위험방지조치를 두 가지로 구분하여 규정하고 있다. 즉, 일반적 위험방지조치(동조①)와는 별도로, 대간첩작전수행 등을 위한 통행제한조치(동조②)를 규정하고 있는 것이다.

Ⅱ. 일반적 위험방지조치

1. 의의

일반적 위험방지조치는 경찰관이 사람의 생명 또는 신체에 위해를 미치거나 재산에 중대한 손해를 끼칠 우려가 있는 천재, 사변, 인공구조물의 파손이나 붕괴, 교통사고, 위험물의 폭발, 위험한 동물의 출현, 극도의 혼잡 기타 위험한 사태가 있을 때에 취할 수 있는 조치이다.

조치의 내용은 ① 그 장소에 모인 사람, 사물의 관리자 그 밖의 관계인에게 필요한 경고를 발하거나, ② 매우 긴급한 경우에는 위해를 입을 우려가 있는 사람을 필요한 한도에서 억류하거나 피난시키거나, ③ 그 장소에 있는 사람, 사물의 관리자 그 밖의 관계인에게 위해를 방지하기 위하여 필요하다고 인정되는 조치를 하게 하거나 직접 조치하는 것이다.

2. 요건

1) 위험방지조치의 주체

위험방지조치의 주체는 경찰관이다. 경찰관은 사람의 생명 또는 신체에 위해를 미치거나 재산에 중대한 손해를 끼칠 우려가 있는 위험한 사태라는 상황 아래 일정한 위험방지조치를 할 수 있다.

2) 사람의 생명이나 신체에 대한 위해

여기에서 '사람의 생명이나 신체에 대한 위해'의 대상은 불특정다수인에 한하지 아니하며 개인도 포함된다. 그 대상이 경찰관의 사람의 생명이나 신체인 경우에도 이를 달리 취급할 필요가 없으므로 당연히 여기에 포함된다.

3) 재산에 중대한 손해를 끼칠 우려가 있는 위험한 사태

'재산에 중대한 손해'가 되는 경우란 위험방지조치의 수단이 신체의 자유를 제한하는 것도 포함하고 있음에 비추어 신체의 자유에 대한 제한까지도 허용될 정도의 상당한 재산의 손해를 의미하는 것으로 볼 수 있다.

아울러, 위험방지조치는 위해나 손해가 이미 발생한 경우뿐만 아니라 발생할 우려가 있는 경우에도 예방경찰로써 경찰권을 발동할 수 있다.

위험방지조치를 취할 수 있는 상황의 예로서, 경찰관직무집행법은 천재, 사변, 인공구조물의 파손이나 붕괴, 교통사고, 위험물의 폭발, 위험한 동물의 출현, 극도의 혼잡을 열거하고 있다.

(1) 천재 · 사변, 인공구조물의 파손이나 붕괴

'천재'란 자연현상에 의한 재해를 말하며, '사변'이란 인위적으로 발생한 사회질서나 국가질서의 극심한 혼란을 의미한다.

'인공구조물의 파손이나 붕괴'란 인위적으로 고착된 토지의 시설물인 공작물의 파손이나 붕괴를 말하며, 그 원인은 묻지 아니한다.

(2) 교통사고

'교통사고'란 차량을 포함하여 육상 · 해상 또는 공중에서 발생하는 교통수단에 의한 사고를 말하며, 그 원인이나 과실의 유무는 가리지 아니한다.

(3) 위험물의 폭발

위험물 중 폭발성 물질은 소방법의 제5류 위험물이다. 이는 가열 · 마찰 · 충격 또는 다른 화학물질과의 접촉 등으로 인하여 산소나 산화제의 공급이 없더라도 폭발 등 격렬한 반응을 일으킬 수 있는 고체나 액체이다(산업안전보건기준에관한규칙 참조).

(4) 위험한 동물의 출현

'위험한 동물의 출현'이란 사람의 생명 등에 위해를 미치거나 또는 재산에 중대한 손해를 끼칠 광견이나 말 · 멧돼지 기타 동물의 출현을 말한다.

3. 대상

경찰관직무집행법은 위험방지조치의 대상으로서 ① 위험한 사태에 처한 장소에 모인 사람, ② 사물의 관리자 그 밖의 관계인 및 ③ 매우 긴급한 경우에 위해를 입을 우려가 있는 사람을 규정하고 있다.

여기에서 '위험한 사태에 처한 장소에 모인 사람'란 위험방지조치를 필요로 하는 장소 또는 그 인근에 있는 사람을 의미하며, 집합의 의도는 묻지 아니한다.

또, '사물의 관리자 그 밖의 관계인'이란 위험방지조치가 필요한 장소에의 집합을 주관한 사람이나 보조인, 건물의 관리인이나 그 피용인 등을 의미한다. 사물에 대한 정당한 권원의 존재여부는 묻지 아니한다.

그리고 '위해를 입을 우려가 있는 사람'이란 매우 긴급한 위험방지조치가 필요한 경우 그의 사람의 생명이나 신체에 대한 위해를 방지하기 위한 조치가 필요한 사람을 의미한다.

4. 수단

일반적 위험방지조치의 수단으로는 경고조치, 억류 또는 피난조치 및 위해방지조치가 있다.

1) 경고조치

(1) 의의

경찰관은 위험한 사태에 처한 장소에 모인 사람, 사물의 관리자 그 밖의 관계인에게 필요한 경고를 발할 수 있다. '경고'란 사람의 생명 또는 신체에 위해를 미치거나 재산에 중대한 손해를 끼칠 우려가 있는 위험한 사태라는 상황을 예고하거나 주의를 주는 것을 말한다.

(2) 경고의 법적 성격

경고의 법적 성격은 경찰관이 행하는 정보제공형 행정지도의 일종으로서 사실행위에 해당한다.

(3) 경고의 방법

경고의 방법에는 제한이 없다. 일반적으로 게시판이나 문서 또는 구두로 경고를 발할 수 있을 것이다. 경적이나 확성기의 사용도 가능하다.

2) 억류 또는 피난조치

(1) 의의

경찰관은 매우 긴급한 경우에는 위해를 입을 우려가 있는 사람을 필요한 한도에서 억류하거나 피난시킬 수 있다. 매우 긴급한 경우라 함은 사람의 생명 또는 신체에 위해를 미치거나 재산에 중대한 손해를 끼칠 우려가 있는 위험한 사태임에도 이를 경고할 만큼의 시간적 여유가 없이 위험이 목전에 현실적으로 다가왔을 때를 말한다.

여기에서의 억류 또는 피난조치는 상대방의 의사에도 불구하고 강제력을 발동하는 것을 의미한다.

억류란 위험한 상태에 처한 장소에 들어가지 못하도록 실력으로 저지하는 것을 말하며, 피난이란 당해 장소로부터 실력으로 물러나게 하는 것을 말한다.

(2) 경찰비례의 원칙

경찰관의 억류 또는 피난조치는 필요한 한도 내에서 이루어져야 한다. 이는 경찰비례의 원칙을 표현하고 있는 것이다.

(3) 법적 성질

억류 또는 피난조치는 헌법상의 기본권인 신체의 자유 및 거주·이전의 자유를 법률에 의해 일시적으로 제한하는 침해를 가져온다. 그러므로 행정절차법에서 규정하는 처분에 해당한다. 다수인에 대한 억류 또는 피난조치는 일반처분이 된다. 억류 및 피난조치는 경찰상 즉시강제에 해당한다.

억류 또는 피난조치에 위반하는 자에 대하여는 경범죄처벌법상의 무단출입을 이유로 처벌할 수 있을 것이다.

(4) 형식

억류 및 피난조치의 형식에 대하여 경찰관직무집행법은 아무런 규정을 두고 있지 아니하다.

억류 또는 피난조치가 특히 긴급한 경우 행해지는 것임을 감안하면, 실무에 있어서는 이를 문서의 형식으로 하긴 어려울 것이다.

구두 내지 각종 신호 또는 방송 등을 통해 억류 및 피난조치가 이루어질 수 있을 것이다.

3) 위해방지조치

(1) 의의

경찰관은 위험한 상태에 처한 장소에 있는 사람, 사물의 관리자 그 밖의 관계인에게 위해방지상 필요하다고 인정되는 조치를 하게 하거나 직접 그 조치를 할 수 있다. 필요하다고 인정되는 조치는 불확정개념이다. 위해방지업무를 담당하는 경찰관의 전문적 입장에서 당해 위해의 방지에 필요하다고 인정되는 조치명령을 하거나 직접 조치할 것인지의 여부를 판단하여야 한다.

경찰관직무집행법상의 위해방지조치에 관한 규정은 그 규정형식상 경찰관에게 재량권을 부여한 것처럼 되어 있으나, 구체적 사정에 따라 위해방지조치를 취하지 아니하는 것이 현저하게 불합리하다고 인정되는 경우에는 위법한 것이 되어 국가배상책임을 지게 된다.

> [대법원 1998. 8. 25. 선고 98다16890 판결] 경찰관직무집행법 제5조는 경찰관은 인명 또는 신체에 위해를 미치거나 재산에 중대한 손해를 끼칠 우려가 있는 위험한 사태가 있을 때에는 그 각 호의 조치를 취할 수 있다고 규정하여 형식상 경찰관에게 재량에 의한 직무수행권한을 부여한 것처럼 되어 있으나, 경찰관에게 그러한 권한을 부여한 취지와 목적에 비추어 볼 때 구체적인 사정에 따라 경찰관이 그 권한을 행사하여 필요한 조치를 취하지 아니하는 것이 현저하게 불합리하다고 인정되는 경우에는 그러한 권한의 불행사는 직무상의 의무를 위반한 것이 되어 위법하게 된다(이 법원 1998. 5. 8. 선고 97다54482 판결, 1996. 10. 25. 선고 95다45927 판결 등 참조).

(2) 조치명령

조치명령이란 위험한 상태에 처한 장소에 있는 사람, 사물의 관리자 그 밖의 관계인에게 위해방지상 필요하다고 인정되는 조치를 하게 하게 하는 것, 즉 경찰상의 하명처분을 할 수 있다는 것을 의미한다.

그 하명처분의 내용에 따라 상대방은 작위·부작위 또는 급부 등의 의무를 부담하게 된다.

(3) 경찰관의 직접조치

경찰관이 사람의 생명 또는 신체에 위해를 미치거나 재산에 중대한 손해를 끼칠 우려가 있는 천재, 사변, 인공구조물의 파손이나 붕괴, 교통사고, 위험물의 폭발, 위험한 동물의 출현, 극도의 혼잡 기타 위험한 사태가 있을 때 위해방지상 필요하다고 인정되는 조치를 행하는 것을 말한다.

경찰관의 직접조치는 관계인의 조치를 기다릴 시간적 여유가 없거나 관계인이 당황하여 경찰관의 조치명령에 따르지 못하고 있는 경우에 할 수 있을 것이다. 구체적 사정에 따라 조치명령에 갈음되는 것을 포함하여 파기나 압류 등 대체적 작위의 경우에 가능할 것이다.

경찰관이 스스로 위해방지조치를 하는 경우 그 상대방은 경찰관의 조치를 수인하여야 할 의무가 발생한다. 정당한 이유 없이 조치명령에 위반한 자에 대하여는 경범죄처벌법에 따른 공무원원조불응을 이유로 처벌할 수 있다.

경찰관이 직접 위해방지조치를 하지 아니하여 손해가 발생한 경우에는 국가배상책임을 부담하게 된다.

[대법원 1998. 8. 25. 선고 98다16890 판결] 농민들의 시위를 진압하고 시위 과정에 도로 상에 방치된 트랙터 1대를 도로 밖으로 옮기는 등 도로의 질서 및 교통을 회복하는 조치를 취하던 경찰관들로서는 도로교통의 안전을 위하여 나머지 트랙터 1대도 도로 밖으로 옮기거나 그것이 어려우면 야간에 다른 차량에 의한 추돌사고를 방지하기 위하여 트랙터 후방에 안전표지판을 설치하는 등 경찰관직무집행법 제5조가 규정하는 위험발생방지의 조치를 취하여야 할 의무가 있는데도 위 트랙터가 무거워 옮기지 못한다는 등의 이유로 아무런 사고예방조치도 취하지 아니한 채 그대로 방치하고 철수하여 버린 것은 직무상의 의무를 위반한 것으로 위법하다는 취지로 판단하여 이 사건 사고에 대한 피고의 손해배상책임을 인정한 것은 이러한 법리에 따른 것으로 정당하다.

4) 사후조치

경찰관이 위험방지조치를 한 때에는 지체 없이 이를 소속경찰관서의 장에게 보고하여야 한다(법5③).

경찰관으로부터 보고를 받은 경찰관서의 장은 관계기관의 협조를 구하는 등 적당한 조치를 하여야 한다(법5④).

Ⅲ. 대간첩작전수행 등을 위한 통행제한조치

1. 의의 및 근거

1) 의의

대간첩작전수행 등을 위한 통행제한조치는 경찰관서의 장이 대간첩작전수행 또는 소요사태의 진압을 위하여 필요하다고 인정되는 상당한 이유가 있을 때에는 취할 수 있는 조치이다.

조치의 내용은 대간첩작전지역 또는 경찰관서 · 무기고 등 국가중요시설에 대한 접근 또는 통행을 제한하거나 금지하는 것이다.

2) 법적 근거

경찰관서의 장은 대간첩작전수행 또는 소요사태의 진압을 위하여 필요하다고 인정되는 상당한 이유가 있을 때에는 대간첩작전지역이나 경찰관서 · 무기고 등 국가중요시설에 대한 접근 또는 통행을 제한하거나 금지할 수 있다(법5②).

대간첩작전수행 등을 위한 접근이나 통행의 제한 또는 금지조치는 일반적 위험발생금지조치(동조①)에 대한 특례규정이다.

2. 요건

1) 발동주체

일반적 위험발생금지조치는 경찰관이 그 주체인 데 반하여, 대간첩작전수행 등을 위한 통행제한조치의 주체는 경찰관서의 장이다.

발동주체로서의 경찰관서의 장에 지구대장 및 파출소장, 출장소장 등 지역경찰관서의 장이 포함되는가에 대하여는 견해가 나뉜다. 왜냐하면 경찰관직무집행법은 경찰서 · 지구대 · 파출소 또는 출장소를 경찰관서라고 규정하고 있기 때문이다(법3②).

생각건대, 지역경찰관서의 장은 관할 경찰서의 관할구역을 나누어 설치된 지역경찰관서의 사무를 통할하고 소속 지역경찰을 지휘·감독하기 위하여 두는 것으로 경찰서장의 권한을 내부적으로 위임받아 소관사무에 관하여 경찰권을 발동하게 된다.

또한, 지역경찰의조직및운영에관한규칙(경찰청훈령 제581호)에 따르면, 지방경찰청장 또는 경찰서장은 대간첩작전 기타의 비상사태 등의 경우로서 특히 필요하다고 인정될 때에 한하여 지역경찰의 기본근무에 지장을 초래하지 않는 범위 내에서 지역경찰을 다른 근무에 동원할 수 있다. 이와 같이 경찰실무상으로는 일응 대간첩작전 등은 지역경찰관서의 사무가 아니라고 볼 수 있다. 그러므로 대간첩작전에 있어서는 지구대장 또는 파출소장은 여기에서의 경찰관서의 장에 포함되지 아니할 것이다. 그러나 소요사태의 진압의 경우에는 검토를 요한다.

2) 발동사유

대간첩작전의 수행 또는 소요사태의 진압을 위하여만 특례조치를 취할 수 있다.

대간첩작전의 수행이란 실제 간첩을 대상으로 하여 이루어지고 있는 소탕작전의 수행을 의미한다.

또한 소요사태란 무질서한 다수의 군중에 의해 특정 지역의 평온이 위협을 받고 있는 상태를 말하므로, 소요사태의 진압이란 소요사태가 발생한 지역의 평온을 회복하는 것을 의미한다.

그리고 목적달성을 위한 경우라고 하더라도 필요하다고 인정되는 상당한 이유가 있을 때에만 발동할 수 있다. 이는 경찰비례의 원칙이 적용된다는 의미이다.

3. 내용

대간첩작전지역이나 경찰관서·무기고 등 국가중요시설에 대한 접근 또는 통행을 제한하거나 금지하는 것을 그 내용으로 한다.

대간첩작전지역이란 실제 간첩을 대상으로 하여 소탕작전이 이루어지고 있는 지역으로서 그 범위는 관련 국가기관에서 그 범위를 지정하게 될 것이다.

국가중요시설은 공공기관, 공항, 항만, 주요산업시설 등 적에 의하여 점령 또는 파괴되거나 기능이 마비될 경우 국가안보 및 국민생활에 심대한 영향을 미치는 시설을 말한다(통합방위법2 x iii).

그러므로 경찰관서나 무기고는 국가중요시설을 예시적으로 열거한 것에 지나지 않는다.

경찰관서는 경찰청 및 해양경찰청을 비롯하여 치안센터, 파출소나 출장소 등을 포함하여, 경찰관의 상주 여부와 무관하게, 경찰활동의 근거지가 되는 모든 장소를 의미한다고 할 것이다.

4. 수단

경찰관서의 장은 대간첩작전지역이나 경찰관서 · 무기고 등 국가중요시설에 대한 접근 또는 통행을 제한하거나 금지할 수 있다.

이에 따라 대간첩작전의 수행기간 또는 소요사태의 진압기간 동안 그 상대방은 거주 · 이전의 자유가 제한을 받게 된다.

5 사후조치

경찰관서의 장이 대간첩작전지역 또는 경찰관서 · 무기고 등 국가중요시설에 대한 접근 또는 통행을 제한하거나 금지한 경우에는 관계기관의 협조를 구하는 등 적당한 조치를 하여야 한다(법5④).

여기에서 적당한 조치란 경찰관서의 장이 취한 조치의 내용과 수단 등을 관계기관에게 통보하고, 사태의 추이에 따라 관련 정보를 제공하는 것을 의미한다.

제 5 절 범죄의 예방과 제지

Ⅰ. 의 의

경찰관은 범죄행위가 목전에 행하여지려고 하고 있다고 인정될 때에는 이를 예방하기 위하여 관계인에게 필요한 경고를 하고, 그 행위로 인하여 사람의 생명·신체에 위해를 끼치거나 재산에 중대한 손해를 끼칠 우려가 있는 긴급한 경우에는 그 행위를 제지할 수 있다(법6).

경찰관직무집행법상 경찰관의 직무에는 범죄의 예방·진압 및 수사가 포함되어 있다. 범죄의 진압과 수사에 관하여는 형사소송법에서 규정하고 있는 절차에 따르면 될 것이다. 그러므로 경찰관직무집행법에서는 범죄의 예방과 제지에 관하여만 규정하고 있다.

경찰관직무집행법상의 표준조치 중에서 불심검문과 임의동행 및 범죄정보의 수집 등은 범죄의 예방과 제지와 밀접한 관련이 있다. 불심검문과 임의동행 및 범죄정보의 수집은 범죄의 발생을 사전에 방지하거나 발생된 범죄의 발견에 그 목적이 있다.

이에 비하여 범죄의 예방과 제지에 관한 규정은 범죄가 발생하려는 절박한 상황에서 직접적으로 범죄의 발생을 제지하려는 목적을 지니고 있다.

Ⅱ. 법적 성격

범죄의 예방과 제지의 수단으로는 범죄예방을 위한 경고 또는 범죄실행행위의 제지이다.

경고는 정보제공형 경찰지도의 일종으로서 비권력적 사실행위이다. 한편, 범죄실행행위의 제지는 대인적 즉시강제에 해당한다.

Ⅲ. 요 건

경찰관직무집행법 제6조에 의한 경찰권의 발동은 ① 범죄행위가 목전에 행하여지려고 하고 있다고 인정될 때에는 이를 예방하기 위하여, 또는 ② 범죄행위로 인하여 사람의 생명 · 신체에 위해를 미치거나 재산에 중대한 손해를 끼칠 우려가 있어 긴급을 요하는 경우에 이루어진다.

1. 범죄행위

범죄행위란 특정 범죄의 구성요건에 해당하고 위법한 행위를 말한다. 고의나 과실 등 주관적 구성요건을 결여하고 있더라도 객관적 구성요건에만 해당하면 경찰권을 발동할 수 있다고 보아야 한다.

행정형벌의 대상이 되는 행위도 여기에 포함된다. 그러나 행정질서벌의 대상이 되는 행위는 포함되지 않는다.

2. 범죄행위 실행 및 위해 등의 긴박성

범죄행위가 목전에 행하여지려고 하고 있다고 인정될 때 또는 범죄행위로 인하여 사람의 생명 · 신체에 위해를 끼치거나 재산에 중대한 손해를 끼칠 우려가 있어 긴급을 요하는 경우이어야 한다.

목전이란 범죄행위의 실행의 착수가 있기 직전 또는 실행가능성이 매우 높은 경우 등을 의미한다.

또한 긴급을 요하는 경우란 목전에 행하여지려고 하는 범죄행위가 실행되면 사람의 생명 · 신체에 위해를 미치거나 재산에 중대한 손해를 끼칠 우려가 있는 경우를 말한다.

[대법원 2009. 6. 11. 선고 2009도2114 판결] 비록 장차 특정 지역에서 구 집회 및 시위에 관한 법률에 의하여 금지되어 그 주최 또는 참가행위가 형사처벌의 대상이 되

는 위법한 집회・시위가 개최될 것이 예상된다고 하더라도, 이와 시간적・장소적으로 근접하지 않은 다른 지역에서 그 집회・시위에 참가하기 위하여 출발 또는 이동하는 행위를 함부로 제지하는 것은 경찰관직무집행법 제6조 제1항에 의한 행정상 즉시강제인 경찰관의 제지의 범위를 명백히 넘어서는 것이어서 허용될 수 없으므로, 이러한 제지 행위는 공무집행방해죄의 보호대상이 되는 공무원의 적법한 직무집행에 포함될 수 없다 (대법원 2008. 11. 13. 선고 2007도9794 판결 참조).

3. 판단기준

범죄행위 실행 및 위해 등의 긴박성에 대한 판단은 경찰관 개인의 자의적이거나 독단적인 판단을 의미하는 것은 아니다.

경찰권발동의 주체인 당해 경찰관이 자신의 주관적인 판단을 바탕으로 하고 경찰관의 평균적인 판단기준을 고려하여 판단하여야 한다.

Ⅳ. 대 상

이러한 요건을 충족하면 당해 경찰관은 관계인에게 필요한 경고를 발하게 된다. 또 그 범죄행위로 인하여 사람의 생명・신체에 위해를 끼치거나 재산에 중대한 손해를 끼칠 우려가 있어 긴급을 요하는 경우에는 그 행위를 제지하게 된다.

따라서 경고의 대상은 관계인이다. 관계인이란 범죄행위를 실행하려는 자와 그와 관계가 있는 자, 예컨대 범죄행위의 상대방이나 건물이나 시설의 관리인 등이 포함된다.

한편, 제지의 대상은 문언상으로 보면 사람의 생명・신체에 위해를 미치거나 재산에 중대한 손해를 끼칠 우려가 있는 범죄행위이다. 실제로는 제지의 효력은 목전의 범죄행위를 실행하려는 자가 된다.

V. 수 단

1. 경고

경고란 목전에 행하여지려는 범죄행위를 예방하기 위한 수단이다. 경고는 범죄의 예방을 위하여 범죄행위의 실행을 중지할 것을 통고하거나 권고하는 것이다. 즉, 관계인의 주의를 환기시키고자 하는 것으로 경고에 응하지 아니할 경우 제지 또는 진압하겠다는 뜻을 포함하고 있다.

경고의 방법에는 특별한 제한이 없다. 구두 또는 경적 등을 사용하게 될 것이다.

경고는 비권력적 사실행위로서 경찰상의 정보제공형 행정지도의 일종이다.

2. 제지

제지란 범죄행위로 인하여 사람의 생명 · 신체에 위해를 끼치거나 재산에 중대한 손해를 끼칠 우려가 있어 긴급을 요하는 경우에 강제력을 통하여 범죄행위와 근접된 행위를 저지하는 것이다.

제지의 수단은 경찰관이 구체적 상황에 따라 선택할 수 있다. 경찰관이 자신의 신체상의 힘을 활용하여 상대방을 붙잡거나 가로막거나 떠미는 행위 또는 흉기를 빼앗는 행위 등을 할 수도 있다. 또는 최루탄을 발사하거나 물대포를 쏘는 등 경찰장구를 이용할 수도 있을 것이다.

범죄행위의 실행을 예방하기 위한 경고와는 달리, 제지는 긴급을 요하는 경우에 이루어지는 것이므로 반드시 경고를 거쳐야 하는 것은 아니다. 다만, 제지는 상대방의 의사에 반하여 강제력을 행사하는 것이므로 필요한 최소한도 내에서 이루어져야 한다는 경찰비례의 원칙이 적용된다.

[대법원 2008. 11. 13. 선고 2007도9794 판결] 경찰관직무집행법 제6조 제1항 중 경찰관의 제지에 관한 부분은 범죄의 예방을 위한 경찰 행정상 즉시강제에 관한 근거

조항이다. 행정상 즉시강제는 그 본질상 행정 목적 달성을 위하여 불가피한 한도 내에서 예외적으로 허용되는 것이므로, 위 조항에 의한 경찰관의 제지 조치 역시 그러한 조치가 불가피한 최소한도 내에서만 행사되도록 그 발동·행사 요건을 신중하고 엄격하게 해석하여야 한다. 그러한 해석·적용의 범위 내에서만 우리 헌법상 신체의 자유 등 기본권 보장 조항과 그 정신 및 해석 원칙에 합치될 수 있다.

[대법원 2013. 6. 13. 선고 2012도9937 판결] 경찰관직무집행법 제6조 제1항에 따른 경찰관의 제지 조치가 적법한 직무집행으로 평가될 수 있기 위해서는, 형사처벌의 대상이 되는 행위가 눈앞에서 막 이루어지려고 하는 것이 객관적으로 인정될 수 있는 상황이고, 그 행위를 당장 제지하지 않으면 곧 인명·신체에 위해를 미치거나 재산에 중대한 손해를 끼칠 우려가 있는 상황이어서, 직접 제지하는 방법 외에는 위와 같은 결과를 막을 수 없는 절박한 사태이어야 한다. 다만, 경찰관의 제지 조치가 적법한지 여부는 제지 조치 당시의 구체적 상황을 기초로 판단하여야 하고 사후적으로 순수한 객관적 기준에서 판단할 것은 아니다.

제6절 위험방지를 위한 출입

Ⅰ. 의 의

경찰관은 경찰관직무집행법상의 위험발생의 방지(법5①②) 및 범죄의 예방과 제지(법6①)에 규정한 위험한 사태에 따른 위해를 방지하거나 피해자를 구조하기 위하여 다른 사람의 토지·건물·배 또는 차에 출입할 수 있다(법7①). 이를 긴급출입이라고도 한다.

또한 경찰관은 일반적인 위험의 예방을 목적으로 다수인이 출입하는 장소에 출입할 것을 요구할 수 있다(동조②). 이를 예방출입이라고도 한다.

한편, 경찰관은 대간첩작전수행에 필요한 때에는 작전지역 안에 있어서의 다수인이 출입하는 장소 안을 검색할 수 있도록 하고 있다(동조③). 대간첩작전은 국가안전보장을 위한 긴급방위권의 발동이다. 이를 긴급검색이라고도 한다.

이와 같이, 경찰관직무집행법은 긴급출입과 예방출입 및 긴급검색 등 위험방지를 위한 출입에 관하여 규정하고 있는 것이다.

이와 관련하여 경찰관이 상시적 관찰이나 도청 또는 도촬 등을 통하여 실제로 출입하지는 않으면서도 출입의 효과를 얻을 수 있는 행위가 있다. 이를 간접출입이라고도 한다. 그러나 간접출입[2]은 여기에서의 위험방지를 위한 출입에 포함되지 않는다.

Ⅱ. 법적 성격

위험방지를 위한 출입은 헌법이 규정하는 주거의 자유 등을 침해하는 효과를 초래한다. 그러나 이는 헌법 제37조제2항에 따라 법률이 정하는 바에 의하여 필요한 한도 내에서 침해하는 것으로 파악하여야 한다.

따라서 거주자나 토지 또는 선차 등의 소유자나 관리자 등의 동의 없는 위험방지를 위한 출입은 위해를 방지하거나 피해자를 구조하기 위한 목적으로만 가능하다.

위험방지를 위한 출입은 경찰상의 즉시강제의 일종으로서 대가택강제 또는 대물적 강제에 해당한다.

Ⅲ. 일반위험방지를 위한 긴급출입

1. 의의

일반위험방지를 위한 긴급출입이란 경찰관이 경찰관직무집행법상의 위험발생의 방지(법5①②) 및 범죄의 예방과 제지(법6①)에 규정한 위험한 사태가 발생하여 사람의 생명·신체 또는 재산에 대한 위해가 임박한 때에 그 위해를 방지

---

2) 이러한 간접출입은 개별법적 근거를 요한다. 예컨대 통신비밀보호법상의 통신제한조치(동법5)는 소정의 범죄를 계획 또는 실행하고 있거나 실행하였다고 의심할만한 충분한 이유가 있고 다른 방법으로는 그 범죄의 실행을 저지하기 어려운 경우 등에 한하여 허가할 수 있다고 규정하고 있다. 따라서 통신제한조치는 허가를 받아야 한다.

하거나 피해자를 구조하기 위하여 부득이 하다고 인정하면 합리적으로 판단하여 필요한 한도 내에서 다른 사람의 토지·건물·배 또는 차에 출입하는 것을 말한다(법7①).

2. 긴급출입의 요건

1) 위험한 사태의 발생

긴급출입을 위한 첫째 요건은 경찰관직무집행법상의 위험발생의 방지 및 범죄의 예방과 제지를 요하는 사태가 발생되어야 한다는 점이다.

즉, ① 사람의 생명 또는 신체에 위해를 끼치거나 재산에 중대한 손해를 끼칠 우려가 있는 천재, 사변, 인공구조물의 파손이나 붕괴, 교통사고, 위험물의 폭발, 위험한 동물의 출현, 극도의 혼잡 기타 위험한 사태의 발생 또는 ② 대간첩작전수행 또는 소요사태의 진압을 위하여 필요하다고 인정되는 상당한 이유가 있는 경우 ③ 범죄행위가 목전에 행하여지려고 하고 있다고 인정될 때 또는 범죄행위로 인하여 사람의 생명·신체에 위해를 끼치거나 재산에 중대한 손해를 끼칠 우려가 있어 긴급을 요하는 경우이어야 한다.

2) 위해의 임박성

긴급출입은 사람의 생명·신체 또는 재산에 대한 위해가 임박한 경우이어야 한다.

따라서 긴급출입의 요건인 위험한 사태가 발생되었다고 하더라도 사람의 생명·신체 또는 재산에 대한 위해가 임박한 경우가 아니면 긴급출입을 할 수 없다.

예컨대 범죄의 예방과 제지를 위한 경우라고 하더라도 당해 범죄가 개인의 생명·신체 또는 재산에 직접 위해를 가하는 범죄만이 이에 해당한다.

3) 긴급출입의 목적

긴급출입은 사람의 생명·신체 또는 재산에 대한 임박한 위해를 방지하거나 피해자를 구조하기 위하여 부득이 하다고 인정할 때에만 인정된다. 따라서 범죄수사를 목적으로 하거나 보호조치의 요건인 응급구호(법4) 등을 목적으로 하는 긴급출입은 인정되지 않는다.

또한 긴급출입은 부득이 하다고 인정할 때에만 인정되는 것이므로 긴급출입 외에 다른 적절한 방법이 있는 경우에도 긴급출입은 인정되지 않는다. 즉 보충성의 원칙이 적용된다.

보충성의 원칙을 충족하였는가의 판단기준은 객관적인 상황을 바탕으로 한 당해 경찰관의 합리적인 주관적 판단이 경찰관 평균의 판단기준에 부합되어야 할 것이다.

3. 긴급출입의 대상

1) 다른 사람의 토지 · 건물 · 배 또는 차

경찰관직무집행법이 규정하고 있는 긴급출입의 대상은 다른 사람의 토지 · 건물 · 배 또는 차이다.

경찰관직무집행법은 토지 · 건물 · 배 또는 차를 긴급출입의 대상으로서 예시적으로 규정하고 있는 것으로 보아야 한다. 긴급출입의 목적에 비추어 긴급출입의 대상은 넓게 해석되어야 한다고 보기 때문이다.

따라서 사람의 생명 · 신체 또는 재산에 대한 임박한 위해를 방지하거나 피해자를 구조하기 위하여 부득이한 경우에는 건물 이외의 시설이나 인공구조물, 수면상의 일정한 공간도 포함된다고 본다. 차에는 기차 또는 항공기 등도 이에 포함된다고 볼 것이다.

여기에서 다른 사람의 토지 · 건물 · 배 또는 차라 함은 그 토지 등 긴급출입의 대상이 되는 물건의 소유자 · 점유자 기타 관리자의 지배 하에 있음을 의미한다고 할 것이나, 긴급출입의 목적상 무주물도 긴급출입의 대상이 된다고 보아야 한다.

2) 공개된 장소에의 긴급출입

한편, 공개된 장소는 긴급출입의 대상에서 제외되는가의 여부이다. 예방출입의 대상이 공개된 장소이므로 긴급출입의 대상에서는 공개된 장소는 제외되어야 한다는 견해도 있다.

생각건대, 긴급출입이 위해의 방지뿐만 아니라 피해자의 구조도 그 목적으로 하고 있음에 비추어 공개된 장소이든 비공개된 장소이든 긴급출입의 대상이 되어야 한다고 본다.

4. 긴급출입의 시간적 허용범위

경찰관직무집행법은 예방출입에 대하여는 영업시간이나 해당 장소가 일반인에게 공개된 시간 내에 이를 허용하고 있다.

그런데 긴급출입의 성질상 시간적 허용범위를 규정할 필요가 없다. 따라서 긴급출입은 시간상 제한이 없다. 야간에도 긴급출입이 가능하다. 이는 위해방지 및 피해자구조의 임박성에 기인한다.

Ⅳ. 경찰상 공개된 장소에 대한 예방출입

1. 의의

경찰관은 흥행장·여관·음식점·역 그 밖에 많은 사람이 출입하는 장소의 관리자 또는 그에 준하는 관계인에게 그 영업시간이나 해당 장소가 일반인에게 공개된 시간 내에 범죄의 예방 또는 사람의 생명·신체와 재산에 대한 위해예방을 목적으로 그 장소에 출입할 것을 요구할 수 있다.

이 경우 당해 관리자 또는 이에 준하는 관계인 정당한 이유 없이 이를 거절할 수 없다. 이와 같이 경찰상 공개된 장소에 대한 예방목적의 출입을 예방출입이라 한다.

2. 예방출입의 대상

예방출입은 경찰상 공개된 장소를 그 대상으로 한다. 경찰상 공개된 장소란 흥행장·여관·음식점·역 그 밖에 많은 사람이 출입하는 장소를 말한다. 흥행장·여관·음식점·역은 경찰상 공개된 장소를 예시하는 규정이다. 예시된 장소 외에도 백화점이나 경기장 또는 유원지 등도 경찰상 공개된 장소에 해당한다.

경찰상 공개된 장소는 많은 사람이 출입하는 장소이다. 여기에서 많은 사람이라 함은 불특정다수인을 말하는 것으로 보는 것이 일반적이다. 한정된 특정다수인이 출입하는 지역은 제외된다고 보는 것이다.

그러나 경찰관직무집행법이 많은 사람으로 규정하고 있는 사항을 축소하여 특정다수인으로 해석하는 것은 무리가 있어 보인다. 예방출입의 목적도 영업 또는 공개된 시간 내에 범죄 또는 위해의 예방을 위한 것이므로 특정다수인이 출입하는 장소라고 하여 굳이 제외할 것은 아니라고 본다. 다만, 경우에 따라서는 특정다수인이 출입하는 비공개장소라는 점을 정당한 사유로 하여 출입의 요구를 거절할 수도 있을 것이다.

3. 출입

예방출입은 경찰관이 범죄의 예방 또는 사람의 생명·신체와 재산에 대한 위해예방을 목적으로 그 장소에 출입하는 것이다.

경찰관의 출입요구에 대하여 관리자 또는 이에 준하는 관계인은 정당한 이유 없이 그 요구를 거절할 수 없다. 정당한 이유가 없는 한 경찰상 공개된 장소의 관리자 또는 이에 준하는 관계인은 경찰관의 출입을 수인하여야 할 의무를 부담한다.

경찰상 공개된 장소의 관리자 또는 이에 준하는 관계인은 정당한 이유가 있는 경우에는 이를 들어 경찰관의 출입요구를 거절할 수도 있다. 정당한 이유란 불확정개념이다. 예방출입의 시간적 허용범위 또는 경찰상 공개된 장소가 아니라는 이유 등이 이에 해당할 것이다.

4. 예방출입의 시간적 허용범위

예방출입은 경찰상 공개된 장소의 영업시간이나 해당 장소가 일반인에게 공개된 시간 내에 허용된다. 영업 및 공개시간이 아닌 경우에는 예방출입은 허용되지 않는다. 그러나 긴급출입(동조①)의 요건을 갖춘 경우에는 영업 및 공개시간이 아닌 경우에도 출입할 수 있음은 당연하다.

이 경우 시간적 허용범위는 형식적인 영업시간이나 해당 장소가 일반인에게 공개된 시간에 의할 것이 아니라 실질적으로 영업을 하거나 공개하는 시간으로 결정되어야 한다. 24시간 영업을 하거나 상시 공개하는 장소는 시간적 허용범위에 관한 규정이 적용되지 않는다고 할 것이다.

Ⅴ. 대간첩작전을 위한 긴급검색

1. 의의

경찰관직무집행법은 경찰관은 대간첩작전수행에 필요한 때에는 작전지역 안에 있어서의 경찰상 공개된 장소 안을 검색할 수 있다고 규정하고 있다(법7③). 한편, 작전지역에서의 검문에 관하여는 통합방위법이 규정하고 있다.

대간첩작전은 국가의 안전보장을 위한 중요한 수단이다. 대간첩작전은 실질적 의미의 경찰작용은 아니나, 형식적 경찰개념에 의하는 경우 경찰의 직무에 속한다. 우리나라의 특성상 군·경이 합동으로 대간첩작전을 수행해 왔음은 주지의 사실이다.

통합방위법은 대간첩작전을 통합방위작전이라 한다. 통합방위작전이란 적의 침투·도발이나 그 위협에 대응하는 통합방위사태가 선포된 지역에서 작전지휘관, 즉 통합방위본부장, 지역군사령관, 함대사령관 또는 지방경찰청장이 국가방위요소를 통합하여 지휘·통제하는 방위작전을 말한다(동법2ⅲ·ⅵ).

경찰의 통합방위작전이란 소규모 간첩 및 무장공비 등이 침투하는 것을 봉쇄하고 침투한 간첩을 조기에 색출하여 체포·섬멸하는 일체의 작전이다. 종래 정부는 대비정규전지침을 제정·공포하여 경찰은 후방지역에서 대간첩작전을 주도하게 되었다.

2. 대간첩작전지역

통합방위사태의 구분에 따라 통합방위작전의 관할구역과 작전지휘관이 달라진다. 통합방위사태가 선포된 때에는 즉시 경찰관할구역은 지방경찰청장이 통합방위작전을 신속하게 수행하여야 한다.

다만, 을종사태가 선포된 경우에는 지역군사령관이 통합방위작전을 수행하고, 갑종사태가 선포된 경우에는 통합방위본부장 또는 지역군사령관이 통합방위작전을 수행한다.

통합방위작전의 임무를 수행하는 사람은 그 작전지역에서 대통령령으로 정하는 바에 따라 임무 수행에 필요한 검문을 할 수 있다(동법15 참조).

병종사태는 북한의 무장공비 및 간첩의 침투도발이 예상되거나 5명 이내의 소규모 간첩이 침투하여 일부지역에서 부분적인 도발행위가 발생한 경우 지방경찰청장 · 지역군사령관 또는 함대사령관의 지휘 · 통제 하에 통합방위작전을 수행하여 단기간 내에 치안이 회복될 수 있는 사태를 말한다.

3. 검색

검색이란 물건이나 사람을 직접 찾는 행위 등을 말한다. 작전지역 안에서의 검색은 경찰관직무집행법에 따른다. 검문은 통합방위법에서 규정하고 있음은 전술한 바와 같다.

검색의 결과 색출된 간첩 등을 체포 또는 섬멸하는 것도 검색에 포함된다 할 것이다.

4. 관리자 또는 이에 준하는 관계인의 동의 등

대간첩작전수행에 필요한 작전지역 안에서의 검색에는 관리자 또는 이에 준하는 관계인의 동의를 요하지 아니한다. 또한 시간상의 제한이 없다. 따라서 영업시간이나 공개시간이 아니라도 가능하다.

Ⅵ. 출입시 주의사항

경찰관직무집행법은 긴급출입과 예방출입 및 대간첩작전지역 안에서의 긴급검색을 하는 경우, 경찰관이 필요한 장소에 출입할 때에는 그 신분을 표시하는 증표를 제시하여야 하며, 함부로 관계인의 정당한 업무를 방해하여서는 아니 된다고 규정하고 있다(법7④).

제 7 절 사실의 확인 등

Ⅰ. 사실조회 및 직접확인

1. 의의

경찰관서의 장은 직무수행에 필요하다고 인정되는 상당한 이유가 있을 때에는 국가기관 또는 공사단체 등에 대하여 직무수행에 관련된 사실을 조회할 수 있다. 다만, 긴급한 경우에는 소속경찰관으로 하여금 현장에 나가 당해 기관 또는 단체의 장의 협조를 받아 그 사실을 확인하게 할 수 있다(법8①).

이는 경찰법과 경찰관직무집행법에 규정되어 있는 경찰관의 직무를 효과적으로 수행하기 위하여 필요한 사실을 확인하기 위하여 사실을 조회하거나 직접확인할 수 있도록 규정하고 있는 것이다.

2. 성질

사실조회는 사람이나 물건의 모양·상태 등 치안정보의 수집을 위하여 필요로 하는 사실을 물어보는 것이다.

직접확인은 긴급한 경우에 경찰관서의 장의 지시에 의하여 소속경찰관이 현장에 나가 당해 기관 또는 단체의 장의 협조를 받아 그 사실을 확인하게 하는 것이다. 여기에서 확인은 사람이나 물건 등 확인하려는 대상의 성상을 파악하거나 각종 장부를 열람하는 것을 말한다.

경찰관직무집행법상의 사실조회나 직접확인은 비권력적 사실행위의 일종으로서 경찰조사에 해당한다. 따라서 형사소송법상 수사에 필요한 조회(동법199)와는 성격이 다르다.

3. 요건

1) 주체

경찰관서의 장은 직무수행에 필요가 있다고 인정되는 상당한 이유가 있을 때 사실조회를 할 수 있다. 또한 긴급한 경우에는 직접확인할 수 있다.

사실조회 및 직접확인의 주체는 경찰관서의 장이다. 경찰관서는 지구대와 파출소 또는 출장소를 포함한다.

2) 사실조회 또는 직접확인의 대상

사실조회 또는 직접확인의 대상은 직무수행에 필요가 있다고 인정되는 상당한 이유가 있는 사실이다.

국가경찰의 직무는 국민의 생명 · 신체 및 재산의 보호, 범죄의 예방 · 진압 및 수사, 경비 · 요인경호 및 대간첩 · 대테러작전수행, 치안정보의 수집 · 작성 및 배포, 교통 단속과 교통 위해의 방지, 외국정부기관 및 국제기구와의 국제협력 기타 공공의 안녕과 질서유지이다. 직무의 내용에는 특별한 제한이 없다.

직무수행 필요성에의 상당한 이유의 존재 여부는 경찰관서의 장이 합리적으로 판단하여야 한다.

3) 조회의 방법

사실조회의 방법에는 일정한 제한이 없다. 서면 또는 전화 등 구두로도 가능하다. 실무상으로는 경찰관서의 장 명의의 공문서로 행하는 것이 일반적이다.

직접확인의 경우에는 경찰관을 현지에 출장하게 하여 당해 기관 또는 단체의 장의 협조를 받아 구두 또는 서면으로 확인한다.

경찰관서의 장은 직무수행에 필요하다고 인정되는 상당한 이유가 있을 때에는 국가기관 또는 공사단체 등에 대하여 직무수행에 관련된 사실을 조회할 수 있다.

4) 조회의 상대방

조회의 상대방은 국가기관 또는 공사단체 등이다. 국가기관은 행정기관은 물론, 입법기관 · 사법기관 등 모든 기관을 포함한다.

공사단체 등이란 지방자치단체 등 공법상의 법인은 물론 사법상의 법인 및 단체로서의 실질을 갖추지 못한 공동체를 총칭하는 것으로 볼 수 있다. 법인격의 유무도 문제되지 않는 것으로 본다.

Ⅱ. 출석요구

1. 의의

경찰관은 미아를 인수할 보호자의 여부, 유실물을 인수할 권리자의 여부 또는 사고로 인한 사상자를 확인하기 위하거나 행정처분을 위한 교통사고조사상의 사실을 확인하기 위하여 필요하면 관계인에게 출석하여야 하는 사유 · 일시 및 장소를 명확히 한 출석요구서를 보내 경찰관서에 출석할 것을 요구할 수 있다(법8②).

2. 법적 성질

경찰관의 출석요구가 출석의무를 부과하는 행위로 보기는 어렵다. 출석요구에 응하지 아니한다고 하여 이를 강제할 수 있는 수단이 없기 때문이다. 따라서 출석요구는 경찰법상의 비권력적 사실행위의 일종이라 할 것이다.

경찰관직무집행법상의 출석요구는 형사소송법상의 출석요구와는 그 성질을 달리한다.

3. 출석요구의 사유

경찰관의 출석요구는 ① 미아를 인수할 보호자의 여부, ② 유실물을 인수할 권리자의 여부, ③ 사고로 인한 사상자의 확인, ④ 행정처분을 위한 교통사고 조사상의 사실을 확인하기 위하여 필요한 때에 가능하다.

출석요구는 비권력적 사실행위로서의 성질을 가지므로 경찰관직무집행법에서 규정하는 출석요구의 사유는 예시적인 것이라고 볼 수 있다. 상대방의 임의적 협력을 요구하는 것일 뿐 출석의무가 부과되지 아니하기 때문이다.

또한 교통사고조사상의 사실확인을 위한 출석요구의 경우에는 그 목적이 행정처분을 위한 사실확인에 그쳐야 한다. 따라서 형사책임을 규명하기 위한 교통사고의 조사는 이에 해당되지 않는다.

4. 출석요구의 주체

경찰관직무집행법상 출석요구의 주체는 경찰관이다.

5. 출석요구의 상대방

경찰관은 사실을 확인하기 위하여 필요한 때에는 관계인에게 출석을 요구할 수 있다. 따라서 출석요구의 상대방은 관계인이다. 관계인은 출석요구의 사유에 따라 달라진다.

미아를 인수할 보호자의 여부를 확인하기 위한 경우에는 보호자, 보호자에 갈음되는 자 또는 스스로 보호자라고 주장하는 자 등이 된다.

유실물을 인수할 권리자의 여부를 확인하는 경우에도 그 권리자, 권리자에 갈음되는 사람 또는 스스로 권리자라고 주장하는 사람 등이 된다.

사고로 인한 사상자의 확인에는 당해 사고현장의 사용인이나 현장의 동료, 가족이나 친지 등이 된다.

행정처분을 위한 교통사고조사상의 사실을 확인하기 위한 경우에는 당해 사고의 가해자, 피해자 또는 목격자 등이 이에 해당한다.

제 8 절 국제협력

경찰청장 또는 해양경찰청장은 경찰관직무집행법에 따른 경찰관의 직무수행을 위하여 외국 정부기관, 국제기구 등과 자료 교환, 국제협력 활동 등을 할 수 있다(법8의2).

제 9 절 경찰장비의 사용

Ⅰ. 의의 및 성질

1. 의의

경찰장비란 무기, 경찰장구, 최루제 및 그 발사장치, 살수차, 감식기구(鑑識機具), 해안감시기구, 통신기기, 차량 · 선박 · 항공기 등 경찰의 직무수행을 위하여 필요한 장치와 기구를 말한다(법10②).

경찰관은 직무수행 중 경찰장비를 사용할 수 있다. 다만, 사람의 생명 또는 신체에 위해를 가할 수 있는 위해성 경찰장비를 사용할 때에는 필요한 안전교육과 안전검사를 받은 후 사용하여야 한다(동조①).

경찰장비는 직무수행 중에 이를 사용할 수 있다. 그러므로 경찰관직무집행법 제2조에서 열거하는 직무를 수행하는 경우 즉 공무집행 중에 경찰관은 경찰장비를 사용할 수 있다.

2. 법적 성질

경찰장비의 사용은 경찰상 즉시강제의 성격을 가진다. 또 경찰장비는 경찰관직무집행법에서 규정하고 있는 경찰상 즉시강제에 활용되는 실력행사의 성질도 지니고 있다.

Ⅱ. 경찰장비의 사용 등

1. 경찰장비의 일반적 사용기준

경찰관은 경찰장비를 함부로 개조하거나 경찰장비에 임의의 장비를 부착하여 일반적인 사용법과 달리 사용함으로써 다른 사람의 생명·신체에 위해를 끼쳐서는 아니 된다(법10③).

위해성 경찰장비는 필요한 최소한도에서 사용하여야 한다(동조④). 경찰청장은 위해성 경찰장비를 새로 도입하려는 경우에는 안전성 검사를 실시하여 그 안전성 검사의 결과보고서를 국회 소관 상임위원회에 제출하여야 한다. 이 경우 안전성 검사에는 외부 전문가를 참여시켜야 한다(동조⑤).

2. 위해성 경찰장비의 종류 및 사용기준 등

1) 개설

경찰관직무집행법은 위해성 경찰장비의 종류 및 그 사용기준, 안전교육·안전검사의 기준 등은 대통령령으로 규정하도록 하고 있다(동조⑥).

이에 따라 대통령령인 위해성경찰장비의사용기준등에관한규정이 제정·시행되고 있다. 이는 경찰관직무집행법 제10조에 따라 국가경찰공무원이 직무를 수행할 때 사용할 수 있는 사람의 생명이나 신체에 위해를 끼칠 수 있는 경찰장비의 종류·사용기준 및 안전관리 등에 관한 사항을 규정하고 있다.

2) 위해성 경찰장비의 종류

위해성 경찰장비에는 경찰장구와 무기, 분사기와 최루탄 등 그리고 기타 장비가 있다(영2).

(1) 경찰장구

수갑 · 포승 · 호송용 포승 · 경찰봉 · 호신용 경봉 · 전자충격기 · 방패 및 전자방패

(2) 무기

권총 · 소총 · 기관총(기관단총 포함) · 산탄총 · 유탄발사기 · 박격포 · 3인치포 · 함포 · 크레모아 · 수류탄 · 폭약류 및 도검

(3) 분사기 · 최루탄 등

근접분사기 · 가스분사기 · 가스발사총(고무탄발사겸용 포함) 및 최루탄과 그 발사장치

(4) 기타 장비

가스차 · 살수차 · 특수진압차 · 물포 · 석궁 · 다목적발사기 및 도주차량차단장비

3) 유해성 경찰장구의 사용기준

(1) 영장집행 등에 따른 수갑 등의 사용기준

경찰관(국가경찰공무원에 한한다. 이하 같다)은 체포 · 구속영장을 집행하거나 신체의 자유를 제한하는 판결 또는 처분을 받은 자를 법률이 정한 절차에 따라 호송하거나 수용하기 위하여 필요한 때에는 최소한의 범위 안에서 수갑 · 포승 또는 호송용 포승을 사용할 수 있다(영4).

(2) 자살방지 등을 위한 수갑 등의 사용기준 및 사용보고

경찰관은 범인 · 주취자 또는 정신착란자의 자살 또는 자해기도를 방지하기 위하여 필요한 때에는 수갑 · 포승 또는 호송용 포승을 사용할 수 있다.

이 경우 경찰관은 소속 국가경찰관서의 장(경찰청장 · 해양경찰청장 · 지방경찰청장 · 지방해양경찰청장 · 경찰서장 또는 해양경찰서장 기타 경무관 · 총경 · 경정 또는 경감을 장으로 하는 국가경찰관서의 장)에게 그 사실을 보고하여야 한다(영5).

(3) 불법집회 등에서의 경찰봉 · 호신용 경봉의 사용기준

경찰관은 불법집회 · 시위로 인하여 발생할 수 있는 타인 또는 경찰관의 생명 · 신체의 위해와 재산 · 공공시설의 위험을 방지하기 위하여 필요한 때에는 최소한의 범위 안에서 경찰봉 또는 호신용 경봉을 사용할 수 있다(영6).

(4) 경찰봉 · 호신용 경봉의 사용시 주의사항

경찰관이 경찰봉 또는 호신용 경봉을 사용하는 때에는 인명 또는 신체에 대한 위해를 최소화하도록 주의하여야 한다(영7).

(5) 전자충격기 등의 사용제한

경찰관은 14세 미만의 자 또는 임산부에 대하여 전자충격기 또는 전자방패를 사용하여서는 아니 된다(영8①).

경찰관은 전극침(電極針) 발사장치가 있는 전자충격기를 사용하는 경우 상대방의 얼굴을 향하여 전극침을 발사하여서는 아니 된다(동조②).

4) 무기의 사용기준

(1) 총기사용의 경고

경찰관은 사람을 향하여 권총 또는 소총을 발사하려는 때에는 미리 구두 또는 공포탄에 의한 사격으로 상대방에게 경고하여야 한다(영9).

다만, ① 경찰관을 급습하거나 타인의 생명 · 신체에 대한 중대한 위험을 야기하는 범행이 목전에 실행되고 있는 등 상황이 급박하여 특히 경고할 시간적 여유가 없는 경우, ② 인질 · 간첩 또는 테러사건에 있어서 은밀히 작전을 수행하는 경우로서 부득이한 때에는 경고하지 아니할 수 있다(동조단).

(2) 권총 또는 소총의 사용제한

경찰관은 권총 또는 소총을 사용하는 경우에 있어서 범죄와 무관한 다중의 생명 · 신체에 위해를 가할 우려가 있는 때에는 이를 사용하여서는 아니된다. 다만, 권총 또는 소총을 사용하지 아니하고는 타인 또는 경찰관의 생명 · 신체에 대한 중대한 위험을 방지할 수 없다고 인정되는 때에는 필요한 최소한의 범위 안에서 이를 사용할 수 있다(영10①).

따라서 경찰관이 소지하던 가스총과 경찰봉을 사용하거나 다시 한 번 공포를 발사하여 제압할 여지가 있었음에도 불구하고 권총이나 소총을 사용하였다면 이는 비례원칙에 위반하는 위법한 것이 된다(대법원 1993. 7. 27. 선고 93다9163 판결).

경찰관은 총기 또는 폭발물을 가지고 대항하는 경우를 제외하고는 14세미만의 자 또는 임산부에 대하여 권총 또는 소총을 발사하여서는 아니 된다(동조②).

> [대법원 2008. 2. 1. 선고 2006다6713 판결] 경찰관은 범인의 체포, 도주의 방지, 자기 또는 타인의 생명 • 신체에 대한 방호, 공무집행에 대한 항거의 억제를 위하여 무기를 사용할 수 있으나, 이 경우에도 무기는 목적 달성에 필요하다고 인정되는 상당한 이유가 있을 때 그 사태를 합리적으로 판단하여 필요한 한도 내에서 사용하여야 하는 바(경찰관직무집행법 제10조의4), 경찰관의 무기 사용이 이러한 요건을 충족하는지 여부는 범죄의 종류, 죄질, 피해법익의 경중, 위해의 급박성, 저항의 강약, 범인과 경찰관의 수, 무기의 종류, 무기 사용의 태양, 주변의 상황 등을 고려하여 사회통념상 상당하다고 평가되는지 여부에 따라 판단하여야 하고, 특히 사람에게 위해를 가할 위험성이 큰 권총의 사용에 있어서는 그 요건을 더욱 엄격하게 판단하여야 한다(대법원 2004. 5. 13. 선고 2003다57956 판결 등 참조).

(3) 동물의 사살

경찰관은 공공의 안전을 위협하는 동물을 사살하기 위하여 부득이한 때에는 권총 또는 소총을 사용할 수 있다(영11).

(4) 가스발사총 등의 사용제한

경찰관은 범인의 체포 또는 도주방지, 타인 또는 경찰관의 생명 · 신체에 대한 방호, 공무집행에 대한 항거의 억제를 위하여 필요한 때에는 최소한의 범위 안에서 가스발사총을 사용할 수 있다. 이 경우 경찰관은 1미터 이내의 거리에서 상대방의 얼굴을 향하여 이를 발사하여서는 아니된다(영12①).

경찰관은 최루탄발사기로 최루탄을 발사하는 경우 30도 이상의 발사각을 유지하여야 하고, 가스차 · 살수차 또는 특수진압차의 최루탄발사대로 최루탄을 발사하는 경우에는 15도 이상의 발사각을 유지하여야 한다(동조②).

5) 기타 장비

(1) 가스차의 사용기준

경찰관은 불법집회 · 시위 또는 소요사태로 인하여 발생할 수 있는 타인 또는 경찰관의 생명 · 신체의 위해와 재산 · 공공시설의 위험을 억제하기 위하여 부득이한 경우에는 현장책임자의 판단에 의하여 필요한 최소한의 범위 안에서 가스차를 사용할 수 있다(영13①).

(2) 특수진압차의 사용기준

경찰관은 소요사태의 진압, 대간첩 · 대테러작전의 수행을 위하여 부득이한 경우에는 필요한 최소한의 범위 안에서 특수진압차를 사용할 수 있다(동조②).

(3) 물포의 사용기준

경찰관은 불법해상시위를 해산시키거나 정선명령에 불응하고 도주하는 선박을 정지시키기 위하여 부득이한 경우에는 현장책임자의 판단에 의하여 필요한 최소한의 범위 안에서 경비함정의 물포를 사용할 수 있다. 다만, 사람을 향하여 직접 물포를 발사하여서는 아니 된다(동조③).

(4) 살수차의 사용기준

경찰관은 ① 소요사태로 인해 타인의 법익이나 공공의 안녕질서에 대한 직접적인 위험이 명백하게 초래되는 경우, ② 국가중요시설(통합방위법21④)에 대한 직접적인 공격행위로 인해 해당 시설이 파괴되거나 기능이 정지되는 등 급박한 위험이 발생하는 경우에 해당하여 살수차 외의 경찰장비로는 그 위험을 제거 · 완화시키는 것이 현저히 곤란한 경우에는 지방경찰청장의 명령에 따라 살수차를 배치 · 사용할 수 있다(영13의2①).

경찰관은 살수차를 사용하는 경우 살수거리별 수압기준(별표3)에 따라 살수해야 한다. 이 경우 사람의 생명 또는 신체에 치명적인 위해를 가하지 않도록 필요한 최소한의 범위에서 살수해야 한다(동조②).

경찰관은 살수하는 것으로 위험을 제거 · 완화시키는 것이 곤란하다고 판단하는 경우에는 지방경찰청장의 명령에 따라 필요한 최소한의 범위에서 최루액을 혼합하여 살수할 수 있다. 이 경우 최루액의 혼합 살수 절차 및 방법은 경찰청장이 정한다(동조③).

(5) 석궁의 사용기준

경찰관은 총기 · 폭발물 기타 위험물로 무장한 범인 또는 인질범의 체포, 대간첩 · 대테러작전 등 국가안전에 관련되는 작전을 은밀히 수행하거나 총기를 사용할 경우에는 화재 · 폭발의 위험이 있는 등 부득이한 때에 한하여 현장책임자의 판단에 의하여 필요한 최소한의 범위 안에서 석궁을 사용할 수 있다(영14).

(6) 다목적발사기의 사용기준

경찰관은 인질범의 체포 또는 대간첩 · 대테러작전 등 국가안전에 관련되는 작전을 수행하거나 공공시설의 안전에 대한 현저한 위해의 발생을 방지하기 위하여 필요한 때에는 최소한의 범위 안에서 다목적발사기를 사용할 수 있다(영15).

(7) 도주차량차단장비의 사용기준 등

경찰관은 무면허운전이나 음주운전 기타 범죄에 이용하였다고 의심할 만한 차량 또는 수배중인 차량이 정당한 검문에 불응하고 도주하거나 차량으로 직무집행중인 경찰관에게 위해를 가한 후 도주하려는 경우에는 도주차량차단장비를 사용할 수 있다(영16①).

도주차량차단장비를 운용하는 경찰관은 검문 또는 단속 장소의 전방에 도주

차량차단장비의 운용중임을 알리는 안내표지판을 설치하고 기타 필요한 안전조치를 취하여야 한다(동조②).

3. 안전교육 등

1) 위해성 경찰장비 사용을 위한 안전교육

직무수행 중 위해성 경찰장비를 사용하는 경찰관은 위해성 경찰장비 사용을 위한 안전교육을 받아야 한다(영17).

2) 위해성 경찰장비에 대한 안전검사

위해성 경찰장비를 사용하는 경찰관이 소속한 국가경찰관서의 장은 소속 경찰관이 사용할 위해성 경찰장비에 대한 안전검사를 실시하여야 한다(영18).

3) 신규 도입 장비의 안전성 검사

경찰청장은 위해성 경찰장비를 새로 도입하려는 경우에는 신규도입장비가 사람의 생명이나 신체에 미치는 영향을 평가하여야 한다. 안전성 검사를 실시한 후 3개월 이내에 안전성 검사 결과보고서를 국회 소관 상임위원회에 제출하여야 한다. 이 경우 안전성 검사에는 외부 전문가를 참여시켜야 한다(법10⑤ · 영18의2).

4. 위해성 경찰장비의 개조 등

국가경찰관서의 장은 폐기대상인 위해성 경찰장비 또는 성능이 저하된 위해성 경찰장비를 개조할 수 있으며, 소속경찰관으로 하여금 이를 본래의 용법에 준하여 사용하게 할 수 있다(영19).

5. 사용기록의 보관 등

무기, 분사기 · 최루탄 등과 살수차를 사용하는 경우 그 현장책임자 또는 사용자는 별지 서식의 사용보고서를 작성하여 직근상급 감독자에게 보고하고, 직근상급 감독자는 이를 3년간 보관하여야 한다.

무기 사용보고를 받은 직근상급 감독자는 지체없이 지휘계통을 거쳐 경찰청장 또는 해양경찰청장에게 보고하여야 한다(영20).

6. 부상자에 대한 긴급조치

경찰관이 위해성 경찰장비를 사용하여 부상자가 발생한 경우에는 즉시 구호, 그 밖에 필요한 긴급조치를 하여야 한다(영21).

제10절 경찰장구의 사용

Ⅰ. 의의 및 성질

1. 경찰장구의 의의

경찰장구라 함은 경찰관이 휴대하여 범인검거와 범죄진압 등 직무수행에 사용하는 수갑·포승·호송용 포승·경찰봉·호신용 경봉·전자충격기·방패 및 전자방패를 말한다(법10의2②·영2①).

2. 경찰장구의 사용

경찰관은 현행범인이나 사형·무기 또는 장기 3년 이상의 징역이나 금고에 해당하는 죄를 범한 범인의 체포 또는 도주 방지, 자신이나 다른 사람의 생명·신체의 방호, 공무집행에 대한 항거 제지를 위하여 필요하다고 인정되는 상당한 이유가 있을 때에는 그 사태를 합리적으로 판단하여 필요한 한도에서 경찰장구를 사용할 수 있다(법10의2①)

3. 법적 성질

경찰장구도 경찰장비의 일종이다. 경찰장구의 사용은 경찰상 즉시강제 중에서 대인적 즉시강제에 해당한다.

Ⅱ. 경찰장구의 사용요건

1. 현행범 등의 체포 등

현행범에는 범죄의 실행중이거나 실행 직후인 자인 현행범 외에 준현행범이 포함된다. 이는 목전에 있는 질서교란을 경찰장구의 사용을 통하여 제거하여 질서유지를 하기 위한 것이다.

범인이란 진실의 범인을 한정하여 지칭하는 것이 아니라 범인일 고도의 개연성이 있는 자를 의미한다.

체포는 구속영장에 의한 체포는 물론, 체포영장에 의한 체포와 현행범 검거, 긴급체포 등의 경우를 포함한다. 도주의 방지란 체포된 자가 도주하려는 것을 방지한다는 의미이다.

2. 방호 및 항거의 제지

자기 또는 다른 사람의 신체에 대한 방호란 경찰장구를 사용하는 경찰관 자신이나 범인 이외의 모든 사람의 생명과 신체를 방어하고 보호하는 것을 말한다. 다른 사람에는 공범도 포함된다.

공무집행은 경찰관의 직무를 수행하는 것을 의미하므로, 공무집행에 대한 항거란 경찰관의 적법한 공무집행을 적극적으로 거부 또는 방해함으로써 공무집행의 목적달성을 불가능하게 하거나 곤란하게 하는 것을 말한다. 따라서 소극적 거부나 방해는 해당하지 않는다.

3. 상당한 이유

상당한 이유의 존재 여부는 당해 경찰관이 구체적 상황에 따라 판단하되, 경찰관으로서의 합리적인 판단에 따라야 한다.

경찰장구의 사용은 당연히 경찰비례의 원칙과 보충성의 원칙 및 긴급성의 원칙이 적용된다고 보아야 한다.

제11절 분사기 및 최루탄의 사용

Ⅰ. 의의 및 성질

1. 의의

분사기 및 최루탄은 근접분사기 · 가스분사기 · 가스발사총(고무발사 겸용 포함) 및 최루탄과 그 발사장치이다.

여기에서의 분사기는 총검안전관리법의 규정에 의한 분사기와 최루 등의 작용제를 말한다. 총검안전관리법은 분사기를 다음과 같이 정의하고 있다(동법2④ · 동령6의2). 즉, 분사기는 사람의 활동을 일시적으로 곤란하게 하는 최루 또는 질식 등의 작용제를 내장된 압축가스의 힘으로 분사하는 기기로서 ① 총포형 분사기, ② 막대형 분사기, ③ 만년필형 분사기, ④ 기타 휴대형 분사기로 구분한다. 다만, 살균 · 살충용 및 산업용 분사기를 제외한다.

경찰관은 범인의 체포 · 도주의 방지 또는 불법집회 · 시위로 인하여 자기 또는 다른 사람의 생명 · 신체와 재산 및 공공시설안전에 대한 현저한 위해의 발생을 억제하기 위하여 분사기 또는 최루탄을 사용할 수 있다(법10의3①).

2. 법적 성질

분사기 및 최루탄은 경찰장비의 일종이다. 경찰장비의 사용은 경찰상 즉시강제로서 대인적 즉시강제의 성격을 가진다.

또 경찰장비는 경찰관직무집행법 또는 집회및시위에관한법률에서 규정하고 있는 경찰상 즉시강제에 활용되는 실력행사의 성질도 지니고 있다.

Ⅱ. 분사기 등의 사용요건

1. 개설

경찰관은 범인의 체포·도주의 방지 또는 불법집회·시위로 인하여 자기 또는 다른 사람의 생명·신체와 재산 및 공공시설안전에 대한 현저한 위해의 발생을 억제하기 위하여 부득이한 경우 현장책임자의 판단으로 필요한 최소한의 범위 안에서 사용할 수 있다.

2. 범인의 체포와 도주의 방지

1) 범인의 체포

범인이란 수사기관이 수사 중인 피의자, 형사소송법상의 피고인으로서 공소제기된 피고인 및 유죄확정된 기결수를 말한다.

체포란 형사소송법상의 구속, 긴급체포 및 현행범인의 체포 및 피고인에 대한 구속영장 등의 집행 및 형의 선고를 받은 자에 대한 형 집행장의 집행도 포함한다.

2) 도주의 방지

도주의 방지란 이미 체포 또는 구속이 된 자 및 체포 또는 구속단계에 있는 자가 그 실력적 지배로부터 이탈하지 못하도록 하는 것을 말한다.

3. 불법집회와 시위로 인한 위해의 발생 어제

1) 불법집회와 시위

불법집회와 시위란 집회 및 시위에 관한 법률에 의하여 금지되는 집회 또는 시위로서 집단적인 폭행 등 공공의 안녕과 질서유지에 직접적인 위해를 가할 것이 명백한 집회와 시위를 말한다.

2) 위해의 발생 억제

경찰관은 자기 또는 다른 사람의 생명·신체와 재산 및 공공시설안전에 대한 현저한 위해의 발생을 억제하기 위하여 분사기 및 최루탄을 사용할 수 있다.

공공시설이란 국가나 지방자치단체 및 기타 공공법인의 시설을 의미한다.

현저한 위해의 발생이란 손괴나 방화 등 중대한 위해가 예견되거나 직접적인 위해의 발생을 말한다.

제12절 무기의 사용

Ⅰ. 의의 및 성질

1. 의의

경찰관직무집행법상 무기는 경찰장비의 일종이다. 동법이 규정하는 무기에는 사람의 생명 또는 신체에 위해를 가할 수 있도록 제작된 권총·소총·기관단총을 포함한 기관총·산탄총·유탄발사기·박격포·3인치포·함포·크레모아·수류탄·폭약류 및 도검이 있다.

무기는 본래의 용법에 따라 사용할 경우 사람의 생명까지도 앗아갈 수 있다. 그러므로 그 한계를 엄격하게 규정할 필요가 있다. 무기에는 개인화기와 공용화기가 있다.

경찰관은 범인의 체포, 범인의 도주 방지, 자신이나 다른 사람의 생명·신체의 방어 및 보호, 공무집행에 대한 항거의 제지를 위하여 필요하다고 인정되는 상당한 이유가 있을 때에는 그 사태를 합리적으로 판단하여 필요한 한도에서 무기를 사용할 수 있다. 이 경우 경찰관은 일정한 예외를 제외하고는 사람에게 위해를 끼쳐서는 아니 된다(법10의4①).

2. 법적 성질

무기 역시 경찰장비의 일종이다. 무기의 사용은 경찰상 즉시강제로서 대인적 즉시강제의 성격을 가진다. 무기는 사람의 생명 또는 신체에 위해를 가할 수 있도록 제작된 경찰장비이기 때문이다.

그러나 박격포·3인치포·함포·폭약류 등의 무기는 사람의 생명·신체에 대한 위해뿐만 아니라, 재산에 대한 위해를 초래할 수도 있다.

Ⅱ. 무기사용의 요건

1. 일반요건

경찰관은 범인의 체포, 범인의 도주 방지, 자신이나 다른 사람의 생명·신체에 대한 방어 및 보호, 공무집행에 대한 항거의 제지를 위하여 필요하다고 인정되는 상당한 이유가 있을 때에는 무기를 사용할 수 있다. 이 경우 원칙적으로 사람에게 위해를 주어서는 아니 된다.

1) 범인의 체포, 범인의 도주 방지

범인이란 현행범은 물론, 당시 정황으로 보아 죄를 범하였다고 인정할 만한 상당한 이유가 있는 자를 말한다. 그리고 피의자와 피고인 및 유죄판결이 확정된 자도 이에 포함된다.

체포란 구속영장이나 체포영장에 의한 구속 및 체포, 긴급체포, 현행범 체포 등 법률에서 규정하고 있는 구속 또는 체포를 의미한다.

도주의 방지란 체포된 상태에서 경찰관의 실력이 미치는 범위를 벗어나지 못하게 하는 것을 말한다. 이미 경찰관의 실력의 범위를 벗어난 경우, 즉 도주가 있은 후에는 체포가 필요하게 된다.

2) 자신이나 다른 사람의 생명 · 신체에 대한 방어 및 보호

자신이나 다른 사람의 생명 · 신체에 대한 방어 및 보호란 이미 조성된 위험한 상황에서 무기를 사용하려는 당해 경찰관이나 다른 사람의 생명 · 신체에 대한 직접적이고도 현실적인 침해가 가하여지지 아니하도록 하는 것을 의미한다. 다른 사람에는 동료 경찰관이나 일반 시민 등 무기사용의 상대방을 제외한 사람을 의미한다.

방어 및 보호의 대상은 자신이나 다른 사람의 생명 · 신체에 한정된다. 따라서 재산에 대한 위해를 방지하기 위하여 무기를 사용할 수는 없다.

3) 공무집행에 대한 항거의 제지

공무집행이란 당해 경찰관의 적법한 직무수행을 의미한다. 항거란 적법한 직무수행을 적극적 또는 소극적으로 방해하거나 거부 또는 저항하여 직무수행의 목적달성을 불가능하게 하거나 곤란하게 하는 것을 말한다. 소극적인 항거의 예로는 무기나 흉기 등 위험한 물건의 소지자가 투기명령 또는 투항명령에 불응하면서 항거하는 경우 등을 들 수 있다.

항거의 억제란 적극적 또는 소극적 항거를 경찰관이 무기를 사용하여 제지하거나 제압하는 것을 말한다.

4) 상당한 이유

무기사용의 필요성이 인정되는 상당한 이유에 대한 판단은 무기를 사용하려는 경찰관이 자신의 합리적인 판단을 기초로 하여 경찰관 평균인을 기준으로 판단하여야 한다.

2. 위해를 수반하는 무기사용의 요건

경찰관이 무기를 사용함에 있어서 위해가 수반될 수 있는 경우는 다음의 요건을 충족하여야 한다.

1) 정당방위

정당방위는 자기 또는 다른 사람의 법익에 대한 현재의 위법·부당한 침해를 방위하기 위하여 상당한 이유가 있는 행위(형법21①)이다. 정당방위는 무기사용의 위법성 조각사유가 된다.

2) 긴급피난

긴급피난이란 자기 또는 다른 사람의 법익에 대한 현재의 위난을 피하기 위한 상당한 이유가 있는 행위로서 위법성이 조각되는 것을 말한다.

3) 중죄인의 항거 등의 방지 또는 체포

사형·무기 또는 장기 3년 이상의 징역이나 금고에 해당하는 죄를 범하거나 범하였다고 의심할 만한 충분한 이유가 있는 사람이 경찰관의 직무집행에 대하여 항거하거나 도주하려고 할 때 또는 제3자가 그를 도주시키려고 경찰관에게 항거할 때에 이를 방지 또는 체포하기 위하여 무기를 사용하지 아니하고는 다른 수단이 없다고 인정되는 상당한 이유가 있을 때 무기사용이 허용된다.

4) 영장의 집행

체포·구속영장과 압수·수색영장을 집행하는 과정에서 경찰관의 직무집행에 항거하거나 도주하려고 할 때 또는 제3자가 그를 도주시키려고 경찰관에게 항거할 때 이를 방지 또는 체포하기 위하여 무기를 사용하지 아니하고는 다른 수단이 없다고 인정되는 상당한 이유가 있을 때 무기사용이 허용된다.

5) 무기 등 소지자의 항거 방지 또는 체포

범인이나 소요를 일으킨 사람이 무기·흉기 등 위험한 물건을 지니고 경찰관으로부터 3회 이상의 물건을 버리라는 명령이나 항복하라는 명령을 받고도 따르지 아니하면서 계속 항거하여 이를 방지 또는 체포하기 위하여 무기를 사용하지 아니하고는 다른 수단이 없다고 인정되는 상당한 이유가 있을 때 무기사용이 허용된다.

> [대법원 1999. 6. 22. 선고 98다61470 판결] [1] 경찰관직무집행법 제11조의 규정에 비추어 보면 경찰관은 범인의 체포, 도주의 방지, 자기 또는 타인의 생명, 신체에 대한 방호, 공무집행에 대한 항거의 억제를 위하여 상당한 이유가 있을 때에는 필요한 한도 내에서 무기를 사용할 수 있으나, 형법이 정하는 정당방위와 긴급피난에 해당할 때 또는 체포, 도주의 방지나 항거의 억제를 위하여 다른 수단이 없다고 인정되는 상당한 이유가 있는 때에 한하여 필요한 한도 내에서만 무기를 사용하여 사람에게 위해를 가할 수 있음이 명백하다.
>
> [2] 경찰관이 신호위반을 이유로 한 정지명령에 불응하고 도주하던 차량에 탑승한 동승자를 추격하던 중 몸에 지닌 각종 장비 때문에 거리가 점점 멀어져 추격이 힘들게 되자 수차례에 걸쳐 경고하고 공포탄을 발사했음에도 불구하고 계속 도주하자 실탄을 발사하여 사망케 한 경우, 위 사망자가 아무런 흉기를 휴대하지 아니한 상태에서 경찰관을 공격하거나 위협하는 등 거칠게 항거하지 않고 단지 계속하여 도주하였다면 그러한 상황은 형법에 규정된 정당방위나 긴급피난의 요건에 해당한다고 보기 어렵고, 위 사망자가 경찰관의 정지명령에 응하지 아니하고 계속 도주하였다는 사실만으로 경찰관직무집행법 제11조에서 규정하는 범죄를 범하였거나 범하였다고 의심할 충분한 이유가 있다고 보기도 어려우며, 동료 경찰관이 총기를 사용하지 않고도 함께 도주하던 다른 일행을 계속 추격하여 체포한 점에 비추어 볼 때, 경찰관이 추격에 불필요한 장비를 일단 놓아둔 채 계속 추격을 하거나 공포탄을 다시 발사하는 방법으로 충분히 위 사망자를 제압할 여지가 있었다고 보이므로, 경찰관이 그러한 방법을 택하지 아니하고 실탄을 발사한 행위는 경찰관직무집행법 제11조에 정해진 총기 사용의 허용 범위를 벗어난 위법행위이다.

6) 대간첩 · 대테러 작전 등의 수행

대간첩 작전 수행과정에서 무장간첩이 경찰관의 투항명령을 받고도 이에 불응하는 경우에 무기사용이 허용된다.

대간첩 · 대테러작전 등 국가안전에 관련되는 작전을 수행할 때에는 개인화기 외에 공용화기를 사용할 수 있다(법10의4④).

제13절 손실보상과 공로자보상

Ⅰ. 개 설

2013년의 경찰관직무집행법은 경찰관의 적법한 직무집행으로 인하여 재산상 손실이 발생한 경우 국가가 그 손실을 보상하도록 손실보상 규정을 신설하였다.

그러나 생명 또는 신체상 손실을 입은 경우에는 보상의 근거가 없어 국민들이 피해보상을 받는 데 한계가 있어 이를 보완할 필요가 제기되었다. 그리하여 2018년 경찰관직무집행법 개정법률은 국가가 경찰관의 적법한 직무집행 과정에서 발생한 재산상 손실 외에 생명 또는 신체상의 손실에 대하여도 보상을 하도록 하되, 거짓 또는 부정한 방법으로 보상금을 받은 사람에 대한 보상금 환수제도 및 강제징수제도를 도입하는 등 경찰상의 손실보상 제도를 정비하였다.

한편, 경찰청의 범인검거공로자 등에 대한 보상금은 경찰청 훈령인 범죄신고자등보호및보상에관한규칙에 근거하여 예산을 편성하고 집행하여 왔으나, 2016년의 경찰관직무집행법 개정 법률에서 범인검거공로자 등에 대한 보상금 지급에 관한 규정을 명시적으로 규정함으로써 이에 대한 법적 근거가 마련되었다.

Ⅱ. 경찰상의 손실보상

1. 의의

경찰주체인 국가는 경찰관의 적법한 직무집행으로 인하여 법률이 정하는 손실을 입은 자에게 정당한 보상을 하여야 한다. 즉 국가는 경찰상의 손실보상청구권자의 손실보상청구권의 행사에 따른 보상책임의 주체가 된다.

국가는 경찰관의 적법한 직무집행으로 인하여 소정의 손실을 입은 자에 대하여 정당한 보상을 하여야 한다(법11의2①).

2. 손실보상의 대상

경찰관직무집행법에서 정하고 있는 경찰상의 손실보상이 되는 손실은 2가지로 나뉜다(동항 i · ii).

첫째, 손실발생의 원인에 대하여 책임이 없는 자가 입은 생명·신체 또는 재산상의 손실(손실발생의 원인에 대하여 책임이 없는 자가 경찰관의 직무집행에 자발적으로 협조하거나 물건을 제공하여 생명·신체 또는 재산상의 손실을 입은 경우를 포함)

둘째, 손실발생의 원인에 대하여 책임이 있는 자가 자신의 책임에 상응하는 정도를 초과하는 입은 생명·신체 또는 재산상의 손실

3. 손실보상청구권의 소멸시효

손실보상을 청구할 수 있는 권리는 손실이 있음을 안 날부터 3년, 손실이 발생한 날부터 5년간 행사하지 아니하면 시효의 완성으로 소멸한다(동조②).

4. 손실보상의 기준 및 보상금액 등

손실의 보상은 다음의 구분에 따라 보상한다. 다만, 보상금을 지급받을 사람

이 동일한 원인으로 다른 법령에 따라 보상금 등을 지급받은 경우 그 보상금 등에 상당하는 금액을 제외하고 보상금을 지급한다(영9④).

1) 물건의 멸실 · 훼손으로 인한 손실

물건을 멸실 · 훼손한 경우, 손실을 입은 물건을 수리할 수 있는 경우에는 수리비에 상당하는 금액을, 수리할 수 없는 경우에는 손실을 입은 당시의 해당 물건의 교환가액을 보상한다.

그리고 영업자가 손실을 입은 물건의 수리나 교환으로 인하여 영업을 계속할 수 없는 경우에는 영업을 계속할 수 없는 기간 중 영업상 이익에 상당하는 금액을 보상한다(영9①).

2) 물건의 멸실 · 훼손으로 인한 손실 외의 재산상 손실

물건의 멸실 · 훼손으로 인한 손실 외의 재산상 손실에 대해서는 직무집행과 상당한 인과관계가 있는 범위에서 보상한다(영9②).

3) 생명 · 신체상의 손실

경찰상의 손실보상의 대상이 생명 · 신체상의 손실의 경우에는 별표의 기준에 따라 보상한다(9③).

5. 손실보상의 지급절차 및 방법

1) 손실보상의 지급절차

(1) 보상금지급청구서의 제출

경찰관의 적법한 직무집행으로 인하여 발생한 손실을 보상받으려는 사람은 보상금 지급 청구서에 손실내용과 손실금액을 증명할 수 있는 서류를 첨부하여 손실보상청구 사건 발생지를 관할하는 국가경찰관서의 장에게 제출하여야 한다(영10①).

(2) 경찰청장 등에의 송부

보상금 지급 청구서를 받은 국가경찰관서의 장은 해당 청구서를 손실보상심의위원회가 설치된 경찰청장 등(경찰청, 해양경찰청, 지방경찰청 및 지방해양경찰청의 장)에게 보내야 한다(영10②).

(3) 손실보상심의회의 심의 · 의결

손실보상심의위원회는 손실보상 사건을 재적위원 과반수의 출석으로 개의(개의)하고, 출석위원 과반수의 찬성으로 심의 · 의결한다(영13②).

위원회는 심의를 위하여 필요한 경우에는 관계 공무원이나 관계 기관에 사실조사나 자료의 제출 등을 요구할 수 있으며, 관계 전문가에게 필요한 정보의 제공이나 의견의 진술 등을 요청할 수 있다(동조③).

(4) 보상 여부 및 보상금액의 결정

보상금 지급 청구서를 받은 경찰청장 등은 손실보상심의위원회의 심의 · 의결에 따라 보상 여부 및 보상금액을 결정하되, 손실보상 청구가 요건과 절차를 갖추지 못한 경우 등에는 그 청구를 각하하는 결정을 하여야 한다(영10③).

(5) 결정내용의 통지

경찰청장 등은 결정일부터 10일 이내에 보상금지급청구 승인통지서 또는 기각 · 각하통지서에 결정 내용을 적어서 청구인에게 통지하여야 한다(영10④).

2) 손실보상의 방법

보상금은 다른 법률에 특별한 규정이 있는 경우를 제외하고는 현금으로 지급하여야 한다(영10⑤).

보상금은 일시불로 지급하되, 예산 부족 등의 사유로 일시금으로 지급할 수 없는 특별한 사정이 있는 경우에는 청구인의 동의를 받아 분할하여 지급할 수 있다(동조⑥).

3) 보상금 추가지급의 청구

보상금을 지급받은 사람은 보상금을 지급받은 원인과 동일한 원인으로 인한 부상이 악화되거나 새로 발견되어 부상등급이 변경되거나 부상등급 외의 부상에 대해 보상금의 추가지급이 필요한 경우에는 보상금의 추가 지급을 청구할 수 있다(동조⑦).

4) 보상금의 환수와 강제징수

경찰청장 또는 지방경찰청장은 손실보상심의위원회의 심의·의결에 따라 보상금을 지급하고, 거짓 또는 부정한 방법으로 보상금을 받은 사람에 대하여는 해당 보상금을 환수하여야 한다(법11의2④).

경찰청장 또는 지방경찰청장은 보상금을 환수하려는 경우에는 위원회의 심의·의결에 따라 환수 여부 및 환수금액을 결정하고, 거짓 또는 부정한 방법으로 보상금을 받은 사람에게 ① 환수사유, ② 환수금액, ③ 납부기한, ④ 납부기관을 서면으로 통지해야 한다(영17의2①).

경찰청장 또는 지방경찰청장은 보상금을 반환하여야 할 사람이 통지일부터 40일 이내의 범위에서 경찰청장 또는 지방경찰청장이 정하는 기한까지 그 금액을 납부하지 아니한 때에는 국세 체납처분의 예에 따라 징수할 수 있다(법11의2⑥·영17의2②).

5) 보고 및 자료제출 요구

보상금이 지급된 경우 손실보상심의위원회는 경찰위원회에 심사자료와 결과를 보고하여야 한다. 이 경우 경찰위원회는 손실보상의 적법성 및 적정성 확인을 위하여 필요한 자료의 제출을 요구할 수 있다(동조⑤).

6. 손실보상심의위원회의 설치 및 구성 등

1) 손실보상심의위원회의 설치

소속 경찰공무원의 직무집행으로 인하여 발생한 손실보상청구 사건을 심의하기 위하여 경찰청, 해양경찰청, 지방경찰청 및 지방해양경찰청에 손실보상심의위원회를 설치한다(법11의2③ · 영11①)

2) 손실보상위원회의 구성 및 운영

위원회는 위원장 1명을 포함한 5명 이상 7명 이하의 위원으로 구성한다(영11②).

위원회의 위원은 소속 경찰공무원과 ① 판사 · 검사 또는 변호사로 5년 이상 근무한 사람, ② 고등교육법 제2조에 따른 학교에서 법학 또는 행정학을 가르치는 부교수 이상으로 5년 이상 재직한 사람, ③ 경찰 업무와 손실보상에 관하여 학식과 경험이 풍부한 사람 중에서 경찰청장 등이 위촉하거나 임명한다. 이 경우 위원의 과반수 이상은 경찰공무원이 아닌 사람으로 하여야 한다(동조③).

위촉위원의 임기는 2년으로 한다(동조④).

3) 위원회의 운영

위원장은 위원회의 회의를 소집하고, 그 의장이 된다(영13①). 위원회의 회의는 재적위원 과반수의 출석으로 개의(개의)하고, 출석위원 과반수의 찬성으로 의결한다(동조②).

위원회는 심의를 위하여 필요한 경우에는 관계 공무원이나 관계 기관에 사실조사나 자료의 제출 등을 요구할 수 있으며, 관계 전문가에게 필요한 정보의 제공이나 의견의 진술 등을 요청할 수 있다(동조③).

4) 비밀 누설의 금지

위원회의 회의에 참석한 사람은 직무상 알게 된 비밀을 누설해서는 아니 된다(영16).

Ⅲ. 범인검거 등 공로자 보상

1. 공로자 보상금 지급 대상

경찰청장, 지방경찰청장 또는 경찰서장은 ① 범인 또는 범인의 소재를 신고하여 검거하게 한 사람, ② 범인을 검거하여 경찰공무원에게 인도한 사람, ③ 테러범죄의 예방활동에 현저한 공로가 있는 사람, ④ 범인의 신원을 특정할 수 있는 정보를 제공한 사람, ⑤ 범죄사실을 입증하는 증거물을 제출한 사람, ⑥ 그 밖에 범인 검거와 관련하여 경찰 수사 활동에 협조한 사람 중 보상금 지급 대상자에 해당한다고 보상금심사위원회가 인정하는 사람에게 보상금을 지급할 수 있다(법11의3① · 영18).

2. 보상금 지급 기준

보상금의 최고액은 5억 원으로 하며, 구체적인 보상금 지급 기준은 경찰청장이 정하여 고시한다(영20).

3. 보상금의 지급 절차 등

경찰청장, 지방경찰청장 또는 경찰서장은 보상금 지급사유가 발생한 경우에는 직권으로 또는 보상금을 지급받으려는 사람의 신청에 따라 소속 보상금심사위원회의 심사 · 의결을 거쳐 보상금을 지급한다(영21①).

1) 보상금심사위원회의 심사 · 의결

(1) 보상금액의 결정

보상금심사위원회는 경찰청장이 정하여 고시한 보상금 지급 기준에 따라 보상 금액을 심사 · 의결한다.

이 경우 보상금심사위원회는 ① 테러범죄 예방의 기여도, ② 범죄피해의 규모, ③ 범인 신고 등 보상금 지급 대상 행위의 난이도, ④ 보상금 지급 대상자가 다른 법령에 따라 보상금 등을 지급받을 수 있는지 여부, ⑤ 그 밖에 범인 검거와 관련한 제반 사정을 고려하여 보상금액을 결정할 수 있다(동조②).

(2) 사실조사 등

경찰청장, 지방경찰청장 및 경찰서장은 소속 보상금심사위원회의 보상금 심사를 위하여 필요한 경우에는 보상금 지급 대상자와 관계 공무원 또는 기관에 사실조사나 자료의 제출 등을 요청할 수 있다(동조③).

2) 보상금의 지급 및 환수 등

(1) 보상금의 지급 및 환수

경찰청장, 지방경찰청장 또는 경찰서장은 보상금심사위원회의 심사 · 의결에 따라 보상금을 지급하고, 거짓 또는 부정한 방법으로 보상금을 받은 사람에 대하여는 해당 보상금을 환수한다(법11의3⑤).

(2) 환수절차

경찰청장, 지방경찰청장 또는 경찰서장은 보상금을 환수하려는 경우에는 보상금심사위원회의 심사 · 의결에 따라 환수 여부 및 환수금액을 결정하고, 거짓 또는 부정한 방법으로 보상금을 받은 사람에게 ① 환수사유, ② 환수금액, ③납부기한, ④ 납부기관을 서면으로 통지해야 한다(영21의2①).

(3) 강제징수

경찰청장, 지방경찰청장 또는 경찰서장은 보상금을 반환하여야 할 사람이 통지일부터 40일 이내의 범위에서 경찰청장, 지방경찰청장 또는 경찰서장이 정하는 기한까지 그 금액을 납부하지 아니한 때에는 국세 체납처분의 예에 따라 징수할 수 있다(법11의3⑥ · 영21의2②).

4. 보상금심사위원회의 설치 등

1) 보상금심사위원회의 설치

경찰청장, 지방경찰청장 및 경찰서장은 보상금 지급의 심사를 위하여 대통령령으로 정하는 바에 따라 각각 보상금심사위원회를 설치·운영하여야 한다(법 11의3②).

2) 구성

보상금심사위원회는 위원장 1명을 포함한 5명 이내의 위원으로 구성한다(법 11의3③).

보상금심사위원회의 위원은 소속 경찰공무원 중에서 경찰청장, 지방경찰청장 또는 경찰서장이 임명한다(동조④).

3) 보상금심사위원회의 심사사항

보상금심사위원회는 ① 보상금 지급 대상자에 해당하는 지 여부, ② 보상금 지급 금액, ③ 보상금 환수 여부, ④ 그 밖에 보상금 지급이나 환수에 필요한 사항을 심사·의결한다(영19③).

보상금심사위원회의 회의는 재적위원 과반수의 찬성으로 의결한다(동조④).

제 5 장

해양경비법상의 표준조치

제1절 개 관

Ⅰ. 해양경비법의 입법목적 및 제정배경

1. 해양경비법의 입법목적

해양경비법은 경비수역에서의 해양안보 확보, 치안질서 유지, 해양수산자원 및 해양시설 보호를 위하여 해양경비에 관한 사항을 규정함으로써 국민의 안전과 공공질서의 유지에 이바지함을 목적으로 한다(법1).

여기에서 해양경비란 해양경찰청장이 경비수역에서 해양주권의 수호를 목적으로 행하는 해양안보 및 해양치안의 확보, 해양수산자원 및 해양시설의 보호를 위한 경찰권의 행사를 말한다.

경비수역이란 대한민국의 법령과 국제법에 따라 대한민국의 권리가 미치는 수역을 말한다. 경비수역은 연안수역(영해및내수면어업법상의 내수면을 제외한 내수), 근해수역(영해및접속수역법 소정의 접속수역) 및 원해수역(해양수산발전기본법 소정의 해양 중 연안수역과 근해수역을 제외한 수역)으로 구분된다(법2).

2. 해양경비법의 제정배경

급변하는 해양환경의 변화에 능동적으로 대처하여 해양안보를 수행하고 해양자원을 보호하기 위한 해양경찰활동의 범위를 명확하게 하고, 해양경찰활동의 수행을 위한 해상검문검색, 선박 등의 해향경찰청 소속 경찰공무원이 사용하는 장비와 장구 등을 명시하여 해양경찰활동이 엄격한 법적 절차에 따라 이루어지게 하기 위한 것이다.

Ⅱ. 해양경비법의 적용범위

해양경비법은 ① 경비수역에 있는 선박 등이나 해양시설, ② 경비수역을 제외한 수역에 있는 선박법 제2조에 따른 대한민국 선박에 대하여 적용한다.

Ⅲ. 해양경비법의 지위

1. 해양경비에 관한 일반법적 지위

해양경비에 관하여 통합방위법에서 규정한 것을 제외하고는 해양경비법이 적용되므로 해양경비법은 해양경비에 관한 일반법으로서의 성격을 띠고 있다(법5①).

2. 경찰관직무집행법에 대한 특례법적 지위

해양경비법은 해양경비에 관하여 해양경비법에서 규정한 것을 제외하고는 경찰관직무집행법을 적용한다고 규정(법5②)하고 있다.

해양경찰도 국가경찰의 일종이므로 해양경찰작용에 대해서는 경찰관직무집행법이 그 근거가 된다.

그런데 경찰관직무집행법은 주로 육상에서의 경찰활동을 전제로 하고 있다.

해상에서의 경찰작용, 즉 사람이 아닌 선박과 그에 속한 자원 등을 주된 대상으로 하여 해상항행보호조치나 선박의 추적·나포, 해상검문검색, 해상경찰활동에 필요한 무기 및 장구의 사용 등도 국민의 신체 및 재산권 행사에 직접적이고 중대한 물리적 침해를 가져오는 권력적 작용이다. 그러므로 이러한 이에 대한 별도의 명시적인 법적 근거가 필요하다고 하지 않을 수 없다.

따라서 제한적 영역에서 경찰관직무집행법에 대한 특례적, 보충적 규범으로서 해양경비에 관한 일반적인 근거법을 제정할 필요가 있는 것이다.

제 2 절 해양경비활동

Ⅰ. 개 관

1. 의의

해양경비란 해양경찰청이 경비수역에 해양주권의 수호를 목적으로 행하는 해양안보 및 해양치안의 확보, 해양자원 및 해양시설의 보호를 위하여 경찰권을 행사하는 활동을 말한다(법2 i 참조).

2. 해양경비활동의 범위

1) 해상경비활동의 범위

해양경찰관(해양경찰청 소속 경찰공무원)이 수행하는 해양경비 활동은 ① 해양 관련 범죄에 대한 예방, ② 해양오염 방제 및 해양자원 보호에 관한 조치, ③ 해상경호, 대(對)테러 및 대간첩작전 수행, ④ 해양시설의 보호에 관한 조치, ⑤ 해상항행 보호에 관한 조치, ⑥ 그 밖에 경비수역에서 해양경비를 위한 공공의 안녕과 질서유지이다(법7).

2) 해상경비활동범위 규정의 법적 성격

경찰법 제3조 및 경찰권직무집행법 제2조에서는 경찰관의 직무범위로서 ① 국민의 생명·신체 및 재산의 보호, ② 범죄의 예방·진압 및 수사, ③ 범죄피해자 보호 ④ 경비·요인경호 및 대간첩·대테러 작전 수행, ⑤ 치안정보의 수집·작성 및 배포, ⑥ 교통 단속과 교통 위해의 방지, ⑦ 외국 정부기관 및 국제기구와의 국제협력, ⑧ 기타 공공의 안녕과 질서유지를 규정하고 있다.

해양경비활동의 범위를 규정하고 있는 해양경비법 제7조를 경찰법 제3조 및 경찰권직무집행법 제2조의 규정내용을 비교하면 매우 유사한 형태를 띠고 있다. 해양경비법은 경찰법 및 경찰관직무집행법에서 규정하고 있는 국가경찰의 일반적인 직무범위 외에 해양경찰청 소속 경찰공무원의 해상경비활동의 범위를 구체적으로 명시하는 취지의 규정을 둔 것으로 볼 수 있다.

3) 해상경비권 발동과 법률유보

여기에서 문제가 되는 것은 이러한 해양경찰의 해상경비활동의 범위에 관한 규정에 근거하여 해양경찰권을 발동할 수 있는가의 여부이다. 바꾸어 말하면 해양경비활동의 범위를 규율하고 있는 해양경비법 제7조가 법률유보의 원칙에서 말하는 해양경찰권 발동의 수권규범성을 가지는가의 문제이다.

생각건대 이 규정은 해양경찰의 해양경비활동의 범위에 관한 직무범위에 관한 규정에 지나지 아니하므로 이 규정에 근거하여 직접 해양경비활동을 수행할 수 없다고 보아야 할 것이다.

따라서 여기에서 규정하고 있는 해양경비활동을 구체적으로 수행하기 위하여는 해양경비법 제7조 외에 별도의 수권조항이 있어야 한다고 본다.

3. 권한남용의 금지

해양경찰관은 해양경비법에 따른 직무를 수행할 때 권한을 남용하여 개인의 권리 및 자유를 침해하여서는 아니 된다(법8).

Ⅱ. 해양경비기본계획의 수립 등

1. 해양경비기본계획의 의의 및 내용

1) 해양경비계획의 의의

해양경비계획이란 해양경찰청장이 해양경비 활동을 효율적으로 수행하기 위하여 5년마다 수립하고 추진(법6①)하는 비구속적 행정계획의 일종이다.

해양경비기본계획을 수립하려는 경우에는 해양경찰청장은 외교부장관, 국방부장관, 경찰청장 등 관계 중앙행정기관의 장 및 특별시장 · 광역시장 · 도지사 · 특별자치도지사(이하 시 · 도지사)의 의견을 들어야 한다(동조③).

2) 해양경비기본계획의 내용

해양경비기본계획에는 ① 주변정세의 변화에 따른 해양치안 수요 분석에 관한 사항, ② 해양치안 수요에 따른 경비세력의 운용방안 및 국제공조에 관한 사항, ③ 경비세력 증감에 대한 전망 및 인력 · 재원의 조달에 관한 사항, ④ 경비수역별 특성에 알맞은 경비 방법에 관한 사항, ⑤ 그 밖에 해양경비 운용에 필요한 사항이 포함되어야 한다(동조②).

3) 연간 해양경비계획의 수립

연간 해양경비계획이란 해양경찰청장이 해양경비기본계획에 따라 매년 전년도 해양경비 실적이나 치안여건 등을 분석하여 해당 연도의 중점 경비대상과 달성목표 등을 포함하여 수립하는 비구속적 행정계획의 일종이다(동조④).

2. 국제협력

1) 경비세력의 파견

해양경찰청장은 국제협력을 위한 국가 간 합동훈련 및 구호활동을 위하여 대통령령으로 정하는 바에 따라 경비세력의 일부를 외국에 파견할 수 있다(법9①).

경비세력이란 해양경찰청장이 해양경비를 목적으로 투입하는 인력·함정·항공기 및 전기통신설비 등을 말한다(법2).

2) 무상 양여

해양경찰청장은 국제협력 증진을 위하여 용도폐지된 함정을 개발도상국(국제개발협력기본법2 ii)에 무상으로 양여할 수 있다(동조②·국유재산법55 참조).

3. 해양경비에 관한 협의체의 설치 및 운영

해양경찰청장은 해양경비 활동과 관련하여 긴급한 사안이 있을 경우 신속한 정보의 수집·전파 등 업무협조를 위하여 외교부, 해양수산부 및 경찰청 등 관계 기관과 협의체를 설치하여 운영할 수 있다(법10).

4. 경비수역별 중점 경비사항

1) 경비수역의 구분

해양경찰청장은 경비수역의 구분에 따라 경비세력의 배치와 중점 경비사항을 달리할 수 있다(법11①). 경비수역은 연안수역, 근해수역 및 원해수역으로 구분된다.

2) 수역별 중점 경비사항

연안수역의 중점 경비사항은 해양 관계 국내법령을 위반한 선박 등의 단속 등 민생치안 확보 및 임해 중요시설의 보호 경비이다.

한편, 근해수역의 중점 경비사항은 대한민국의 영토 또는 영해에서 관세·재정·출입국관리 또는 보건·위생에 관한 대한민국의 법령을 위반한 외국선박(영해및접속수역법 6의2)의 단속을 위한 경비이다.

그리고 원해수역의 중점 경비사항은 해양자원 및 해양시설의 보호, 해양환경의 보전 · 관리, 해양과학조사 실시 등에 관한 국내법령 및 대한민국이 체결 · 비준한 조약을 위반한 외국선박의 단속을 위한 경비이다.

Ⅲ. 해양경비활동과 표준조치

1. 해상검문검색

1) 의의

해상검문검색이란 해양경찰청장이 경비세력을 사용하여 경비수역에서 선박 등을 대상으로 정선(停船) 요구, 승선(乘船), 질문, 사실 확인, 선체(船體) 수색이나 그 밖에 필요한 조치를 하는 것을 말한다.

선박 등이란 선박법 소정의 선박과 수상레저안전법 소정의 수상레저기구, 그 밖에 수상에서 사람이 탑승하여 이동 가능한 기구를 말한다(법2).

2) 법적 근거

해양경찰관은 해양경비 활동 중 주위 사정을 합리적으로 판단하여 상당한 이유가 있는 경우 선박 등에 대한 해상검문검색을 실시할 수 있다(법12①).

3) 대상

해상검문검색의 대상은 다음과 같다. 다만, 외국선박에 대한 해상검문검색은 대한민국이 체결 · 비준한 조약 또는 일반적으로 승인된 국제법규에 따라 실시한다(동조①).

① 다른 선박의 항행 안전에 지장을 주거나 진로 등 항행상태가 일정하지 아니하고 정상적인 항법을 일탈하여 운항되는 선박 등

② 대량파괴무기나 그 밖의 무기류 또는 관련 물자의 수송에 사용되고 있다고 의심되는 선박 등

③ 국내법령 및 대한민국이 체결 · 비준한 조약을 위반하거나 위반행위가 발생하려 하고 있다고 의심되는 선박 등

4) 검문검색의 목적과 이유의 고지

해양경찰관은 해상검문검색을 목적으로 선박 등에 승선하는 경우 선장(선박 등을 운용하는 자를 포함)에게 소속, 성명, 해상검문검색의 목적과 이유를 고지하여야 한다(동조②).

5) 벌칙

해양경찰관의 해상검문검색을 정당한 사유 없이 거부, 방해 또는 기피한 자는 1년 이하의 징역 또는 1,000만 원 이하의 벌금에 처한다(법21①).

2. 선박 등의 추적·나포

1) 의의 및 법적 성격

(1) 의의

추적권이란 외국선박이 연안국의 영해 또는 내수(內水)에서 연안국의 법령에 위반한 경우, 이 외국선박을 공해에까지 추적하여 나포(拿捕)할 수 있는 연안국의 권리를 말하며, 계속추적(繼續追跡)이라고도 한다(공해조약23).

나포란 선박·승무원·화물 등을 포획하는 것을 말한다. 나포된 선박·승무원·화물은 일시적으로 포획자의 권력 밑에 놓이게 되고 그 규율에 복종하게 된다.

(2) 법적 성격

추적권은 공해가 연안국의 관할권 밖에 있다는 것을 악용하여, 연안국의 근해를 배회하면서 연안국법령에 대한 위반을 자행하다가 발견된 경우에는 곧 공해로 퇴피함으로써 나포를 면하려고 하는 외국선박을 단속하기 위하여 인정된 연안국관할권의 확대이다.

2) 대상

해양경찰관은 ① 해상검문검색(법12)에 따르지 아니하고 도주하는 선박 등이나 ② 해당 경비수역에서 적용되는 국내법령 및 대한민국이 체결·비준한 조약을 위반하거나 위반행위가 발생하려 하고 있다고 확실시되는 상당한 이유가 있는 선박 등에 대하여 추적·나포(拿捕)할 수 있다. 다만, 외국선박에 대한 추적권의 행사는 해양법에관한국제연합협약 제111조에 따른다(법13).

3) 포상

해양경찰청장은 외국선박을 나포하는 데 공로가 있는 자에 대하여는 예산의 범위 내에서 포상금을 지급할 수 있으며, 포상금을 지급하는 경우 표창을 함께 수여할 수 있다(법20의2·영5의2).

3. 해상항행 보호조치 등

1) 해상항행 보호조치

(1) 의의

해상항행 보호조치란 경비수역에서 일정한 행위를 하는 선박 등의 선장(선박 등을 운용하는 자를 포함)에 대하여 해양경찰관이 취하는 경고, 이동·해산 명령 등을 말한다. 다만, 외국선박에 대한 해상항행 보호조치는 연안수역에서만 실시한다.(법14①).

(2) 대상

① 선박 등이 본래의 목적을 벗어나 다른 선박 등의 항행 또는 입항·출항 등에 현저히 지장을 주는 행위

② 선박 등이 항구·포구 내외의 수역과 지정된 항로에서 무리를 지어 장시간 점거하거나 항법상 정상적인 횡단방법을 일탈하여 다른 선박 등의 항행에 지장을 주는 행위

③ 임해 중요시설 경계 바깥쪽으로부터 1㎞ 이내 경비수역에서 선박 등이 무리를 지어 위력적인 방법으로 항행 또는 점거함으로써 안전사고가 발생할 우려가 높은 행위

(3) 보호조치 절차

해양경찰관은 다음의 순서에 따라 해상항행 보호조치를 하되, 필요한 최소한의 범위에서 하여야 한다(칙2).

(a) 행위중단 경고

해상항행 보호조치의 대상이 되는 행위를 하는 선박 등의 선장(선박 등을 운용하는 자를 포함)에게 그 행위를 중단할 것과 해양경찰관의 이동·해산 명령을 따르지 아니하는 경우 벌칙이 부과된다는 내용을 경고하여야 한다.

(b) 이동·해산 명령

행위중단 경고를 따르지 아니하는 경우에는 해당 선박 등을 이동하거나 해산할 것을 세 번 이상 명령하여야 한다.

(c) 이동·해산 실행

이동·해산 명령을 따르지 아니하는 경우에는 직접 선박 등을 이동·해산시켜야 한다.

(3) 벌칙

해상항행 보호조치에 의한 이동·해산 명령을 거부, 방해 또는 기피한 자는 6개월 이하의 징역 또는 500만 원 이하의 벌금에 처한다(법21②).

2) 안전조치 등

(1) 안전조치

해양경찰관은 경비수역(선박의입항및출항등에관한법률에 따른 무역항의 수상구역 등의 수역은 제외)에서 ① 태풍, 해일 등 천재, ② 위험물의 폭발 또는 선박의 화재, ③ 해상구조물의 파손으로 선박 등이 좌초·충돌·침몰·파손 등의 위험에 처하여 인명·신체에 대한 위해나 중대한 재산상 손해의 발생 또는 해양오염의 우려가 현저한 경우에는 그 선박 등의 선장에 대하여 경고, 이동·피난 명령 등 안전조치를 할 수 있다. 다만, 외국선박에 대한 안전조치는 연안수역에서만 실시한다(법14②).

(2) 긴급한 경우의 조치

해양경찰관은 선박 등의 통신장치 고장 등의 사유로 경고, 이동·피난 명령(동조②)을 할 수 없거나 선박 등의 선장이 명령에 불응하는 경우로서 인명·신체에 대한 위해, 중대한 재산상 손해 또는 해양오염을 방지하기 위하여 긴급하거나 불가피하다고 인정할 때에는 합리적으로 판단하여 필요한 한도에서 ① 선박 등을 안전한 곳으로 이동시키는 조치, ② 선박 등의 선장, 해원(海員) 또는 승객을 하선하게 하여 안전한 곳으로 피난시키는 조치, ③ 선박 등의 안전관리를 위하여 해양경찰관을 선박 등에 탑승시키는 조치, ④ 그 밖에 선박 등의 안전을 위하여 국민안전처장관이 긴급하거나 불가피하다고 인정하는 조치를 할 수 있다(동조③·영 4의2).

이 경우 해양경찰관은 선박 등의 선장에게 자신의 신분을 표시하는 증표를 제시하고 조치의 목적·이유 및 이동·피난 장소를 알려야 한다. 다만, 기상상황 등으로 선박에 승선할 수 없는 경우에는 무선통신 등을 이용하여 자신의 신분 고지 등을 할 수 있다(법14④).

해양경찰서장은 위 이동조치와 관련하여 발생한 비용을 선박 등의 소유자에게 부담하게 할 수 있다(동조⑤).

4. 무기 및 장비 등의 사용

1) 무기의 사용

해양경찰관은 해양경비 활동 중 ① 선박 등의 나포와 범인을 체포하기 위한 경우, ② 선박 등과 범인의 도주를 방지하기 위한 경우, ③ 자기 또는 다른 사람의 생명·신체에 대한 위해를 방지하기 위한 경우, ④ 공무집행에 대한 저항을 억제하기 위한 경우에는 무기를 사용할 수 있다. 이 경우 무기사용의 기준은 경찰관직무집행법(법10의4)에 따른다(법17①).

이 경우 ① 선박 등과 범인이 선체나 무기·흉기 등 위험한 물건을 사용하여 경비세력을 공격하려는 경우와 ② 대간첩·대테러 작전 등 국가안보와 관련되는 작전을 수행하는 경우, ③ 선박 등이 3회 이상 정선 또는 이동 명령에 따르지 아니하고 경비세력에게 집단으로 위해를 끼치거나 끼치려는 경우에는 개인화기 외에 공용화기를 사용할 수 있다(동조②).

2) 해양경찰장비 및 장구의 사용

해양경찰관은 경찰관직무집행법 소정의 경찰장비 및 경찰장구 외에 다음의 경찰장비 및 경찰장구를 사용할 수 있다(법18①).

① 해상검문검색 및 추적·나포 시 선박 등을 강제 정선, 차단 또는 검색하는 경우 경비세력에 부수되어 운용하는 경찰장비 및 경찰장구

② 선박 등에 대한 이동·해산 명령 등 해상항행 보호조치에 필요한 경찰장비 및 경찰장구

③ 위 ① 및 ②에 따른 경찰장비 및 경찰장구 외에 정당한 직무수행 중 경비세력에 부당하게 저항하거나 위해를 가하려 하는 경우 경비세력의 자체방호를 위한 경찰장비 및 경찰장구

3) 해양경찰장비 및 장구의 종류 및 사용기준

(1) 종류

해양경찰장비로는 소화포(消火砲), 해양경찰장구로는 페인트볼 및 투색총(投索銃)이 규정되어 있다(영5①)

(2) 사용기준

경찰장비 및 경찰장구는 ① 통상의 용법에 따라 사용하여야 하며, ② 목적달성에 필요한 최소한의 범위에서 사용하여야 하고, ③ 다른 사람의 생명·신체에 대한 위해(危害)를 최소화하여야 한다(동조②).

제5편

자치경찰에 대한 특례

제 1 장

제주특별자치도의 설치와 자치경찰제도의 도입

제 1 절 제주특별자치도의 설치

Ⅰ. 설치배경

제주특별자치도설치및국제자유도시조성을위한특별법(제주특별자치도법)은 2006. 2. 21. 법률 제7849호로 제정되었다.

이는 종전의 제주도를 폐지하고, 제주특별자치도를 설치하여 자치조직·인사권 및 자치재정권 등 자치권을 강화하며, 교육자치제도의 개선과 자치경찰제의 도입을 통하여 실질적인 지방자치를 보장함으로써 선진적인 지방분권모델을 구축하는 한편, 제주특별자치도에 적용되고 있는 각종 법령상 행정규제를 폭넓게 완화하고, 중앙행정기관의 권한을 대폭 이양하며, 청정산업 및 서비스산업을 육성하여 제주특별자치도를 국제자유도시로 조성·발전시키려는 것이다.

Ⅱ. 제주특별자치도법의 개정과 자치경찰제도

1. 특별법의 개정

제주특별자치도법은 2015. 7. 24 법률 제13426호로 전부개정되었다.

개정법률은 제주특별자치도의 자치권 확대를 위하여 국가사무를 추가 이양하고, 제주특별자치도의 관광 · 교육 · 물산업 등 핵심산업의 활성화에 필요한 특례를 확대하며, 외국인의 관광편의를 높여 제주특별자치도가 국제자유도시로 발전할 수 있는 여건을 조성하는 한편, 2006년 7월 1일 제정 이후 복잡해진 조문체계를 간결하게 개편하고자 하는 것이었다.

2. 자치경찰제도의 변화

개정법률에서는 자치경찰과 관련하여 자치경찰사무의 범위를 확대하고 자치경찰의 위상을 제고하는 규정(법89, 90, 106, 113 및 119)을 도입하였다.

우선, 행정시의 자치경찰대 폐지에 따른 자치경찰단의 업무 증가와 지휘체계 정립 및 자치경찰의 발전을 위하여 자치경찰단장의 직급을 자치총경에서 자치경무관으로 상향 조정하였다.

둘째, 경범죄처벌법과 도로교통법의 질서위반 시 통고처분 불이행자에 대한 즉결심판 청구권한을 자치경찰 사무에 추가하였다.

마지막으로 자치경찰 근속승진 범위를 국가경찰과 동일하게 자치경감까지 확대하였다.

Ⅲ. 제주특별자치도의 설치 및 지위

제주특별자치도법에 따러 정부의 직할 하에 제주특별자치도를 설치한다(법7①). 제주특별자치도의 관할구역은 종전의 제주도의 관할구역으로 한다(동조②).

제주특별자치도는 제주특별자치도법이 정하는 범위 안에서 특수한 지위를 가진다(동조③).

제 2 절 자치경찰제도의 도입 등

Ⅰ. 자치경찰제도의 도입

제주특별자치도법이 제정됨에 따라 자치경찰제가 도입되었다. 이를 통하여 실질적인 지방자치를 보장하고 있다.

근대적 경찰제도를 도입한 이후 지속적으로 국가경찰제도를 운용하고 있는 우리나라에서 최초로 제주특별자치도에 자치경찰제도를 도입함으로써, 부분적이나마 국가경찰과 자치경찰이라는 이원적 경찰제도를 가지게 되었다.

Ⅱ. 자치경찰 성과목표 및 평가에 관한 협약

1. 협약의 체결

제주특별자치도는 제주특별자치도의 성과목표와 평가에 관하여 국무총리와 협약을 체결하여야 한다. 협약에는 자치경찰과 교육자치에 관한 사항을 포함한다(법5③).

2. 제주특별자치도 지원위원회의 설치

제주특별자치도가 이 법의 목적을 달성할 수 있도록 제주특별자치도의 성과목표와 평가 및 국제자유도시의 조성에 관한 소정의 사항을 심의하기 위하여 국무총리 소속으로 제주특별자치도 지원위원회(이하 "지원위원회")를 둔다(법17①).

지원위원회는 위원장 1인을 포함한 30인 이내의 위원으로 구성한다(동조②).

지원위원회 위원장은 국무총리가 되며, 위원은 관계 중앙행정기관의 장 및 학식과 경험이 풍부한 자 중에서 국무총리가 임명 또는 위촉한다(동조③). 협약체결과 그 평가결과의 활용에 관한 세부적인 사항은 지원위원회의 심의를 거쳐 지원위원회의 위원장이 정한다(동조⑥).

제3절 법 원

Ⅰ. 자치경찰 및 자치경찰공무원법

1. 제주특별자치도법

자치경찰은 도지사 소속하에 두는 경찰이다. 자치경찰 및 자치경찰공무원에 관하여는 일차적으로 제주특별자치도법에서 규정하고 있다(법88).

2. 지방자치법 및 지방공무원법

자치경찰 및 자치경찰공무원에 관하여 제주특별자치도법에서 정하지 아니한 사항에 대하여는 지방자치법과 지방공무원법에 의한다(법87①).

지방공무원법을 자치경찰공무원에 적용함에 있어서는 지방공무원법에서 규정하고 있는 인사위원회(법14②본단, 30의4①, 62④, 65의3③, 67의2②③ 및 73의2③)는 각각 자치경찰공무원 인사위원회로 본다.

또한 지방공무원법에서 규정하고 있는 직급(법30의5①·41)은 각각 계급으로 본다.

지방공무원법(법60본·69①ⅰ·71①ⅰ·71⑦본·71⑧본)에서 이 법이라고 규정하고 있는 것은 각각 이 법 및 제주특별자치도법으로 본다(법87②).

3. 경찰공무원법의 준용

경찰공무원법 규정 중 임용자격 및 결격사유(법7), 부정행위자에 대한 제재(법8의2), 채용후보자 명부 등(법9), 시보임용(법10), 승진후보자 명부 등(법13), 특별유공자 등의 특별승진(법14), 보훈(법16), 거짓 보고 등의 금지(법18), 지휘권 남용 등의 금지(법19), 당연퇴직(법21) 및 실종된 경찰공무원의 휴직기간 등(법23)의 규정은 자치경찰공무원의 인사 운영에 관하여 이를 준용한다(법119①).

경찰공무원법을 준용함에 있어서는 ① 경찰공무원은 자치경찰공무원으로, 자치경찰공무원은 경찰공무원으로, 경찰청장 또는 해양경찰청장은 도지사로, 경무관은 자치경무관으로, 경정은 자치경정으로, 경위는 자치경위로 본다. 그리고 국가공무원법 제68조(법10③)는 지방공무원법 제60조로 본다.

국가공무원법 제40조의4제1항제1호 내지 제4호(법14①ⅰ)는 지방공무원법 제39조의3제1항제1호 내지 제4호까지로, 국가공무원법 제71조제1항제4호(법23①)는 지방공무원법 제63조제1항제3호로, 동법 제72조제3호는 지방공무원법 제64조제3호로 본다(법119②).

Ⅱ. 자치경찰의 직무수행과 경찰관직무집행법의 준용

자치경찰공무원이 자치경찰사무를 수행할 때에는 경찰관직무집행법을 대폭 준용하도록 규정하고 있다. 준용되는 규정은 경찰관직무집행법상의 표준처분에 관한 규정들이다.

구체적으로는 경찰관직무집행법상의 불심검문(법3)·보호조치 등(법4)·위험발생의 방지(법5)·범죄의 예방과 제지(법6)·위험방지를 위한 출입(법7)·경찰장비의 사용 등(법10)·경찰장구의 사용(법10의2)·분사기 등의 사용(법10의3)·무기의 사용(법10의4)·사용등록의 보관(법11) 및 벌칙(법12)의 규정을 준용한다(법96①).

경찰관직무집행법을 준용함에 있어서는 경찰관은 자치경찰공무원으로 본다. 경찰관직무집행법 중 경찰서 · 지구대 · 파출소 또는 출장소(지방해양경찰관서를 포함한다. 이하 "경찰관서"라 한다)(동법3②전)는 경찰서 · 지구대 · 파출소 · 출장소(지방해양경찰관서를 포함한다) 또는 자치경찰단 사무소로 보고, 경찰관서(동조⑥)는 경찰서 · 지구대 · 파출소 · 출장소(지방해양경찰관서를 포함한다) 또는 자치경찰단 사무소로 보며, 경찰관서(동법4①본 · ③⑦)는 각각 자치경찰단 사무소로 보고, 소속 경찰서장 또는 지방해양경찰관서의 장(동법 4⑤⑥)은 각각 자치경찰단장으로 본다(법96②).

Ⅲ. 자치경찰조례 및 규칙

제주특별자치도가 제정 시행하고 있는 조례와 규칙도 자치경찰행정의 주요한 법원이 된다.

제 2 장

자치경찰의 조직과 사무

제 1 절 자치경찰조직

Ⅰ. 자치경찰단과 자치경찰단장

1. 자치경찰단

자치경찰단은 제주특별자치도의 자치경찰기구이다. 자치경찰사무를 처리하기 위하여 제주특별자치도지사 소속으로 자치경찰단을 둔다(법88①).

자치경찰단의 조직과 자치경찰공무원의 정원 등에 관한 사항은 도조례로 정한다(동조②).

2. 자치경찰단장

1) 자치경찰단장의 임명

자치경찰단장은 도지사가 임명하며, 도지사의 지휘·감독을 받는다(법89①). 자치경찰단장은 자치경무관으로 임명한다. 다만, 도지사는 필요하다고 인정하는 경우에는 개방형직위로 지정하여 운영할 수 있다(동조②).

2) 개방형 직위

도지사는 자치경찰단장의 직위를 개방형 직위로 지정하여 운영하는 경우에는 임용기간 만료일에 60세가 초과되지 아니하는 자로서 ① 당해 자치경찰단장에 보할 수 있는 계급에 있거나 바로 아래 하위계급에 있는 사람으로서 승진에 있어 계급별 최저근무연수(법112⑤⑥)를 지난 자치경찰공무원, ② 위 ①에 상응하는 국가경찰공무원, ③ 위 ① 또는 ②에 해당하였던 사람으로서 퇴직한 날부터 2년이 지나지 아니한 사람, ④ 법관·검사 또는 변호사의 직에 5년 이상 근무한 사람을 임용하여야 한다. 이 경우 미리 자치경찰공무원인사위원회(법108)의 심의·의결을 거쳐야 한다(동조③).

개방형 직위로 지정·운영되는 자치경찰단장의 임용절차·임용기간 등은 도조례로 정한다(동조④).

Ⅱ. 치안행정위원회

1. 치안행정위원회의 설치 및 기능

제주특별자치도의 지방행정과 치안행정의 업무 협조 및 치안행정위원회의 소관사항을 심의·의결을 위하여 도지사 소속으로 치안행정위원회를 둔다(법94①).

치안행정위원회는 다음 사항을 심의·의결한다(동조②).

① 국가경찰과 자치경찰간 사무분담과 사무수행방법에 관한 사항

② 자치경찰활동에 관한 목표의 수립 및 평가에 관한 사항

③ 자치경찰의 운영에 대한 지원에 관한 사항

④ 그 밖에 자치경찰의 운영에 관하여 치안행정위원회의 위원장이 회의에 부치는 사항

2. 치안행정위원회의 구성

치안행정위원회는 위원장 1명과 당연직 위원 2명을 포함한 11명의 위원으로

구성하며, 위원장은 당연직 위원이 아닌 위원 중에서 호선한다(법95①).

3. 위원의 자격 · 임기

1) 위원의 자격

당연직 위원은 부지사 및 제주특별자치도지방경찰청의 경무업무를 담당하는 과장으로 한다(동조②).

당연직 위원이 아닌 위원은 ① 법관 · 검사 또는 변호사의 자격이 있는 사람, ② 대학에서 법학 · 행정학 · 경찰학 또는 교육학을 담당하는 조교수 이상으로 재직 중인 사람, ③ 그 밖에 지역주민 가운데 지방행정 또는 경찰행정 등의 분야에 학식이나 경험이 풍부한 사람 중에서 도지사가 위촉하되, 그 중 3명은 도의회가 추천한 사람을, 3명은 제주특별자치도 지방경찰청장이 추천한 사람을 위촉한다(동조③).

그러나 ① 정당법에 따른 정당의 당원, ② 지방의회의원, ③ 지방공무원법 제31조 각 호의 어느 하나에 해당하는 사람은 위원이 될 수 없다(동조④).

2) 위원의 임기

당연직 위원이 아닌 위원의 임기는 3년으로 하며, 한 번만 중임할 수 있다. 다만, 보궐위원의 임기는 전임자 임기의 남은 기간으로 한다(동조⑤).

4. 의결정족수 등

치안행정위원회는 재적위원 과반수의 출석과 출석위원 과반수의 찬성으로 의결한다(동조⑥).

그 밖에 치안행정위원회의 구성 · 운영 등에 관하여 필요한 사항은 도조례로 정한다. 이 경우 제주특별자치도 지방경찰청장의 의견을 들어야 한다(동조⑦).

제 2 절 국가경찰과의 관계

Ⅰ. 국가경찰과 자치경찰과의 관계

1. 재정지원

국가는 제주특별자치도가 자치경찰을 설치·운영하는데 필요한 경비를 지원할 수 있다(법103).

2. 경찰위원회의 의견청취

행정안전부장관은 ① 자치경찰사무와 관련하여 지방자치법에 의한 시정명령(동법169)을 하고자 하는 때, ② 자치경찰사무와 관련한 도의회의 의결에 대하여 지방자치법에 의한 재의를 요구(동법172)하고자 하는 때에는 미리 경찰위원회의 의견을 들어야 한다(법104).

3. 상호협조

국가경찰과 자치경찰은 치안행정의 연계성을 확보하고 지역특성에 맞는 치안서비스를 제공하기 위하여 자치경찰사무의 범위 안에서 필요한 정보와 기술을 제공하는 등 상호 협조하여야 한다(법100①).

4. 통신망 등의 상호이용

국가경찰과 자치경찰은 직무수행을 위하여 필요한 범위 안에서 유·무선의 통신망과 시설물을 상호 이용할 수 있다(법100②).

5. 비상사태 시 자치경찰에 대한 지휘 · 명령

1) 경찰청장의 지휘 · 명령권

경찰청장은 전시 · 사변, 천재지변, 그 밖에 이에 준하는 국가 비상사태, 대규모의 테러 또는 소요사태가 발생하였거나 발생할 우려가 있어 전국적인 치안유지를 위하여 긴급한 조치가 필요하다고 인정할 만한 충분한 사유가 있는 경우에는 제주특별자치도의 자치경찰공무원을 직접 지휘 · 명령할 수 있다(경찰법25①본).

2) 지방청장의 지휘 · 명령권

제주특별자치도 지역 단위의 치안유지를 위하여 필요한 경우에는 제주특별자치도지방경찰청장이 지휘 · 명령할 수 있다(경찰법25①단).

3) 발동사유 등의 통보

경찰청장 또는 제주특별자치도지방경찰청장은 치안유지를 위하여 긴급한 조치가 필요한 경우에는 미리 제주특별자치도지사에게 자치경찰공무원을 직접 지휘 · 명령하려는 사유 및 내용 등을 구체적으로 제시하여 통보하여야 한다. 이 경우 제주특별자치도지사는 정당한 사유가 없으면 즉시 소속 자치경찰공무원에게 경찰청장 또는 제주특별자치도지방경찰청장의 지휘 · 명령을 받을 것을 명하여야 한다(동조②).

4) 보고 및 통보

경찰청장 또는 제주특별자치도지방경찰청장이 긴급한 조치의 필요성에 따라 지휘 · 명령권을 인수한 경우에는 경찰청장은 경찰위원회에 즉시 보고하여야 하고, 제주특별자치도지방경찰청장은 제주특별자치도법에 따른 관할 치안행정위원회에 즉시 통보하여야 한다(동조③).

5) 지휘 · 명령권과 자치경찰공무원의 지위

제주특별자치도의 자치경찰공무원이 경찰청장 또는 제주특별자치도지방경찰청장의 지휘 · 명령을 받는 경우 그 지휘 · 명령의 범위에서는 국가경찰공무원으로 본다(동조⑥).

6) 지휘 · 명령권의 반환

(1) 지휘 · 명령권 반환의결

자치경찰공무원에 대한 지휘 · 명령권자가 변동된 사실을 보고받은 경찰위원회는 지휘 · 명령권 발동사유(동조①)에 해당되지 아니한다고 인정하면 그 지휘 · 명령권을 반환할 것을 의결할 수 있다(동조④전)

(2) 지휘 · 명령권 반환건의

자치경찰공무원에 대한 지휘 · 명령권자가 변동된 사실을 통보받은 치안행정위원회는 지휘 · 명령권 발동사유(동조①)에 해당되지 아니한다고 인정하면 경찰청장 또는 제주특별자치도지방경찰청장에게 그 지휘 · 명령권의 반환을 건의할 수 있다(동조④).

(3) 지휘 · 명령권의 반환

경찰청장 또는 제주특별자치도지방경찰청장은 자치경찰공무원을 지휘 · 명령할 수 있는 사유가 해소된 때에는 자치경찰공무원에 대한 지휘 · 명령권을 즉시 제주특별자치도지사에게 반환하여야 한다(동조⑤).

Ⅱ. 도지사와 제주특별자치도지방경찰청장과의 관계

1. 인력 등 운영상황 및 계획의 상호통보

도지사와 제주특별자치도지방경찰청장은 경찰인력 및 장비 등의 효율적인 운영을 위하여 경찰인력 및 장비 등의 운영상황 및 계획을 상호 통보하여야 한다.

이 경우 통보절차 및 방법 등에 관한 사항은 도조례로 정하되, 제주특별자치도지방경찰청장의 의견을 들어야 한다(법100③).

2. 경찰통계의 통보

도지사는 당해 관할구역에서의 단속현황, 경찰장비보유현황 그 밖의 통계자료를 제주특별자치도지방경찰청장에게 통보하여야 한다(법101).

3. 조례 및 규칙 등의 통보

도지사는 자치경찰의 사무 및 운영에 관련된 조례나 규칙을 제정·개정 또는 폐지하는 때에는 조례안은 지방의회에서 이송된 날부터 10일 이내에, 규칙안은 공포예정 15일 전에 제주특별자치도지방경찰청장에게 전문을 첨부하여 통보하여야 한다(법102).

4. 자치경찰사무감사에의 참여 요청

도지사는 도지사 소속하에 설치된 감사위원회가 자치경찰사무에 대한 감사를 하는 때에는 제주특별자치도지방경찰청장 또는 경찰서장에게 참여를 요청할 수 있다(법105).

제 3 장 자치경찰공무원법

제 1 절 자치경찰공무원의 신분 및 임용권자

Ⅰ. 자치경찰공무원의 신분

1. 계급구분

자치경찰공무원의 계급은 자치경무관, 자치총경, 자치경정, 자치경감, 자치경위, 자치경사, 자치경장, 자치순경으로 구분한다(법106).

2. 정년

자치경찰공무원의 정년은 60세로 한다(법117).

3. 복제

자치경찰공무원은 도조례로 정하는 바에 따라 제복을 착용하되, 국가경찰공무원의 제복과 구별될 수 있도록 하여야 한다(법99).

Ⅱ. 임용권자 등

1. 자치경찰공무원의 임용권자

도지사는 소속 자치경찰공무원의 임명·휴직·면직과 징계를 할 권한을 가진다(법107). 도지사가 임용권을 가지는 것은 자치경찰제의 취지상 당연한 것이다.

2. 자치경찰공무원 인사위원회

1) 자치경찰공무원 인사위원회의 설치

자치경찰공무원의 인사에 관한 사항을 심의·의결하기 위하여 자치경찰공무원 인사위원회(약칭 자치경찰인사위원회)를 둔다(법108①).

2) 자치경찰인사위원회의 기능

자치경찰인사위원회는 ① 자치경찰공무원 충원계획의 사전심의, ② 자치경찰공무원 각종 임용시험의 실시, ③ 도지사의 요구에 의한 자치경찰공무원의 보직관리기준 및 승진·전보임용기준의 사전의결, ④ 자치경찰공무원 승진임용의 사전심의, ⑤ 도지사의 요구에 따른 자치경찰공무원의 징계의결, ⑥ 도지사가 도의회에 제출하는 자치경찰공무원의 인사와 관련된 조례안 및 규칙안의 사전심의, ⑦ 자치경찰단장의 개방형 직위 지정·운영에 관한 사항, ⑧ 그 밖에 도지사가 자치경찰공무원의 인사에 관하여 회의에 부치는 사항을 관장한다(법109).

제 2 절 임용과 교육

Ⅰ. 자치경찰공무원의 임용요건

1. 자치경찰공무원의 임용자격

제주특별자치도 자치경찰공무원의 임용자격(능력요건)에 관하여는 경찰공무원법 제7조가 준용된다(법119①). 그러므로 자치경찰공무원은 신체 및 사상이 건전하고, 품행이 방정한 자 중에서 임용한다(경찰공무원법7①).

2. 결격요건

다음에 해당하는 자는 경찰공무원으로 임용될 수 없다(동조②). 이를 결격요건 또는 능력요건이라 한다.

이는 경찰공무원으로 임용되기 위한 절대적인 소극적 요건으로서, 경찰사무에 대한 국민의 신뢰를 확보하기 위하여 능력요건이 결여된 자를 공무의 집행에서 배제하기 위한 것이다.

① 대한민국국적을 가지지 아니한 자

② 금치산자 또는 한정치산자

③ 파산선고를 받은 자로서 복권되지 아니한 자

④ 자격정지이상의 형의 선고를 받은 자

⑤ 자격정지이상의 형의 선고유예를 받고 그 선고유예기간 중에 있는 자

⑥ 징계에 의하여 파면 또는 해임의 처분을 받은 자

3. 임용의 효력

능력요건이 결여된 임용은 무효가 된다. 능력요건 구비여부는 임용당시의 법

률을 기준으로 하여 판단하여야 한다. 또한 능력요건의 결여는 당연퇴직사유가 된다(동법21).

Ⅱ. 신규임용

1. 공개경쟁시험

국가경찰공무원과 마찬가지로, 자치경찰공무원의 신규임용은 공개경쟁시험으로 한다(법110①).

2. 특별임용

1) 특별임용의 대상

다음의 하나에 해당하는 경우에는 특별임용시험으로 자치경찰공무원을 신규임용할 수 있다(법110②).

① 국가경찰공무원을 그 계급에 상응하는 자치경찰공무원으로 임용하는 경우
② 퇴직한 자치경찰공무원 또는 국가경찰공무원을 퇴직한 날부터 2년 이내에 퇴직 시에 재직한 계급 또는 그 계급에 상응하는 계급의 자치경찰공무원으로 재임용하는 경우
③ 공개경쟁시험으로 임용하는 것이 부적당한 경우에 임용예정직무와 관련된 자격증 소지자를 임용하는 경우
④ 관광지 · 환경기초시설 · 항만 · 자연공원 · 공공청사의 경비 등에 5년 이상의 근무실적 또는 연구실적이 있거나 전문지식을 가진 사람을 임용하는 경우
⑤ 지방공무원법 제41조의4에 따라 재학 중 장학금을 받고 졸업한 사람을 임용하는 경우
⑥ 섬, 외딴 곳 등의 특수지역에 근무할 사람을 임용하는 경우
⑦ 외국어에 능통한 사람을 임용하는 경우

2) 특별임용의 방법 등

특별임용에 있어서는 동일한 사유에 해당하는 다수인을 대상으로 제한경쟁의 방법에 의하여 임용할 수 있다(동조③). 국가경찰공무원을 자치경찰공무원으로 임용하는 경우에는 특별임용시험을 거치지 아니할 수 있다(동조④).

특별임용할 수 있는 자치경찰공무원의 계급, 임용예정직에 관련된 자격증의 구분, 근무실적 또는 연구실적, 전보제한 등에 관하여 필요한 사항은 도조례로 정한다(동조⑤).

3. 시험실시기관 및 응시자격 등

전술한 바와 같이, 제주특별자치도법은 자치경찰공무원 인사위원회를 자치경찰공무원 각종 임용시험의 실시기관으로 규정하고 있다(법109 ii).

그럼에도 불구하고 도지사는 도조례가 정하는 바에 따라 각종 임용시험의 실시업무를 경찰청장 또는 제주특별자치도 지방경찰청장에게 위탁할 수 있다(법114①). 각종 시험의 응시자격 · 시험방법과 그 밖에 임용시험의 실시에 관하여 필요한 사항은 도조례로 정한다(동조②).

Ⅲ. 승진임용

1. 일반승진

1) 심사승진 및 시험승진

자치경찰공무원은 바로 아래 하위 계급에 있는 자치경찰공무원 중에서 근무성적 · 경력평정과 그 밖의 능력의 실증에 의하여 승진임용한다(법112①). 자치경찰공무원의 승진은 승진심사에 의한다. 다만, 자치경정 이하 계급으로 승진하는 경우 도조례로 정하는 비율에 따라 승진시험을 병행할 수 있다(동조②).

2) 승진대상자명부의 작성 및 등재

도지사는 자치경정 이하의 자치경찰공무원에 대하여 도조례로 정하는 바에 따라 계급별로 승진대상자명부를 작성하여야 한다(동조③).

자치경찰인사위원회는 승진대상자명부의 높은 순위에 있는 사람(승진시험에 합격한 승진후보자를 제외) 순으로 도조례가 정하는 범위 안에서 승진후보자를 심사·선발하고, 승진후보자명부에 등재하여야 한다(동조④).

3) 최저근무연수

자치경찰공무원의 승진에 필요한 계급별 최저근무연수는 대통령령으로 정한다. 다만, 계급별 최저근무연수의 기간을 계산할 때에는 휴직기간·직위해제기간 및 징계처분기간을 포함하지 아니한다(동조⑤).

계급별 최저근무연수의 산입에 관한 사항, 승진의 제한과 그 밖에 승진에 관하여 필요한 사항은 도조례로 정한다(동조⑥).

2. 근속승진

일반승진 관련규정(법112②)에도 불구하고 해당 계급에서 일정기간 재직한 사람은 자치경장·자치경사·자치경위 및 자치경감으로 근속승진임용을 할 수 있다(법113①).

근속승진한 자치경찰공무원이 근무하는 기간 동안에는 그에 해당하는 직급의 정원이 따로 있는 것으로 보고, 종전의 직급의 정원은 감축된 것으로 본다(동조②).

Ⅳ. 교육훈련

1. 교육훈련기회의 균등

도지사는 모든 자치경찰공무원에게 균등한 교육훈련의 기회가 부여되도록 하여야 한다(법115①).

2. 위탁교육

도지사는 치안활동과 관련된 전문지식·기술 및 활용능력을 높이기 위하여 자치경찰공무원이 소정의 교육과정을 이수하도록 하여야 한다. 이 경우 자치경찰공무원의 교육훈련을 도조례가 정하는 바에 따라 국가경찰의 교육훈련기관에 위탁할 수 있다(동조②).

도지사는 자치경찰공무원의 교육훈련을 위탁하려는 경우에는 다음 해의 자치경찰공무원 교육훈련계획을 수립하여 경찰청장에게 제출하여야 한다(동조③).

제 3 절 직권면직과 징계절차 등

Ⅰ. 직권면직

1. 직권면직사유

도지사는 자치경찰공무원이 ① 지방공무원법 제62조제1항제1호·제2호·제5호 및 제6호의 어느 하나에 해당하는 경우, ② 자치경찰공무원으로서 부적합할 정도로 직무수행능력 또는 성실성이 현저히 결여된 사람으로서 도조례가 정하는 사유에 해당된다고 인정되는 경우, ③ 성격 또는 도덕적 결함으로 자치경찰공무원으로서의 직무를 수행하기 곤란하다고 인정되는 사람으로서 도조례가 정하는 사유에 해당된다고 인정되는 경우에는 직권에 의하여 이를 면직시킬 수 있다(법116①).

2. 자치경찰인사위원회의 의견청취 등

도지사는 직권면직사유에 의하여 면직시킬 경우에는 미리 자치경찰인사위원회의 의견을 들어야 한다. 다만, ① 지방공무원법 제62조제1항제5호에 해당하여 면직시키거나, ② 자치경찰공무원으로서 부적합할 정도로 직무수행능력 또는 성실성이 현저히 결여된 사람으로서 도조례가 정하는 사유에 해당된다고 인정되어 면직시키는 경우, ③ 성격 또는 도덕적 결함으로 자치경찰공무원으로서의 직무를 수행하기 곤란하다고 인정되는 사람으로서 도조례가 정하는 사유에 해당된다고 인정되어 면직시킬 경우에는 당해 자치경찰인사위원회의 동의를 얻어야 한다(동조②).

Ⅱ. 징계의 절차

자치경찰공무원의 징계는 자치경찰인사위원회의 의결을 마친 후 도지사가 한다(법118①).

도지사는 자치경찰인사위원회의 의결이 가볍다고 인정할 때에는 그 처분을 하기 전에 자치경찰인사위원회에 재의결을 요청할 수 있다. 이 경우에는 소속공무원을 대리인으로 지정할 수 있다(동조②).

제 4 절 자치경찰에 관한 벌칙

자치경찰공무원으로서 전시 · 사변이나 그 밖에 이에 준하는 비상사태 하에 있거나 작전수행 중인 경우에 직무유기 금지의무(경찰공무원법 18②), 지휘권 남용 등의 금지의무(동법19) 또는 직장이탈 금지의무(지방공무원법50①)를 위반한 사람은 3년 이상의 징역 또는 금고에 처하며, 거짓 보고나 통보 금지의무(경찰공무원법18①) 또는 복종의무(지방공무원법49)를 위반한 사람은 7년 이하의 징역 또는 금고에 처한다(법468①).

이러한 경우 외에 집단살상의 위급사태가 발생한 경우 거짓 보고나 통보 금지의무 또는 직무유기 금지의무(경찰공무원법18), 지휘권 남용 등의 금지의무(동법19) 또는 복종의무(지방공무원법49), 직장이탈 금지의무(동법50①)을 위반한 사람은 7년 이하의 징역 또는 금고에 처한다(법468②).

제 5 절 국가경찰공무원과 자치경찰공무원간의 인사교류 등

경찰청장과 도지사는 자치경찰공무원의 능력을 발전시키고 국가경찰사무와 자치경찰사무의 연계성을 높이기 위하여 국가경찰과 자치경찰간 또는 다른 지방자치단체의 자치경찰 상호간에 긴밀한 인사교류가 될 수 있도록 노력하여야 한다(법111①).

도지사는 인사교류를 하는 경우 매년 소속 자치경찰공무원 정원의 100분의 5의 범위 안에서 국가경찰 또는 소속을 달리하는 자치경찰조직에 근무할 수 있도록 해당 임용권자와 협의를 거쳐 인사교류를 하여야 한다(동조②).

인사교류의 기준·방법 및 절차 등에 관하여 필요한 사항은 도조례로 정한다. 이 경우 제주특별자치도지방경찰청장의 의견을 들어야 한다(동조③).

제 4 장

자치경찰사무

제 1 절 사무의 종류

Ⅰ. 의 의

자치경찰은 ① 주민의 생활안전활동에 관한 사무, ② 지역교통활동에 관한 사무, ③ 공공시설과 지역행사장 등의 지역경비에 관한 사무, ④ 소정의 사법경찰관리의 직무, ④ 소정의 즉결심판 청구 사무를 처리한다(법90).

Ⅱ. 사무의 종류

1. 주민의 생활안전활동에 관한 사무

주민의 생활안전활동에 관한 사무에는 ① 생활안전을 위한 순찰 및 시설 운영, ② 주민참여 방범활동의 지원 및 지도, ③ 안전사고 및 재해 · 재난 등으로부터의 주민보호, ④ 아동 · 청소년 · 노인 · 여성 등 사회적 보호가 필요한 사람의 보호와 가정 · 학교 폭력 등의 예방, ⑤ 주민의 일상생활과 관련된 사회질서의 유지 및 그 위반행위의 지도 · 단속사무가 있다.

2. 지역교통활동에 관한 사무

지역교통활동에 관한 사무에는 ① 교통안전과 교통소통에 관한 사무, ② 교통법규위반 지도 · 단속, ③ 주민참여 지역교통활동의 지원 · 지도사무가 있다.

3. 공공시설 및 지역행사장 등의 지역경비에 관한 사무

공공시설이란 제주특별자치도와 그 소속기관 등이 관리하는 공공시설을 말하고, 지역행사장이란 공공기관 등이 제주특별자치도 내에서 일정한 행사를 하는 장소를 말한다.

제주특별자치도법은 공공시설 및 지역행사장 등의 지역경비에 관한 사무의 구체적인 내용을 명시하고 있지 아니하다.

4. 사법경찰관리의 직무

사법경찰관리의직무를행할자와그직무범위에관한법률에서 자치경찰공무원의 직무로 규정하고 있는 사법경찰관리의 직무도 자치경찰사무에 포함된다.

5. 즉결심판 청구 사무

즉결심판에관한절차법 등에 따라 도로교통법 또는 경범죄처벌법 위반에 따른 통고처분 불이행자 등에 대한 즉결심판 청구 사무를 처리한다.

제 2 절 국가경찰과 자치경찰간의 사무분담협약

Ⅰ. 국가경찰과의 협약

1. 협약의 체결 및 공표

자치경찰사무에 관한 제주특별자치도법의 명시적인 규정(법90)에도 불구하고, ① 주민의 생활안전활동에 관한 사무, ② 지역교통활동에 관한 사무, ③ 공공시설 및 지역행사장 등의 지역경비에 관한 사무를 처리함에 있어서 국가경찰과 자치경찰간의 사무분담 및 사무수행방법은 도지사와 제주특별자치도지방경찰청장이 협약으로 정하여 공표하여야 한다. 이 경우 도지사는 미리 치안행정위원회의 의견을 들어야 한다(법91①).

국가경찰과 자치경찰간의 사무분담 및 사무수행의 방법에 관한 기준 및 협약의 공표에 관하여 필요한 사항은 도조례로 정한다. 이 경우 제주특별자치도 지방경찰청장의 의견을 들어야 한다(동조⑤).

Ⅱ. 협약의 조정

1. 조정신청에 의한 조정

협약을 체결함에 있어 협약당사자가 의견을 달리하여 협약이 체결되지 아니하는 경우에는 협약당사자의 신청에 의하여 경찰위원회(경찰법5)의 심의 · 의결을 거쳐, 행정안전부장관이 조정한다(법91②본).

2. 직권조정

협약이 체결되지 아니하는 상태가 지속되어 공익을 현저히 저해하여 조속한 조정이 필요하다고 인정되는 경우에는 협약당사자가 신청하지 아니하였을 때에도 경찰위원회의 심의 · 의결을 거쳐 행정안전부장관이 조정할 수 있다(동항 단).

3. 조정에 따른 협약체결

행정안전부장관이 협약의 체결을 조정하였을 때에는 서면으로 지체 없이 협약당사자에게 통보하여야 하며, 그 통보를 받은 협약당사자는 그 내용을 협약에 포함시켜야 한다(동조③).

제 3 절 자치경찰활동의 목표 · 평가 및 운영

Ⅰ. 자치경찰 활동의 목표 설정 및 평가

도지사는 매년 치안행정위원회의 의견을 들어 자치경찰 활동의 목표를 수립하고 공표하여야 한다(법92①).

도지사는 수립 · 공표된 목표를 기준으로 매년 자치경찰 활동을 평가하고 치안행정위원회의 의견을 들어 그 결과를 공표하여야 한다(동조②).

Ⅱ. 자치경찰의 운영

도지사는 자치경찰의 조직 및 규모의 적정화와 운영의 합리화를 위하여 인력 및 장비 등의 운용계획을 수립하여야 한다(법93①).

도지사는 자치경찰사무의 처리에 필요한 사무소, 무기고 등의 시설물을 갖추어야 하고, 국가경찰과 항시 긴밀한 연락체계를 유지하여야 하며, 이를 위하여 유·무선 통신망 등의 설비를 갖추어야 한다(동조②).

제 5 장

자치경찰의 직무수행

제 1 절 경찰상의 표준처분 및 무기 등의 사용

Ⅰ. 경찰상의 표준처분

자치경찰공무원이 자치경찰사무를 수행함에 있어서는 경찰관직무집행법을 대폭 준용하도록 규정하고 있다. 준용되는 규정은 경찰관직무집행법상의 표준처분에 관한 규정들이다.

구체적으로는 경찰관직무집행법상의 불심검문(법3)·보호조치 등(법4)·위험발생의 방지(법5)·범죄의 예방과 제지(법6)·위험방지를 위한 출입(법7)·경찰장비의 사용 등(법10)·경찰장구의 사용(법10의2)·분사기 등의 사용(법10의3)·무기의 사용(법10의4)·사용등록의 보관(법11) 및 벌칙(법12)의 규정을 준용한다(법 96①).

Ⅱ. 무기와 장비의 사용

1. 무기사용의 승인

경찰관직무집행법상의 무기의 사용(동법10의4)의 규정에 불구하고 도지사의 신청으로 제주특별자치도 지방경찰청장의 승인을 받은 자치경찰공무원만 무기를 휴대 · 사용할 수 있다(법97①).

2. 무기사용의 통보

자치경찰공무원이 무기를 사용한 경우에는 무기의 사용자와 사용 일시 · 장소 · 대상 · 경위를 소속 자치경찰단장을 거쳐 즉시 제주특별자치도 지방경찰청장에게 통보하여야 한다(동조②).

3. 자치경찰장비의 식별표지 부착

자치경찰공무원이 사용하는 경찰장비에는 표지를 부착하되, 국가경찰의 장비와 구별될 수 있도록 하여야 한다(동조③).

제 2 절 범죄발견시의 조치

Ⅰ. 사무의 인계

1. 인계의무

자치경찰공무원이 직무수행 중에 범죄를 발견한 경우에는 범죄의 내용 또는 증거물 등을 소속 자치경찰단장을 거쳐 즉시 제주특별자치도 지방경찰청장 또는 경찰서장·해양경찰서장에게 통보하고 그 사무를 인계하여야 한다(법98① 본).

2. 예외

사법경찰관리의직무를행할자와그직무범위에관한법률에서 자치경찰공무원의 직무로 규정하고 있는 사법경찰관리의 직무(법90ⅳ)에 속하는 범죄와 경범죄처벌법 제7조, 도로교통법 제163조에 따른 통고처분의 대상이 되는 범칙행위의 경우에는 인계의무가 없다(법98①단).

Ⅱ. 현행범의 인도

1. 현행범의 인도

자치경찰공무원이 현행범인을 발견하여 현장에서 체포한 경우에는 즉시 국가경찰공무원에게 인도하여야 한다. 다만, 사법경찰관리의직무를행할자와그직무범위에관한법률에서 자치경찰공무원의 직무로 규정하고 있는 사법경찰관리의 직무(법90ⅳ)에 속하는 범죄의 현행범인의 경우에는 그러하지 아니하다(동조②).

2. 고지의무

자치경찰공무원이 현행범인을 체포하는 경우에는 범죄사실의 요지, 체포의 이유와 변호인을 선임할 수 있음을 알려주고 변명할 기회를 주어야 한다(동조③).

제 3 절 교통안전 및 시설

Ⅰ. 교통안전 및 시설 등에 관한 특례

1. 도지사의 교통안전에 관한 권한

도로교통법상의 교통안전에 관한 지방경찰청장 또는 경찰서장의 권한(동법10①, 13④ⅴ, 14①②단서, 18②, 22조③ⅳ, 25②단서, 28①②단서, 31①ⅴ·②ⅱ, 32ⅵ, 33ⅳ 및 34의2)을 도지사의 권한으로 한다(법434①).

2. 도지사 권한의 위탁 금지

도지사는 도로교통법상의 권한 중 신호기 및 안전표지의 설치·관리에 관한 권한(동법3①본), 유료도로 관리자에 대한 지시 권한(동법3①단), 비용부담 명령권한(동법3③), 어린이 보호구역의 지정 및 관리에 관한 권한(동법12①), 노인보호구역 또는 장애인보호구역의 지정 및 관리에 관한 권한(동법12의2①)을 지방경찰청장 또는 경찰서장에게 위탁할 수 없다(동조④).

3. 지방경찰청장의 교통안전시설 운용

제주특별자치도지방경찰청장은 경호·경비 그 밖의 긴급한 업무를 수행하기 위하여 필요한 경우 신호기 및 안전표지 등 교통안전시설을 그 사유가 발생한 때부터 그 사유가 없어질 때까지 운용할 수 있다(동조⑤).

4. 보행자나 차마의 통행 금지 또는 제한

도로교통법 제6조제1항부터 제3항까지의 규정에도 불구하고 도지사는 도로에서의 위험을 방지하고 교통의 안전과 원활한 소통을 확보하기 위하여 필요하다고 인정할 때에는 제주특별자치도지방경찰청장과 협의하여 구간을 정하여 보행자나 차마의 통행을 금지하거나 제한할 수 있으며, 이 경우 도조례로 정하는 바에 따라 그 사실을 공고하여야 한다(동조⑥본).

다만, 제주특별자치도지방경찰청장 또는 경찰서장은 경호·경비와 그 밖의 긴급한 업무를 수행하는 경우 도지사에 우선하여 보행자 또는 차마의 통행을 금지하거나 제한할 수 있다(동항 단).

Ⅱ. 교통시설심의위원회의 설치 등

1. 교통시설심의위원회의 설치

안전하고 원활한 교통을 확보하기 위하여 도지사 소속으로 제주특별자치도 교통시설심의위원회를 둔다(법435①).

2. 교통시설심의위원회의 심의

1) 심의 및 의견청취

교통시설심의위원회의 심의사항은 다음과 같다. 교통시설위원회는 이를 심의하는 경우 미리 제주특별자치도 지방경찰청장의 의견을 들어야 한다(동조④).

① 횡단보도의 신설·이전에 관한 사항
② 신호기의 신설·이전에 관한 사항
③ 중앙선의 절선 좌회전 및 유턴의 허용·폐지에 관한 사항
④ 일방통행로·가변차로의 설치·폐지에 관한 사항
⑤ 그 밖에 도지사 또는 제주특별자치도 지방경찰청장이 교통안전과 원활한 소통을 위하여 심의가 필요하다고 인정하는 사항

2) 심의사항의 통보 등

도지사는 교통시설심의위원회의 심의사항을 제주특별자치도 지방경찰청장에게

지체 없이 통보하여야 하며, 제주특별자치도 지방경찰청장은 교통의 안전과 원활한 소통을 확보하기 위하여 필요하면 도지사에게 필요한 조치를 요구할 수 있다(동조⑤).

찾아보기

[저자 소개]

건국대학교 법학과 졸업
건국대학교 대학원 법학과(공법전공) 수료
법학박사
감리교신학대학교, 건국대학교, 서울시립대학교, 광운대학교, 호서대학교, 충북대학교 강사
국토연구원 책임연구원
Visiting Scholar, University of Newcastle upon Tyne, U.K.
국토연구원 파견교수
해양경찰청 자체평가위원회 위원
한국공법학회 이사
현재 : 전주대학교 사회과학대학 경찰학과 교수

[주요 저 · 역서]
행정규칙의 성질론(1982), 위임입법의 절차적 통제에 관한 연구(1991)
수도권백서(공역, 1992), 구미도시개발제도의 동향(공역, 1992)
주택법(공저, 1998), 인권론(공저, 2009)
한국해양경찰의 국제표준성과관리기준 개발에 관한 연구(2010)
해양경찰학(2011), 보안경찰법상 일반적 수권조항에 관한 연구(2012)
경찰행정법(2012, 2013, 2015, 2016)
법학개론(2016), 한국헌법론(2016) 등

경찰법강의

2020년 3월 20일 초판인쇄
2020년 3월 25일 초판발행

저 자 박 영 하
발행인 유 성 열
발행처 청목출판사
서울특별시 영등포구 신길로 40길 20
전화 (02) 849-6157(代) · 2820 / 833-6091
FAX (02) 849-0817
등록 제318-1994-000090호

파본은 바꾸어 드립니다. 값 27,000원

http://www.chongmok.co.kr

ISBN 978-89-5565-787-6